Erwin Dichtl (Hrsg.)
Standort Bundesrepublik Deutschland

Erwin Dichtl (Hrsg.)

Standort Bundesrepublik Deutschland

Die Wettbewerbsbedingungen auf dem Prüfstand

EDITION
BLICKBUCH
WIRTSCHAFT

Die Deutsche Bibliothek – CIP-Einheitsaufnahme
„Standort Bundesrepublik Deutschland“ : die
Wettbewerbsbedingungen auf dem Prüfstand / Erwin Dichtl
(Hrsg.). – Frankfurt am Main : Frankfurter Allgemeine Zeitung,
Verlagsbereich Wirtschaftsbücher 1994
ISBN 3-929368-19-6
NE: Dichtl, Erwin [Hrsg.]

Frankfurter Allgemeine Zeitung
Verlagsbereich Wirtschaftsbücher

Verantwortlich Verlagsbereich Wirtschaftsbücher: Helmut Klinge
Gestaltung: F.A.Z.-Grafik

60267 Frankfurt am Main

Druck: Druckwerkstätten Stollberg GmbH, Stollberg
Erste Auflage 1994
ISBN 3-929368-19-6

Vorwort

Hinter dem Schlagwort »Standort Bundesrepublik Deutschland«, das die ordnungs- und wirtschaftspolitisch interessierten Menschen in unserem Lande polarisiert, verbirgt sich die Besorgnis vieler, die Bedingungen für eine unternehmerische Betätigung in der Bundesrepublik Deutschland verschlechterten sich unaufhaltsam, unsere Firmen drohten gegenüber ausländischen Konkurrenten ins Hintertreffen zu geraten. Letztlich stehe die Erhaltung des Wohlstands auf dem Spiel, den sich große Teile der Bevölkerung in Jahrzehnten harter Arbeit nach dem Zweiten Weltkrieg erworben hätten.

Sind die Befürchtungen berechtigt? Was gälte es, wenn dem so wäre, zu unternehmen? Diese Fragen von verschiedenen Seiten her und möglichst umfassend zu klären, war das Anliegen, das zwölf Professoren der Universität Mannheim – Betriebswirte, Volkswirte und ein Sozialwissenschaftler – im Wintersemester 1992/93 im Rahmen einer öffentlichen Ringvorlesung verfolgten. Die erfreuliche Resonanz, die die Vortragsreihe bei Studierenden wie auch Hörern von außerhalb der Hochschule fand, ermutigte die Betroffenen, die einzelnen Elemente zunächst als Serie im Blick durch die Wirtschaft, der von der Frankfurter Allgemeinen Zeitung herausgegebenen, börsentäglich erscheinenden Wirtschaftszeitung, und nunmehr in erweiterter Form als Buch zu veröffentlichen.

Manches Vorurteil, das der einzelne gehegt haben mag, wird er bestätigt, manches auch widerlegt finden. Oft wird sich erweisen, daß es zu folgenreichen Fehlschlüssen verleitet, wenn man sich auf Einzelfragen kapriziert und den Gesamtzusammenhang aus den Augen verliert. Insofern kann das Werk zu einer Versachlichung der Diskussion beitragen, vielleicht aber auch auf Irrwege hinweisen und Präventivmaßnahmen auslösen.

Für die Erstellung des Sachverzeichnisses schulde ich Herrn Dipl.-Kfm. Lothar Weinland großen Dank.

Mannheim, im Dezember 1993 — Der Herausgeber

Inhalt

Vorwort 5

Die Aufrechterhaltung der internationalen Wettbewerbsfähigkeit als Verpflichtung für Unternehmen und Gesamtwirtschaft
Manfred Perlitz 9

Forschung und Innovation in der Industrie
Peter Milling 51

Das deutsche Management im internationalen Vergleich
Alfred Kieser 75

Das Humankapital als Faktor der Wettbewerbsfähigkeit
Eduard Gaugler 91

Finanzplatz Deutschland: Eine Standortanalyse
Wolfgang Bühler 113

Öffentliche Infrastruktur und Standortqualität
Eberhard Wille 139

Die Beschaffung und Verwendung wettbewerbsrelevanter Informationen
Joachim Niedereichholz 169

Aspekte der Unternehmensbesteuerung im internationalen Vergleich
Otto H. Jacobs und Christoph Spengel 193

Der Umweltschutz als Standortfaktor
Klaus Conrad 231

Wirtschaftliche Entwicklung und wohlfahrtsstaatliche Institutionen
Johannes Berger 261

Marktnähe und Marketingkompetenz als Wettbewerbsvorteile
Erwin Dichtl 289

Die Überwindung von Standortnachteilen mit Hilfe eines gesellschaftsorientierten Marketing
Hans Raffée 309

Register 327

Autoren 336

Die Aufrechterhaltung der internationalen Wettbewerbsfähigkeit als Verpflichtung für Unternehmen und Gesamtwirtschaft

Manfred Perlitz

1. Problemstellung

1.1. Die »Internationale Jagdlinie«

Die Bedeutung der Internationalisierung hat in den letzten Jahrzehnten für Unternehmen, Branchen und Volkswirtschaften ständig zugenommen (Perlitz, 1993, S. 10ff.). Voraussetzung für eine erfolgreiche Internationalisierung ist das Vorhandensein von Vorteilen gegenüber in- und ausländischen Unternehmen bzw. innerhalb von Branchen verschiedener Länder oder zwischen Volkswirtschaften, die sich in dem Begriff der internationalen Wettbewerbsfähigkeit konkretisieren.

Der internationale Wettbewerb findet in zunehmendem Maße zwischen Unternehmen aus den Ländergruppen der Triade (USA, Europa und Japan) statt (vgl. Ohmae, 1985). In diesem Zusammenhang stellt sich die Frage, welche Region der Triade sich als am wettbewerbsfähigsten erweisen wird. So sieht Thurow (1992) z. B. die Europäer in einer günstigen Position und betrachtet dabei Deutschland als das »Power-House« in Europa. Diese Auffassung steht im Gegensatz zu Aussagen, die den Standort Deutschland als akut gefährdet einstufen (vgl. Vogel, 1992). Um in diesem Spannungsfeld Stellung zu beziehen, wird in diesem Beitrag der Standort Bundesrepublik Deutschland im Hinblick auf Rahmenbedingungen analysiert, die für die Aufrechterhaltung und Verbesserung der internationalen Wettbewerbsfähigkeit relevant sind. Ausgangspunkt der Überlegungen ist die Struktur des internationalen Wettbewerbs, die sich durch die in Abbildung 1 dargestellte »Internationale Jagdlinie« charakterisieren läßt.

Im Rahmen der »Internationalen Jagdlinie« werden Entwicklungs- und Schwellenländer sowie Japan und die westlichen Industrieländer unterschieden. Zur ersteren Gruppe zählen Länder in Südostasien, insbesondere die »asiatischen Tiger« (Südkorea, Hongkong, Singapur und

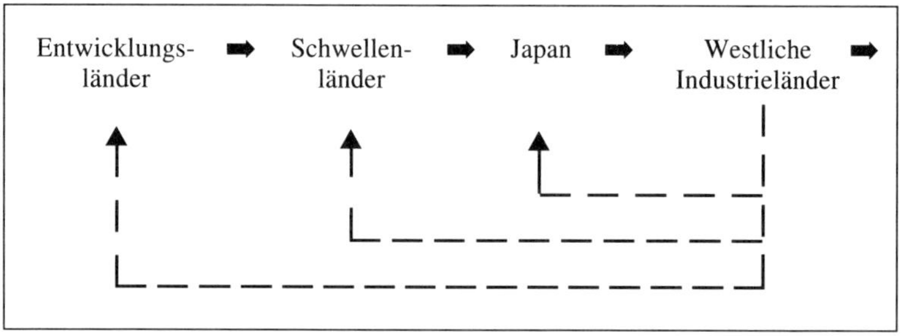

Abbildung 1: »Internationale Jagdlinie«

Taiwan), sowie solche in Südamerika wie z. B. Chile, Mexiko, Argentinien und Brasilien. Unternehmen in diesen Ländern werden von Konkurrenten aus verschiedenen Entwicklungsländern (z. B. China, Thailand, Malaysia, Indonesien und in Zukunft wohl einige Staaten des ehemaligen Ostblocks) in dem Sinne »gejagt«, daß sie sich einem verstärkten Konkurrenzdruck von Betrieben aus unterschiedlichen Ländern der Dritten Welt ausgesetzt sehen. Analog gilt dies für Unternehmen in Japan, die von Konkurrenten aus verschiedenen Schwellenländern »gejagt« werden, und für Betriebe in den westlichen Industrienationen, die von japanischen Wettbewerbern bedroht werden.

Der Logik der »Internationalen Jagdlinie« folgend sind viele Produktionsschwerpunkte in den letzten Jahrzehnten ins Ausland verlagert worden. Betrachtet man beispielsweise die Stahlherstellung, so bildete diese so lange eine Domäne westlicher Anbieter, bis japanische Konkurrenten massiv in den Markt eintraten. Letztere wurden ihrerseits im Laufe der Zeit von Wettbewerbern aus Schwellenländern zunehmend verdrängt. Diese sehen sich nun einem verstärkten Wettbewerbsdruck aus Entwicklungsländern gegenüber. Eine ähnliche Entwicklung spielte sich auch im Schiffbau und in der Uhrenindustrie ab.

Betrachtet man die heutige Lage, so zeigt sich, daß japanische Unternehmen beispielsweise auf den Märkten für Unterhaltungselektronik, Automobile und Personal Computer von Konkurrenten aus Schwellenländern herausgefordert werden. Unternehmen in westlichen Industrieländern werden, wie beispielsweise die Untersuchung von Automobilherstellern durch Womack u. a. (1991) nachweist, vor allem von japanischen Herstellern bedrängt, wenn nicht gar verdrängt. Im letzteren Fall haben sich die Verhältnisse an der Spitze der »Jagdlinie« also schon umgekehrt. Die Tatsache, daß aus deutscher Sicht die »Schlacht« in vielen technologisch anspruchsvollen und vom Volumen her bedeutenden Märkten bereits verloren erscheint – man denke an Produkte wie Videokameras, Telefaxgeräte oder Laptop-PC's –, gibt sicherlich Anlaß zu der Sorge, daß der Standort Bundesrepublik Deutschland im internationalen Wettbewerb nicht bestehen kann.

Der Ansatz der »Internationalen Jagdlinie« soll nicht nur die Struktur des globalen Wettbewerbs beschreiben, sondern auch strategische Handlungsalternativen für Unternehmen in westlichen Industrieländern aufzeigen. Diese müssen sich fragen:

- Wen »jagen« wir eigentlich?
- Mit welchen »Waffen gehen wir auf die Jagd«?

Bezüglich einer Antwort auf diese Fragen stehen zwei strategische Optionen zur Verfügung. Die erste, die in Abbildung 1 durch die rückwärts gerichteten Pfeile dargestellt wird, stellt auf den Wettbewerb mit Unternehmen aus Entwicklungs- und Schwellenländern sowie aus Japan ab. Sie konkretisiert sich in den folgenden Fragestellungen:

- Können wir bei Massengütern immer noch erfolgreich in Konkurrenz zu Anbietern aus Entwicklungsländern treten? Sind wir beispielsweise im Bereich der Massentextilien oder der landwirtschaftlichen Produkte überlegen?
- Können wir bei vielen anspruchsvollen Gütern, deren Produktionsweise jedoch kein »Geheimnis« mehr darstellt, erfolgreich mit Anbietern aus Schwellenländern konkurrieren? Haben wir z. B. beständige Wettbewerbsvorteile im Bereich der Unterhaltungselektronik?
- Können wir der japanischen Herausforderung gerecht werden? Sind wir z. B. in der Lage, das Produktivitätsniveau japanischer Automobilhersteller zu übertreffen?

Die Wahl der ersten Option läuft weitgehend auf einen kostenorientierten Wettbewerb hinaus. In diesem Rahmen wird mit der Standortdiskussion meist die Höhe der Lohnkosten in Deutschland diskutiert. Die Frage, die sich in diesem Zusammenhang stellt, lautet: Müssen wir in Deutschland nicht einfach den Gürtel enger schnallen und härter arbeiten, um wieder wettbewerbsfähiger zu werden? Anschließend müßte man sich dann fragen: Wie eng müssen wir den Gürtel schnallen, um in Deutschland auf Kostenbasis wieder international wettbewerbsfähig zu werden? Zur Beantwortung dieser Fragen erscheint es sinnvoll, die tatsächlichen Kostendifferenzen im internationalen Rahmen zu betrachten. Vergleicht man z. B. Arbeitszeit und Lohnkosten in Deutschland mit denen der »asiatischen Tiger«, so ergibt sich das in Tabelle 1 dargestellte Bild.

Tabelle 1 verdeutlicht, daß eine einseitig auf Kostensenkung ausgerichtete Strategie bedeuten würde, deutsche Unternehmen müßten mit Anbietern konkurrieren, die lediglich 20 Prozent ihrer Gesamtlohnkosten pro Stunde aufweisen. Bei einer Gegenüberstellung müssen die Gesamtlohnkosten pro Stunde jedoch um Produktivitätunterschiede bereinigt werden. Darüber hinaus muß auch der Anteil der Lohnkosten an den Gesamtkosten eines Erzeugnisses betrachtet werden. Beträgt dieser z.B. nur 5 Prozent, dann erscheinen die Gesamt-

Kennzahl	**Singapur**	**Hongkong**	**Südkorea**	**Taiwan**	**Bundesrepublik Deutschland**
jährliche Arbeitszeit in Stunden	2100	2350	2290	2330	1635
durchschnittlicher Stundenlohn in DM	3,84	4,20	4,68	5,36	20,16
Lohnnebenkosten in Prozent des Durchschnittslohnes	59 %	23 %	44 %	20 %	86 %
Gesamtlohnkosten in DM	6,11	5,17	6,72	6,43	37,55
Gesamtlohnkosten in Prozent der deutschen Lohnkosten	16,3 %	13,8 %	18,0 %	17,1 %	100 %

Quelle: Salowski, 1985; S. 10, o. V., 1991a; S. 8, eigene Berechnungen

Tabelle 1: Arbeitszeit und Lohnkosten in der Bundesrepublik Deutschland und südostasiatischen Schwellenländern (jährliche Arbeitszeit 1983, alle anderen Angaben für 1990).

lohnkosten pro Stunde für dieses Erzeugnis ziemlich unbedeutend. Trotz dieser Relativierung der Bedeutung der Gesamtlohnkosten pro Stunde kann man jedoch allgemein feststellen, daß die BRD im internationalen kostenorientierten Wettbewerb Standortnachteile hat. Deshalb ist die zweite strategische Option meines Erachtens für deutsche Unternehmen besser geeignet.

Diese wird in Abbildung 1 durch den vorderen Pfeil dargestellt und betont die Innovationsfähigkeit als Basis der Wettbewerbsfähigkeit. Dabei lassen sich drei Typen von Innovationen unterscheiden:

- Produktinnovationen,
- Prozeßinnovationen und
- Strategieinnovationen.

Während Produkt- und Prozeßinnovation hinlänglich bekannte Begriffe darstellen (vgl. Perlitz/Löbler, 1985, S. 425; Strebel, 1990, S. 161ff.), gilt dies nicht für die Strategieinnovation, die in Abschnitt 6 näher erläutert werden soll. Heute wird vielfach der Innovationswettbewerb zwischen Unternehmen, Branchen und Volkswirtschaften als eine neue Form des »Krieges« betrachtet (vgl. Porter, 1991; Thurow, 1992). Nur wer im Innovationswettbewerb gewinnt oder zumindest mithalten kann, ist langfristig in der Lage, seine internationale Wettbewerbsfähigkeit zu erhalten. Deshalb muß die Beurteilung des Standortes Bundesrepublik Deutschland eine genaue Analyse der Frage umfassen, ob die Rahmenbedingungen Innovationen eher fördern oder hemmen. Ehe darauf näher eingegangen wird, soll im folgenden zunächst der Begriff der internationalen Wettbewerbsfähigkeit diskutiert werden.

1.2. Zum Begriff der internationalen Wettbewerbsfähigkeit

Die internationale Wettbewerbsfähigkeit des Standortes Deutschland ist Gegenstand vieler politischer, ökonomischer und gesellschaftlicher Auseinandersetzungen. Diese werden insbesondere dann in die breite Öffentlichkeit getragen, wenn Entscheidungen im Rahmen der Tarif-, Subventions- oder Industriepolitik anstehen. Dabei hängen Argumentation und Lagebeurteilung stark von den jeweiligen Interessen verschiedener gesellschaftlicher Gruppen ab (vgl. Macharzina, 1989, S. 472 ff.). Der Begriff der internationalen Wettbewerbsfähigkeit ist keineswegs unproblematisch. Er wirft viele Fragen auf, auf die es bisher keine konsensfähige Antwort gibt. Die folgenden Aspekte spiegeln die Problematik des Begriffs »Internationale Wettbewerbsfähigkeit« wider:

- Die Diskussion der internationalen Wettbewerbsfähigkeit bezieht sich auf verschiedene Erkenntnisobjekte. So ist von internationaler Wettbewerbsfähigkeit von Unternehmen, von Branchen und von Standorten (Regionen, Ländern oder Ländergruppen) die Rede. Es stellt sich die Frage: Ist Wettbewerbsfähigkeit überhaupt ein sinnvolles Ziel für alle diese Erkenntnisobjekte (vgl. Fels, 1988, S. 135ff., S. 9ff.; Preusse, 1990, S. 81ff.; Stackelberg, 1991, S. 9ff.)?
- Wie unterscheidet sich der Begriffsinhalt, wenn man internationale Wettbewerbsfähigkeit auf verschiedene Erkenntnisobjekte bezieht? Ist es sinnvoll, Determinanten und Ergebnisse internationaler Wettbewerbsfähigkeit zu unterscheiden (vgl. Horn, 1985, S. 232ff.; Stakkelberg, 1991, S. 14f.)?
- Welchen Beitrag leisten verschiedene Theorien zur begrifflichen Abgrenzung, Erklärung und Gestaltung internationaler Wettbewerbsfähigkeit? Erscheinen hierbei Ansätze hilfreich, die sich lediglich auf einen Faktor stützen, oder müssen mehrere Faktoren berücksichtigt werden (vgl. Porter, 1991, S. 21ff.; Perlitz, 1993, S. 176ff.)?
- Wie kann die internationale Wettbewerbsfähigkeit unterschiedlicher Betrachtungsgegenstände gemessen werden (vgl. Guenther, 1986; Fagerberg, 1988, S. 355ff.; Fels, 1988, S. 136ff.; Macharzina, 1989, S. 472ff.)?

Im Rahmen dieses Beitrags soll nicht versucht werden, eine umfassende Antwort auf alle diese Fragen zu finden. Dennoch soll im folgenden zu einigen Punkten kurz Stellung bezogen werden.

Wettbewerb im marktwirtschaftlichen Sinn stellt einen Prozeß dar, bei dem Marktteilnehmer versuchen, ihre Ziele dadurch zu erreichen, daß sie sich relativ zu anderen Marktteilnehmern Vorteile verschaffen und diese ausnutzen. Eine wesentliche Eigenschaft des Wettbewerbsprozesses ist die Innovationstätigkeit, deren Erfolg a priori unsicher ist (vgl. Schumpeter, 1950, S. 134ff.). Man versucht dem Rechnung zu tragen, indem man nach Faktoren sucht, die die Erfolgswahrscheinlichkeit von Innovationen erhöhen. Eine gedankliche Trennung von Ergebnissen des Wettbewerbsprozesses (Erfolgsmaße) und von Determinanten dieses Prozesses (Struktur- und Verhaltensmaße) erscheint somit angebracht. Internationale Wettbewerbsfähigkeit bedeutet also, daß wirtschaftliche Ziele dadurch erreicht werden, daß grenzüberschreitend Vorteile auf Märkten geschaffen und genutzt werden. Wie dieser Begriffsinhalt für verschiedene Erkenntnisobjekte konkretisiert werden kann, soll im folgenden erörtert werden.

Die begriffliche Fassung der internationalen Wettbewerbsfähigkeit auf Unternehmensebene ist relativ unproblematisch. Unternehmen versuchen, ihren Erfolg (z. B. gemessen an Rentabilität oder Wachstum) durch internationale Aktivitäten (z. B. Export) zu behaupten bzw. auszubauen. Dabei treten sie auf Absatz- und Faktormärkten in Konkurrenz zu anderen Unternehmen. Die Internationalisierungsstrategie jedes Marktteilnehmers wird durch interne Faktoren, wie z. B. Fähigkeiten des Managements, und durch Umweltfaktoren, wie z. B. rechtliche Rahmenbedingungen, beeinflußt (vgl. Perlitz, 1993, S. 189ff.). Unternehmen haben dann internationale Wettbewerbsfähigkeit erreicht, wenn sie über mindestens einen internen oder externen Wettbewerbsvorteil gegenüber anderen in- und ausländischen Konkurrenten verfügen, der für Kunden im In- und Ausland ein wichtiges Leistungsmerkmal bildet, als solcher von diesen wahrgenommen wird und eine gewisse Dauerhaftigkeit aufweist (vgl. Simon, 1988, S. 4).

Wenn von der internationalen Wettbewerbsfähigkeit von Branchen die Rede ist, muß man bedenken, daß Branchenleistungen als solche nicht auf Märkten miteinander in Konkurrenz treten. So gibt es beispielsweise keine Produkte, die von der »deutschen Chemie« angeboten werden. Dennoch ergeben sich viele Phänomene, die einer Branche zuzuordnen sind; als Beispiele seien Branchenverbände und industrielle Gruppen genannt (vgl. Piore/Sabel, 1989, S. 254ff.; Porter, 1991, S. 124ff.). Auch wenn diese Brancheneigenschaften nicht unmittelbar auf Märkten gehandelt werden, beeinflussen sie doch die Wettbewerbsfähigkeit der zugehörigen Unternehmen im jeweiligen Industriezweig. Spricht man von der Wettbewerbsfähigkeit einer Branche, dann verbirgt sich dahinter die Konkurrenzfähigkeit der einzelnen Unternehmen dieses Wirtschaftszweiges. Diese wird jedoch von Brancheneigenschaften beeinflußt; so wird z. B. ein leistungsfähiger Wirtschaftsverband die Wettbewerbsfähigkeit aller Mitglieder steigern. Aktivitäten bezüglich einer Branche können also ähnlich wie staatliches Handeln Rahmenbedingungen für Unternehmen setzen.

Wegen der wachsenden internationalen Verflechtung der Wirtschaft hängt die Erreichung wirtschaftspolitischer Ziele, wie z.B. Wohlstand, Wachstum, Beschäftigung oder Geldwertstabilität, in zunehmendem Maße von außenwirtschaftlichen Faktoren ab. Die Betrachtung dieser Faktoren auf Unternehmensebene einzuschränken, wäre zum einen nicht angebracht, weil staatliche bzw. regionale Stellen auf verschiedenen Märkten in Erscheinung treten; so ist z.B. der deutsche Staat wesentlicher Anbieter auf dem Bildungsmarkt und gewichtiger Nachfrager auf dem Kapitalmarkt. Zum anderen spielen in der internationalen Wirtschaft viele Phänomene, die sich nicht auf Unternehmensebene beschränken lassen, eine wichtige Rolle. Hier sind beispielsweise Wechselkurse, rechtliche Vorschriften oder kulturelle Besonderheiten zu nennen. Internationale Wettbewerbsfähigkeit stellt somit ein sinnvolles und wichtiges Attribut eines Standorts dar. Dabei wird eine nach Märkten differenzierte Betrachtung notwendig, da die Wettbewerbsfähigkeit eines Standorts je nach betrachtetem Markt unterschiedlich eingestuft werden kann. So ist beispielsweise Luxemburg ein attraktiver Standort für Anbieter auf Finanzmärkten und ein weniger attraktiver Ort für Produzenten auf Gütermärkten.

Alle betriebs- und volkswirtschaftlichen Theorien, die internationale Phänomene zum Gegenstand haben, befassen sich mit Teilaspekten, d.h. eine umfassende Theorie der internationalen Wettbewerbsfähigkeit liegt bislang nicht vor. Einen Schritt in Richtung einer solchen Theorie bilden die Ansätze von Porter (1991) oder Dunning (1988), die mehrere Faktoren zugleich berücksichtigen. Trotz ihres partialanalytischen Charakters können jedoch die bestehenden Theorien bei Entscheidungen im internationalen Rahmen wertvolle Hilfe leisten (vgl. Perlitz, 1993, S. 132ff.).

Auf die Frage, wie die internationale Wettbewerbsfähigkeit auf verschiedenen Betrachtungsebenen und Märkten operationalisiert werden kann, soll hier nicht im einzelnen eingegangen werden. In den folgenden Abschnitten dieses Beitrags werden jedoch eine Vielzahl von Maßen am Beispiel des Standorts Deutschland diskutiert. Keines liefert ein umfassendes Abbild der internationalen Wettbewerbsfähigkeit, vielmehr muß von einer Interdependenz der einzelnen Indikatoren ausgegangen werden (vgl. Macharzina, 1989, S. 476).

Die Ausführungen in diesem Abschnitt haben gezeigt, daß internationale Wettbewerbsfähigkeit ein komplexes Phänomen darstellt. Beiträge, die zur Erklärung oder Gestaltung internationaler Wettbewerbsfähigkeit lediglich einen Einzelaspekt (z.B. die Lohnkosten) heranziehen, müssen daher skeptisch beurteilt werden. Deshalb sollen hier Gesichtspunkte zu mehreren gedanklichen Ansätzen gesammelt und erörtert werden. In der Literatur sind eine Reihe von Indikatoren vorgeschlagen worden, mit denen man versucht, in allgemeiner Art die Wettbewerbsfähigkeit von Volkswirtschaften zu vergleichen. Ehe auf die vorgenannten Einzelaspekte näher eingegangen wird, sollen deshalb im folgenden in einer Art Status-quo-Analyse diese allgemeinen Untersuchungen dargestellt werden.

1.3. Die Analyse des Status quo: Der Standort Bundesrepublik Deutschland

Die Wettbewerbsfähigkeit einer Volkswirtschaft bildet, wie bereits dargestellt, ein vielschichtiges Phänomen, von dem man nicht erwarten kann, daß es mit einer einzigen Maßzahl abgebildet werden kann. Insofern stellen die im folgenden dargestellten Größen nicht umfassende Maße, sondern Indikatoren der Wettbewerbsfähigkeit dar. Ein üblicher Weg, die Qualität eines Standortes einzuschätzen, sind Expertenbefragungen bzw. auf diesen basierende Indikatoren. In neueren Studien dieser Art zeigt sich, daß die Wettbewerbsfähigkeit des Standorts Deutschland

Rang	Land	Gesamtwertung auf der Basis von 16 Wettbewerbsfaktoren
1.	Japan	1332
2.	Deutschland	1284
3.	Holland	1134
4.	USA	1050
5.	Großbritannien	1016
6.	Frankreich	1003
7.	Kanada	994
8.	Südkorea	946
9.	Spanien	813
10.	Italien	774

Quelle: Behrens/Canibol, 1992, S. 41

Tabelle 2: Internationale Konkurrenzfähigkeit

keineswegs als gering eingestuft wird. So kommen Behrens/Canibol (1992) in einem Punktbewertungsmodell, in das 16 Faktoren für die Bereiche Arbeit, Technik, Kapital und Staat eingingen, zu der in Tabelle 2 abgebildeten Gesamtbewertung.

Außenhandelskennzahlen bilden ebenfalls übliche Indikatoren internationaler Wettbewerbsfähigkeit (vgl. Donges, 1992). Die Exportleistung der deutschen Wirtschaft zeigt, daß sich die Produkte deutscher Unternehmen auf internationalen Märkten in großem Umfang behaupten. So betrug der deutsche Gesamtexport 1991 401 Milliarden US-$, übertroffen nur von der Ausfuhr der USA im Wert von 422 Milliarden US-$. Japan liegt mit 338 Milliarden US-$ an dritter Stelle, gefolgt von Frankreich (216 Milliarden US-$), Großbritannien (185 Milliarden US-$), Italien (133 Milliarden US-$) und den Niederlanden (127 Milliarden US-$) (IMF, 1992).

Die Bedeutung der Exporttätigkeit wird deutlich, wenn man den Anteil der Exporte am Bruttosozialprodukt betrachtet. Abbildung 2 zeigt die tatsächlichen bzw. prognostizierten Exportquoten Deutschlands, Japans und der USA für den Zeitraum vom 1971 bis 2000.

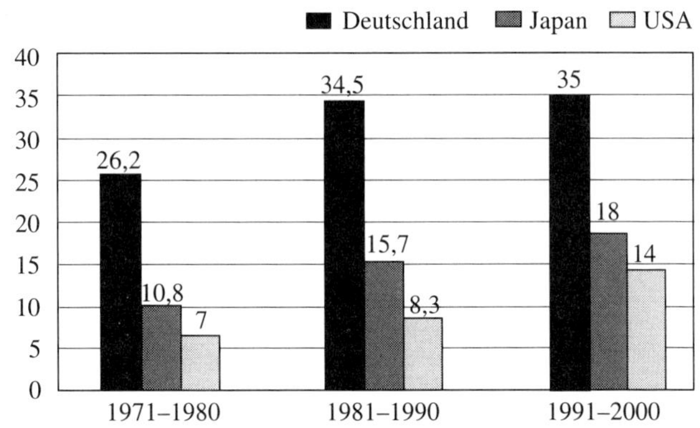

Quelle: IMF, International Financial Statistics, Vol. I/79, I/81, I/87, I/92, OECD, Economic Outlook, Vol. 32, Dezember 1992

Abbildung 2: Exportquoten im internationalen Vergleich

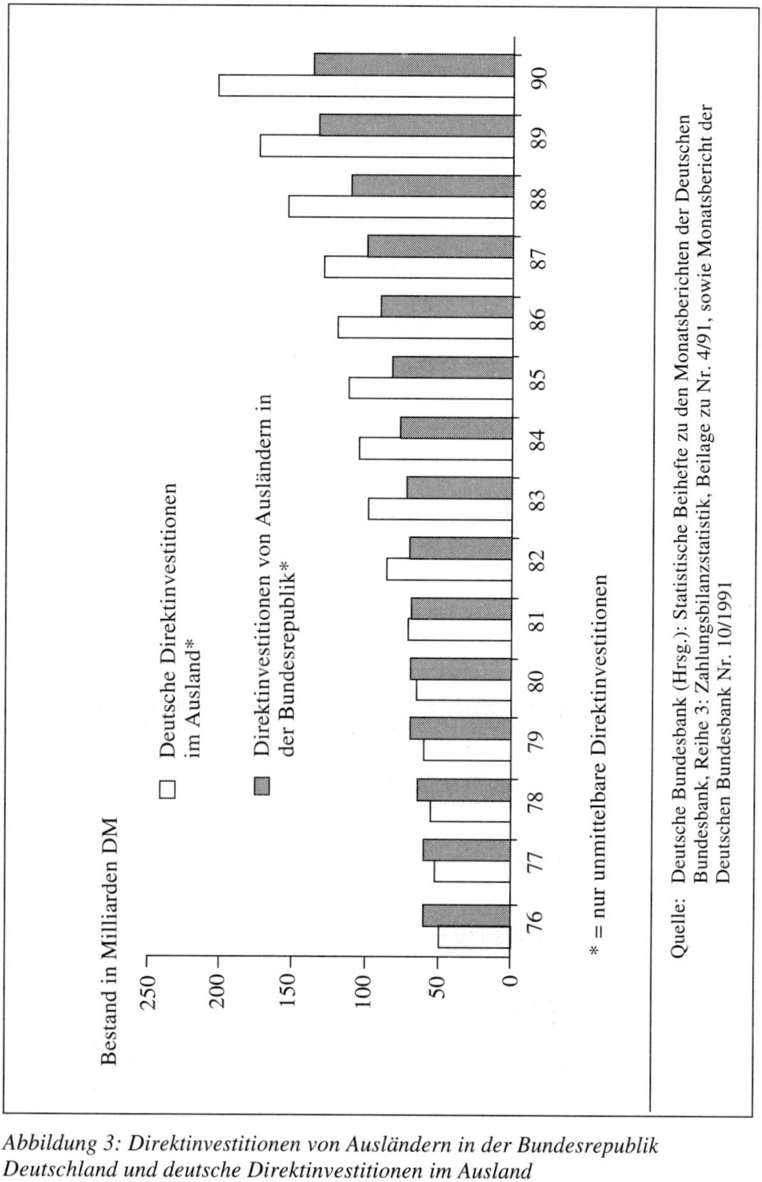

Quelle: Deutsche Bundesbank (Hrsg.): Statistische Beihefte zu den Monatsberichten der Deutschen Bundesbank, Reihe 3: Zahlungsbilanzstatistik, Beilage zu Nr. 4/91, sowie Monatsbericht der Deutschen Bundesbank Nr. 10/1991

Abbildung 3: Direktinvestitionen von Ausländern in der Bundesrepublik Deutschland und deutsche Direktinvestitionen im Ausland

Aus Abbildung 2 ist ersichtlich, daß die Exportquoten aller drei Länder seit den siebziger Jahren zugenommen haben. Der Wert für Deutschland ist in allen betrachteten Zeitspannen deutlich höher als die Anteile der USA und Japans. Diese und andere Maßgrößen, wie Exporte pro Kopf, Exportquoten von Branchen oder Unternehmen sowie Leistungsbilanzsalden, unterstreichen die große Bedeutung des Außenhandels für die Aufrechterhaltung bzw. den Ausbau des Wohlstands in Deutschland. Nimmt man die Exportfähigkeit eines Landes als Proxy-Variable für die internationale Wettbewerbsfähigkeit, dann zeigt sich also, daß der Standort Bundesrepublik noch eine hohe Attraktivität aufweist.

Ein weiterer, häufig genannter Indikator für die internationale Wettbewerbsfähigkeit eines Standorts sind die Direktinvestitionen. Betrachtet man den Bestand der deutschen Direktinvestitionen im Ausland und jenen ausländischer Direktinvestitionen in Deutschland, so ist für beide Größen ein kontinuierliche Zunahme zu verzeichnen (siehe Abbildung 3).

In diesem Zusammenhang erscheint bemerkenswert, daß der Saldo

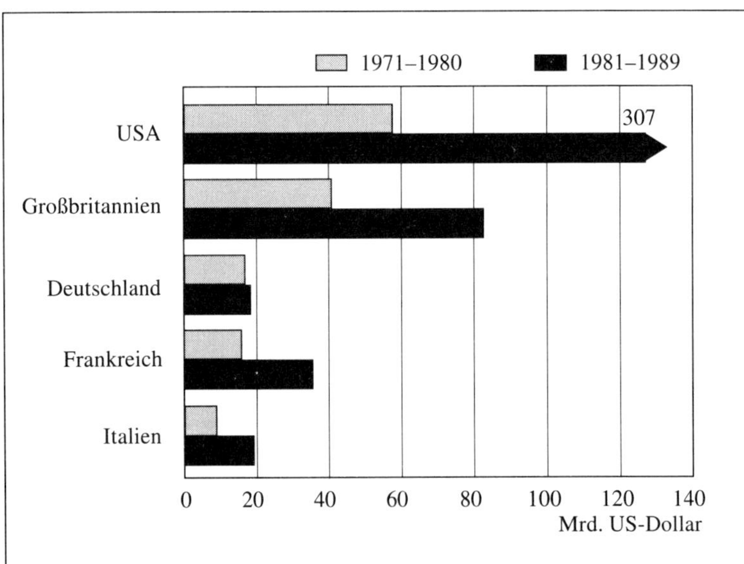

Abbildung 4: Direktinvestitionen in ausgewählten Industrieländern

zwischen dem Direktinvestitionsbestand der Bundesrepublik Deutschland im Ausland und dem von Ausländern in Deutschland in den letzten Jahren kontinuierlich größer geworden ist. In anderen Industrieländern wurden in den achtziger Jahren deutlich mehr ausländische Investitionen getätigt als in Deutschland (vgl. Abbildung 4). Diese Entwicklung kann jedoch nicht uneingeschränkt als Beleg einer Standortschwäche angeführt werden. So weist Welsch (1992, S. 284) darauf hin, daß in Japan ebenfalls eine klare Direktinvestitionslücke besteht. Auch das Beispiel der britischen Automobilindustrie, in der hohe ausländische (insbesondere japanische) Investitionen mit einer Schwäche inländischer Anbieter einhergehen, illustriert, daß ein unmittelbarer Schluß von Direktinvestitionssalden auf die Wettbewerbsfähigkeit eines Standorts nicht zulässig ist.

Der Bestand an Direktinvestitionen ist im Kontext der Außenhandelsentwicklung zu sehen. Verschiedene Gründe sprechen dafür, daß zwischen Exporttätigkeit und Direktinvestitionen ein komplementärer Zusammenhang besteht (vgl. Westerhoff, 1991, S. 27ff.). Somit stellen die hohen deutschen Direktinvestitionen zum einen ein Indiz für wirtschaftlichen Erfolg im Außenhandel dar, zum anderen sind sie aber auch ein Hinweis darauf, daß Investitionen im Ausland günstiger eingeschätzt werden als in Deutschland. Jedoch zeigt eine Umfrage des DIHT, deren Ergebnisse in Abbildung 5 wiedergegeben sind, daß deutsche Unternehmen vornehmlich zur Markterschließung und nicht aus Kostengründen im Ausland investieren.

Die Standortdiskussion wird in hohem Maße von der Kritik der Unternehmer an der Bundesrepublik Deutschland angeheizt. Um die Bedeutung einzelner Beanstandungen einschätzen zu können, hat das Ifo-Institut Unternehmer danach befragt, welcher Standortfaktor am dringendsten verbessert werden sollte. Das Ergebnis zeigt, daß Steuern und Sozialabgaben die Unternehmen am meisten belasten, wobei die vielgescholtene allgemeine Politik interessanterweise nur von 7 Prozent der Probanden als größtes Problem genannt wurde (vgl. Tabelle 3).

Zusammenfassend läßt sich feststellen, daß eine überzogene Kritik am Standort Deutschland nicht zu rechtfertigen ist. Berechtigt erscheinende Mängel stellen jedoch eine Herausforderung und Verpflichtung für alle ökonomisch Handelnden in der deutschen Volkswirtschaft dar.

Um den Standort Bundesrepublik Deutschland im einzelnen im Hinblick auf seine internationale Wettbewerbsfähigkeit zu analysieren, sol-

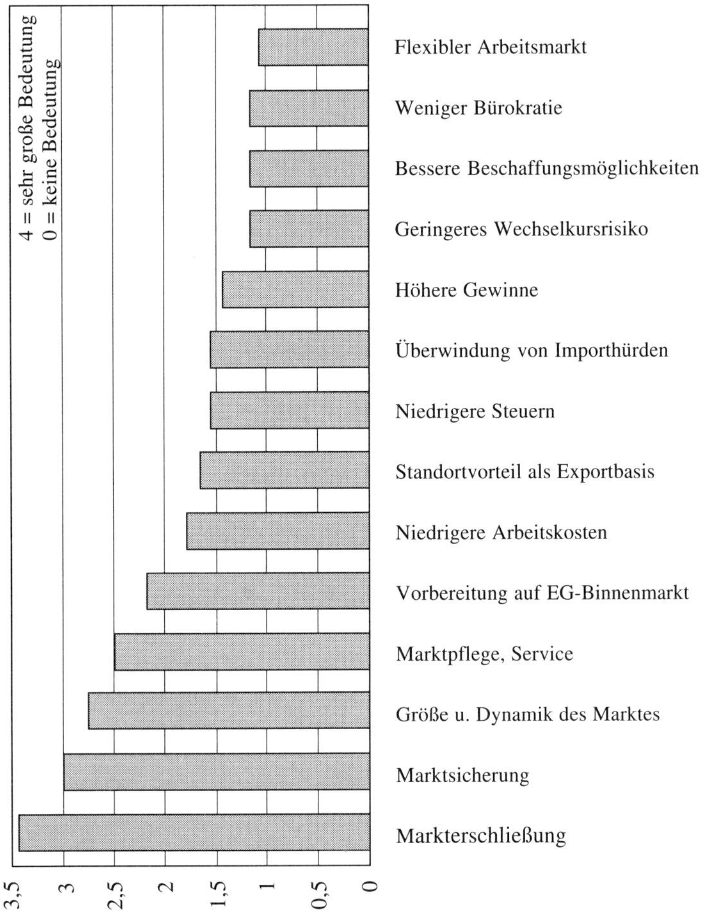

Quelle: o.V., 1990, S. 4

Abbildung 5: Motive deutscher Unternehmen für Auslandsinvestitionen

Verbesserungswünsche	Nennungen in Prozent
Steuerbelastung	24
Sozialabgaben	21
Arbeitskräfte allg.	13
Löhne	11
Umweltanforderungen	8
Politik	7
Gewerbeflächen	4
Arbeitsfrieden	1
Sonstiges	1

Quelle: Telefonumfrage des Ifo-Instituts, Dezember 1991

Tabelle 3: Verbesserungswünsche von Unternehmen zum Standort Deutschland

len im folgenden zunächst staatliche Rahmenbedingungen betrachtet werden. Anschließend wird die Faktorausstattung der Bundesrepublik Deutschland einer eingehenden Betrachtung unterzogen, indem Arbeit, Kapital, Boden und Wissen analysiert werden. Im Rahmen des Faktors Wissen wird abschließend das Vermögen deutscher Unternehmen untersucht, sich auf die globalen Herausforderungen einstellen zu können. Hierbei wird analysiert, inwieweit das Management selbst einen Standortvor- oder -nachteil verkörpert.

2. Die Rolle des Staates

2.1. Der Standortfaktor Verwaltung

Der Einfluß des Staates auf die Wirtschaft nahm in den letzten Jahrzehnten deutlich zu; so hat sich die Staatsquote in Deutschland seit Anfang des Jahrhunderts mehr als verdreifacht (vgl. Zimmermann/Henke, 1990, S. 27ff.). Wie sich staatliches Handeln auf die Wettbewerbsfähigkeit von Unternehmen auswirkt, soll in diesem und den folgenden Abschnitten dargelegt werden.

Die Entwicklung nach der Wiedervereinigung führte deutlich vor Augen, welches Hemmnis eine schlecht funktionierende öffentliche Verwaltung für die wirtschaftliche Entwicklung darstellt. Jedoch muß auch im Westen Deutschlands die Effizienz der Verwaltung kritisch geprüft werden. Ein Aspekt, der von Unternehmensseite in diesem Zusammenhang kritisiert wird, ist die Dauer von Genehmigungsverfahren. So umfaßte der Antrag an die königlich-bayerische Regierung der Pfalz zur Errichtung einer chemischen Fabrik im Herrnsdorfer Rheinfeld im Mai 1865 mit allen Anlagen 8 handgeschriebene Seiten. Der Antrag der BASF auf Erteilung einer Betriebsgenehmigung für einen weiteren Ofen der Rückgewinnungs-Verbrennungsanlage füllt hingegen drei ganze Ordner. Die Dauer der Genehmigungsverfahren in der Chemischen Industrie liegt in der Regel zwischen 10 und 19 Monaten. Von Beginn der Planung bis zur Inbetriebnahme einer Anlage vergehen meist mehrere Jahre.

Die juristische Absicherung im Rahmen des Genehmigungsverfahrens führt dabei zu erheblichen Belastungen für deutsche Unternehmen. Auch wenn die zunehmende Komplexität der Technologie und die gesteigerte Notwendigkeit des Umweltschutzes außer Frage stehen, führen mangelnde Effizienz der öffentlichen Verwaltung und überzogene juristische Regulierung zu Wettbewerbsnachteilen deutscher Unternehmen. So verstreichen nach einer Aussage des McKinsey-Chefs Henzler (1992) zwischen Planungsbeginn und Inbetriebnahme einer Chemiefabrik in Deutschland 72 Monate, während in Japan eine gleichartige Anlage schon nach 30 Monaten betriebsbereit ist. Daß derartige zeitliche Differenzen die relative Vorteilhaftigkeit von Investitionsprojekten und damit die Standortattraktivität erheblich beeinflussen, steht außer Frage.

Im Hinblick auf die Standortqualität ist die Abwicklungsdauer von Genehmigungsverfahren lediglich ein Effizienzmaß der öffentlichen Verwaltung. Auch andere amtlich ausgeübte bzw. regulierte Aktivitäten müssen m. E. entsprechend beurteilt und international verglichen werden. Zur Verdeutlichung seien hier stichwortartig genannt: Kosten der Telekommunikation, Wartezeit bis zum Beginn von Gerichtsprozessen, Erschließungskosten für Gewerbeobjekte oder industrielle Verwertbarkeit der Ergebnisse staatlich geförderter Forschungsprojekte.

2.2. Der Standortfaktor Unternehmensbesteuerung

Eine weitere Belastung, die im Rahmen der Standortdiskussion angeführt wird, bildet die Besteuerung deutscher Unternehmen. Betrachtet man die Einkommen- bzw. Körperschaftssteuer im internationalen Ver-

	Steuerhöchstsätze		**Degressive Abschreibung in Prozent der Anschaffungskosten (kumuliert)**		
Land	**Einkommensteuer in %**	**Körperschaftsteuer in %**	**nach einem Jahr**	**nach fünf Jahren**	**nach sieben Jahren**
Deutschland	53,0	50,0	30,0	83,2	91,8
Frankreich	56,8	34,0	25,0	76,3	86,7
Italien	58,1	47,8	25,0	82,1	89,3
Großbritannien	40,0	33,0	25,0	76,3	86,7
Spanien	56,0	35,0	8,0	40,0	56,0
Niederlande	60,0	35,0	20,0	67,2	79,0
Belgien	60,0	39,0	20,0	67,2	80,3
Dänemark	69,9	38,0	30,0	83,2	91,8
Griechenland	50,0	46,0	10,0	50,0	70,0
Österreich	50,0	30,0	10,0	30,0	70,0
Schweiz	40,9	34,3	30,0	83,2	91,8
Schweden	50,0	30,0	30,0	83,2	91,8
USA	36,2	45,3	28,6	81,4	100,0
Japan	65,0	44,0	20,6	68,4	80,1
Kanada	46,4	44,3	20,0	67,2	79,0

Quelle: Bundesministerium der Finanzen, 1991

Tabelle 4: Steuern und Abschreibungen im internationalen Vergleich

gleich, so nimmt Deutschland in der Tat eine Spitzenstellung ein. Die alleinige Betrachtung der Steuersätze reicht jedoch nicht aus, die Steuerbemessungsgrundlage muß ebenfalls berücksichtigt werden. So führen beispielsweise verschiedene Abschreibungsmöglichkeiten ceteris paribus zu unterschiedlichen steuerpflichtigen Gewinnen. Tabelle 4 zeigt, daß deutsche Unternehmen zwar hohe Steuersätze verkraften müssen, daß sie aber im internationalen Vergleich relativ schnell abschreiben und somit zumindest Zinsgewinne durch später anfallende Steuern erzielen können.

2.3. Der Standortfaktor staatliche Defizite

Im Zusammenhang mit der Steuerbelastung deutscher Unternehmen ist auch die Finanzpolitik des Staates zu sehen; denn eine wachsende Staats-

Land	Haushaltsdefizit 1992 in Prozent des Bruttoinlandsprodukts
Deutschland	3,7
Frankreich	2,5
Großbritannien	6,0
Italien	11,1
Spanien	5,0
Niederlande	3,8
Belgien	5,5
Dänemark	2,2
Portugal	5,0
Griechenland	16,0
Irland	2,0
Luxemburg	Überschuß: 1,5
USA	3,8
EG-Durchschnitt	5,7

Quelle: Die Welt, Nr. 253, 1992

Tabelle 5: Haushaltsdefizit in Prozent des Bruttoinlandsprodukts (Schätzungen für 1992)

verschuldung beeinträchtigt die staatliche Handlungsfähigkeit und begrenzt das Steuersenkungspotential. Im internationalen Vergleich ist das deutsche Haushaltsdefizit bezogen auf das Bruttoinlandsprodukt trotz der Wiedervereinigung noch relativ gering (vgl. Tabelle 5), jedoch erscheint die Zunahme der Staatsverschuldung sicherlich bedenklich (vgl. Tabelle 6).

Haushaltsdefizit und Staatsverschuldung sind hochaggregierte makroökonomische Größen. Zudem bilanzieren öffentliche Körperschaften ihre Vermögens- und Schuldtitel nicht in einer Weise, wie es selbst von kleinen Kapitalgesellschaften verlangt wird. Auch wenn hier auf diese Problematik nicht im Detail eingegangen werden kann, so soll doch zumindest angemerkt werden, daß die staatliche Finanzpolitik immer unter dem Aspekt beurteilt werden muß, wofür staatliche Mittel verwendet werden und welche Vermögensgegenstände den öffentlichen Schulden gegenüberstehen.

Land	Jahr						
	1975	1980	1985	1989	1990	1991	1992
Deutschland	25,0	32,5	41,1	41,1	39,7	44,1	46,4
Frankreich	25,8	37,3	45,4	46,6	46,9	47,5	47,8
Italien	66,8	58,5	84,1	98,8	101,1	103,1	104,3
Großbritannien	65,3	54,6	53,1	37,4	35,6	36,0	36,2
Spanien	12,9	18,5	47,3	43,2	43,4	43,4	43,2
Niederlande	41,3	45,9	69,6	79,7	81,7	83,4	84,3
Belgien	65,8	79.9	122,7	130,7	130,1	131,6	132,2
Dänemark	11,9	33,5	64,1	58,0	59,2	60,0	60,1
Griechenland	22,4	27,7	57,9	76,1	80,7	83,5	83,9
Österreich	23,9	37,2	49,6	56,6	54,0	52,5	51,0
Schweiz	42,2	42,6	–	28,7	–	–	–
Norwegen	–	–	40,7	43,1	42,1	43,2	45,1
Schweden	29,5	44,8	67,7	47,7	43,8	41,8	41,0
Finnland	–	14,6	19,0	15,0	13,9	16,3	20,2
USA	43,3	37,9	48,8	54,0	54,6	56,2	56,2
Japan	22,4	52,0	68,5	70,2	66,5	63,2	59,9
Kanada	44,7	47,9	64,6	69,6	72,1	75,6	76,8

Quelle: Bundesministerium der Finanzen, OECD

Tabelle 6: Staatsverschuldung in Prozent des Bruttoinlandsprodukts im internationalen Vergleich

2.4. Der Standortfaktor Einstellung zu neuer Technologie am Beispiel der Gentechnologie

Im Rahmen der Entwicklung neuer Technologie reagieren die deutsche Öffentlichkeit und viele Politiker mitunter unverständlich. Ein Beispiel dafür bildet die Diskussion um die Entwicklung von bio- und gentechnologischen Produkten in Deutschland. Zu einer Zeit, als noch niemand wußte, welche Ergebnisse mit diesen neuen Technologien erzielt werden können, wurde eine Ethikkommission eingesetzt. Diese Diskussion hat in einer sehr frühen Phase die Forschung und Entwicklung dergestalt beeinflußt, daß die deutschen Unternehmen, wollten sie den Anschluß an die Welttechnologieentwicklung nicht verpassen, jene ins Ausland verlegen mußten. Die technologiefeindliche Einstellung der deutschen Öffentlichkeit, aber auch vieler Politiker, führte zu einer strengen Gesetzgebung in Deutschland, mit der Konsequenz, daß deutsche Unternehmen im Vergleich zu Unternehmen aus den USA und Japan in diesem sehr stark wachsenden Markt eine nachrangige Rolle spielen.

So beläuft sich die Anzahl der Unternehmen, die sich mit gentechnischen Verfahren und Produkten beschäftigten, in den USA auf 380 mit 300 Produktionsanlagen, in Japan auf 105 mit 130 Produktionsstätten und in Deutschland auf nur 17 mit 6 Produktionsbetrieben. Dies verdeutlicht, wie stark Deutschland in der gentechnischen Entwicklung bereits hinterherhinkt.

Das Beispiel der Gentechnologie zeigt, wie restriktive Rahmenbedingungen dazu führen können, daß der heimische Standort geschwächt wird, ohne die Entwicklung einer Technologie, die man für bedenklich hält, im internationalen Umfeld aufhalten zu können. Dies ist um so besorgniserregender, als sich der Umsatz in diesem Markt von 10,2 Milliarden US-$ in 1991 auf schätzungsweise 167 Milliarden US-$ im Jahr 2000 erhöhen wird.

2.5. Der Standortfaktor Umweltschutz

Die Ausgaben für den Umweltschutz sind in Deutschland vergleichsweise hoch (o. V., 1991b, S. 4f.). So wurden 1990 1,62 Prozent des Bruttosozialprodukts für den Umweltschutz verwandt, verglichen mit 1,37 Prozent in den USA und 1,33 Prozent in Japan. Umweltschutzmaßnahmen belasteten deutsche Unternehmen 1990 mit 29 Milliarden DM. Die Beurteilung von Umweltschutzmaßnahmen darf jedoch nicht nur anhand kurzfristiger Kostenwirkungen erfolgen. So führen strenge Auflagen zunächst zu höheren Aufwendungen und somit niedrigerer Ertragskraft der betroffenen Unternehmen. Langfristig können jedoch die gesammelten Erfahrungen im Umweltbereich gewinnbringend vermarktet werden. Ein Indiz hierfür erscheint die weltweit führende Position Deutschlands bei der Anmeldung von Patenten im Umweltbereich, die in Abbildung 6 verdeutlicht wird. Dabei wurden nur Patentanmeldungen berücksichtigt, die in mindestens zwei Ländern vorgenommen wurden. Auf diese Weise versucht man die Betrachtung auf Patente zu beschränken, von denen sich der Erfinder einen so hohen wirtschaftlichen Wert verspricht, daß er die Kosten der Anmeldung auch außerhalb seines Heimatlandes nicht scheut.

Die Betrachtung der Rolle des Staates im Hinblick auf die internationale Wettbewerbsfähigkeit des Standorts Deutschland hat eine Vielzahl

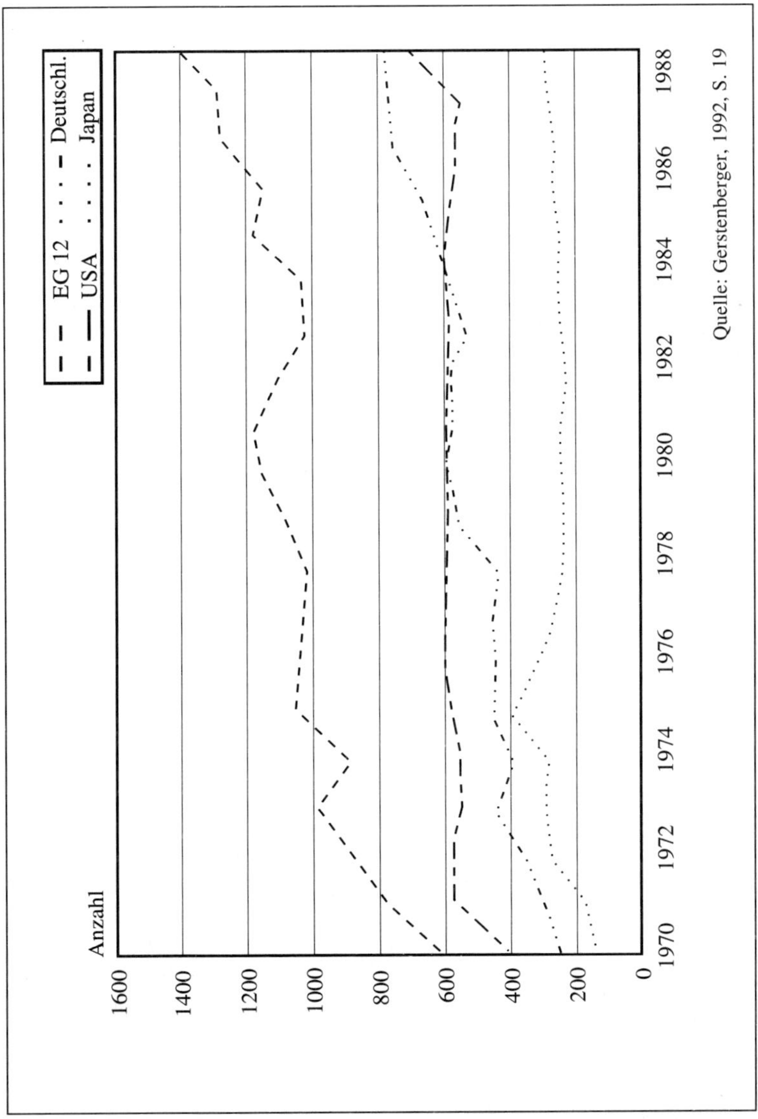

Abbildung 6: Erfindungen nach Ursprungsländern im Bereich Umwelttechnik, Anzahl der Erfindungen mit Patentanmeldung in mindestens zwei Ländern

kritischer Punkte aufgezeigt. Als Fazit läßt sich festhalten, daß erhebliche Defizite in der Politik bestehen. Dennoch erscheint eine weitgehende »ökonomische Staatsverdrossenheit«, sieht man vor allem die generell gute Infrastruktur in Deutschland, als überzogen.

3. Der Produktionsfaktor Arbeit

In Anlehnung an die volkswirtschaftliche Theorie soll in diesem und den folgenden Abschnitten die Faktorausstattung der deutschen Wirtschaft anhand der Bereiche Arbeit, Kapital, Boden und Wissen im Hinblick auf die internationale Wettbewerbsfähigkeit betrachtet werden.

Bei der Untersuchung des Produktionsfaktors Arbeit müssen sowohl quantitative als auch qualitative Aspekte berücksichtigt werden. Die

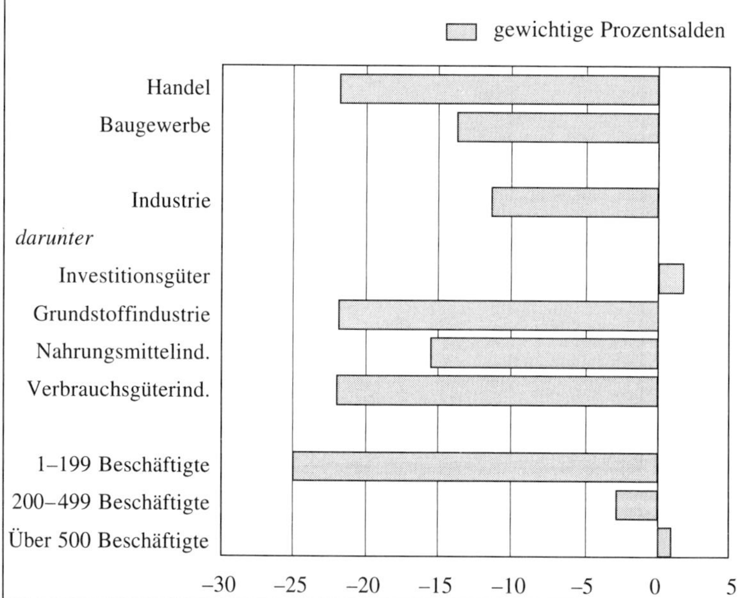

Quelle: Nerb, 1992, S. 7

Abbildung 7: Beurteilung des mengenmäßigen Arbeitskräfteangebots

mengenmäßige Verfügbarkeit von Arbeitskräften hängt unmittelbar von der demografischen Entwicklung ab. Diese ist im Osten und Westen Deutschlands von einer zunehmenden Überalterung der Bevölkerung geprägt. Das Arbeitskräfteangebot an jungen Mitarbeitern wird gleichzeitig zurückgehen.

Die allgemeine Verknappung des Faktors junge Arbeitskräfte geht mit schwerwiegenden strukturellen Problemen einher. Während einerseits hohe Arbeitslosigkeit herrscht, kann andererseits die Arbeitsnachfrage in wichtigen Bereichen nicht gedeckt werden. Dies wird besonders beim handwerklichen Nachwuchs deutlich: Seit 1990 gibt es mehr Studenten als Lehrlinge. Hörsäle sind völlig überfüllt, während Handwerksbetriebe verzweifelt Nachwuchs suchen. Immer mehr Akademiker müssen nach einem langen Studium einen Arbeitsplatz annehmen, der ihrer Qualifikation nicht entspricht. Abbildung 7 spiegelt die Ergebnisse einer Umfrage des Ifo-Instituts in den Wirtschaftszweigen Handel, Baugewerbe und Industrie wider. Sie verdeutlicht die Existenz eines quantitativen Defizits und zeigt, daß insbesondere kleinere Unternehmen bei der Personalbeschaffung Probleme haben.

Die mengenmäßige Verfügbarkeit des Faktors Arbeit wird neben langen Studienzeiten auch durch ein niedriges Pensionsalter und durch eine

Land	Tarifliche Jahresarbeitszeit 1991 in Stunden
Japan	2175
USA	1904
Schweiz	1868
Schweden	1784
Italien	1764
Frankreich	1763
Großbritannien	1754
Belgien	1739
Norwegen	1718
Österreich	1714
Niederlande	1709
Dänemark	1672
Deutschland	1647

Quelle: o. V., 1992a, S. 7

Tabelle 7: Jahresarbeitszeit in ausgewählten Industrieländern 1991

kurze Jahresarbeitszeit weiter reduziert. Selbst wenn mit der kurzen Jahresarbeitszeit (vgl. Tabelle 7) eine relativ geringe Streikneigung in Deutschland verbunden ist (vgl. Tabelle 8), muß festgehalten werden,

Land	**Streiktage je 1000 abhängig Beschäftigte**	
	Durchschnitt 1980–1985	**Durchschnitt 1986–1989**
Deutschland	55	2
Frankreich	85	42
Großbritannien	505	149
Italien	854	295
Niederlande	23	7
USA	137	95
Japan	13	5

Quelle: Institut der deutschen Wirtschaft (Hrsg.), 1991, Tabelle 145

Tabelle 8: Streikneigung in Industrieländern

Land	**1980**	**Rang**	**1990**	**Rang**
Westdeutschland	23,40	3	37,88	1
Schweiz	21,76	5	36,74	2
Schweden	23,96	2	35,29	3
Norwegen	21,40	6	32,74	4
Dänemark	20,81	7	30,54	5
Niederlande	23,16	4	30,36	6
Belgien	24,41	1	30,05	7
Italien	17,51	9	29,82	8
Österreich	15,10	12	28,46	9
Kanada	16,80	11	26,73	10
Japan	12,35	14	25,85	11
Frankreich	17,35	10	25,65	12
Großbritannien	13,30	13	24,72	13
USA	18,23	8	24,18	14
Spanien	11,64	15	21,88	15
Griechenland	6,63	16	10,49	16

Quelle: Institut der deutschen Wirtschaft (Hrsg.), 1/1981, 2/1991

Tabelle 9: Arbeitskosten der Verarbeitenden Industrie (Stundenlöhne und Personalzusatzkosten) in DM in den Jahren 1980 und 1990

daß sich die Deutschen im internationalen Rahmen mit ihrer kurzen Arbeitszeit einen sehr großen Luxus leisten.

Ob die kurze Arbeitszeit die internationale Wettbewerbsfähigkeit der deutschen Unternehmen stark beeinflußt, muß anhand der Arbeitskosten und -produktivität im weltweiten Vergleich beurteilt werden. Wie Tabelle 9 für die Verarbeitende Industrie wiedergibt, liegen die Arbeitskosten in Westdeutschland weit über denen anderer Industrieländer. Daß der Abstand zu den Arbeitskosten in Schwellenländern noch wesentlich größer ist, wurde bereits in Tabelle 1 deutlich. Bedenklich ist, daß die relative Steigerung der deutschen Arbeitskosten mit einem relativen Verlust an Produktivität einhergeht (vgl. Abbildung 8). Besondere Beachtung verdient die Tatsache, daß sich die relative Position Deutschlands vor allem gegenüber den USA und Japan deutlich verschlechtert hat, da aus diesen Ländern in vielen Branchen die gefährlichsten Konkurrenten deutscher Unternehmen

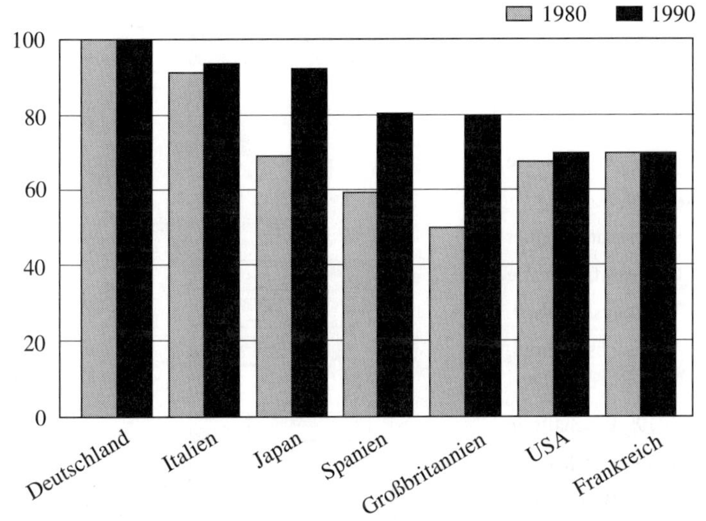

Quelle: Institut der deutschen Wirtschaft (Hrsg.), iw-Trends 4/1981, o.V., 24/1991

Abbildung 8: Produktivitätsniveau in ausgewählten Industrieländern bezogen auf Deutschland in den Jahren 1980 und 1990

stammen. Die Maschinenbauindustrie liefert ein überzeugendes Beispiel für eine derartige Konstellation.

Durch die Wiedervereinigung haben sich die Probleme auf dem Arbeitsmarkt weiter verschärft. Diese Entwicklung einseitig Gewerkschaften, Unternehmern oder Politikern anzulasten, ist sicherlich nicht gerechtfertigt. Tarifverträge werden von Gewerkschafts- und Unternehmervertretern gemeinsam unterzeichnet, die ihrerseits die politischen Rahmenbedingungen beachten müssen. Abbildung 9 verdeutlicht, daß neben dem bereits genannten mengenmäßigen Angebot auch die Qualität des Arbeitskräfteangebots aus Unternehmersicht Probleme bereitet.

Zusammenfassend muß festgehalten werden, daß der Faktor Arbeit für den Standort Deutschland erhebliche Probleme in sich birgt. Die Verknappung des Faktors »gut ausgebildete junge Mitarbeiter« führt zu hohen Arbeitskosten. Diese bedeuten nur dann keinen Wettbewerbs-

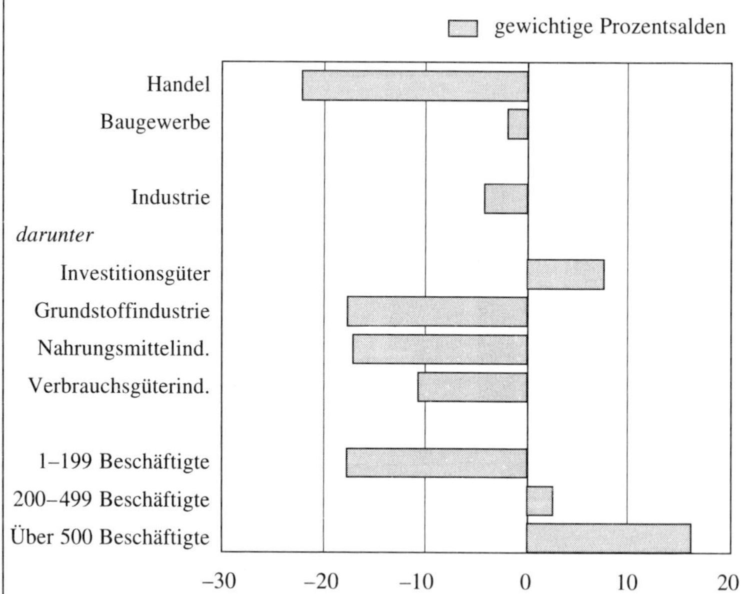

Quelle: Nerb, 1992, S. 6

Abbildung 9: Beurteilung der Qualität des Arbeitskräfteangebots

nachteil für die deutsche Wirtschaft, wenn die Arbeitsproduktivität im internationalen Vergleich entsprechend hoch ausfällt. Dies ist jedoch immer weniger der Fall. Die Produktivität der Arbeit in Deutschland muß also gesteigert werden. Alle diejenigen, die arbeitsmarktpolitisch relevante Entscheidungen treffen, sollten bedenken, daß sie der Aufrechterhaltung der internationalen Wettbewerbsfähigkeit des Standorts Deutschlands in besonderem Maße verpflichtet sind.

4. Der Produktionsfaktor Kapital

Seit nahezu fünfzig Jahren herrscht in Westeuropa Frieden, was zu einer beträchtlichen Akkumulation von Privatvermögen geführt hat. Diese Entwicklung, gepaart mit der Altersstruktur in Deutschland, führt dazu, daß in einem bisher nicht dagewesenen Ausmaß Vermögenswerte vererbt werden. Abbildung 10 verdeutlicht, daß von 1992 bis zum Jahr 2000 ein Betrag von schätzungsweise 1,8 Billionen DM an Geldvermö-

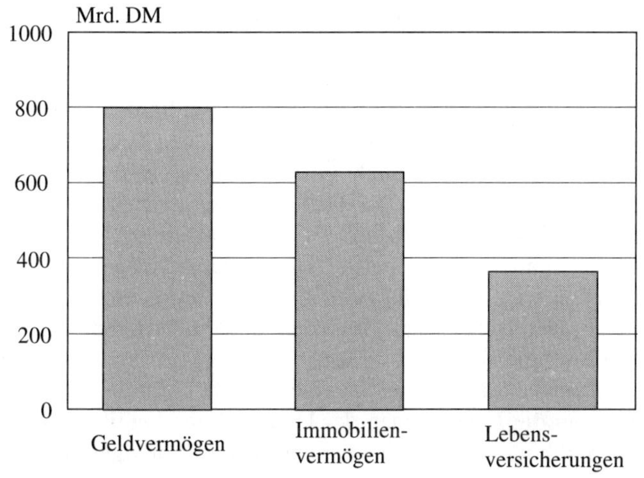

Quelle: Wahl, 1990, S. 21ff.

Abbildung 10: Erbvermögen in Deutschland von 1992 bis 2000

gen, Immobilien und Lebensversicherungen vererbt werden wird. Darüber hinaus gehen noch viele andere Vermögenswerte, wie etwa die Einrichtung in den hinterlassenen Häusern, an die Erben über.

Die demografische Entwicklung, die, wie schon erwähnt, dadurch geprägt ist, daß immer mehr Ältere immer weniger Jüngeren gegenüberstehen, führt dazu, daß das Erbvermögen unter relativ wenigen Erben aufgeteilt wird. Auch wenn nicht jeder in den Genuß einer großen Hinterlassenschaft kommen wird (»Zwei-Drittel-Gesellschaft«), kann dennoch davon ausgegangen werden, daß sich die ohnehin günstige Vermögenslage der privaten Haushalte im Durchschnitt noch deutlich verbessern wird.

Eine ähnliche Übertragung von Erbvermögen aufgrund der demografischen Entwicklung wie in Deutschland findet auch in anderen Industrieländern statt (vgl. Perlitz, 1989, S. 26ff.). Jedoch nimmt Deutschland eine Sonderstellung ein, weil die den Vermögenstransfers gegenüberstehenden Haushaltsschulden im internationalen Vergleich relativ niedrig liegen (o. V., 1992, S. 91). Zusammenfassend läßt sich festhalten, daß die Vermögensentwicklung der privaten Haushalte nicht auf eine Kapitalknappheit in Deutschland schließen läßt. Ob dies auch für deutsche Unternehmen gilt, soll im folgenden diskutiert werden.

Die Bilanzen vieler deutscher Konzerne weisen sehr hohe Barreserven aus. So betrug 1991 die Barreserve der Siemens AG über 18 Milliarden DM, die der RWE AG über 13 Milliarden DM und die der Volkswagen AG über 11 Milliarden DM. Viele Unternehmen erwirtschaften mehr Erträge durch Finanzanlagen als im operativen Geschäft (vgl. Perlitz, 1988b, S. 309ff.; Claßen/Seyfried, 1992, S. 217ff.). Die Anhäufung liquider Mittel ist nicht auf einige Unternehmen beschränkt, sondern für deutsche Unternehmen insgesamt kennzeichnend. Dies wird deutlich, wenn man die umfassende Bilanzstatistik der Deutschen Bundesbank heranzieht und die Differenz von Operating Cash Flow und Realinvestitionen berechnet (Perlitz, 1988c, S. 305). Diese Kennzahl drückt aus, in welchem Maß liquide Mittel verfügbar sind, wenn die Investitionen der Unternehmen bereits finanziert wurden. Abbildung 11 zeigt, daß bei deutschen Kapitalgesellschaften eine Differenz zwischen Operating Cash Flow und Realinvestitionen in erheblichem Umfang besteht. Somit verfügen neben den privaten Haushalten auch die deutschen Unternehmen insgesamt über erhebliches Nettovermögen.

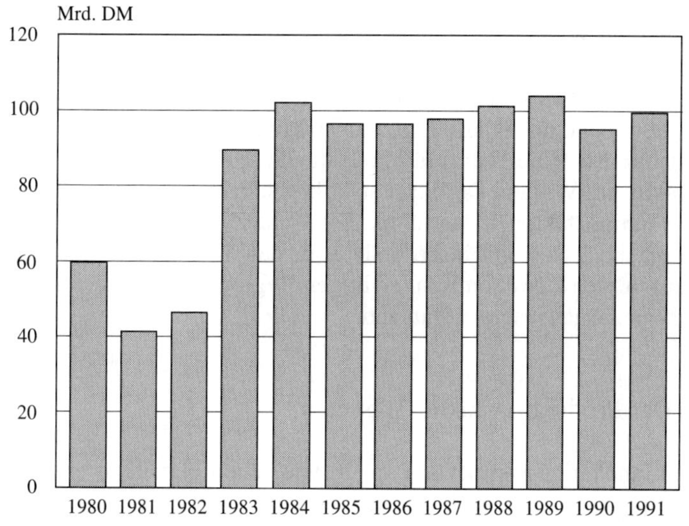

Quelle: Berichte der Deutschen Bundesbank, 1981–1992

Abbildung 11: Operating Cash Flow abzüglich Realinvestitionen deutscher Unternehmen in den Jahren 1980–1991

Wie bereits dargestellt wurde, verschuldet sich der Staat hingegen in immer stärkerem Maße. Die Tatsache, daß seitens der privaten Haushalte und Unternehmen Kapital reichlich vorhanden ist, bedeutet sicherlich einen Wettbewerbsvorteil für die deutsche Wirtschaft. Für Ostdeutschland heißt dies, daß genügend finanzielle Mittel zum Aufbau zur Verfügung stehen, aber die Rahmenbedingungen verbessert werden müssen, damit die vorhandenen Finanzanlagen in Realinvestitionen überführt werden. Als Resümee läßt sich festhalten, daß die Vermögenslage von Unternehmen und privaten Haushalten insgesamt günstig ist. Es erscheint allerdings für die Wettbewerbsfähigkeit des Standorts Deutschland unter dem Gesichtspunkt der Verfügbarkeit von Kapital wichtig, daß sich die finanzielle Lage des Staates nicht weiter verschlechtert.

5. Der Produktionsfaktor Boden

Durch die Wiedervereinigung haben sich viele neue potentielle Standorte ergeben. Im Osten entsteht und im Westen Deutschlands besteht eine hoch entwickelte Infrastruktur. Belastet wird der Faktor Boden durch Altlasten und ungeklärte Eigentumsfragen im Osten sowie durch einen erheblichen Mittelbedarf für die Instandhaltung der bestehenden Infrastruktur im Westen. Der Staat steht hier klar in der Verpflichtung, den Produktionsfaktor Boden für ökonomische Zwecke schneller verfügbar zu machen. Dies gilt insbesondere für den Wohnungsmarkt. Hier besteht in vielen ökonomisch wichtigen Regionen ein beträchtlicher Bedarf an ausgewiesenem Bauland.

6. Der Produktionsfaktor Wissen

Der Innovationswettbewerb spielt, wie schon einleitend erwähnt, für eine hoch entwickelte Industrienation wie Deutschland eine entscheidende Rolle. Deswegen ist der Faktor Wissen im Rahmen der Standortdiskussion von besonderer Bedeutung. Wenn im folgenden von Wissen gesprochen wird, sollen zwei gedankliche Schwerpunkte gebildet werden: Zum einen soll technisches Wissen, das sich im Erfindungsgeist von Forschern und Technikern niederschlägt, betrachtet werden. Zum anderen wird das Wissen bzw. die Fähigkeit von Managern diskutiert, diesen Erfindungsgeist im Rahmen erfolgreicher Unternehmensstrategien zu nutzen.

Die unmittelbare Messung technischen Wissens erscheint problematisch. Daher werden in der Literatur verschiedene Proxy-Variablen verwendet, wie z. B. der Anteil am Welthandel mit technologieintensiven Gütern oder patentstatistische Indikatoren (vgl. Macharzina, 1989, S. 480ff.; Scherer/Ross, 1990, S. 613ff.; Gerstenberger, 1992). Im Rahmen dieses Beitrags soll auf Patentstatistiken zurückgegriffen werden. Die Abbildungen 12 und 13 zeigen die Anzahl der Patentanmeldungen für alle Bereiche der Technik sowie für Informations- und Kommunikationstechnik in Japan, Deutschland, den USA und der EG. Bezüglich der Anzahl der Patentanmeldungen für Umwelttechnik sei auf die Abbildung 6 in Abschnitt 2.6. zurückverwiesen.

Abbildung 12 zeigt, daß für die Europäische Gemeinschaft eine ins-

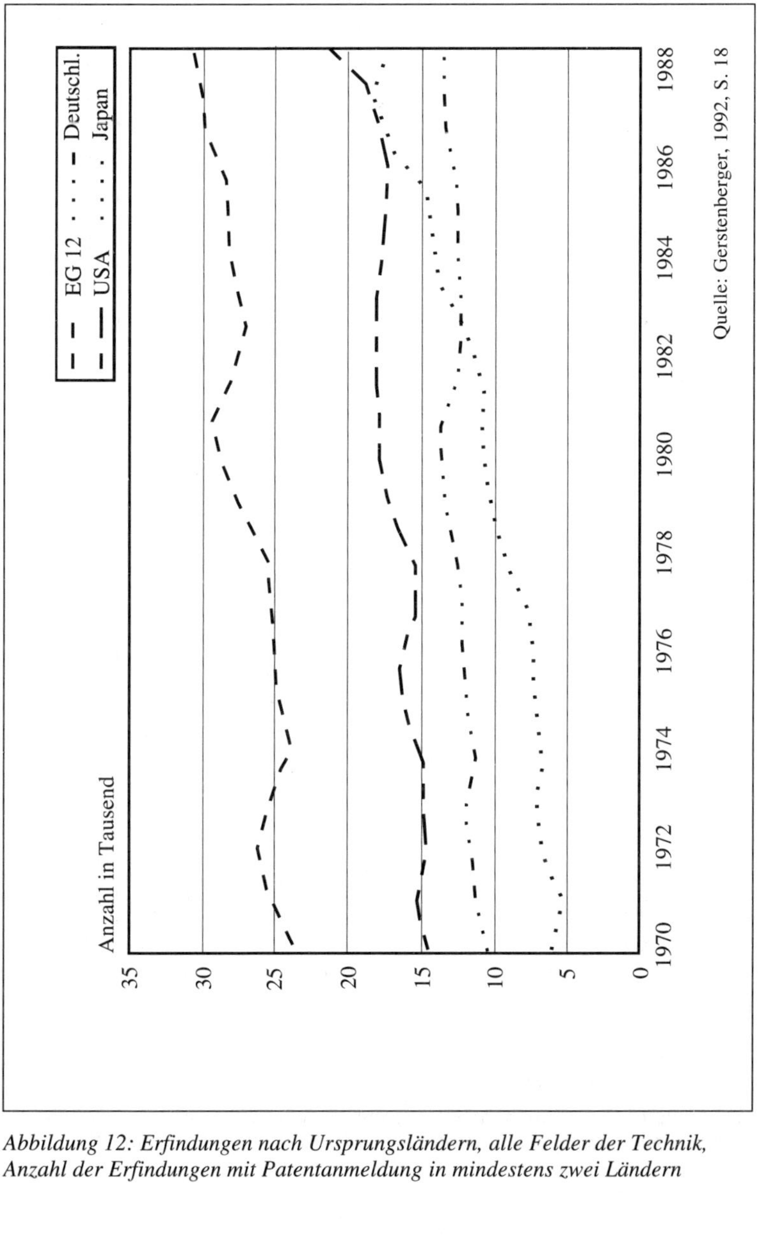

Abbildung 12: Erfindungen nach Ursprungsländern, alle Felder der Technik, Anzahl der Erfindungen mit Patentanmeldung in mindestens zwei Ländern

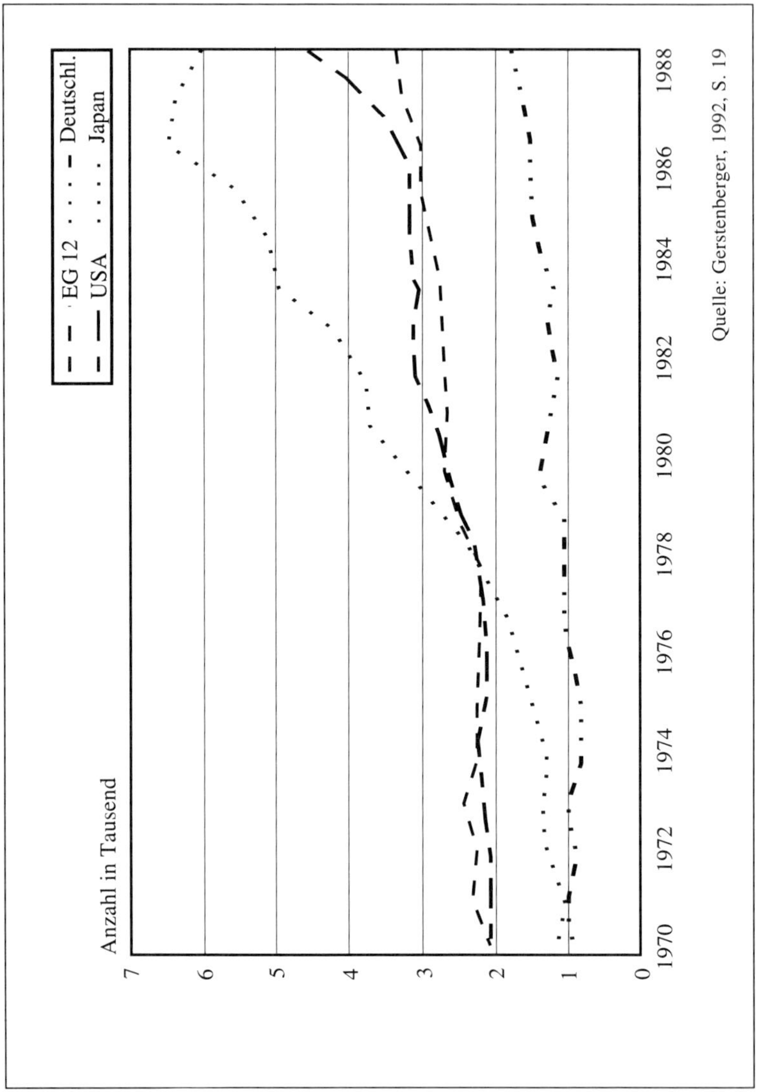

Abbildung 13: Erfindungen nach Ursprungsländern im Bereich Informations- und Kommunikationstechnik, Anzahl der Erfindungen mit Patentanmeldung in mindestens zwei Ländern

gesamt deutlich höhere Patentzahl zu verzeichnen ist als für die USA und Japan. Auch die Anzahl der Patentanmeldungen deutschen Ursprungs bewegt sich auf einem hohen Niveau. Bedenkt man, daß die Einwohnerzahl in den USA und in Japan über der in Deutschland liegt, so kann den Deutschen insgesamt eine rege Erfindungstätigkeit bescheinigt werden. Diese bestätigt sich auch auf Unternehmensebene (vgl. Tabelle 10).

Die Anzahl der Patentanmeldungen im Bereich Informations- und Kommunikationstechnik wird in Abbildung 13 wiedergegeben. Hier sieht man, daß japanische Patentanmeldungen mit weitem Abstand an der Spitze liegen. Diese Dominanz entspricht zwar durchaus den wohlstandsfördernden Prinzipien internationaler Arbeitsteilung, ist aber dennoch bedenklich, da die hier verwendeten Technologien den Charakter von Schlüsseltechnologien haben. Dies bedeutet insbesondere im stark wachsenden Markt der anwendungsspezifischen Mikroelektronik, daß Systemwissen des Anwenders auf den Elektronikanbieter übertragen werden muß. Damit besteht die Gefahr der Entstehung einer technologischen Abhängigkeit (vgl. Welsch, 1990.). Zusammenfassend läßt sich festhalten, daß Deutschland über ein großes Innovationspotential verfügt, aber in einigen Bereichen, wie der Informationstechnik, bedenkliche Defizite bestehen.

Das technische Wissen zur Generierung von Wettbewerbsvorteilen auszunutzen, ist wesentliche Aufgabe des Managements. Inwieweit ihr

Unternehmen	**Anzahl der Erfindungen 1990**
Mitsubishi	2522
Siemens	2433
Hoechst	2403
Hitachi	2396
Toshiba	2118
Bayer	2067
IBM	1816
BASF	1794
Canon	1705
Fuji	1542

Quelle: Ifo/GBI, zitiert nach Wirtschaftswoche, 5. 4. 1991, S. 39

Tabelle 10: Rangliste der Unternehmen nach Patentanmeldungen

das Management deutscher Unternehmen gerecht wird, soll abschließend erörtert werden.

Wenn man mit Managern aus verschiedenen Ländern spricht, hört man oft die gleichen Klagen, so z.B., daß sich der Wettbewerb durch die Internationalisierung der Geschäftstätigkeit verschärft, neue Anbieter die Branche destabilisieren, die Volatitität der Wechselkurse das Geschäft beeinträchtigt und ähnliche Dinge mehr. Interessanterweise ähneln sich nicht nur die Probleme international, sondern auch die Methoden und Maßnahmen, mit denen man versucht, jene zu lösen. Beispielhaft seien Portfolio-Techniken, strategische Allianzen und Just-in-time-Beschaffung genannt. Die Tatsache, daß ähnliche Schwierigkeiten mit stereotypen Konzepten angegangen werden, muß im Zusammenhang mit der Ausbreitung von Managementwissen gesehen werden. Manager und angehende Führungskräfte in der ganzen Welt lesen die gleichen Bücher. Diese sind üblicherweise amerikanischen Ursprungs. Autoren wie Porter, Drucker und Kotler haben eine weltumspannende Leserschaft. Kommt man in verschiedene Unternehmen der gleichen Branche, stellt man zudem fest, daß bezüglich der Strategieentwicklung die Frage, ob man genauso gut wie die jeweilige Konkurrenz ist, die Diskussion prägt.

Hier soll nicht die These vertreten werden, daß sorgfältige Konkurrenzanalyse und Anwendung verbreiteter betriebswirtschaftlicher Methoden an sich falsch seien, im Gegenteil: Unternehmen, die diese »Hausaufgaben« nicht erledigen, können keine Unternehmensstrategie formulieren und gefährden ihre Existenz. Das Problem, bei ähnlichen Schwierigkeiten ähnliche Methoden anzuwenden, um zur Konkurrenz aufzuschließen, führt zu dem bereits erwähnten Begriff der Strategieinnovation.

Der Innovationswettbewerb prägt die Konkurrenzbeziehungen zwischen Anbietern aus den Industrieländern. Eine Innovation ermöglicht es dem Innovator, bis zum Auftreten von Imitatoren Monopolgewinne zu realisieren und sich somit gegenüber anderen Unternehmen besserzustellen. Die im einleitenden Abschnitt dargestellte »Internationale Jagdlinie« bezieht diesen Prozeß auf Anbieter aus verschiedenen Ländergruppen. Daß ein Mangel an Produkt- oder Prozeßinnovationen Unternehmen oder ganze Standorte gefährden kann, steht außer Frage. Jedoch muß m. E. neben diesen beiden Innovationstypen der der Strategieinnovation verstärkt beachtet werden.

Seit den sechziger Jahren nimmt der Begriff der Unternehmensstrategie in der betriebswirtschaftlichen Diskussion einen großen Raum ein (vgl. Porter, 1987, S. 21). Bei der Entwicklung einer Unternehmensstrategie können zum einen bestehende Konzepte angewendet werden. In diesem Fall liegt eine Strategieimitation vor. Zum anderen kann eine grundsätzlich neuartige Strategie entwickelt und implementiert werden. In diesem Fall ist der Begriff der Strategieinnovation angebracht. Sucht man nach Gründen für den Erfolg einzelner Unternehmen, stößt man immer wieder auf Strategieinnovationen. Als beispielsweise die Dell Corporation erstmalig und mit großem Erfolg Marken-PCs im Direktvertrieb anbot, war dies eine Strategieinnovation. Andere Anbieter, wie z. B. Commodore, beschritten später denselben Weg, d. h. es fand eine Strategieimitation statt.

Unternehmen, die lediglich vorhandene strategische Konzepte adaptieren und dabei ihre Konkurrenz als Maßstab nehmen, sind Strategieimitatoren, was bestenfalls zur Durchschnittlichkeit führt. Der Glaube, mit stereotypen Verfahren, die bereits einen Platz im Allgemeinwissen von Führungskräften haben, besonders erfolgreich zu sein, ist illusorisch. Die Formulierung und erfolgreiche Durchsetzung einer neuen Strategie stellen höchste Anforderungen an die Kreativität der Unternehmensleitung. Die Führungskräfte, die heute die Ideen entwickeln, die die Seiten künftiger Managementbücher füllen werden, können ein Unternehmen zum Spitzenunternehmen entwickeln, nicht aber diejenigen, die vorhandene Erfolgsrezepte »nachkochen«. Dieser Gedankengang führt unmittelbar zu der Frage nach der Qualität des Managements in Deutschland. Um die Antwort vorwegzunehmen: Meines Erachtens gibt es hierzulande ernstzunehmende Schwächen des Managements, die im folgenden verdeutlicht werden sollen.

Ein wesentliches Führungsproblem zeigt sich im Innovationsmanagement. Es wurde bereits dargelegt, daß Deutschland über ein großes Innovationspotential verfügt. Trotzdem verlieren hiesige Unternehmen auf vielen High-tech-Märkten an Boden. Offensichtlich werden in Deutschland viele Inventionen nicht zu erfolgreichen Innovationen, und dies, obwohl zahlreiche Unternehmen über erhebliche liquide Mittel verfügen. So muß man sich fragen: Wie konnte es geschehen, daß es keinen deutschen Hersteller von farbigen Flüssigkristallen gibt, obwohl die zugrundeliegenden Patente bei deutschen Unternehmen liegen? Weshalb dominieren japanische Anbieter den Markt für Telefax-Geräte,

	Japan	Deutschland	USA
Betriebliche Verbesserungsvorschläge je 100 Mitarbeiter	3235	14	12
Durchschnittsprämie je Verbesserungsvorschlag in DM	4	861	492
Netto-Ersparnis pro durchgeführten Verbesserungsvorschlag in DM	209	408	11500

Quelle: Deutsches Institut für Betriebswirtschaft

Tabelle 11: Vorschlagswesen als kreative Basis. Anmerkung: Daten für 1990 in Japan und USA geschätzt, Deutschland für 1991

obwohl diese auf deutsche Erfindungen zurückgehen? Derartige Beispiele veranschaulichen ein Versagen im Innovationsmanagement, das nicht den Erfindern, sondern den Führungskräften anzulasten ist. Wie an anderer Stelle dargestellt (vgl. Perlitz/Löbler, 1985), spielt in diesem Zusammenhang die mangelnde Risikobereitschaft erfolgverwöhnter deutscher Manager eine wichtige Rolle. Auch die geringe Nutzung des betrieblichen Vorschlagswesens in Deutschland weist darauf hin, daß Innovationspotential ungenutzt bleibt (vgl. Tabelle 11).

Wie Womack u.a. (1991) am Beispiel der Automobilindustrie gezeigt haben, führt die kontinuierliche Nutzung des Innovationspotentials im Rahmen der Fertigung zu erheblichen Qualitäts- und Kostenvortei-

Anbieter bzw. Marke (Herkunftsland)	J. D.-Power-Index
Lexus (J)	179
Infiniti (J)	167
Saturn (US)	160
Acura (J)	148
Mercedes-Benz (D)	145
Toyota (J)	144

Quelle: Woodruff, Saturn – GM finally has a real winner, in: Business Weeck, 17. August 1992, S. 35

Tabelle 12: J. D.-Power-Index der Kundenzufriedenheit von Neuwagenkäufern in den USA, 1992

len. Unternehmen, die dieses nutzen, verfügen über eine wesentlich stärkere Wettbewerbsposition als die, die darauf verzichten. Die Stellung der deutschen Automobilhersteller auf dem US-amerikanischen Markt bildet ein Beispiel für eine derartige Konstellation. Ohne auf die für deutsche Anbieter ebenfalls kritische Frage der relativen Preise einzugehen, sei am Beispiel des amerikanischen J. D.-Power-Index für die Zufriedenheit von Neuwagenkäufern verdeutlicht, daß das Qualitätssiegel »Made in Germany« mittlerweile erheblich verblaßt ist (vgl. Tabelle 12).

Ein weiterer Anlaß, über die Qualität des deutschen Managements nachzudenken, liegt in der zunehmenden Bedeutung von Unternehmensberatern. Abbildung 14 illustriert, daß der Markt für Beratungsleistungen in Deutschland in den letzten Jahren stark gewachsen ist.

Das Umsatzwachstum der Beraterbranche liegt deutlich über dem Anstieg des Sozialprodukts und hat sich nach der Wiedervereinigung nochmals stark erhöht. Das überdurchschnittliche Wachstum des Bera-

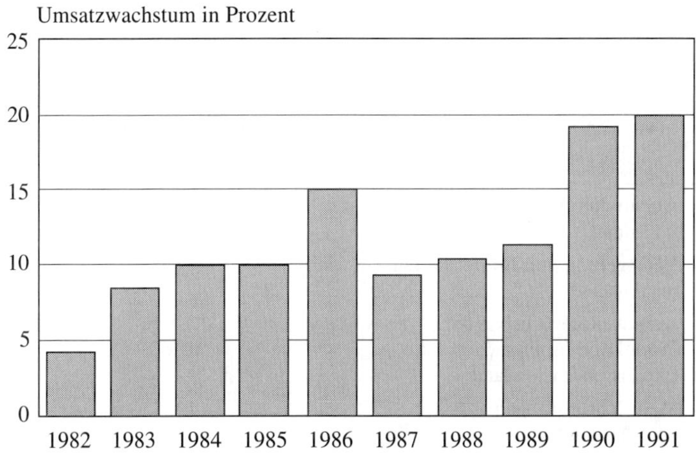

Quelle: Pressemitteilung des Bundesverbands deutscher Unternehmensberater BDU vom 21. 11. 91

Abbildung 14: Umsatzwachstum im Beratungsmarkt 1982–1991, Basis Mitglieder des Bundesverbands deutscher Unternehmensberater BDU

tungsmarktes kann zum einen bedeuten, daß Unternehmen ökonomisch sinnvoll handeln, indem sie, als Ergebnis einer Make-or-buy-Entscheidung, Aktivitäten auf externe Spezialisten übertragen. Zum anderen kann es aber auch darauf hinweisen, daß Aufgaben, die originäre Führungsaufgaben sind (vgl. Ulrich/Fluri, 1992, S. 15ff.), von Managern nicht mehr übernommen werden. Nach meiner Überzeugung überwiegt der zweite Aspekt, d. h. das Wachstum des Beratungsmarktes weist auf Schwächen des Managements hin. Dies bedeutet konkret, daß Aufgaben wie Kostensenkung, strategische Planung oder sogar die Entlassung von Mitarbeitern, die unzweifelhaft zu denen der Unternehmensführung zählen, von dieser nicht selbst erledigt, sondern an Berater delegiert werden. Gründe hierfür bilden mangelnde Kompetenz oder fehlende Konfliktbereitschaft, so daß Führungskräfte oftmals Berater lediglich engagieren, um unangenehme Entscheidungen nicht selbst treffen zu müssen bzw. um eigene Entscheidungen abzusichern.

Um zu resümieren: Unternehmer, die Standortprobleme immer wieder beklagen, haben diese oftmals selbst zu verantworten. In diesem Zusammenhang erscheint bemerkenswert, wie Betroffene auf die wahrgenommenen Standortprobleme reagieren. Tabelle 13 faßt die Ergebnisse einer Umfrage zu dieser Fragestellung zusammen.

Maßnahmen	**Nennungen in %, durchgeführt**	**Nennungen in %, geplant**
Abbau von Arbeitsplätzen im Inland	27	8
Verlagerung von Betriebsteilen ins Ausland	20	8
Kein weiterer Ausbau der Produktion im Inland, Expansion im Ausland	9	6
Mehr Vorleistungen aus dem Ausland	12	5
Keine Maßnahmen ergriffen oder geplant	45	
Quelle: Nerb, 1992, S. 8		

Tabelle 13: Reaktion von Unternehmen des Verarbeitenden Gewerbes auf die Entwicklung am Produktionsstandort Deutschland (Mehrfachnennungen möglich)

An diesen Ergebnissen fällt auf, daß Maßnahmen, die dadurch gekennzeichnet wären, daß sie das vorhandene Potential zur Entwicklung von Prozeß-, Produkt- oder Strategieinnovationen in Deutschland nutzen, überhaupt nicht genannt wurden. Ob diese Haltung zu Erfolg im globalen Wettbewerb führen wird, kann stark bezweifelt werden. Um den Standort Deutschland zu sichern, muß der vorhandene Erfindungsreichtum mit Strategieinnovationen verknüpft werden. Dies ist eine zentrale Aufgabe des deutschen Managements.

Literatur

Behrens, B./Canibol, H. P., Standortvergleich – Einäugiger König, in: Wirtschaftswoche, 47. Jg., Nr. 53/1993, S. 36–41.

Claßen, W./Seyfried, K.-H., Konzernfinanzen im Test, in: Capital, 31. Jg., Nr. 11/1992, S. 217–224.

Donges, J., Die Exportorientierung der deutschen Wirtschaft: Erfahrungen, Probleme, Perspektiven, in: Dichtl, E./Issing, O. (Hrsg.): Exportnation Deutschland, 2. Aufl., München 1992, S. 1–25.

Fagerberg, J., International Competitiveness, in: The Economic Journal, Vol. 98, 1988, S. 355–374.

Fels, G., Zum Konzept der internationalen Wettbewerbsfähigkeit, in: Jahrbuch für Sozialwissenschaft, 39. Jg., 1988, S. 135–144.

Gerstenberger, W., Zur Wettbewerbsposition der deutschen Industrie im High-Tech-Bereich, in: ifo Schnelldienst, 45. Jg., Nr. 13/1992, S. 14–23.

Guenther, G. L., Industrial Competitiveness: Definitions, Measures and Key Determinants, Congressional Research Service, Washington, Februar 1986.

Henzler, H., Wettbewerb – lange Fristen, in: Wirtschaftswoche, 46. Jg., Nr. 42/1992, S. 24–30.

Horn, E. J., Internationale Wettbewerbsfähigkeit von Ländern, in: WiSt – Wirtschaftswissenschaftliches Studium, 14. Jg., Juli 1985, S. 323–329.

Institut der deutschen Wirtschaft (Hrsg.), iw-Trends, Ausgabe 4/1981, S. 55.

Institut der deutschen Wirtschaft (Hrsg.), iw-Trends, Ausgabe 1/1981, S. 4, Ausgabe 2/1991, S. 46.

Institut der deutschen Wirtschaft (Hrsg.), Zahlen zur wirtschaftlichen Entwicklung der Bundesrepublik Deutschland, Köln 1991.

Linde, C. v. d., Deutsche Wettbewerbsvorteile, Düsseldorf–Wien–New York–Moskau 1992.

Macharzina, K., Die Wettbewerbsfähigkeit der Bundesrepublik im internationalen Vergleich, in: BFuP. 41. Jg., 1989, S. 472–488.

Nerb, G., Der Standort Westdeutschland im Urteil der Unternehmen, in: ifo Schnelldienst, 45. Jg., Nr. 8/1992, S. 6–9.

Ohmae, K., Die Macht der Triade, Wiesbaden 1985.

o. V., Direktinvestitionen im Ausland – Der Osten lockt, in: iwd Informationsdienst, 26. Juli 1990, S. 4f.

o. V., Lohnstückkosten international, in: iwd Informationsdienst, 13. Juni 1991, S. 6.

o. V., Arbeitskosten in Fernost – Drachen bekommen Konkurrenz, in: iwd Informationsdienst, 25. Juli 1991a, S. 8.

o. V., Umweltpolitik international – Großer Nachholbedarf, in: iwd Informationsdienst, 7. November 1991b, S. 4–5.

o. V., In the Valley of the Shadow of Debt, in: The Economist, Vol. 326, Heft. 7. November, 1992a, S. 91.

o. V., Arbeitszeit, Deutsche bleiben Freizeit-Weltmeister, in: iwd Informationsdienst, 30. April, 1992b, S. 7.

Perlitz, M., Entwicklung und Theorien der Direktinvestitionen im Ausland, in: Wacker, W. (Hrsg.), Internationale Unternehmensführung, Berlin 1981, S. 95–119.

Perlitz, M./Löbler, H., Brauchen Unternehmen zum Innovieren Krisen?, in: Zeitschrift für Betriebswirtschaft, 55. Jg., 1985, S. 424–450.

Perlitz, M., Wettbewerbsvorteile durch Innovation, in: Simon, H. (Hrsg.), Wettbewerbsvorteile und Wettbewerbsfähigkeit, Stuttgart 1988a, S. 47–65.

ders., Wird der Finanzmanager der mächtigste Mann im Industrieunternehmen?, in: Rudolph, B./Wilhelm, J. (Hrsg.), Bankpolitik, finanzielle Unternehmensführung und die Theorie der Finanzmärkte, Festschrift für H.-J. Krümmel, Berlin 1988b, S. 309–335.

ders., Die Analyse von Innovations- und Investitionslücken aus Jahresabschlußdaten – Ein Vergleich deutscher mit japanischen Unternehmen, in: Domsch, M./Eisenführ, F./Ordelheide, D./Perlitz, M. (Hrsg.), Unternehmenserfolg, Planung – Ermittlung – Kontrolle, Festschrift zum 60. Geburtstag von W. Busse von Colbe, Wiesbaden 1988c, S. 303–328.

ders., The Marketing Implications of the Aging European Population, in: European Business Journal, Vol. 1, 1989, S. 26–32.

ders., Internationales Management, Stuttgart 1993.

Piore, M. J./Sabel, C. F., Das Ende der Massenproduktion, Frankfurt 1989.

Porter, M., Corporate Strategy, The State of Strategic Thinking, in: The Economist, Vol. 321, 23. Mai 1987, S. 21–28.

Porter, M., Nationale Wettbewerbsvorteile, München 1991.

Preusse, H., Ist die Frage nach der internationalen Wettbewerbsfähigkeit einer Volkswirtschaft überholt?, in: Außenwirtschaft, 45. Jg., 1990, S. 81–103.

Salowsky, H., Arbeitskosten in Fernost, Institut der deutschen Wirtschaft, Bd. 134, Köln 1985.

Scherer, F. M./Ross, D., Industrial Market Structure and Economic Performance, 3. Aufl., Boston 1990.

Schumpeter, J. A., Kapitalismus, Sozialismus und Demokratie, 2. Aufl., München 1950.

Simon, H., Management strategischer Wettbewerbsvorteile, in: Simon, H. (Hrsg.), Wettbewerbsvorteile und Wettbewerbsfähigkeit, Stuttgart 1988, S. 1–17.

Stackelberg, K., Internationale Wettbewerbsfähigkeit bei zunehmenden intraindustriellen Handelsbeziehungen mit den Schwellenländern, Berlin 1991.

Strebel, H., Innovation und Innovationsmanagement als Gegenstand der Betriebswirtschaftslehre, in: BFuP. 42. Jg., 1990, S. 161–173.

Thurow, L., Who Owns the Twenty-First Century?, in: Sloan Management Review, Vol. 33, Spring 1992, S. 5–17.

Ulrich, P./Fluri, E., Management, 6. Aufl., Bern/Stuttgart 1992.

Vogel, O., Standort West-Deutschland – Ausgeprägte Schwächen, in: iwd Informationsdienst, 7. Mai 1992, S. 2.

Wahl, S., Lachende Erben, in: Institut für Wirtschaft und Gesellschaft (Hrsg.), Dokument und Analyse, 2/1990, S. 21–23.

Weiß, R., Bildungsstandort Deutschland – Ein Standortvorteil verblaßt, in: iwd Informationsdienst, 26. November 1992, S. 2.

Welsch, J., Mikroelektronik: »Grundstoffindustrie« des 21. Jahrhunderts, in: WSI Mitteilungen, 43. Jg., 1990, S. 451–461.

ders., Akute »Standortschwäche« oder Strategiedefizite, in: WSB Mitteilungen, 45. Jg., 1992, S. 283–293.

Westerhoff, H.-D., Direktinvestitionen zur Internationalisierung der deutschen Wirtschaft, in: ifo Studien, 37. Jg., Nr. 1/1991, S. 19–37.

Womack, J./Jones, D./Roos, D., Die zweite Revolution in der Automobilindustrie, 3. Aufl., Frankfurt/New York 1991.

Woodruff, D., Saturn – GM finally has a real Winner, in: Business Week, 17. August 1992, S. 35.

Zimmermann, H./Henke, K.-D., Finanzwissenschaft, 6. Aufl., München 1990.

Forschung und Innovation in der Industrie

Peter Milling

Das Forschungspotential der Bundesrepublik und die Innovationskraft der Unternehmen werden häufig als wesentliche Vorteile Deutschlands angeführt, die andere, negative Standortfaktoren kompensieren. Der Autor untersucht die Anstrengungen für Forschung und Entwicklung sowie die dabei erbrachten Leistungen im internationalen Vergleich. Schwierigkeiten bei der Entwicklung und Umsetzung von Hochtechnologien sowie der Herstellung von Schlüsselprodukten gefährden die Wettbewerbsfähigkeit Deutschlands als Industriestandort. Außerdem erfordern komplexe Technologien und dynamische Märkte neue Ansätze zur Planung und Steuerung in den Unternehmen.

1. Forschung und Innovation als Wettbewerbsfaktoren

Der Standort Bundesrepublik Deutschland und die Wettbewerbsfähigkeit hier ansässiger Unternehmen sind ins Gerede gekommen. Der Automobilindustrie werden in einer internationalen Untersuchung Produktivitäts- und Qualitätsdefizite testiert (siehe Womack/Jones/Roos, 1990); Absatzprobleme und Ergebnisrückgänge scheinen dieses Urteil zu bestätigen. Der Maschinenbau, mit seiner mittelständischen Struktur, seiner Innovationskraft und seiner Exportstärke lange Zeit »Renommierbranche« der deutschen Wirtschaft, befindet sich in einer Krise; die Chemische Industrie, seit mehreren Jahren mit rückläufiger Kapazitätsauslastung konfrontiert, verlagert ganze Forschungs- und Produktionslinien ins Ausland. Auf dem Gebiet der Informations- und Kommunikationstechnik wurde zunächst mit großem finanziellen Einsatz und erheblichen Subventionszuwendungen der Versuch unternommen, Deutschland als Produktionsstandort von Hochtechnologieerzeugnissen zu sichern, um später diese Anstrengungen zumindest teilweise wieder aufzugeben.

Tragende Säulen der deutschen Wirtschaft geraten so ins Wanken – und dies nicht aufgrund konjunktureller Probleme, sondern wegen struktureller Schwierigkeiten. Zentrale Entscheidungen für die langfristige

Sicherung bzw. Wiedergewinnung der Wettbewerbsfähigkeit deutscher Industrieunternehmen werden in den Bereichen Forschung und Innovation fallen. Nur durch ein technologisch hochwertiges, innovatives Produktionssortiment können negative Standortfaktoren wie hohe Lohnkosten, rigorose Unternehmensbesteuerung, drückende Energie- und Umweltkosten sowie nicht zuletzt die geringe Flexibilität bei Arbeits- und Maschinenlaufzeiten kompensiert werden.

Dies wurde erkannt und ist zur verbreiteten Auffassung in den Unternehmen geworden. In einer Untersuchung über Forschung und Entwicklung in der Industrie vertraten zwei Drittel der antwortenden Unternehmen die Meinung, bei neu auf den Markt gebrachten Produkten sei ein hoher Innovationsgrad nicht nur ein positiver Wettbewerbsfaktor, sondern schlichtweg notwendige Voraussetzung für den Erfolg (vgl. Fraunhofer Institut für Arbeitswissenschaft und Organisation, 1990, S. 23 und S. 47).

Die Dimensionen der Veränderungen auf den Weltmärkten und die Notwendigkeit einer innovationsorientierten Einstellung veranschaulicht Abbildung 1. Sie zeigt in ihrem linken Teil die Umsätze des Maschinenbaus sowie die Export/Importströme in Milliarden DM für das Jahr 1975. Damals dominierten die USA und die EG-Länder (ohne Griechenland, Irland, Portugal und Spanien) den Welthandel. Japan spielte nur eine nachrangige Rolle. Im Jahr 1990 haben sich die Kräfteverhältnisse grundlegend gewandelt; aus dem bipolaren Weltmarkt ist die Triade aus EG, USA und Japan geworden. Japan hat in den eineinhalb Dekaden, die zeitlich zwischen den beiden Schaubildern liegen, den Umsatz seines Maschinenbaus mehr als versechsfacht und seine Exportvolumina sowohl nach Europa als auch in die USA mehr als verzehnfacht.

Allerdings ist der hohe Stellenwert, der Innovationen zugemessen wird, keine deutsche Domäne und damit per se auch kein potentieller Wettbewerbsvorteil hiesiger Unternehmen. Wie eine Untersuchung für die Wirtschaftsblöcke der Triade belegt, reflektiert er nur die Aktivitäten der Konkurrenz (vgl. Sommerlatte, 1987, S. 20ff.). Nahezu unabhängig von der Herkunftsregion vertreten fast alle befragten Unternehmen die Auffassung, Innovationen werden für die nächsten Jahre in ihrer Bedeutung zunehmen. Unterschiede in der Einschätzung ergeben sich bezüglich des Ausmaßes. Hier erwarten die Unternehmen in den USA und insbesondere in Japan gegenüber ihren europäischen Konkurrenten ein noch signifikanteres Anwachsen des Stellenwertes neuer Produkte und

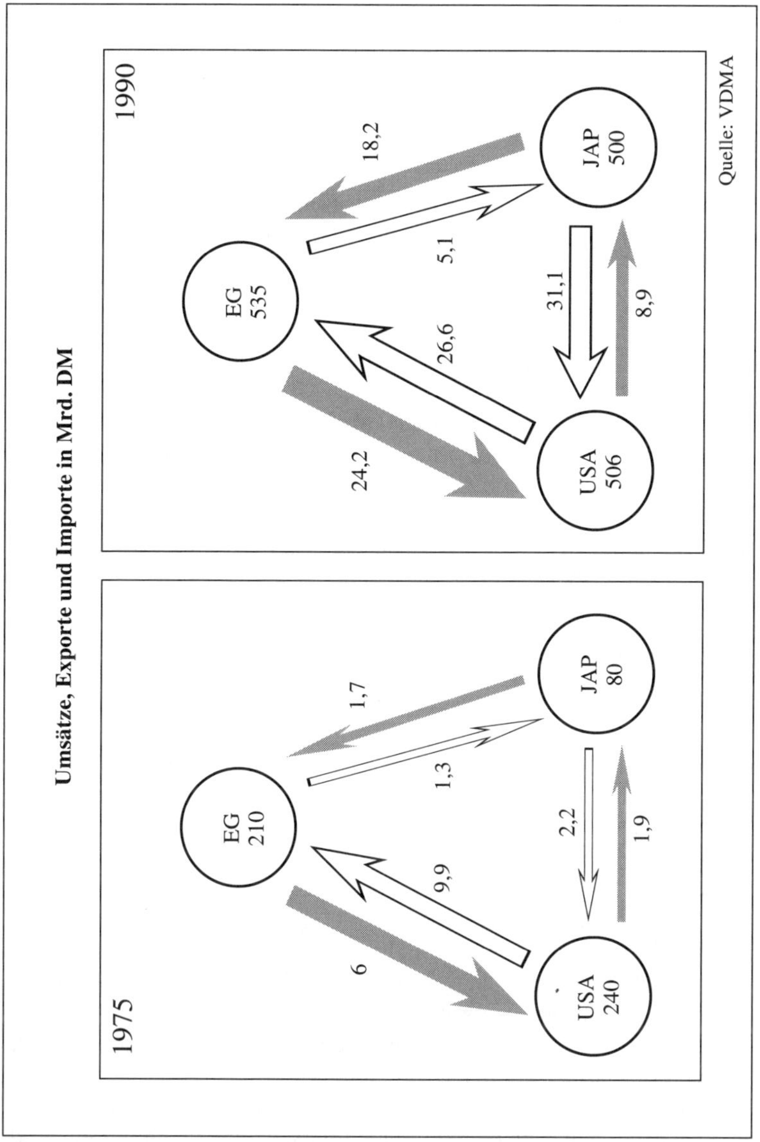

Abbildung 1: Ausdehnung des Welthandels im Maschinenbau

Prozesse. Ähnliche Ergebnisse finden sich bei der Frage nach dem Zeitaufwand für das Innovationsmanagement. Zukünftig werden die Unternehmensleitungen sich generell vermehrt mit Innovationsproblemen befassen. Dabei erscheint bemerkenswert, daß in Europa und den USA bereits gegenwärtig etwa ein Viertel, in Japan sogar ein Drittel der gesamten Arbeitszeit der obersten Führungsebene diesem Komplex gewidmet wird. Damit wird dem Innovationsmanagement ein entscheidender Rang unter allen unternehmerischen Aktionsparametern eingeräumt.

2. Forschung und Entwicklung im internationalen Vergleich

Innovationen fallen nicht wie Manna vom Himmel, sie müssen erforscht, realisiert und im Markt durchgesetzt werden. In der Bundesrepublik Deutschland waren nach Angaben des Bundesministeriums für Forschung und Technologie 1987 fast 420.000 Menschen in der Forschung und Entwicklung (F&E) tätig (siehe Bundesminister für Forschung und Technologie, 1990, S. 27f.), nahezu 70 Milliarden DM wurden 1990 zur Steigerung des technologischen Potentials aufgewendet. Der wichtigste Akteur ist dabei die Wirtschaft, die etwa zwei Drittel der gesamten Ausgaben tätigt und sie zu fast 90 Prozent auch selbst finanziert.

Als praktikabler Indikator für den internationalen Vergleich der Anstrengungen einer Volkswirtschaft zur Produktion neuen Wissens wird der Anteil der Bruttoinlandsausgaben für F&E am Bruttoinlandsprodukt verwendet. Bei einem Vergleich der Werte dieser Kennzahl für das Jahr 1990 liegt Deutschland (alte Bundesländer) mit 2,8 Prozent des Bruttoinlandsproduktes gleichauf mit den USA, übertroffen nur von Japan, das knapp 3,1 Prozent seines Bruttoinlandsproduktes aufwendet. Während die relativen F&E-Ausgaben der USA auch in der Vergangenheit um den Wert der Bundesrepublik Deutschland schwankten, übertreffen die prozentualen Forschungsanstrengungen Japans erst seit den frühen achtziger Jahren die Deutschlands. Von den europäischen Volkswirtschaften folgt Frankreich mit bereits deutlichem Abstand den drei führenden Forschungsnationen (Abbildung 2).

In der absoluten Größenordnung treten die Unterschiede zu den USA und Japan, als den Hauptkonkurrenten Deutschlands auf dem Weltmarkt, deutlicher hervor. Das Bruttoinlandsprodukt der USA beläuft sich etwa

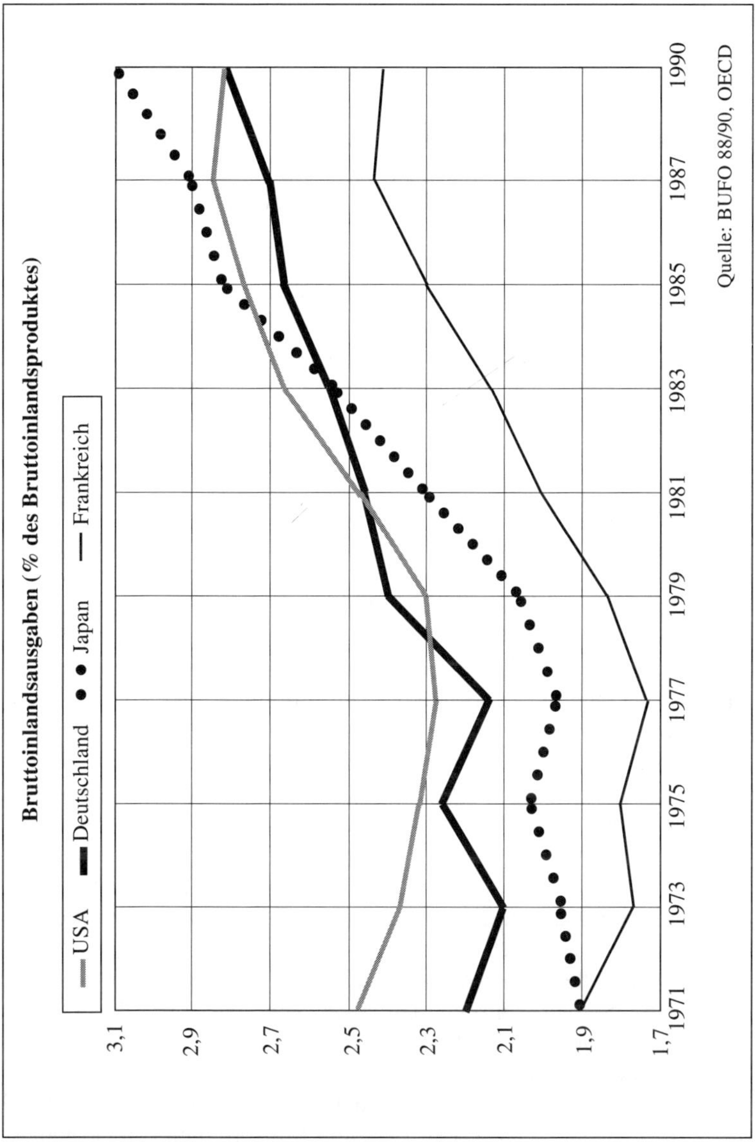

Abbildung 2: Forschungs- und Entwicklungsausgaben

auf das Vierfache, das Japans auf etwa das Doppelte des deutschen Betrages; entsprechend größer sind die finanziellen Möglichkeiten, die solches Potential eröffnet. Erst beim Zusammenfassen der F&E-Ausgaben der europäischen Länder ergeben sich eine wettbewerbsfähige Größenordnung und ein den globalen Konkurrenten vergleichbares Marktvolumen; dies unterstreicht insbesondere bei der ressourcenaufwendigen Hochtechnologie die Notwendigkeit der Schaffung des Europäischen Binnenmarktes.

Die Ausgaben für Forschung und Entwicklung stellen den monetären Input in den Produktionsprozeß für neues Wissen dar. Dessen Ergebnis ist wegen bestehender Quantifizierungsprobleme schwierig zu erfassen. Hier können nur indirekte Meßverfahren herangezogen werden, um den wissenschaftlichen bzw. technologischen Leistungsstand führender Industrieländer und damit die Position der Bundesrepublik Deutschland im internationalen Vergleich zu beurteilen.

Als Indikator für den Zusammenhang zwischen F&E-Ausgaben und der wissenschaftlich-technischen Leistungsfähigkeit wird die Anzahl der Veröffentlichungen in den Natur- und Ingenieurwissenschaften, beruhend auf Auswertungen des Science Citation Index, herangezogen (Abbildung 3). Für die Bundesrepublik Deutschland haben sich die Ausgaben von 1975 bis 1984 auf rund 20 Milliarden US-Dollar (in Kaufkraftparität) nahezu verdreifacht; die Anzahl der wissenschaftlichen Publikationen veränderte sich jedoch nur geringfügig. Frankreich und Großbritannien steigerten ihre F&E-Ausgaben ebenfalls, die Ergebnisse waren sogar rückläufig. Bemerkenswert ist jedoch wiederum die Dynamik der japanischen Entwicklung: Eine Vervierfachung des monetären Einsatzes führt zu einer Verdoppelung der Ausbringung an wissenschaftlichen Publikationen. Eindeutig vorherrschend und den Maßstab der Darstellung fast sprengend sind sowohl bei den Ausgaben als auch bei den damit hervorgebrachten Ergebnissen die USA, was deren Position als dominante Wissenschaftsnation unterstreicht. Vorbehalte gegen die gewählte Meßgröße für den wissenschaftlichen Leistungsstand – erinnert sei an den US-amerikanischen Druck des »publish or perish« – verlieren bei der Robustheit der Ergebnisse an Gewicht (siehe Bundesminister für Forschung und Technologie, 1988, S. 24ff.).

Der technologische Leistungsstand aus den Ausgaben für F&E wird durch die in den USA zwischen 1975 und 1985 erteilten Patente gemessen; um Verzerrungen durch einen »Heimvorteil« zu vermeiden, bleiben

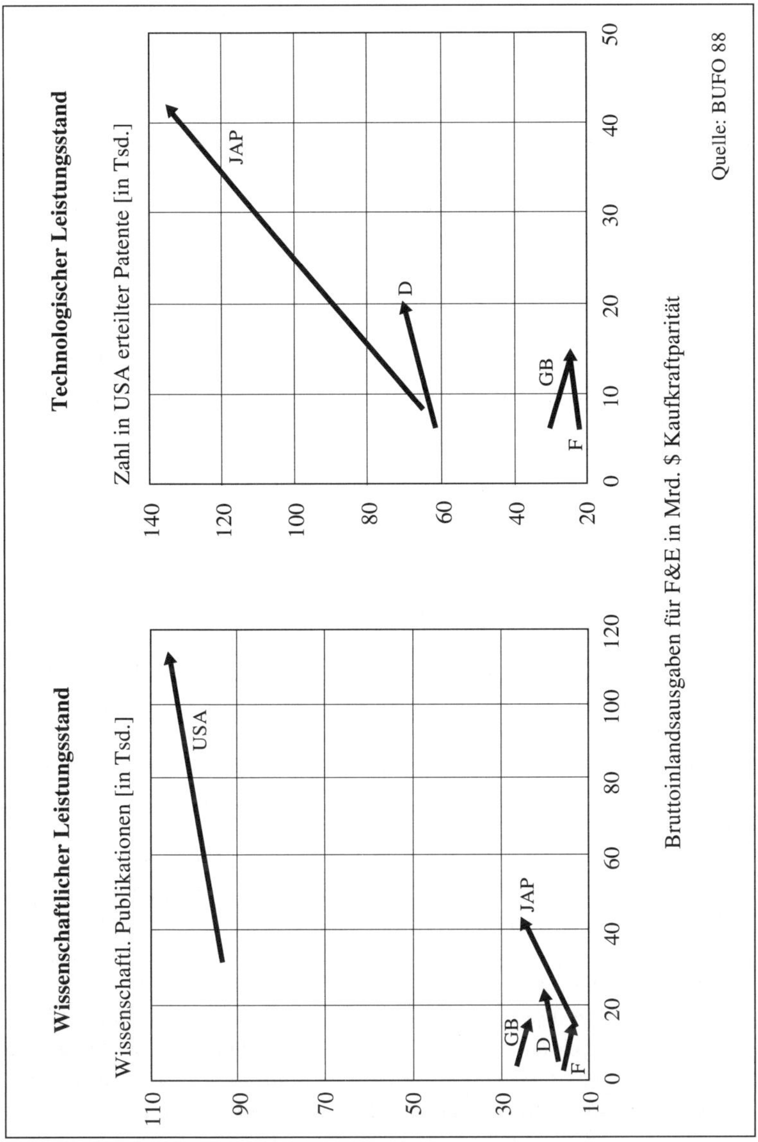

Abbildung 3: Wissenschaftlicher und technischer Leistungsstand

die US-amerikanischen Anmeldungen selbst unberücksichtigt. Auch bei dieser Meßgröße zeigen die jeweiligen Geraden in beiden Teilen des Abbildes nahezu unveränderte Merkmale: Großbritannien und Frankreich liegen auf relativ niedrigem Niveau, der Zuwachs an erteilten Patenten für Antragsteller aus der Bundesrepublik Deutschland hält sich in engen Grenzen, und die japanische Situation hat sich nachhaltig verbessert.

Um die Standortattraktivität der Bundesrepublik Deutschland zu erhöhen, sollen durch staatliche Eingriffe international die Wettbewerbsfähigkeit deutscher Unternehmen gestärkt und national die Innovationsfähigkeit ressourcenschwächerer Betriebe gefördert werden. Eine Reihe von Einrichtungen und Programmen dient dieser Zielsetzung. Maßnahmen der öffentlichen Hand sollen Forschung und Entwicklung in kleinen und mittleren Unternehmen unterstützen; Innovationsberatungsstellen der Industrie- und Handelskammern sind bemüht, Unternehmen bei der Einführung neuer Produkte und Verfahren hilfreich zur Seite zu stehen. Das Bundesministerium für Forschung und Technologie stellte 1989 ca. 735 Millionen DM an Fördermitteln für den Mittelstand bereit, die zur Stärkung der personellen F&E-Basis, der raschen Nutzung neuer Technologien, der Bereitstellung von Risikopotential sowie der Intensivierung der Forschungskooperation und des Technologietransfers dienen sollten.

Bei einer zusammenfassenden Beurteilung des Umfeldes für Industrieunternehmen sind die Voraussetzungen für die technisch-wissenschaftliche Konkurrenzfähigkeit der deutschen Volkswirtschaft insgesamt und ihrer Industrieunternehmen durchaus gegeben. Dieses Ergebnis bestätigt auch eine Commerzbank-Untersuchung, die neben dem qualifizierten Mitarbeiterstamm, der guten Infrastruktur und der politischen Stabilität den Forschungs- und Entwicklungssektor als eine der wesentlichen Stärken des Standortes Bundesrepublik Deutschland ermittelte. Bedenklich jedoch erscheinen einerseits der große Abstand zu den USA, was die wissenschaftlichen Ergebnisse des F&E-Prozesses betrifft, und andererseits die Geschwindigkeit, mit der Japan im Zeitraum von nur rund einer Dekade die Bundesrepublik Deutschland zuerst eingeholt und dann deutlich hinter sich gelassen hat. Diese negative Entwicklung und insbesondere ihre Dynamik beginnen sich auf den Märkten für forschungsintensive Erzeugnisse auszuwirken. Sie wurden zusätzlich durch tarifliche oder administrative Erschwernisse in ihrer Wirkung verstärkt.

Auch bei der Forschung und Entwicklung macht sich die im internationalen Vergleich kurze tarifliche Jahresarbeitszeit in Deutschland bemerkbar. Arbeitszeiten werden im Hinblick auf den Produktionsbereich geregelt, dort wird versucht, durch Rationalisierung und Automatisierung die Konsequenzen aufzufangen. Die gleichen rigiden Vereinbarungen verknappen aber auch den zentralen Produktionsfaktor im F&E-Sektor, der kaum Produktivitätsreserven durch Maschinen und/oder intelligente Technik bietet. Während es die »Fabrik der Zukunft« ermöglicht, Produktionsprozesse zumindest stundenweise ohne menschliche Eingriffe ablaufen zu lassen – sogenannte Geisterschichten zu fahren –, ist eine solche Perspektive für den Bereich von Forschung und Entwicklung nicht auszumachen. Forschung ohne Menschen bleibt eine Illusion, und Forschung im 35-Stunden-Rhythmus reduziert die Attraktivität des Standortes Bundesrepublik Deutschland erheblich. Verschärft wird die Problematik durch ein ökonomisches Umfeld, in dem die Zeit zum Wettbewerbsfaktor von strategischer Dimension geworden ist.

Einer Soll-Arbeitszeit von 1647 Stunden und einer effektiven Arbeitszeit von 1499 Stunden in Deutschland im Jahre 1991 stehen bei den Hauptkonkurrenten 1842 Stunden in den USA sowie 2139 Arbeitsstunden in Japan gegenüber. Auf die deutsche Basis umgerechnet werden pro Jahr in den USA effektiv 22 Prozent oder rund 350 Stunden sowie in Japan 43 Prozent, das sind 640 Stunden, länger gearbeitet – und dies eben nicht nur in den produktiven Bereichen, sondern auch in der Forschung und Entwicklung. Auch wenn in deutschen Unternehmen die gleiche Entwicklungsqualität wie in den Vereinigten Staaten und Japan erbracht wird, bleibt die relativ niedrige Arbeitszeit der Entwickler in Deutschland ein Riesenproblem (vgl. Dorn, 1992, S. 633). Ein in Deutschland Anfang 1993 begonnenes und bis zum Jahr 2000 terminiertes Forschungsprojekt wäre bei sonst gleicher Produktivität und Organisation in den USA bereits gut 1¼ Jahre früher abgeschlossen; in Japan lägen die Ergebnisse gar schon Ende des Jahres 1997 vor. Durch organisatorische Maßnahmen wie »Simultaneous Engineering« werden solche im Konsens der Tarifpartner vereinbarten Wettbewerbsnachteile schwerlich auszugleichen sein. Die knappe Arbeitszeit des tariflich entlohnten Personals sowie die daraus resultierende kurze Laufzeit kapitalintensiver Laborgeräte haben im Bereich der Chemie bereits zu Überlegungen für einen zweischichtigen Betrieb von Forschungseinrichtungen geführt.

Der schraffierte Bereich in Abbildung 4 veranschaulicht den Vorsprung, den eine längere Arbeitszeit ausländischen Entwicklungsprojekten unter den jeweiligen Rahmenbedingungen gewährt. Auch wenn diese Arithmetik den komplexen Prozessen nur bedingt gerecht wird, verdeutlicht sie die Größenordnung der Problematik. Längere Arbeitszeit und damit kürzere Projektdurchlaufzeit können über die unmittelbare Wirkung hinaus auch die Produktivität der Forschung erhöhen. Ein 40jähriger Entwicklungsingenieur in der Automobilindustrie hat in Deutschland etwa 1½ Modellzyklen im Verlauf seiner Berufstätigkeit mitgestaltet, in Japan konnte er Erfahrung beim Abschluß von fast drei solcher Projekte sammeln und entsprechende Lehren daraus ziehen.

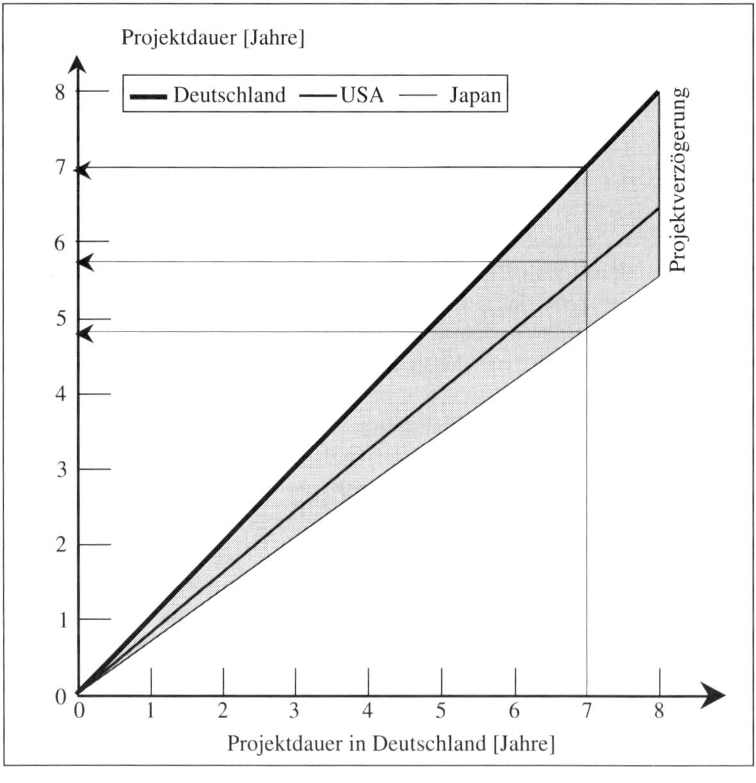

Abbildung 4: Verzögerung von Entwicklungsprojekten durch Arbeitszeitverkürzung

Die analoge und zunehmende Entwicklungszeit schafft aus sich selbst heraus organisatorische Probleme und reduziert die Effektivität der F&E-Prozesse. In der erwähnten Studie über industrielle Forschung und Entwicklung in der Bundesrepublik Deutschland ergab sich, daß über 90 Prozent der befragten Unternehmen mehr – oder gar wesentlich mehr – gegenüber früheren Jahren für F&E aufwenden. Allerdings macht ein Drittel des gesamten Entwicklungsaufwandes vermeidbarer Änderungsaufwand aus, und dieser Teil wird um so größer, je stärker der Entwicklungsaufwand zugenommen hat (vgl. Fraunhofer-Institut für Arbeitswissenschaft und Organisation, 1990, S. 36ff.). Im Umkehrschluß legt dies die Hypothese nahe, eine Verkürzung der Entwicklungszeit steigere gleichzeitig deren Effektivität.

3. Hindernisse und Risiken bei Hochtechnologien

Die Umsetzung von Inventionen als Ergebnis von F&E in marktreife Produkte und deren erfolgreiche Verbreitung kennzeichnen den Innovationsbegriff. Der Übergang von der Entwicklungs- zur Marktphase stellt einen mit erheblichem Risiko verbundenen Schritt dar. Erst hier offenbart sich, ob das technologische Potential, das durch Forschung und Entwicklung eröffnet wurde, am Markt tatsächlich genutzt werden kann.

Bei Produkten, für die mindestens 3,5 Prozent des Umsatzes für Forschung und Entwicklung aufgewendet werden, konnte Deutschland 1989 19,0 Prozent des Welthandels auf sich vereinen, Japan führt die Statistik mit 20,7 Prozent Weltmarktanteil an, die USA erzielten 17,8 Prozent. Deutlich hinter diesem Trio folgen Großbritannien und Frankreich mit knapp über 7 Prozent Marktanteil. Werden diese Erzeugnisse der Hochtechnologie jedoch weiter differenziert, löst sich die relativ homogene Spitzengruppe auf und präsentiert ein facettenreiches Bild, das Tendenzen für die längerfristige Perspektive erkennen läßt.

Bei hochwertigen Gütern, das sind Erzeugnisse, bei denen zwischen 3,5 und 8,5 Prozent des Umsatzes für Forschung und Entwicklung aufgewendet werden, liegt Deutschland im Welthandel nahezu gleichauf mit Japan an der Spitze. Beide Länder verfügen über jeweils rund 22 Prozent Welthandelsanteil. Die USA liegen abgeschlagen mit knapp 12 Prozent auf der dritten Position; nochmals weit zurück mit rund 6–7 Prozent folgen Frankreich, Italien und Großbritannien. Anders jedoch

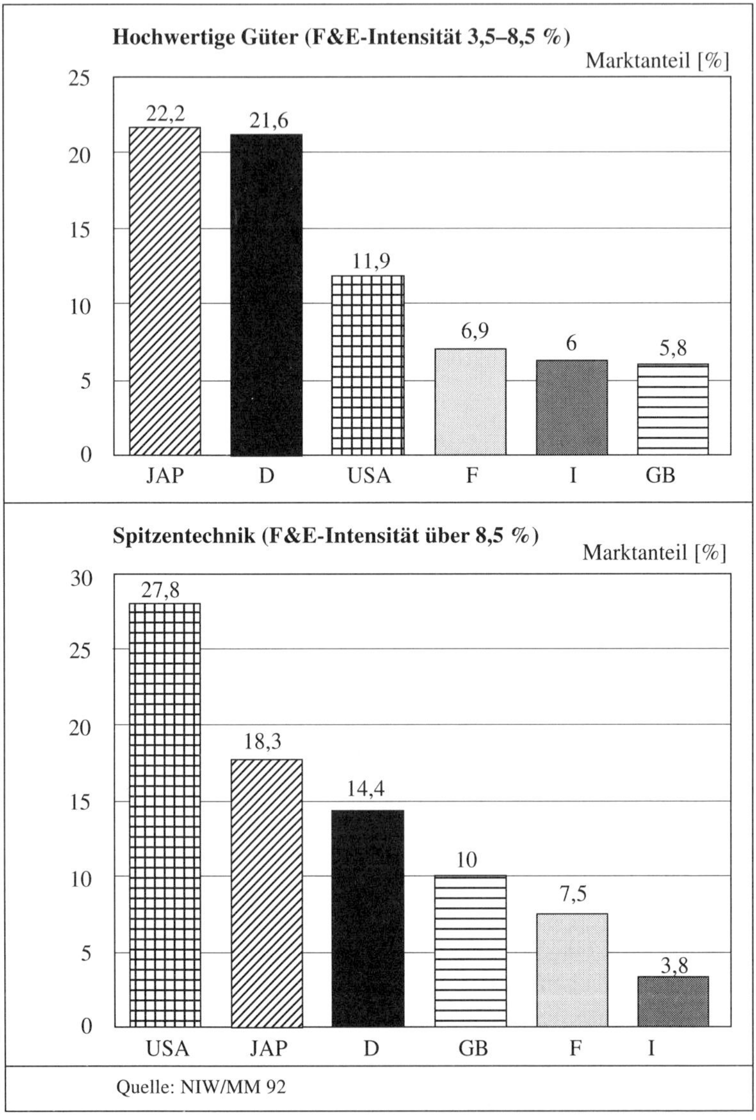

Abbildung 5: Welthandelsanteile ausgewählter OECD-Länder bei forschungsintensiven Produkten (1989)

ist die Situation im Bereich der Spitzentechnik, definiert als Erzeugnisse, deren F&E-Intensität über 8,5 Prozent des Umsatzes liegt. Hier dominieren die USA mit nahezu 28 Prozent Welthandelsanteil den Markt; Japan folgt mit gut 18 Prozent, die Bundesrepublik Deutschland liegt mit 14,4 Prozent deutlich zurück auf Platz 3. Es folgen Großbritannien, Frankreich und Italien mit Anteilen zwischen 10 und rund 4 Prozent (Abbildung 5).

Danach behauptet die deutsche Industrie in dem unteren Bereich technisch hochstehender Produkte und Prozesse eine gute Wettbewerbsposition, sie läuft aber Gefahr, auf dem Feld der Spitzentechnik, das die Zukunftstechnologien umfaßt, den Anschluß an die Hauptkonkurrenten zu verlieren. Die aus dem hohen Mitteleinsatz für Forschungs- und Entwicklungsleistungen erwachsenden Chancen zur Verbesserung der Wettbewerbsposition deutscher Unternehmen wurden nicht ausreichend genutzt, um bei der Spitzentechnik eine führende Rolle zu spielen. Dies stellt keine technologische Marginalie dar, da hier Grundsteine für spätere Schlüsselindustrien gelegt werden.

Für die Beurteilung des Standortes eines Landes im Innovationswettbewerb haben auch intangible Faktoren, wie das allgemeine Forschungs- und Technikklima, große Bedeutung. Die generelle Einstellung zu Fragen des technischen Fortschritts ist in der Bundesrepublik Deutschland zum erheblichen Teil als skeptisch zu kennzeichnen. In der öffentlichen Diskussion dominieren grundsätzliche Einwendungen und Bedenken gegen neue Technologien, die Restriktionen gegen ihren Einsatz sind vielfältig, Genehmigungsverfahren für neue Anlagen und Produkte langwierig – wie dies auch die 1989/1990 von der Bundesregierung eingesetzte Kommission für Rechts- und Verwaltungsvereinfachung des Bundes, die sogenannte Waffenschmidt-Kommission, feststellte.

Besonders deutlich werden die Schwierigkeiten, die der Standort Bundesrepublik Deutschland mit neuen Technologien hat, beim Einsatz der Gentechnik. Hierbei handelt es sich um einen integralen Bestandteil biologischer und pharmazeutischer Forschung. Das Weltmarktvolumen für gentechnische Produkte wird sich nach Schätzungen des Bundesministeriums für Forschung und Technologie bereits 1995 auf über fünf Milliarden US-Dollar belaufen (siehe Bundesminister für Forschung und Technologie, 1991). Bis zum Jahre 2000 gehen Schätzungen von einem Marktvolumen pro Jahr von 20–25 Milliarden US-Dollar aus. Administrative Hemmnisse in Deutschland führen dazu, daß sowohl die Anzahl der mit Gentechnik befaßten Unternehmen als auch die Zahl der tatsächlichen Produktionsanlagen in Deutschland gegenüber Japan und insbesondere den USA nur einen Bruchteil ausmachen (Abbildung 6).

Bereits 1984 stellte die Hoechst AG den ersten Genehmigungsantrag zur Herstellung von Humaninsulin. Ende 1992 konnte die Anlage wegen eines Widerspruches immer noch nicht in Betrieb genommen werden; ein Bescheid war nicht ergangen. In Frankreich oder in England dauern Genehmigungsverfahren hingegen nur bis zu wenige Wochen. In der Konsequenz verlagern die Unternehmen Forschungspotential und Produktionsanlagen – und damit in langfristiger Perspektive Know-how und Arbeitsplätze – ins Ausland, überwiegend in die USA. So produziert die Bayer AG in Kalifornien und forscht in Connecticut, die BASF AG in Massachusetts. Ein bedeutsamer Markt mit hervorragender Ausgangssituation der deutschen Chemie wird, zumindest was den hiesigen Produktionsstandort betrifft, aufgegeben.

Im Ergebnis vergleichbar, nicht jedoch in der Entwicklungsgeschichte, stellt sich die Wettbewerbssituation in der Informations- und Kommunikationstechnologie dar. Dieser Bereich ist von einer hohen Dyna-

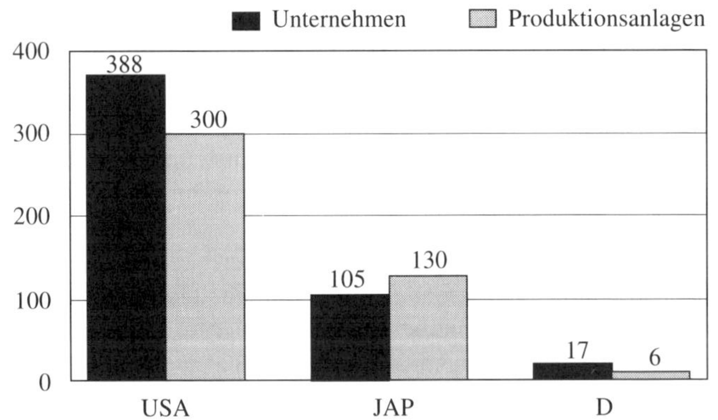

Quelle: VCI, Hoechst/MM 10/92

Abbildung 6: Gentechnische Unternehmen und Produktionsanlagen

mik bei der Einführung neuer Produkte und Prozesse gekennzeichnet. Etwa alle drei bis vier Jahre kommt eine neue Generation von Speicherchips auf den Markt, die die Kapazität der vorangegangenen Technologie um das Vierfache übertrifft; in ähnlichem Rhythmus werden Generationen von Mikroprozessoren vorgestellt, deren Leistungspotential neue Anwendungsmöglichkeiten eröffnet. Die betriebswirtschaftliche Heuristik des Produktlebenszyklus mit der ständigen Abfolge der Einführung neuer Produkte, deren Wachstum, Reife und anschließendem Ersatz durch Weiterentwicklung findet hier lehrbuchmäßige Beispiele. Auch beim Preisverlauf zeigen sich Tendenzen, die – wenn auch in abgeschwächter Form – im Bereich der Hochtechnologie vielfach anzutreffen sind. Bereits kurz nach der Markteinführung setzt ein teilweise dramatischer Preisverfall ein, der es nur den Unternehmen, die mit den neuen Produkten und Verfahren als erste am Markt sind, erlaubt, ihren finanziellen Einsatz zu amortisieren.

Großes wirtschaftliches Risiko ist mit komplexen Produkten und Prozessen verbunden. Für den 64 MB-Chip etwa werden die erforderlichen F&E-Aufwendungen und die Investitionen in Produktionsanlagen auf ca. 1,5 Milliarden US-Dollar geschätzt. Die weltweit bereits im Aufbau befindlichen Kapazitäten und die zu erwartende Preisentwicklung der Chips machen es schon heute unwahrscheinlich, daß ein solches Projekt ein positives Ergebnis erwirtschaften kann. Kurze Maschinenlaufzeit wegen schwieriger Genehmigungsverfahren für Wochenendarbeit mindert dann die Attraktivität eines Produktionsstandortes überproportional. Umgekehrt ist der Entschluß, die Entwicklung und Produktion eines solchen Speicherbausteins wegen der finanziellen Dimensionen nicht zu verfolgen, keine isolierte Investitionsentscheidung, sondern der wohl grundsätzliche Rückzug aus dem Markt. Die Konsequenzen würden über den Bereich der Elektroindustrie hinausgehen. Chemieunternehmen, die als Lieferanten für die Informations- und Kommunikationstechnik tätig sind, verlagern bereits jetzt Forschungsstätten nach Japan, um vor Ort präsent zu sein. Dies verdeutlicht, daß der Forschungsstandort nicht vom Produktionsstandort losgelöst diskutiert werden kann. Die Vision einer Industrienation, die nur Blaupausen exportiert, ohne die dazugehörige Produktion vor Ort zu haben, ist nicht zu realisieren.

Die Beherrschung von Hochtechnologien verlangt Kenntnisse und Erfahrungen auf vielfältigen Ebenen. Es finden sich Interdependenzen, den »Nahrungsketten« in der Biologie ähnlich, deren Stufen aufeinander aufbauend ein komplexes Wirkungsgefüge von Produkten und Prozessen bilden (Abbildung 7). Verlieren ein Unternehmen oder eine Volkswirtschaft auf einer Ebene den Anschluß an den Fortschritt, beginnt eine technologische Abhängigkeit von den jeweiligen Lieferanten. Auch der spätere Entschluß zum Wiedereinstieg auf einer bestimmten Stufe, etwa der Produktion von Speicherchips, bedingt Kompetenz über die einzusetzenden Materialien, den Bau und Betrieb der erforderlichen Anlagen, die Beherrschung des Prozeß-Know-how etc., das erarbeitet bzw. als Lizenz erworben werden muß.

Abhängigkeit von Lieferanten ist nichts grundsätzlich Negatives, sie ist ein Merkmal volks- und weltwirtschaftlicher Arbeitsteilung. Aber ihre Konsequenzen müssen gesehen und berücksichtigt werden. Sie beeinflussen die Wettbewerbsfähigkeit eines Industriestandortes. In den siebziger Jahren haben die EG-Länder auf Preiserhöhungen für Rohöl durch die OPEC und die befürchteten Versorgungsengpässe reagiert. Forschungsprojekte wurden initiiert, Förderprogramme aufgelegt, heimische Energiequellen durch Subventionen gesichert. Heute ist die Ausgangssituation im Bereich der Chipproduktion kritisch. Speicherchips stellen quasi den Rohstoff für die Informationsversorgung dar. Die europäische Wirtschaft hängt in einem Maße vom Import ab, wie es bei der Ölversorgung zu keinem Zeitpunkt der Fall war. Mit europäischen Forschungsprogrammen wie Eureka und Jessi wird versucht, diese Entwicklung zu korrigieren; strategische Allianzen sind privatwirtschaftliche Alternativen der Risikoverteilung bei Hochtechnologieerzeugnissen.

Prozeßebene	**Marktführer**
Materialien	JAPAN
Fertigungsmaschinen	JAPAN
Produktionsprozesse	JAPAN
Speicherchips	JAPAN
Logikschaltungen	JAPAN
Mikroprozessoren	USA
Unterhaltungselektronik	JAPAN
Systeme der Informationsverarbeitung	USA

Abbildung 7: »Nahrungskette« der Informationsverarbeitung

4. Managementsimulatoren zur Unterstützung von Innovationsprozessen

Die Produktion neuen Wissens durch Forschung und Entwicklung sowie die Umsetzung von Erfindungen in marktreife Produkte bilden einen langwierigen, aufwendigen und risikoreichen Prozeß. Er umfaßt ein Bündel schwieriger Managementprobleme mit finanziellen, qualitativen und zeitlichen Komponenten.

Als verbreitetes Problem von Forschung und Innovation steht einem verkürzten Marktzyklus ein verlängerter Entwicklungszyklus gegenüber. Monetär ausgedrückt heißt dies, daß wachsende Entwicklungsdauer sowie steigende Entwicklungskosten mit kürzeren Cash-flow-Perioden einhergehen. Daraus resultiert ein starker Druck auf die Unternehmen, frühzeitig mit ihren Neuentwicklungen und mit ausreichender Kapazität auf dem Markt präsent zu sein, um die knappe Zeitspanne für den Absatz zu nutzen. Lieferschwierigkeiten bedeuten häufig den endgültigen Ausfall der sonst möglichen Erlöse.

Außerdem erfolgt mit zunehmender Produkt- und Prozeßkomplexität eine Verschiebung im zeitlichen Kostenanfall und in der Kostenstruktur. Produkte umfassen mehr Funktionen und werden »intelligenter«, die zu ihrer Herstellung ablaufenden Prozesse erfordern vermehrte Planung der Arbeitsvorbereitung. Dadurch werden ursprünglich bei der Produktion anfallende Kosten bereits im Entwicklungsbereich vorweggenommen. In der Konsequenz sinken in späteren Technologiegenerationen die direkten Kosten der Produktherstellung, die Vorleistungen werden bedeutsamer und das Volumen der indirekten Kosten größer. Zu leistende Ausgaben und erwartete Einnahmen fallen zeitlich weiter auseinander, das Risiko, daß die Absatzhoffnungen sich nicht realisieren, nimmt zu.

Abbildung 8 veranschaulicht für die Computerindustrie diese gegenläufige Entwicklung von durchschnittlicher Produktentwicklungszeit und durchschnittlicher Dauer des Marktzyklus, die in ihrer Konsequenz den Gewinn von zwei Seiten her beschneidet. Die Entwicklungsphase dauert länger und erfordert größeren Ressourceneinsatz, die Marktphase wird kürzer und bietet weniger zeitlichen Spielraum, den erforderlichen Cash-flow zu erwirtschaften. In einem solchen Umfeld wirken sich Verzögerungen bei der Markteinführung besonders negativ aus.

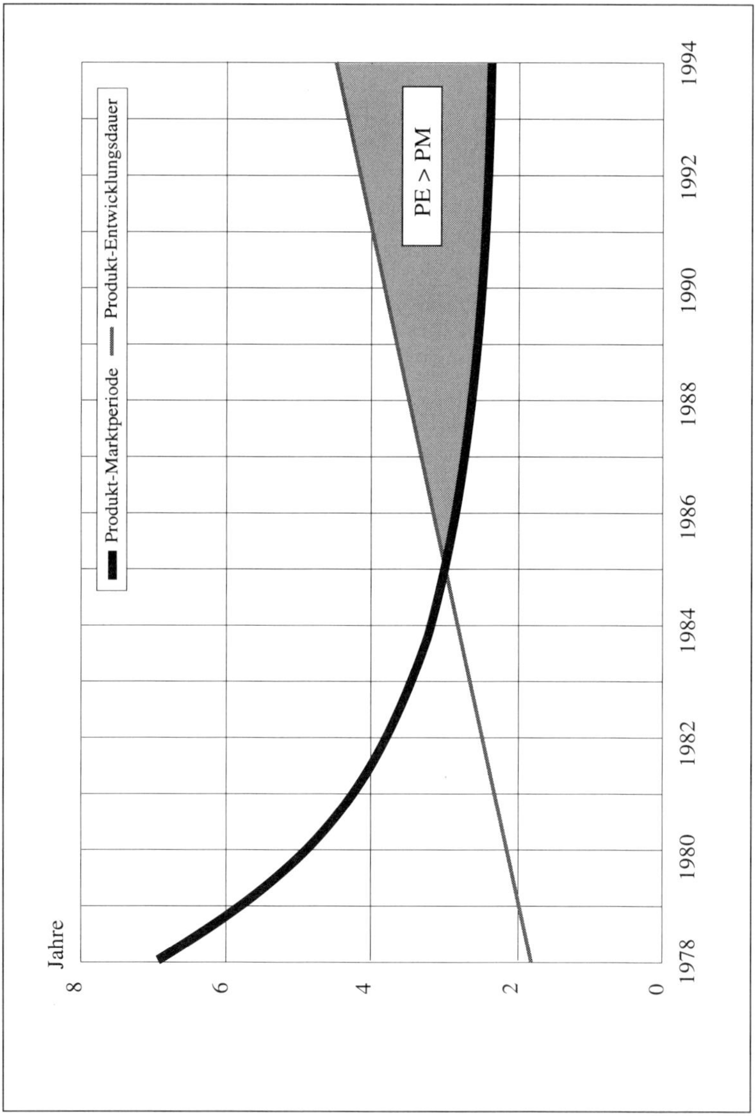

Abbildung 8: Tendenzen bei Entwicklungs- und Marktzyklen in der Informationstechnik

Durch die zeitliche Beschränkung der Marktphase kommt der Geschwindigkeit im gesamten Innovationsprozeß besondere Bedeutung zu. Es besteht ein eindeutiger Zusammenhang zwischen Innovationsdauer und Unternehmenserfolg. Eine Verkürzung der »time to market« sowie der »time to volume« wirkt sich überproportional auf das Ergebnis aus. Selbst eine substantielle Überschreitung des Kostenbudgets bei der Forschung und Entwicklung oder permanent über Plan liegende Produktionskosten wirken sich deutlich geringer auf den über den gesamten Lebenszyklus kumulierten Gewinn eines Produktes aus als eine nur halbjährige Verzögerung bei der Auslieferung. Abbildung 9 zeigt die Ergebniswirkungen von unterschiedlichen Planabweichungen.

Die daraus resultierende Handlungsempfehlung für das Innovationsmanagement, möglichst frühzeitig auf dem Markt präsent zu sein, steht vielfach im Widerspruch zu der in der Unternehmenspraxis tatsächlich verfolgten Strategie, das eigene Produkt durch Überlegenheit in vermeintlich entscheidenden Produktmerkmalen von den Konkurrenzerzeugnissen abzuheben. Nur 10 Prozent der Unternehmen suchen Wettbewerbsvorteile durch eine gegenüber der Konkurrenz frühere Markt-

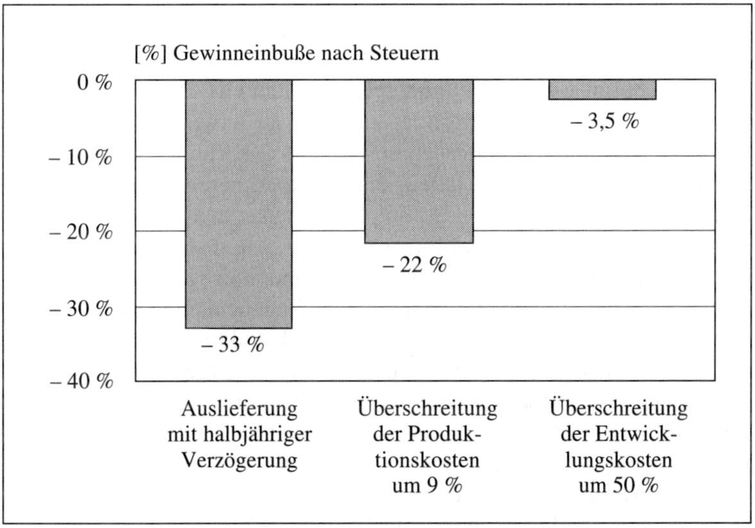

Abbildung 9: Ergebniswirkungen von Planabweichungen

einführung, noch weniger (6,6 Prozent der Unternehmen) durch eine aggressive Preispolitik zu erlangen (siehe Fraunhofer-Institut für Arbeitswissenschaft und Organisation, 1990, S. 53). Dieses Ergebnis unterstreicht eine strategische Fehlorientierung, nämlich durch »Over-engineering« den Markt erobern zu wollen, dabei aber zu spät und mit zu teuren Erzeugnissen präsent zu sein. Produkteigenschaften und tatsächliche Marktbedürfnisse divergieren dann.

Bedingt durch Umweltschutzauflagen tritt zu dem verlängerten Entwicklungs- und dem verkürzten Marktzyklus eine zusätzliche Komponente: die der Industrie vermehrt angelastete umweltgerechte Entsorgung ihrer Produkte. Solange nicht Umweltschutzüberlegungen bereits in die Produkt- und Verfahrensentwicklung integriert sind, kommen zu den Produktionskosten mit zeitlicher Verzögerung die Kosten der Entsorgung. Der Lebenszyklus erhält damit ein weiteres ergebnisrelevantes Stadium (Abbildung 10).

Die geschilderten Faktoren verdeutlichen, daß das Innovationsmanagement, insbesondere bei Hochtechnologieunternehmen, eine äußerst komplexe Aufgabe darstellt, die eine Vielzahl zum Teil widersprüchlicher Argumente berücksichtigen muß. Die Betriebswirtschaftslehre hat ebenso wie die amerikanische Managementlehre nur relativ wenige Handlungsanweisungen und praktikable Instrumentarien erarbeitet, dieses Aufgabensyndrom zu unterstützen.

Was benötigt wird, um ein besseres Verständnis der Konsequenzen von Entscheidungen zu erlangen und um zu lernen, wie der Markt auf das Verhalten von Unternehmen bzw. Konkurrenten reagiert, sind »Laboratorien«, die es gestatten, durch Experimente unterschiedliche Verhaltensformen zu testen. Bei solchen Managementsimulatoren – der Begriff wird in Analogie zu Flugsimulatoren, wie sie für die Pilotenausbildung eingesetzt werden, verwendet – handelt es sich um rechnergestützte Modelle, die die relevanten realen Gegebenheiten im Computer nachbilden, um das Systemverhalten im Abstrakten zu studieren und daraus entsprechende Erfahrungen zu gewinnen. Entwicklung und Einsatz solcher »Lern-Laboratorien« können bei komplexen Aufgaben die Entscheidungsfindung durch die Möglichkeit zu wiederholten Experimenten maßgeblich unterstützen (vgl. Milling, 1991; Senge, 1990).

Solche Modelle fördern die Lernprozesse in den Unternehmen und stellen einen möglicherweise entscheidenden Wettbewerbsfaktor dar. Den Stellenwert des organisationalen Lernens unterstreicht der ehema-

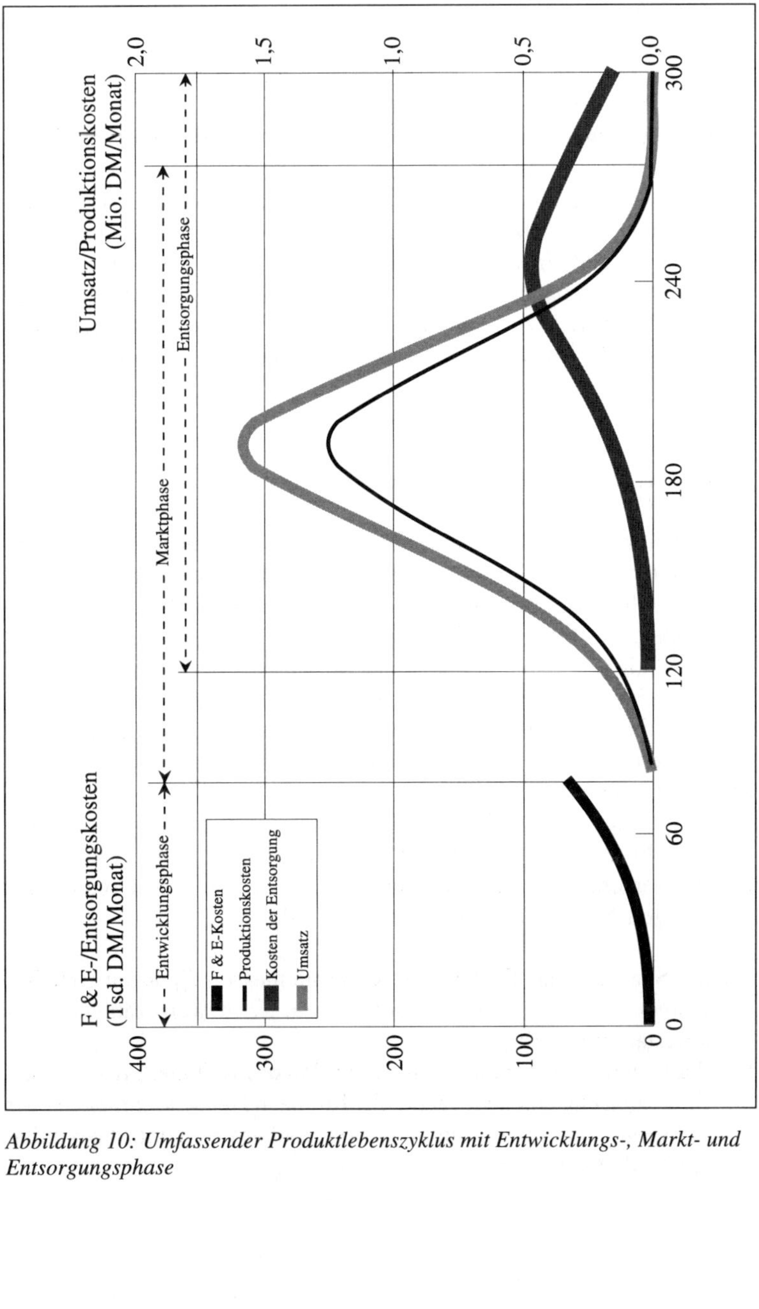

Abbildung 10: Umfassender Produktlebenszyklus mit Entwicklungs-, Markt- und Entsorgungsphase

lige Planungsleiter der Shell-Gruppe mit seiner These, die Fähigkeit zu lernen, und zwar schneller zu lernen als die Konkurrenz, sei zukünftig der wahrscheinlich einzige verteidigbare Wettbewerbsfaktor einer Unternehmung (de Geus, 1988; vgl. auch Stata, 1989).

Die in der Abbildung 10 dargestellten Phasen des Innovationsprozesses wurden mit einem Modell erzeugt, das die Forschungs- und Entwicklungsaktivitäten, die Produktions- bzw. Absatzprozesse sowie den Entsorgungsbereich berücksichtigt. Das Modell gestattet, alternative Forschungs- und Entwicklungsstrategien, verschiedene Markteinführungs-, Produktions- und Qualitätsstrategien in ihren Auswirkungen auf das Marktverhalten zu untersuchen. Auch unterschiedliche Organisationsformen für Entscheidungsprozesse können so »off-line« getestet werden.

5. Standortsicherung als Gemeinschaftsaufgabe

Die Entwicklung von Systemen zur Entscheidungsunterstützung ist ein Feld, in dem die betriebswirtschaftliche Forschung und damit die Universitäten ihren Beitrag zur Stärkung des heimischen Standortes zu leisten haben. Die generelle Verfügbarkeit bedienungsfreundlicher und leistungsfähiger Computer eröffnet dieser Art von »Intelligenzverstärkung« interessante Perspektiven. Neben konkurrenzfähigen gesamtwirtschaftlichen Rahmenbedingungen sowie neuen Produkten und Verfahren werden für ein erfolgreiches Unternehmen auch innovative Führungsinstrumente erforderlich sein.

Zur Stärkung der Wettbewerbsfähigkeit des Forschungs- und Innovationsstandortes Bundesrepublik Deutschland sind somit Entscheidungen auf verschiedenen Ebenen notwendig. Dabei gibt es keinen allein zuständigen Ansprechpartner, gefordert sind

(1) der Staat und die Tarifpartner; denn sie müssen die Rahmenbedingungen schaffen, damit Deutschland ein wettbewerbsfähiger Industriestandort bleibt;
(2) die Unternehmen; denn in ihnen wird über Produkte, Prozesse und Strategien entschieden. Weder der Ruf nach Handelsschranken oder Subventionen noch das Imitieren von Konkurrenten bilden zukunftsweisende Lösungen;

(3) die Betriebswirtschaftslehre; denn sie hat Instrumente zum vertieften Verständnis und zur besseren Beherrschung komplexer, dynamischer Systeme zu entwickeln.

Nur in diesem Zusammenspiel kann die Wettbewerbsfähigkeit des Standortes Bundesrepublik Deutschland gesichert werden. Ohne korrigierende Maßnahmen läuft das Land Gefahr, seine Wettbewerbsfähigkeit gerade auf den Feldern zu verlieren, die für einen hochentwickelten Industriestandort unabdingbar sind.

Literatur

Bundesminister für Forschung und Technologie, Biotechnologie 2000, Bonn 1991.

Bundesminister für Forschung und Technologie (Hrsg.), Faktenbericht 1990 zum Bundesbericht Forschung 1988, Bonn 1990.

Bundesminister für Forschung und Technologie (Hrsg.), Bundesbericht Forschung, Bonn 1988.

Dorn, B., in dem Wi Profil, in: Wirtschaftsinformatik, 34. Jg. (1992), S. 632–634.

Fraunhofer-Institut für Arbeitswissenschaft und Organisation, Industrielle Forschung und Entwicklung in der Bundesrepublik Deutschland, München 1990.

de Geus, A., Planning as Learning, in: Harvard Business Review, Vol. 66 (1988) No. 2, S. 70–74.

Milling, P., Strategische Planungs- und Kontrollsysteme zur Unterstützung betrieblicher Lernprozesse, in: P. Milling (Hrsg.): Systemmanagement und Managementsysteme, Berlin 1991, S. 11–31.

Senge, P. M., The Fifth Discipline: The Art and Practice of the Learning Organization, New York 1990.

Sommerlatte, T., 1000 Unternehmen antworten: Die Innovationswelle kommt, in: Arthur D. Little International (Hrsg.). Management der Geschäfte von morgen, 2. Auflage, Wiesbaden 1987, S. 17–25.

Stata, R., Organizational Learning – The Key to Management Innovation, Vol. 30 (1989), No. 3, S. 63–74.

Womack, J. P.; D. T. Jones und D. Roos, The Machine that Changed the World, New York 1990.

Das deutsche Management im internationalen Vergleich

Alfred Kieser

1. Gibt es Kriterien für gutes Management?

Wie ist die Leistung deutscher Manager im Vergleich zu derjenigen ihrer Kollegen in anderen Ländern, etwa in den USA, Japan, Großbritannien, einzustufen? Die Antwort erscheint einfach: Die deutsche Wirtschaft hatte, besonders in den fünfziger und sechziger Jahren, einen beispiellosen Aufschwung zu verzeichnen, der sie in die absolute Spitzengruppe der Wirtschaftsmächte führte. Und diese Stellung wurde errungen und gehalten, obwohl entscheidende Rahmenbedingungen wie Lohnkosten, Krankenstand, Steuerbelastung, Auflagen des Umweltschutzes usw. Handicaps darstellten (was in den anderen Beiträgen dieses Buches umfassend belegt wird). Welcher andere Faktor außer der Qualität des Managements könnte diesen Erfolg der deutschen Wirtschaft erklären?

Weshalb sind dann aber deutsche Spitzenbeamte und Manager in internationalen Organisationen, in der Weltbank, der EG-Bürokratie oder in Multinationalen Unternehmungen, unterrepräsentiert? Werden etwa die Fähigkeiten deutscher Manager im Ausland nicht nur positiv eingeschätzt? Daß dem so ist, zeigt eine bemerkenswerte Studie der Prognos AG, nach der ausländische Manager ihren deutschen Kollegen bescheinigten, sie seien fachlich kompetent, zuverlässig und vertrauenswürdig, aber auch etwas stur und unflexibel (Wächter, 1992). Die deutschen Manager erscheinen aus der Sicht des Auslands als »gute Handwerker«; Einfallsreichtum und Esprit gehören nicht zu ihren Stärken. Aber auch im Inland werden Zweifel an der Qualität der deutschen Manager laut. So meinte der Unternehmungsberater Roland Berger (Süddeutsche Zeitung, v. 27./28. 3. 1993), »daß unser Problem im Moment nicht unser Lohnniveau ist, sondern unsere Organisation, unser Managementniveau«.

Da die Qualität des deutschen Managements über Meinungsumfragen wohl kaum zuverlässig zu eruieren ist, kommen wir nicht umhin, uns systematisch der Frage zuzuwenden, was eigentlich gutes Management ist, ob es Kriterien gibt, mit deren Hilfe die Leistungen von Managern einigermaßen objektiv erfaßt werden können.

Wenn von gutem Management geredet wird, ist vor allem gutes Topmanagement gemeint. Das mittlere Management wird – zu Unrecht – vorwiegend als Implementierer gesehen, dessen Zuverlässigkeit vorausgesetzt werden kann. Topmanagern ergeht es ähnlich wie Fußballtrainern: Hat ihre Mannschaft Erfolg, werden sie als Helden gefeiert; stellt sich Mißerfolg ein, werden sie als Sündenböcke in die Wüste geschickt.

Sloan, Ford, Matsushita, Iacocca oder Gyllenhammar – das sind Helden der Unternehmungsführung – heutzutage meist in Autobiographien besungen. Die Geschichten der Sündenböcke werden schnell vergessen. Es gibt sie aber auch: in den Managementzeitschriften unter der Rubrik Mißmanagement.

Nicht nur in der öffentlichen Meinung, auch in einigen wissenschaftlichen Ansätzen wird davon ausgegangen, daß die Fähigkeiten des Topmanagements weitgehend über Wohl und Wehe einer Unternehmung entscheiden. Es gibt aber auch Gegenpositionen: In Konzepten des Evolutionären Managements etwa wird angenommen, daß wegen der nicht beherrschbaren Komplexität des Systems eine Steuerung der Unternehmung von ihrer Spitze aus nur sehr eingeschränkt möglich ist (z. B. Malik, 1984, S. 50f.). Weniger die »Helden« an der Spitze als vielmehr die Fähigkeit des Systems zur Selbstorganisation sind für den Erfolg einer Unternehmung verantwortlich.

Man tut sich im übrigen sehr schwer, den Einfluß des Topmanagements auf den Unternehmungserfolg in statistischen Analysen nachzuweisen. Unternehmensgewinne korrelieren mit der allgemeinen Konjunktur, der Branchenkonjunktur, der Unternehmensgröße, den Marktanteilen usw. Statistische Effekte individueller Unternehmungen und damit ihrer Management-Teams auf die Gewinne sind verschwindend gering, was Rumelt (1991) zu einem Resümee veranlaßt, das einem Professor für Strategisches Management nicht leichtgefallen sein dürfte: »Im Hinblick auf den Umfang der Literatur über strategisches Management und Unternehmenskultur, die Zahl an Beratungsunternehmen, die sich auf Unternehmungsführung spezialisieren, und die Konzentration auf die Topmanager in der Wirtschaftswelt ist es erstaunlich, daß der Einfluß der Unternehmung in den Daten verschwindend gering ist.«

Auch Praktiker können keine allgemeingültigen Kriterien zur Bewertung von Managementleistungen zur Verfügung haben. Ein erfolgreicher Manager kann machthungrig, rücksichtslos, selbstlos, autoritär, demokratisch usw. sein. Es ist immer derjenige, der in bestimmten Situationen die Erwartungen der Geführten, der Vorgesetzten, der Kollegen und der Beobachter erfüllt. Erstaunlicherweise tun sich Praktiker dennoch nicht schwer, exzellentes Management zu identifizieren, beispielsweise wenn sie Manager rekrutieren oder befördern oder den »Manager des Jahres« küren. Wie bilden sie sich ihre Meinung? Sie profitieren zunächst von zwei interdependenten Märkten, in denen sie zugleich Agierende und Objekte sind: vom Arbeitsmarkt der Manager, der in den höheren Etagen vor allem von Headhuntern gemacht wird, und vom Meinungsmarkt, der durch Öffentlichkeitsarbeit, Presseberichte und Mund-zu-Mund-Propaganda bestimmt ist.

Psychologen zufolge ist es vor allem der folgende Prozeß, der dazu führt, daß bestimmte Manager als herausragend etikettiert werden (Calder, 1977; Lord et al., 1984): Stellt sich für eine Unternehmung Erfolg ein (z. B.: ein Fußballclub erzielt nach Einstellung eines neuen Trainers ein positives Punktekonto), suchen die zur Personifizierung neigenden Beobachter nach Verhaltensweisen, die die jeweiligen Führer von anderen Führern abheben. Aus vorhandenen Indizien wird dabei auch nicht beobachtbares Verhalten erschlossen (irgendwie muß der Trainer die Spieler besser motivieren oder gegnerische Mannschaften besser analysieren können, wahrscheinlich greift er härter durch usw.). Dann wird vom Beurteiler geprüft, ob das beobachtete und erschlossene Verhalten in Übereinstimmung mit seiner impliziten Führungstheorie steht. Relevant ist weiterhin die Frage, ob nicht andere Verhaltensweisen des Führers die gleiche Wirkung hätten hervorrufen können. Besteht der zu Beurteilende alle diese »Prüffragen«, wird ihm echtes Führertum zugesprochen.

Es ist also nicht möglich, in einer objektiven Weise gute von schlechten Managern zu unterscheiden. Vielleicht geht es aber doch im internationalen Vergleich. Möglicherweise läßt sich etwa feststellen, daß deutsche Manager tendenziell schlechter als ihre Kollegen in Land X, aber besser als diejenigen in Land Y sind. Voraussetzung dazu ist zunächst, daß Management in verschiedenen Kulturen überhaupt Unterschiede aufweist.

2. Ist Management in Deutschland anders als in anderen Kulturen?

Zwischen dem Management in verschiedenen Kulturen gibt es tatsächlich bemerkenswerte Unterschiede. Dazu drei Beispiele:

Vergleicht man französische und deutsche Unternehmungen, so zeigt sich (Lutz, 1976): (1) In französischen Unternehmungen sind einem Meister im Durchschnitt wesentlich weniger Arbeiter (ungefähr die Hälfte) zugeordnet als in deutschen. (2) Französische Unternehmungen weisen im Vergleich zu gleich großen deutschen eine wesentlich größere Zahl an Hierarchieebenen auf. (3) In französischen Unternehmungen sind indirekte Funktionen wie Konstruktion, Produktionsplanung, Arbeitsvorbereitung, Rechnungswesen und Personal viel stärker besetzt als in deutschen.

In einer eigenen Untersuchung mittlerer Führungskräfte in Großbritannien und Deutschland konnten wir ebenfalls eine Reihe signifikanter Unterschiede ausmachen (Stewart et al., im Druck):

(1) In Deutschland übernehmen mittlere Manager in der Regel eine Fülle fachlicher Ausführungsaufgaben, während sich ihre Kollegen in Großbritannien fast ausschließlich auf die Führung konzentrieren. Letztere demonstrieren auch viel stärker ihre Statusprivilegien, indem sie beispielsweise ihre Arbeitszeit und Pausen selbst bestimmen und eine Reorganisation ihrer Abteilungen selbst initiieren.

(2) Arbeitsprozesse im mittleren Management deutscher Unternehmungen sind stärker standardisiert, Entscheidungsbefugnisse präziser geregelt. Mittlere Manager üben hier ihre Führungsaufgabe aus, indem sie vor allem über die Einhaltung festgelegter Regeln wachen, während ihre Kollegen in Großbritannien über solche Regeln mit Kollegen und Mitarbeitern nahezu ständig verhandeln. Deshalb verbringen britische Manager auch viel mehr Zeit in Meetings.

(3) Mittlere Führungskräfte in Deutschland verharren viel länger in ihren Stellen als ihre Kollegen in Großbritannien und ihre Karriere verläuft häufiger innerhalb eines Funktionsbereichs. In Großbritannien ist man der Ansicht, daß ein mittlerer Manager nach zwei oder drei Jahren in einer Stelle einer »Auffrischung« seiner Motivation durch eine andere Aufgabe bedürfe und eine Rotation zudem seine Managementfähigkeiten verbessere.

Ein letztes Beispiel: In neuerer Zeit hat die Diskussion um die schlanke Produktion viel Staub aufgewirbelt. MIT-Forscher ermittelten, daß japanische Automobilproduzenten im Vergleich zu europäischen und amerikanischen nur die Hälfte der Zeit und des Aufwands für die Entwicklung eines neuen Produkts benötigen, die Hälfte der Investitionen in Werkzeuge und die Hälfte des Personals in der Fertigung. Gleichzeitig weisen ihre Produkte eine höhere Qualität auf und sie bieten eine größere Produktvielfalt. Diese Vorteile werden mit einer Überlegenheit des japanischen Managements in Verbindung gebracht (Womack et al., 1992).

3. Ist besseres nationales Management ein Verdienst der Manager?

Es erscheint außerordentlich problematisch, Manager für Konkurrenzvor- bzw. -nachteile von Branchen oder der Wirtschaft eines Landes verantwortlich zu machen. Managementsysteme bilden ein Produkt der Evolution des Gesellschafts- und Wirtschaftssystems. Das Management einer Generation kann die institutionelle Struktur, die dem Wirtschaften zugrunde liegt, nur in sehr engen Grenzen ändern; Zufälligkeiten haben häufig gravierende Konsequenzen, intentionale Eingriffe unbeabsichtigte – negative, aber auch positive – Nebenwirkungen.

Daß beispielsweise deutsche Unternehmungen im Vergleich zu französischen und britischen mit einem geringeren Anteil an administrativ-kaufmännischem Personal auskommen, hat viel mit der dualen Ausbildung zu tun (Lutz, 1976). Deutsche Facharbeiter sind im Vergleich mit französischen dank ihrer besseren fachlichen Ausbildung dazu befähigt, einen erheblichen Teil der im Produktionsprozeß anfallenden technisch-organisatorischen Probleme aus eigener Initiative und Kompetenz zu lösen. Deutsche Meister können wegen ihrer großen Erfahrung und ihrer hohen fachlichen Kompetenz viele vor Ort auftretenden Probleme eigenständig lösen und sich qua Sachautorität gegenüber den ihnen unterstellten Facharbeitern durchsetzen.

Französische Betriebe dagegen sind aufgrund der geringeren Qualifikation ihrer Arbeiter dazu gezwungen, Produktionsabläufe und Arbeitsvollzüge durch spezifische technische Stellen einer ständigen Analyse und Kontrolle zu unterziehen. Dies erfordert mehr Personal in indirekten Funktionen. Zusätzlich muß zwischen den planenden und arbeitsvorbereitenden Stellen auf der einen Seite und den Produktionsarbeitern auf der anderen eine in sich hierarchisch gegliederte Schicht technischer Führungskräfte eingeschoben werden, um den Vollzug der Vorgaben der Ingenieure durchzusetzen.

Das duale System ist jedoch keineswegs das Produkt einer herausragenden Managementleistung. Zu Beginn der Industrialisierung war das Schulwesen in Frankreich wesentlich weiter entwickelt als in Deutschland. Auch die Ausbildung von Meistern und Facharbeitern erfolgte dort in zentralen Schulen. Da die deutschen Staaten solche Ausbildungsinstitutionen nicht schaffen wollten oder konnten, sah sich die Industrie gezwungen, die erforderliche Qualifizierung selbst zu erbringen, und sie griff dazu auf das in den Zünften traditionell erprobte und wegen der verspäteten Durchsetzung liberaler Prinzipien auch noch länger konservierte Institut der Lehre zurück. Sie sah dies eher als schlechte Notlösung; fortschrittlicher erschien ihr das französische System. Sie baute die Lehre jedoch aus, indem sie Lehrwerkstätten einrichtete und die Ausbildung stärker auf Innovations- und Problemlösungsfähigkeit ausrichtete. Die deutsche Wirtschaft, darüber sind sich alle Analysen der Wettbewerbsstärke deutscher Branchen einig, profitiert noch heute von dieser frühen Weichenstellung.

Daß deutsche mittlere Manager sich mehr an Regeln orientieren, während ihre britischen Kollegen Teamkoordination bevorzugen, hängt nach Hofstede (1991, S. 139ff.) mit grundsätzlich unterschiedlichen Einstellungen gegenüber Unsicherheit zusammen. Deutsche Manager weisen eine geringere Toleranz gegenüber Unsicherheit auf und sie tendieren dazu, Unsicherheit und Konflikten mit einer verstärkten Anwendung von Regeln zu begegnen, während ihre britischen Kollegen stärker auf Ad-hoc-Verhandlungen vertrauen. Deutsche Manager neigen der Vorstellung zu, die Unternehmung müsse wie eine gut geölte Maschine funktionieren, während ihre britischen Kollegen Management eher als eine Art Wochenmarkt interpretieren. Diese kulturell verankerten Einstellungsunterschiede zeigen sich auch in der Art und Weise, wie britische und deutsche Manager in Seminaren Fallstudien lösen, in denen Konflikte zwischen Abteilungen vorkommen, und in den Organisationstheorien, die britische und deutsche Organisationsforscher bevorzugen. So ist es wohl auch kein Zufall, daß die Briten bis heute noch keine schriftliche Verfassung haben.

Daß deutsche mittlere Manager länger innerhalb einer Funktion verharren, hat mit ihrer intensiveren fachbezogenen Berufsausbildung, der kaufmännischen oder technischen Lehre, zu tun, die Zugang zu mittleren Führungspositionen eröffnet und eine stärkere Ausrichtung an fachlichen als an manageriellen Problemen mit sich bringt (Stewart et al., im Druck).

Auch die Vorteile der japanischen schlanken Produktion sind in institutionellen Rahmenbedingungen verankert (Kieser, 1993), u.a. in der starken Gruppenorientierung japanischer Arbeiter und Manager, lebenslanger Beschäftigung der Stammarbeiter, Verfügbarkeit eines Heeres von Aushilfsarbeitern in Zuliefererbetrieben, die niedrigere Löhne erhalten und keinen Beschäftigungsschutz haben, in enger Verflechtung von Produzenten und ihren Zulieferern und einem unternehmensorientierten Gewerkschaftssystem. Japanisches Management profitiert somit in einem hohen Maße von der spezifischen Evolution des Gesellschafts- und Wirtschaftssystems, das infolge Konfuzianismus, Samurai-Philosophie, Meiji-Restauration und der Besonderheit der geographischen Struktur des Landes, um nur einige Einflußfaktoren zu nennen, andere Institutionen hervorgebracht hat als Europa oder die USA. Die Behauptung, japanische Manager seien besser als ihre europäischen oder amerikanischen Kollegen, ist etwa so logisch wie die, daß Sumo-Ringer europäischen Fußballern überlegen seien.

4. Wie kommen Wettbewerbsvorteile sozioökonomischer Systeme zustande?

Neueren Konzepten zur Analyse nationaler Wettbewerbsvorteile zufolge sind in Erklärungen der Wettbewerbsstärke bzw. -schwäche nationaler Branchen vor allem folgende Faktoren zu berücksichtigen (Porter, 1991; Whitley, 1992; Hofstede, 1991; Lodge/Vogel, 1987):

- Faktorausstattung (Humanvermögen, materielle Ressourcen, Wissensressourcen, Kapitalressourcen, Infrastruktur): »Fortschrittliche Ressourcen« wie Qualifizierung, Wissensressourcen und Infrastruktur werden für die meisten Branchen als wichtiger angesehen als natürliche Ressourcen;

- Nachfragebedingungen (Größe der Nachfrage, Segmentierung, Anspruchsniveau der Nachfrager usw.);
- Vorhandensein verwandter und unterstützender Branchen, die sich wechselseitig Innovationsanstöße vermitteln;
- Systeme personeller Verflechtung zwischen Unternehmungen (beispielsweise über mehrfache oder gegenseitige Mitgliedschaft in Aufsichtsräten, Unternehmungsverbänden, aber auch gewachsene Vernetzung von Unternehmungen, etwa zwischen großen Unternehmungen und Handwerksbetrieben);
- Strategie und Struktur der heimischen Unternehmungen (Unternehmungsverfassung, Organisationsstruktur, Führungsstil, Managementmethoden, Struktur des Wettbewerbs);
- gesellschaftliches Wertesystem;
- Rechtssystem und Institutionen zur Weiterentwicklung und Anwendung des Rechts;
- politisches System;
- Ausbildungssystem.

Diese Faktoren sind in ihrer Interdependenz und Dynamik zu analysieren. Jeder Versuch, Wettbewerbsvorteile nationaler Branchen auf isolierte, einzelne Faktoren zurückzuführen, generiert nicht nur unvollständige, sondern auch falsche Erklärungen. Um beispielsweise Wettbewerbsvorteile der japanischen Automobilbranche zu erklären, reicht es nicht aus, auf einzelne Komponenten der Produktion wie Kanban oder Kaizen hinzuweisen; es genügt auch nicht, das systemhafte Zusammenwirken solcher Elemente im Prozeß der Lean Production zu entschlüsseln, sondern es müssen auch die gesellschaftlichen Rahmenbedingungen analysiert werden, in denen dieses Produktionssystem verankert ist.

Sieht man sich die aufgelisteten Faktoren an, so wird schnell deutlich, daß Manager nur einen Faktor – Strategien und Struktur von Unternehmungen – direkt beeinflussen können, und auch dabei sind sie an institutionelle Rahmenbedingungen gebunden.

Bei der Evolution von Wirtschaftssystemen spielen historisch weit zurückliegende Weichenstellungen eine große Rolle. Viele Evolutionsanstöße sind auch Zufällen oder nicht intendierten Nebenwirkungen geschuldet (Porter 1991, S. 149), wie etwa dem Umstand, daß zur Zeit der Industrialisierung die deutschen Staaten nicht in der Lage waren, zentrale Institutionen zur Ausbildung von Facharbeitern und Meistern zur Verfügung zu stellen, und die Industrie somit auf die Lehre zurückgreifen mußte, oder dem verlorenen Zweiten Weltkrieg, der Wettbewerbsvorteile für Japan, Italien und Deutschland entstehen ließ. Handicaps erweisen sich häufig als Quelle von Wettbewerbsstärke: Hohe Lohnkosten fördern beispielsweise die Produktivität durch Rationalisierung; strenge Umweltauflagen induzieren Führungspositionen der Umweltindustrie. Nicht jedes Handicap führt jedoch zu einem Wettbewerbsvorteil.

Eine umfassende Theorie der kulturell vermittelten Wettbewerbsvorteile nationaler Branchen gibt es noch nicht. Da eine vollständige Erfassung aller relevanten Systemelemente und -beziehungen in ihrer Dynamik nicht möglich ist, muß es dem Interpretationsspielraum der Forscher überlassen bleiben, welche sie in ihren Analysen jeweils in den Vordergrund stellen.

Dazu ein Beispiel. Neben der japanischen Wirtschaft zieht vor allem auch die relativ erfolgreiche deutsche das Interesse amerikanischer Manager und Forscher auf sich, denn »(Deutschland) hat einen Bruchteil der Ressourcen und weniger als ein Drittel der Bevölkerung der Vereinigten Staaten. Die Lohnkosten sind höher, der bezahlte Urlaub mindestens dreimal so lang und starke Gewerkschaften sind auf allen Ebenen des Wirtschaftssystems eingebunden, vom lokalen Werk bis zum Aufsichtsrat. Dennoch produzieren deutsche Unternehmungen international wettbewerbsfähige Produkte in Schlüsselindustrien und machen Deutschland zur stärksten wirtschaftlichen Bedrohung der Vereinigten Staaten nach Japan« (Wever/Allen, 1992). Zur Erklärung dieses immer noch andauernden »Wirtschaftswunders« wird in einem Artikel, der 1992 in der Harvard Business Review erschien (Wever/Allen, 1992), auf folgende Faktoren hingewiesen:

- Mitbestimmung auf der Betriebs- und Aufsichtsratsebene, die als »bemerkenswerte Maschinerie zur Produktion von Konsensus« dargestellt wird und die, so die Autoren, den deutschen Unternehmungen in hervorragender Weise hilft, die notwendige Anpassung an die Herausforderungen der Weltwirtschaft durchzuführen;
- starke Kooperation zwischen Unternehmungen, die vor allem in dem im Vergleich zu den USA größeren Einfluß von Unternehmungs- und Arbeitgeberverbänden zum Ausdruck kommt. Diese Vereinigungen veranlassen Landesregierungen – Baden-Württemberg wird als ein

leuchtendes Beispiel hervorgehoben – und die Bundesregierung zu einer Industriepolitik, die die spezifischen Wettbewerbsvorteile von Branchen fördert;
- deutsches Bankensystem, das von wenigen großen Instituten dominiert ist, die im Gegensatz zu ihren amerikanischen Wettbewerbern Aktien halten und somit die Rolle von Hausbanken übernehmen können; das deutsche Bankensystem bildet den Autoren zufolge das »Äquivalent zu japanischen Keiretsus«;
- deutsches Ausbildungssystem, einschließlich der im Vergleich zu den USA intensiveren betrieblichen Weiterbildung, das eine große Zahl gut ausgebildeter Arbeiter und Manager zur Verfügung stellt.

Also auch diese Analyse sieht die Wettbewerbsstärke der deutschen Wirtschaft vor allem in institutionellen Rahmenbedingungen begründet.

Die Erkenntnis, daß Unternehmungen und nationale Branchen hochkomplexe, evolvierende sozioökonomische Systeme sind, legt folgende Schlußfolgerungen nahe:

(1) Es gibt keine allgemeingültigen, länderübergreifenden Rezepte zur Förderung der Wettbewerbsfähigkeit der nationalen Wirtschaft oder einzelner Branchen. Aufgrund unterschiedlicher Ausgangsbedingungen ergibt sich für jede Branche eines Landes ein spezifischer Entwicklungspfad zur Erhöhung der Wettbewerbsfähigkeit.
(2) Weder Manager noch Wirtschaftswissenschaftler sind in der Lage, diesen Pfad einigermaßen präzise vorzuzeichnen.
(3) Unter diesen Voraussetzungen erscheint evolutorisches Management angemessen. Dies bedeutet vor allem einen weitgehenden Verzicht auf Konzipierung und Umsetzung detaillierter inhaltlicher Pläne zur Umgestaltung von Unternehmungen und Wirtschaftssystemen, statt dessen eine Konzentration auf die behutsame Veränderung von Rahmenbedingungen, so daß günstige Voraussetzungen für eine gerichtete Evolution entstehen.
(4) Für das Management bilden Maßnahmen solcher Art etwa die aktive Suche nach anspruchsvollen Kunden und Märkten, Kooperation mit den fortschrittlichsten internationalen Zulieferern, Pflege des Kontakts mit internationalen Forschungszentren und Förderung des unternehmungsinternen Wettbewerbs.

(5) Für Entscheidungsträger in der Politik legt diese Perspektive Maßnahmen wie die folgenden nahe: Investitionen in Bildung, Förderung von Netzwerken zwischen Bildungsinstitutionen und Wirtschaft, Förderung des Wettbewerbs zwischen Ausbildungsinstitutionen, Erhöhung der Autonomie von Ausbildungsinvestitionen, damit diese sich selbst strukturieren können, ferner Bereitstellung von Risikokapital für Schlüsseltechnologie, Förderung von Netzwerken zwischen Forschungsinstituten und Industrie, Ermunterung der Forschungstätigkeit in der Industrie, besonders in Schlüsselindustrien, Investitionen in Infrastruktur, beispielsweise in Systeme der Datenfernübertragung, wobei jedoch alternative Entwicklungspfade offengehalten und Wettbewerb als Selektionsmechanismus zum Einsatz gebracht werden sollten.

Manager werden also nicht in die Bedeutungslosigkeit entlassen. Zunächst sind Unternehmungen und andere Organisationen des Wirtschaftssystems darauf angewiesen, daß ihnen das Ausbildungssystem qualifizierte Entscheidungsträger für alle Ebenen in ausreichender Zahl zur Verfügung stellt. Organisationsstrukturen und Ausbildungssystem einer Gesellschaft entwickeln sich in einem Prozeß der Koevolution. Gravierende Eingriffe in das Ausbildungssystem, wozu auch eine Verschlechterung der Ausbildungsbedingungen gehört, können zu Friktionen in den sozioökonomischen Systemen der Unternehmungen führen, dies besonders dann, wenn ein Trend zur Dezentralisierung einen erhöhten Bedarf an qualifizierten Managern und Facharbeitern erwarten läßt.

Manager – wie auch Entscheidungsträger in der Politik – sind darüber hinaus sowohl Initiatoren von Variationen als auch Selektoren von Variationen im Evolutionsprozeß. Zu Gestaltungsmaßnahmen kommt es nicht rein zufällig; sie können mehr oder weniger vernünftig im Hinblick auf das Ziel Erhaltung und Ausbau der Wettbewerbsfähigkeit der Unternehmung sein. Selektion betreiben Topmanager, indem sie vorgeschlagene innovative Ideen und Projekte aufgreifen, mit Prioritäten versehen oder verwerfen. Die Aufgaben der Variationserzeugung und Selektion können Manager um so besser wahrnehmen, je tiefer ihr Verständnis für die historisch gewachsenen, höchst interdependenten Faktoren der Wettbewerbsstärke ist.

5. Ist die Annahme, daß Wettbewerb zwischen Branchen verschiedener Nationen stattfindet, noch angemessen?

Unserer Analyse lag die Annahme zugrunde, daß Wettbewerb zwischen Unternehmungen und Branchen verschiedener Nationen stattfindet. Auf diese Prämisse gründet sich beispielsweise auch die Forderung, daß die europäische Chip-Produktion zu stärken sei, um zu verhindern, daß Japan die Vorherrschaft auf einem Weltmarkt erringt, der wegen der Abhängigkeit anderer Branchen von besonderer strategischer Bedeutung ist (Seitz, 1990). Diese Annahme stimmt immer weniger mit der Realität überein. In zunehmendem Maße sind es nämlich nicht mehr in einzelnen Ländern beheimatete Unternehmungen, die gegeneinander konkurrieren, sondern globale Netzwerke, in denen Aktivitäten der Muttergesellschaft, ausländischer Tochtergesellschaften, Joint Ventures und vertraglich gebundener Unternehmungen in vielen Ländern koordiniert werden. Kauft ein Amerikaner beispielsweise einen Pontiac Le Mans von General Motors, so gehen von den $ 20.000, die er bezahlt, ungefähr 6.000 nach Südkorea für die Herstellung einfacher Komponenten, 3.500 nach Japan für anspruchsvollere Komponenten (Motor, Radaufhängung, Elektronik), 1.500 nach Deutschland für Styling und Ingenieurleistungen, 800 nach Taiwan, Singapur und Japan für kleinere Komponenten, 500 nach Großbritannien für Marketing Services und 100 nach Irland und Barbados für EDV-Leistungen. Lediglich $ 7.600 dienen dazu, Strategien in Detroit, Rechtsanwälte und Banker in New York, Lobbyisten in Washington, Versicherungen und andere Dienstleistungen in den USA zu bezahlen und die Dividende aufzubringen, die Aktionäre, vornehmlich in den USA, zunehmend aber auch in anderen Ländern kassieren (Reich, 1991, S. 113).

Vor allem Fortschritte in der Datenfernübertragung haben es möglich gemacht, daß Aktivitäten in solchen globalen Netzwerken genauso effektiv koordiniert werden können wie früher an einem Ort oder in einem Land konzentrierte. Diese globalen Netzwerke leiten Arbeit dorthin, wo sie am effektivsten und/oder effizientesten verrichtet werden kann: einfache Produktionsarbeit in Schwellenländer, wo diese Art von Arbeit die geringsten Kosten verursacht, Forschung in Länder, die die fähigsten Forscher und eine forschungsförderliche Umgebung (erfolgversprechende Grundlagenforschung an Universitäten, Kooperationsmöglichkeiten mit diesen Universitäten, gesetzliche Rahmenbedingungen usw.) zur Verfügung stellen.

Wenn es um die Frage geht, was unternommen werden kann, um den Wohlstand der Bürger eines Landes zu erhalten und zu mehren, so der Harvard-Professor und Arbeitsminister der USA, Robert Reich (1991), dann sind nicht länger Unternehmungen in den Mittelpunkt der Betrachtung zu rücken, sondern Arbeitskräfte mit bestimmter Qualifikation, die von einem Land hervorgebracht werden – Forscher, Manager, Anwälte, Finanzmakler, Arbeiter usw. – und deren Fähigkeiten sowie Arbeitskosten im Vergleich zu denen entsprechender Berufsgruppen in anderen Ländern darüber entscheiden, wohin die globalen Netzwerke die Arbeit lenken. Da, so Reich, die Arbeiter der Industrieländer kaum Chancen haben, gegen ihre Kollegen in Schwellenländern zu konkurrieren, kommt es für Industrieländer vor allem darauf an, Kapazität zur Qualifikation von »Analytikern« zur Verfügung zu stellen.

Die Argumentation Reichs enthält m. E. zwei Schwächen: Er vernachlässigt, daß sich die Arbeit qualifizierter Facharbeiter weniger leicht in andere Länder transferieren läßt als die angelernter Arbeiter, und er verkennt, daß jegliche Arbeit, auch die der »Analytiker«, eines institutionellen Rahmens bedarf. Arbeit wandert also nicht dorthin, wo für die jeweilige Arbeit qualifizierte Menschen sitzen, die ihre Arbeit zu konkurrenzfähigen Preisen anbieten, sondern dorthin, wo qualifizierte Menschen ihre Arbeit in institutionellen Rahmenbedingungen verrichten können, die effektive und effiziente Leistungen erlauben. Dennoch hat die Herausbildung von Unternehmungsnetzwerken zur Folge, daß es immer weniger darauf ankommt, in welchen Ländern Unternehmungen zufälligerweise ihren Hauptsitz haben.

Diese Überlegungen führen zu folgender Ergänzung und Modifizierung unserer bisherigen Ausführungen:

(1) Wenn ein Land über gute Manager und effiziente Managementsysteme verfügt, bedeutet dies nicht unbedingt, daß diese den Wohlstand der eigenen Mitbürger vermehren. Vielleicht bringen die Manager Arbeiter, Forscher und Rechtsanwälte um Arbeit, die sie besserer Voraussetzungen wegen in andere Länder transferieren.

(2) Manager, die in nationalen Unternehmungen reüssieren, sind nicht notwendigerweise solche, die Management in internationalen Netzwerken beherrschen. Dies bedeutet, daß Manager in Unternehmun-

gen, die über längere Zeit über Wettbewerbsvorteile verfügten und deshalb keine Netzwerke entwickeln mußten, das Management in Netzwerken weniger gut beherrschen als ihre Kollegen in anderen Ländern. Wenn die Unternehmungen dieser Branchen dann auf die Entwicklung von Netzwerken angewiesen sind, befinden sich ihre Manager in einer schlechteren Ausgangsposition. Ein temporärer Vorteil – überlegene Produkte und Verfahren – kann sich so langfristig in einen Nachteil – die Knoten der Netzwerke wandern in andere Länder – verwandeln.

(3) Qualifikation, die sich anderswo nicht leicht reproduzieren läßt, wird zum wichtigsten Faktor der Wettbewerbsfähigkeit der Anbieter von Arbeit eines Landes. Aus dieser Perspektive erscheint die Bildungsdiskussion der neunziger Jahre in einem neuen Licht: Es kommt nicht darauf an, genau diejenige Menge an Managern, Ingenieuren und Forschern auszubilden, die ein Land braucht, um den zukünftigen Bedarf seiner Unternehmungen zu befriedigen. Hochqualifizierte »Analytiker« akquieren Arbeit in internationalen Netzwerken. Allerdings muß die Ausbildung auch die Fähigkeit vermitteln, in internationalen Netzwerken zu agieren.

Literatur

Calder, B. J., An Attribution Theory of Leadership, in: B. M. Staw, G. R. Salancik (Hrsg.), New Directions in Organizational Behavior, Chicago, IL 1977, S. 179–204.

Hofstede, G., Culture and Organization, London 1991.

Kieser, A., Die »Zweite Revolution in der Autoindustrie« – Eine vergleichende Analyse und ihre Schwächen, in: F. Meyer-Krahmer (Hrsg.): Innovationsökonomie und Technologiepolitik, Heidelberg 1993, S. 103–134.

Lodge, G. C., E. F. Vogel (Hrsg.), Ideology and National Competitiveness. Boston 1987.

Lord, R. G., R. J. Foti, C. DeVader, A Test of Leadership Categorization Theory: Internal Structure, Information Processing, and Leadership Perception, in: Organizational Behavior and Human Performance, Vol. 34, 1984, S. 343–378.

Lutz, B., Bildungssystem und Beschäftigungsstruktur in Deutschland und Frankreich – zum Einfluß des Bildungssystems auf die Gestaltung, in: Institut für Sozialforschung (ISF) (Hrsg.): Betrieb – Arbeitsmarkt – Qualifikation I. Frankfurt/Main 1976, S. 83–151.

Malik, F., Strategie des Managements komplexer Systeme, Bern 1984.
Porter, M., Nationale Wettbewerbsvorteile – Erfolgreich konkurrieren auf dem Weltmarkt, München 1991.
Reich, R. B., The Work of Nations, New York 1991.
Rumelt, R., How Much Does Industry Matter? in: Strategic Management Journal, Vol. 12, 1991, S. 167–186.
Seitz, K., Die japanisch-amerikanische Herausforderung, München/Bonn 1990.
Stewart, R., A. Kieser, D. Ganter, J.-L. Barsoux, Managing in Britain and Germany, McMillan, London (im Druck).
Wächter, H., Gibt es ein spezifisch deutsches Management?, in: Management Revue, 4. Jg., 1992, S. 327–336.
Wever, K. S., Ch. S. Allen, Is Germany a Model for Managers?, in: Harvard Business Review, September–October 1992, S. 36–45.
Whitley, R. D., Business Systems in East Asia, London 1992.
Womack, J. P., D. T. Jones, D. Roos, Die zweite Revolution in der Autoindustrie, Frankfurt/M. 1992.

Das Humankapital als Faktor der Wettbewerbsfähigkeit

Eduard Gaugler

1. Marktwirtschaft und Humankapital

Die Frage nach dem »Standort Bundesrepublik Deutschland« schließt zwei Perspektiven ein. In gesamtwirtschaftlicher Sicht kann man die Konkurrenzfähigkeit der deutschen Wirtschaft insgesamt im internationalen Wettbewerb diskutieren; einzelwirtschaftlich kann man die Fähigkeit eines Unternehmens, sich im nationalen (regionalen, lokalen) und internationalen Wettbewerb zu behaupten, im Auge haben. Für die folgenden Überlegungen sind beide Aspekte relevant; in einigen Abschnitten treten betriebswirtschaftliche Überlegungen in den Vordergrund.

1.1. Der Leistungswettbewerb am Markt

Im Leistungswettbewerb sieht man vielfach das maßgebende Ordnungs- und Organisationsprinzip der modernen Marktwirtschaft. Dabei kann der Wettbewerb vielerlei Erscheinungsformen annehmen, bei denen immer zwei oder mehrere, miteinander konkurrierende Wirtschaftssubjekte im individuellen Eigeninteresse ein wirtschaftliches Ziel anstreben. Der Anbieter will seine wirtschaftlichen Leistungen vorteilhaft veräußern, der Nachfrager die gewünschten Leistungen möglichst günstig erwerben. Der Preis gleicht Angebot und Nachfrage aus. Demnach verkörpert der Wettbewerb nicht so sehr das Ziel, sondern vielmehr das Mittel zur Schaffung und Aufrechterhaltung wirtschaftlicher Aktivitäten.

Dabei stehen zwei Wettbewerbsfunktionen im Vordergrund: Die ökonomische Lenkungs- und Fortschrittsfunktion soll die bestmögliche Güterversorgung sichern, die gesellschaftlich-politische Funktion des Wettbewerbs private, ökonomische Macht begrenzen.

1.2. Das Humankapital als Leistungsfaktor

Humankapital (Humanvermögen, Arbeitsvermögen, »human resources«, »human assets« etc.) ist ein relativ neuer Begriff mit vielfältigem, unterschiedlichem Inhalt. Man kann darunter die Gesamtkeit der Erfahrungen, Kenntnisse, Fähigkeiten und Fertigkeiten eines Individuums, einer Gruppe und der Erwerbsbevölkerung einer Volkswirtschaft, die im wirtschaftlichen Leistungsprozeß aktiv eingesetzt werden, verstehen.

Insbesondere sieht man im Humankapital die Wohlstandsbasis für Volkswirtschaften und Wirtschaftsräume, die rohstoffarm sind, statt dessen aber über ein größeres, mehr oder weniger qualifiziertes Arbeitspotential verfügen. In betriebswirtschaftlicher Sicht interpretiert man das Humankapital immer häufiger als kritischen Erfolgsfaktor für einzelne Unternehmen. Sowohl in volks- als auch in betriebswirtschaftlicher Betrachtung grenzt man das Humankapital gegenüber natürlichen Ressourcen (Rohstoffe, Energie) und sachlichen Produktionsmitteln (Sachinvestitionen) ab.

Aus einzelwirtschaftlicher Sicht stellt das Humankapital den Inbegriff des menschlichen Potentials im einzelbetrieblichen Leistungsprozeß dar. Dazu gehört zunächst die ausführende, verrichtende, operative Arbeit von Menschen im Betrieb. Aber auch die disponierenden, steuernden, führenden Aktivitäten zählen dazu. Management stellt in diesem Sinne einen Teil des Humankapitals dar; gleichzeitig fungiert es als Disponent über Humankapital (»human resource management«). Obwohl man auch die ökonomischen Dispositionen der Kapitalgeber als menschliche Aktivitäten verstehen kann, erscheint eine Unterscheidung zwischen »Sachkapital« und »Humankapital« angebracht. »Kapital« verkörpert zwar nicht nur die sachlichen Produktionsgüter, sondern auch die Verfügung über den Einsatz und die Verwendung von Kapital, doch bietet es sich für die Untersuchung der Wettbewerbsfähigkeit an, das Humankapital gegenüber diesem Verständnis von Sachkapital abzugrenzen.

1.3. Das Humankapital als Wettbewerbsfaktor

Offensichtlich stellt das Humankapital einen Faktor neben anderen für den Leistungswettbewerb eines Unternehmens auf seinen Absatzmärkten dar. Die betriebswirtschaftliche Leistungserstellung und -verwertung beruhen nach dem Verständnis der modernen Betriebswirtschaftslehre auf einer Kombination mehrerer Faktoren. Das Humankapital bildet einen davon.

Aus diesen Überlegungen folgt, daß die Wettbewerbsfähigkeit eines

Unternehmens nicht allein von der Quantität und Qualität des Humankapitals abhängt, sondern von sämtlichen wettbewerbsrelevanten Faktoren. Dabei sind sehr unterschiedliche Kombinationen von Faktorqualitäten denkbar. Ein Optimum an Wettbewerbsfähigkeit besitzt ein Unternehmen dann, wenn alle relevanten Faktoren ein hohes Niveau aufweisen.

Eine Totalsubstitution des Humankapitals ist nach den Erkenntnissen der Wirtschaftstheorie und den Erfahrungen der Wirtschaftspraxis nicht möglich. Im betrieblichen Leistungsprozeß gibt es immer nur eine partielle Substitution; auch bei einer Vollautomatisierung der Fertigung findet keine vollständige Substitution des Humankapitals statt. Unabhängig von seinem quantitativen Anteil bleibt demnach das Humankapital ein unverzichtbarer Betriebs- und Wettbewerbsfaktor des einzelnen Unternehmens.

Dabei kann man zwei Ebenen für die Einwirkung des Humankapitals auf die Wettbewerbsfähigkeit des Unternehmens unterscheiden. Einmal übt das Humankapital einen indirekten Einfluß auf die Wettbewerbsfähigkeit aus, wenn sich seine Qualität in den Produkten bzw. Leistungen für den Absatzmarkt niederschlägt. Ein unmittelbarer, persönlicher Einfluß des Humankapitals auf die Wettbewerbsfähigkeit zeigt sich zum anderen in der Kommunikation der Mitarbeiter eines Unternehmens mit Personen und Institutionen am Absatzmarkt. Zusammengefaßt äußert sich also die Wettbewerbsfähigkeit, die sich aus dem Humankapital eines Unternehmens ableitet, in den Produkten bzw. Leistungen für die Abnehmer sowie in Kundendienstleistungen im weitesten Sinne, die das anbietende Unternehmen als Zusatzservice offeriert.

2. Anforderungen des Wettbewerbs an das Humankapital

Die Wettbewerbsfähigkeit eines Unternehmens hängt u. a. von der Erfüllung mehrerer Voraussetzungen beim Humankapital ab.

2.1. Die Deckung des quantitativen Personalbedarfs

Die Wettbewerbsfähigkeit eines Unternehmens wird von der Verfügbarkeit und von den Einsatzmöglichkeiten einer ausreichenden Anzahl von Mitarbeitern beeinflußt. Der Aufbau und die Bereithaltung einer quantitativen Personalkapazität, die mit den Chancen am Absatzmarkt abgestimmt ist, gehören zu den zentralen Aufgaben des Personalmanagement. Über- und Unterdeckung des quantitativen Personalbedarfs beeinträchtigt die Wettbewerbsfähigkeit eines Unternehmens. Diese Überlegungen beziehen sich nicht nur auf den Gesamtbedarf an Humankapital, sondern erstrecken sich vielmehr auch auf eine zweckmäßige Personalstruktur, die die erforderliche Zusammensetzung nach unterschiedlichen Mitarbeiterkategorien bezeichnet.

Schließlich stärkt die Veränderbarkeit der Personalkapazität im Zusammenhang mit Marktschwankungen die Wettbewerbsfähigkeit des Unternehmens. Die Wahrnehmung von Chancen am Absatzmarkt wird erleichtert, wenn das Unternehmen kurz-, mittel- oder längerfristig seine Personalkapazität anpassen kann (Erweiterung, Verringerung). Potentielle Konflikte bei der Veränderung der Personalkapazität können die Wettbewerbsfähigkeit des Unternehmens schmälern.

2.2. Die leistungsgemäße Qualifikation des Humankapitals

Neben der quantitativen Dimension des Personalbedarfs ist auch seine qualitative Komponente für die Chancen des Unternehmens am Absatzmarkt relevant. Eine möglichst weitgehende Übereinstimmung der Qualifikation des Humankapitals mit den Anforderungen, die der Markt mit dem Produkt- und Leistungsangebot des Unternehmens verbindet, stärkt seine Wettbewerbsfähigkeit. Daraus folgt, daß auch die Schaffung und Erhaltung einer entsprechenden qualitativen Personalkapazität zu den zentralen Aufgaben des Personalmanagements gehören. Qualifikationsdefizite schmälern das Wettbewerbspotential eines Unternehmen und einer Volkswirtschaft. Inwieweit Überschüsse in der Qualifikation des Humankapitals mittel- und längerfristig vorteilhaft sein können, erfordert eine differenzierte Analyse. Bei kurzfristiger Betrachtung vermag überschüssige Qualifikation im Humankapital für das einzelne Unternehmen zu einer ökonomischen Belastung zu werden.

Die Dynamik der Absatzmärkte und Änderungen in der einzelwirtschaftlichen Marketingpolitik können zu einem Bedarf an Veränderungen bei der vorhandenen Qualifikation des Humankapitals führen. Die Anpassung der qualitativen Personalkapazität durch einen Austausch von Mitarbeitern über den externen Arbeitsmarkt ist vielfach nur teilweise möglich; dabei sind nicht allein die Widerstände des Arbeitsrechts bedeutsam. Die Aus- und Weiterbildung vorhandener Mitarbeiter werden immer mehr zum vorrangigen Weg, um die Mitarbeiterqualifikation mit den Änderungen der Anforderungen abzustimmen. Die Entwicklungsfähigkeit des vorhandenen Humankapitals zeigt sich damit als eine wesentliche Komponente der Wettbewerbsfähigkeit eines Unternehmens.

2.3. Die Optimierung der Arbeitsproduktivität

Der Einsatz des Humankapitals verursacht Aufwand, der sich in den Arbeitskosten niederschlägt. Seit Jahrzehnten lösen Höhe und Struktur der Arbeitskosten in Deutschland nahezu permanent Diskussionen über ihre Bedeutung für die Wettbewerbsfähigkeit der Wirtschaft und einzelner Unternehmen aus; regelmäßig mißt man den Arbeitskosten ein starkes Gewicht bei der Analyse der Wettbewerbsfähigkeit zu. Insbesondere geschieht dies bei den jährlich wiederkehrenden Tarifverhandlungen in wichtigen Wirtschaftszweigen.

Unstrittig ist, daß in vielen Wirtschaftszweigen und Unternehmen die Gesamtheit der Arbeitskosten die nationalen und internationalen Wettbewerbschancen erheblich beeinflußt. Für die Wettbewerbsfähigkeit sind jedoch nicht die absolut betrachteten Arbeitskosten entscheidend; relevant ist vielmehr die Arbeitsproduktivität. Unabhängig von den unterschiedlichen Maßgrößen zu ihrer Bestimmung kann man davon ausgehen, daß eine Steigerung der Arbeitsproduktivität bei Intensivierung des Wettbewerbs Chancen zur Sicherung der Wettbewerbsfähigkeit bietet. Für die Verbesserung der Arbeitsproduktivität kommen grundsätzlich unterschiedliche Maßnahmen in Frage; Personalmaßnahmen, Änderungen der Organisation und Einsatz moderner Technik bilden die Ansatzpunkte zur Steigerung der Arbeitsproduktivität.

2.4. Die Aktivierung des Innovations- und Kreativitätspotentials

Die Marktdynamik und der intensive Wettbewerb an den Absatzmärkten verlangen von vielen Anbietern vielfach eine Veränderung und Verbesserung ihres bisherigen Leistungsangebots; neue Produkte können die Absatzchancen am Markt erhöhen. Der Leistungswettbewerb in der modernen Wirtschaft erfordert Innovationen und stützt sich auf eine entsprechende Kreativität des Humankapitals.

Aus diesen Überlegungen ergeben sich zwei Ansätze für eine entsprechende Förderung und Sicherung der Wettbewerbsfähigkeit. Einmal geht es um die Stimulierung und Entfaltung von Kreativität beim Humankapital. Die Aktivierung von Innovationspotential kann durch die Institutionalisierung von Forschung und Entwicklung, durch das betriebliche Vorschlagswesen und durch die Einrichtung von Qualitätszirkeln erfolgen. Zum anderen soll die Förderung der Akzeptanz von Innovationen bei den Mitarbeitern die Wettbewerbsfähigkeit des Unternehmens stärken. Es geht dabei um den Abbau bzw. um die Überwindung personaler Widerstände gegen Innovationen. Die Beteiligung möglichst vieler Mitarbeiter an der Verwirklichung von Innovationen unterstützt die Wettbewerbsfähigkeit des Unternehmens.

2.5. Das marktorientierte Mitarbeiterverhalten

Die Wettbewerbsfähigkeit des Unternehmens wird von »marktkonformen« inneren Einstellungen und Verhaltensweisen der Mitarbeiter gestärkt. Umgekehrt muß man mit einer Beeinträchtigung der Wettbewerbsfähigkeit rechnen, wenn sich die Mitarbeiter »marktwidrig« verhalten. Positiven Einfluß darf man in diesem Sinne von Mitarbeitereinstellungen erwarten, die sich in einer Offenheit des Personals für die Anforderungen der Absatzmärkte äußern, die ein Verständnis der Mitarbeiter für Kundenwünsche einschließen, die man als Akzeptanz der Herausforderungen des Absatzmarktes (Kunden, Konkurrenten) bezeichnen kann.

Darüber hinaus ist für die Wettbewerbsfähigkeit des Unternehmens ein entsprechendes Mitarbeiterverhalten in verschiedenen Dimensionen relevant. Ein positiver Einfluß kann von der Flexibilität des Personals ausgehen (Bereitschaft zur variablen Handhabung individueller Arbeitszeiten gemäß dem Kundenverhalten, Einverständnis mit variablen Entgeltkomponenten in Abhängigkeit vom Markterfolg). Auch die Mobilitätsbereitschaft der Mitarbeiter ist für die Wettbewerbsfähigkeit bedeutsam, wenn sie variable Einsatzorte im In- und Ausland sowie eine berufliche Mobilität und einen Wechsel des Aufgabeninhalts einschließt.

Schließlich kann man von einem Zusammenhang zwischen dem allgemeinen Mitarbeiterverhalten (Arbeitsmoral, Reduzierung von Arbeitskonflikten, Absentismus etc.) und der Wettbewerbsfähigkeit eines Unternehmens ausgehen. Das Personalverhalten vermag zur Senkung der Arbeitskosten bzw. zur Steigerung der Arbeitsproduktivität und damit zur Stärkung der Wettbewerbsfähigkeit beizutragen.

3. Das Humankapital im internationalen Vergleich

Im folgenden sollen aus gesamtwirtschaftlicher Sicht einige Charakteristika des Humankapitals in der Bundesrepublik Deutschland international verglichen werden.

3.1. Das verfügbare Angebot an Arbeitskräften

Über die jeweilige Zahl der in der Wirtschaft Beschäftigten hinaus hängt das verfügbare Arbeitskräfteangebot von den Reserven des Arbeitsmarktes ab; diese sind jedoch nicht identisch mit der Zahl der gemeldeten und erfaßten Arbeitslosen. Aus einzelbetrieblicher Sicht hängt das erreichbare Arbeitskräfteangebot außerdem von der Fluktuationsbereitschaft der in der Wirtschaft tätigen Menschen ab.

Im internationalen Vergleich variiert das Ausmaß der erfaßten Arbeitslosigkeit beträchtlich. Im Jahre 1992 betrug sie in Japan ungefähr 2 Prozent, in den USA 8–9 Prozent, in den Ländern der Europäischen Gemeinschaft zwischen 2 und 16 Prozent, in Westdeutschland ungefähr 7 Prozent.

In den alten Bundesländern zeigen sich in den letzten zwei Jahrzehnten bei der Arbeitslosenquote erhebliche regionale Unterschiede. Weiterhin besteht ein sogenannter gespaltener Arbeitsmarkt; einem Mangel an höher- und hochqualifizierten Mitarbeitern steht ein Überschuß an wenig qualifizierten oder nichtqualifizierten Arbeitnehmern gegenüber. Hohe Anteile von Arbeitslosen finden sich bei Ausländern, bei Frauen, bei schlecht ausgebildeten Jugendlichen und bei älteren Arbeitnehmern.

In den letzten Jahren kam es zu einer Verlagerung des Mangels an Arbeitskräften zwischen verschiedenen Berufen. Während vor einiger Zeit Ärzte noch zu den Engpaßgruppen zählten, gehören sie in der Gegenwart in nennenswertem Umfang zum Überschuß am Arbeitsmarkt. Ferner ist zu beobachten, daß in Ballungsgebieten auch Mangelerscheinungen bei weniger qualifizierten Arbeitskräften auftreten. Schließlich legen die Arbeitgeber offenkundig ein hohes, ansteigendes Anspruchsniveau an die Qualifikation der Mitarbeiter an; die Entwicklung des Arbeitsrechts und der Arbeitskosten kann zu diesem Verhalten der Arbeitgeber beitragen.

Seit der Herstellung des Europäischen Binnenmarktes zum 1. Januar 1993 stellt sich die Frage, ob Deutschland mit einem Zustrom von Arbeitskräften aus Ländern mit größeren Reserven am Arbeitsmarkt (etwa aus Irland und Spanien mit 15–16 Prozent Arbeitslosen) zu rechnen hat. Insbesondere hat man zu prüfen, ob deutsche Unternehmen an die Rekrutierung hochqualifizierter Mitarbeiter aus EG-Ländern mit entsprechendem Überschußpotential (England, Frankreich, Italien) denken können. Mit diesen Überlegungen ist die Frage nach einem Trend zur Europäisierung des Arbeitsmarktes und des in den EG-Ländern verfügbaren Humankapitals über Länder- und Kulturgrenzen hinweg verbunden. Auch wenn man in dieser Hinsicht in kurzer Zeit keine größeren Veränderungen erwartet, wird man mittel- und längerfristig eine internationale Verlagerung des verfügbaren Angebots an Arbeitskräften nicht grundsätzlich ausschließen können.

3.2. Arbeitszeiten für den Personaleinsatz

Die Zahl der Arbeitnehmer stellt nur eine Komponente des Arbeitskräfteangebots dar; ein weiteres Element bilden die Arbeitszeiten der Beschäftigten. Eine detaillierte Dokumentation des Instituts der deutschen Wirtschaft, herausgegeben von Gerhard Fels (Köln 1992), liefert für den zeitlichen Einsatz des Humankapitals im betrieblichen Leistungsprozeß folgende Erkenntnisse.

Die Wochenarbeitszeit betrug im Jahre 1991 in der Verarbeitenden Industrie Westdeutschlands 37,6 Stunden, nach einer durchschnittlichen Arbeitszeitverkürzung von 1,4 Wochenstunden in den vorhergehenden fünf Jahren. Die Vergleichswerte lauten für Japan 41,5 Wochenstunden (mit einer Arbeitsverkürzung in fünf Jahren von 0,5 Stunden) und für die USA 40,0 Stunden (ohne Arbeitszeitverkürzung von 1987 bis 1991). Der deutsche Vergleichswert für die Wochenarbeitszeit wird bei den Industriestaaten lediglich von Norwegen mit 37,5 Stunden und von Dänemark mit 37,0 Stunden unterboten. Portugal hatte 1991 mit 43,0 Stunden die längste Wochenarbeitszeit.

Beim Jahresurlaub und bei den gesetzlichen Feiertagen lag die Verarbeitende Industrie Westdeutschlands im Jahre 1991 mit insgesamt 42 Arbeitstagen an der Spitze der internationalen Rangskala. Japan mit 25 Arbeitstagen und die USA mit 23 Arbeitstagen hatten die niedrigsten Werte.

Die Jahres-Sollarbeitszeit (errechnet aus der Wochenarbeitszeit sowie den Urlaubs- und Feiertagen) betrug in der Verarbeitenden Industrie Westdeutschlands im Jahre 1991 1647 Stunden. Dieser Wert verkörpert weltweit die kürzeste Sollarbeitszeit. Japan mit 2175 Stunden, Portugal mit 1935 Stunden und die USA mit 1904 Stunden liefern die höchsten Länderwerte. Im Zeitraum von 1987 bis 1991 ist die Jahres-Sollarbeitszeit in Deutschland um 69, in Japan um 26 und den USA um 8 Stunden gesunken.

Die Fehlzeiten der westdeutschen Industriearbeiter (infolge Krankheit, Kuraufenthalt und anderweitig bedingter Abwesenheit vom Arbeitsplatz) betrugen im Jahre 1991 148 Arbeitsstunden im Jahr. In Schweden (216 Stunden) und in Norwegen (178 Stunden) übertrafen sie den deutschen Durchschnittswert beträchtlich. Die Vergleichswerte für die USA lagen bei 57, für Japan bei 36 Stunden. Während die Fehlzeiten in den USA von 1987 bis 1991 um sieben Stunden abgenommen haben, haben sie sich im selben Zeitraum in Japan um eine Stunde und in Deutschland um 14 Stunden erhöht. In Norwegen sind sie in diesen fünf Jahren um 27 und in Schweden um 14 Stunden gesunken; dagegen haben sie in der Schweiz um 20 und in Italien um 29 Stunden zugenommen.

Die effektive Jahresarbeitszeit in der Verarbeitenden Industrie Westdeutschlands lag im Jahre 1991 bei 1499 Stunden (mit einer Abnahme von 83 Stunden in den vorgehenden fünf Jahren). Diesem niedrigsten Wert im internationalen Vergleich (s. Abbildung 1) steht Japan mit 2139 Stunden effektiver Jahresarbeitszeit gegenüber (Rückgang um 27 Stunden in 5 Jahren); inoffizielle Informationen weisen darauf hin, daß die tatsächliche Jahresarbeitszeit in japanischen Unternehmen öfters bis zu 3000 Stunden pro Jahr betrage. In den USA war der Vergleichswert 1847 Stunden; damit hat sich die tatsächliche Jahresarbeitszeit dort von 1987 bis 1991 lediglich um eine Stunde verringert. Obwohl der Rückgang der entsprechenden Größe in der Schweiz im genannten Zeitraum 61 Stunden beträgt, übersteigt der Vergleichswert für dieses Land mit 1764 Stunden das Niveau Westdeutschlands um fast 18 Prozent.

Die Betriebsnutzungszeit lag in der westdeutschen Industrie 1989 mit 53 Stunden/Woche auf der untersten Position der EG-Länder; der entsprechende EG-Durchschnitt der Betriebsnutzungszeiten betrug 66 Stunden je Arbeitswoche.

Bei der Zahl der verlorenen Arbeitstage je 1000 abhängig Beschäftigte infolge von Arbeitskämpfen gehörte Deutschland im Jahre 1990 zu den Ländern mit sehr niedrigen Quoten (vgl. Abbildung 2). Aller-

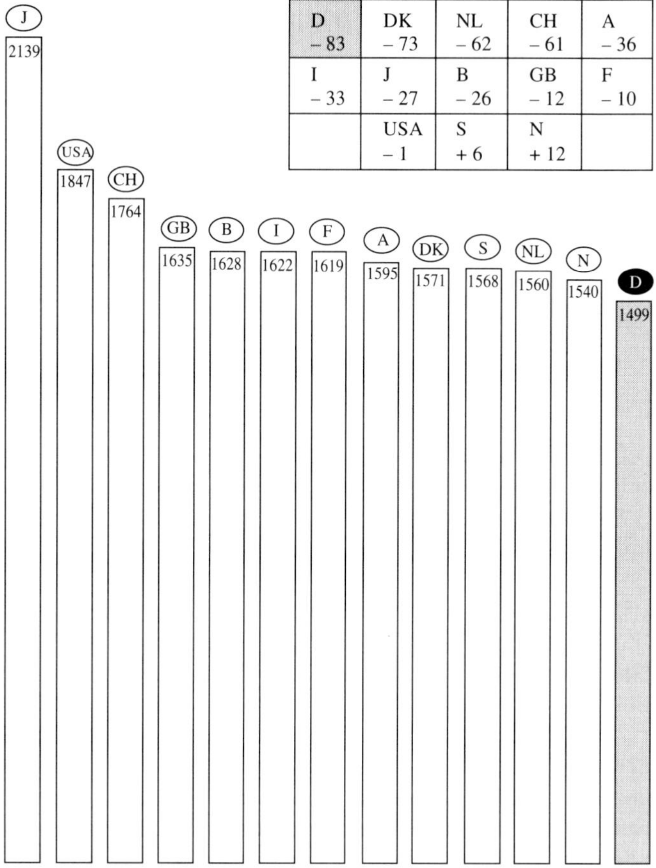

Veränderung der effektiven Jahresarbeitszeit 1987–1991 in Stunden

D – 83	DK – 73	NL – 62	CH – 61	A – 36
I – 33	J – 27	B – 26	GB – 12	F – 10
	USA – 1	S + 6	N + 12	

Tatsächliche Jahresarbeitszeit der Arbeiter in der Verarbeitenden Industrie in Stunden

Quellen: BDA, IW-Berechnungen

Abbildung 1: Effektive Jahresarbeitszeit in der Verarbeitenden Industrie 1991 in Stunden

Veränderung 1987–1990 in Tagen					
E – 410	GB – 71	IRL – 50	F – 23	DK – 16	I – 14
J – 3	A + 1	CH + 2	NL + 3	P + 6	USA + 11
D + 14	N + 69	CAN + 85	S + 188	GB + 392	N + 436

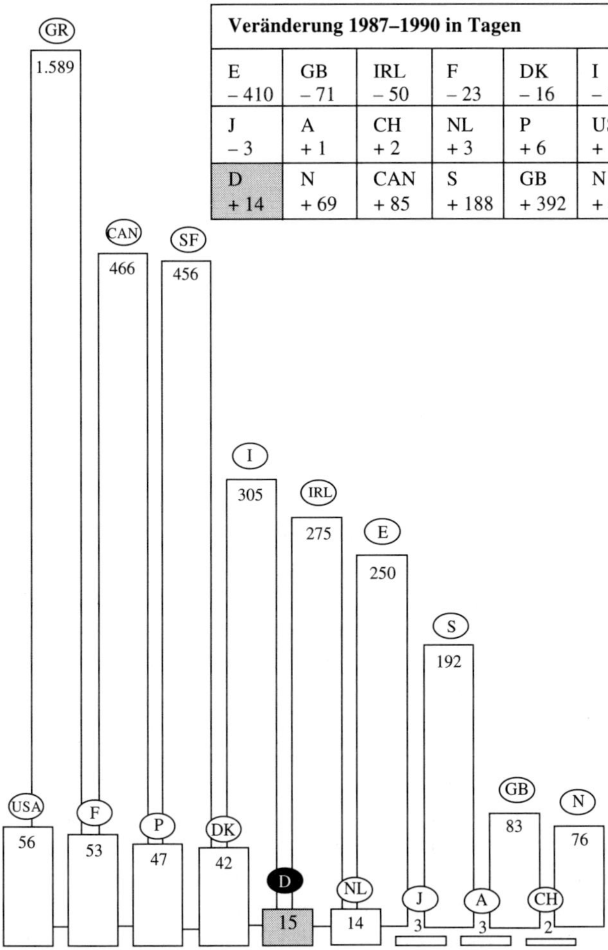

Quellen: ILO, OECD, nationale Statistiken, IW-Berechnungen

Abbildung 2: Arbeitskämpfe: Verlorene Arbeitstage je 1.000 abhängig Beschäftigte 1990

dings unterboten Österreich und Japan mit je 3 und die Schweiz mit 2 Arbeitstagen die deutsche Marke von 15 Tagen, die durch Streiks und Aussperrungen je 1000 Arbeitnehmer verloren gegangen waren, deutlich. Die entsprechenden Werte für die USA betragen 56, für Schweden 192, für Italien 305 und für Finnland 456 Arbeitstage. Griechenland war mit einem Wert von 1589 im Jahre 1990 der Spitzenreiter.

Nimmt man die Zahl der durch Arbeitskämpfe verlorenen Arbeitstage als Indikator für das unter den Tarifparteien herrschende Klima, dann besitzt Deutschland hier einen großen Vorteil. Diese Aussage gilt auch in der längerfristigen Perspektive; so sind in Deutschland in der Zeit von 1979 bis 1990 jährlich im Durchschnitt nur 40 Arbeitstage infolge von Arbeitskämpfen (bezogen auf je 1000 abhängig Beschäftigte) verloren gegangen.

3.3. Arbeitskosten und Arbeitsproduktivität

Für eine Betrachtung der Bedeutung des Humankapitals für die Wettbewerbsfähigkeit deutscher Unternehmen reicht die Analyse des verfügbaren Arbeitspotentials nicht aus; wesentlich sind dafür die ökonomischen Indikatoren für das Humankapital. Die folgenden Angaben über die Arbeitskosten und die Arbeitsproduktivität in der Verarbeitenden Industrie Westdeutschlands im Jahre 1991 stützen sich wiederum auf eine Dokumentation des Instituts der deutschen Wirtschaft, herausgegeben von Gerhard Fels (Köln 1992).

Mit einem durchschnittlichen Stundenlohn der Industriearbeiter von DM 21,73 (1991) zählt Westdeutschland zu den Hochlohnländern. Japan mit einem Durchschnittslohn von DM 22,57 gehörte schon damals nicht mehr zu den Niedriglohnländern. Weitere Hochlohnländer sind die Schweiz, Norwegen, Dänemark, Kanada und Schweden. Die USA liegen bei einem Vergleichswert von DM 18,56. In Frankreich, Italien und Großbritannien variieren die Stundenlöhne umgerechnet zwischen DM 14,09 und DM 15,92. Portugal mit DM 4,49 und Griechenland mit DM 6,77 weisen die niedrigsten Werte im internationalen Vergleich auf. Diese beiden Länder verzeichnen in der Zeit von 1987 bis 1991 mit einem Zuwachs von 44,4 Prozent bzw. 33,8 Prozent den höchsten Anstieg der Stundenlöhne. Im gleichen Zeitraum betrug das Wachstum der Stundenlöhne in Deutschland 22,8 Prozent, in Japan 15,9 Prozent und in den USA lediglich 3,9 Prozent (der niedrigste Anstieg unter den Industriestaaten im genannten Intervall). Bei allen diesen Angaben in DM ist zu beachten, daß ihre Umrechnung jeweils mit dem Jahresdurchschnitt der amtlichen Devisenkurse erfolgte; diese Umrechnungspraxis führt bei Jahresvergleichen immer wieder zu mehr oder weniger starken Verschiebungen.

Bei den Lohnzusatzkosten liegt die Verarbeitende Industrie Westdeutschlands 1991 in der Spitzenposition; mit DM 18,75 machen sie 86 Prozent des Stundenlohnes aus. Japan mit DM 7,06 und die USA mit DM 7,01 heben sich vom deutschen Durchschnittswert sehr stark ab. Dabei sind die Lohnzusatzkosten in der westdeutschen Verarbeitenden Industrie von 1987 bis 1991 um 25,3 Prozent, in Japan um 25,0 Prozent, in den USA lediglich um 4,6 Prozent gestiegen.

Addiert man die Stundenlöhne und die Lohnzusatzkosten, so befindet sich die Verarbeitende Industrie Westdeutschlands 1991 bei den Arbeitskosten je Stunde mit DM 40,48 erneut an der Spitze aller Länder (vgl. Abbildung 3). In der Nähe des deutschen Wertes, jedoch mit durchschnittlich 2–3 DM niedrigeren Arbeitskosten, liegen die Schweiz, Norwegen und Schweden. Japan mit DM 29,63 und die USA mit DM 25,57 haben deutlich geringere Arbeitskosten. Während die Arbeitskosten je Stunde in der Verarbeitenden Industrie Westdeutschlands von 1987 bis 1991 um 23,9 Prozent gestiegen sind, beträgt der entsprechende Zuwachs in Japan 18,0 Prozent und in den USA lediglich 4,1 Prozent.

Für die Rolle des Humankapitals bei der Wettbewerbsfähigkeit spielt die Arbeitsproduktivität eine wichtige Rolle. Setzt man die Produktivität des Verarbeitenden Gewerbes in Westdeutschland im Jahre 1991 mit 100 Prozentpunkte an, dann weisen lediglich Belgien (120,1 Prozent) und die Niederlande (102,1 Prozent) höhere Werte auf. Japan (91,9 Prozent) und die USA (83,3 Prozent) erreichen eine deutlich geringere Arbeitsproduktivität (s. Abbildung 4). Während Italien dem deutschen Produktivitätswert nahe kommt, lagen Frankreich, Spanien und Großbritannien um 20–25 Prozent unter dem Niveau Westdeutschlands. Diese Relationen in der Arbeitsproduktivität stellten noch im Jahre 1991 eine positive Komponente der Wettbewerbsfähigkeit dar.

Allerdings konnte die Arbeitsproduktivität schon damals nicht verhindern, daß Westdeutschland unter den Industriestaaten die höchsten Lohnstückkosten (Verhältnis aus Arbeitskosten und Arbeitsproduktivität) besaß. Während sich die Lohnstückkosten in Schweden und Däne-

Anstieg 1987–1991 in Prozent					
P 48,1	GR 36,4	E 35,1	S 34,1	I 33,4	CAN 32,6
N 30,0	GB 28,7	A 26,9	D 23,9	IRL 22,4	B 20,8
F 19,3	J 18,0	CH 17,6	NL 16,5	DK 14,8	USA 4,1

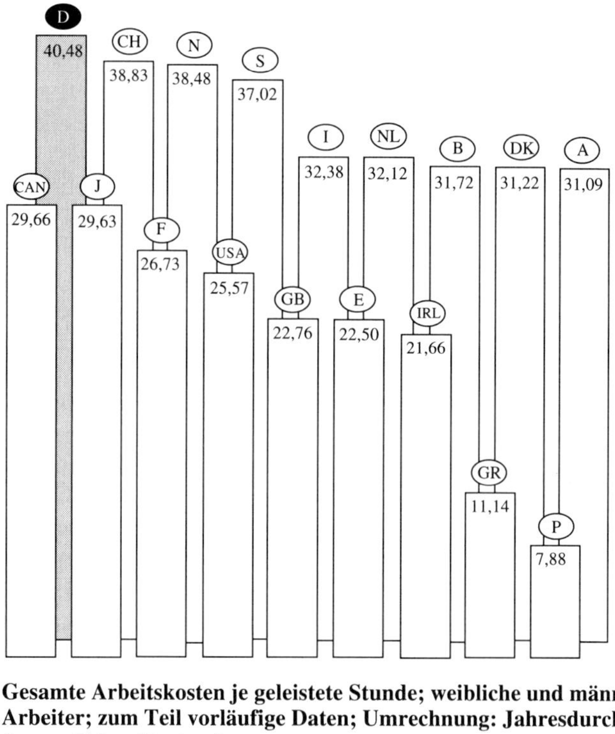

Gesamte Arbeitskosten je geleistete Stunde; weibliche und männliche Arbeiter; zum Teil vorläufige Daten; Umrechnung: Jahresdurchschnitt der amtlichen Devisenkurse

Quellen: IW-Berechnungen

Abbildung 3: Arbeitskosten in der Verarbeitenden Industrie 1991 in DM

Veränderung der deutschen Position gegenüber den jeweiligen Ländern 1987–1991 in Indexpunkten			
D/NL – 5,8	D/J – 5,4	D/B –5,3	D/F – 2,7
D/I – 1,8	D/P – 0,8	D/DK + 1,0	D/USA + 2,8
D/GB + 3,4	D/S + 7,3	D/S + 9,2	

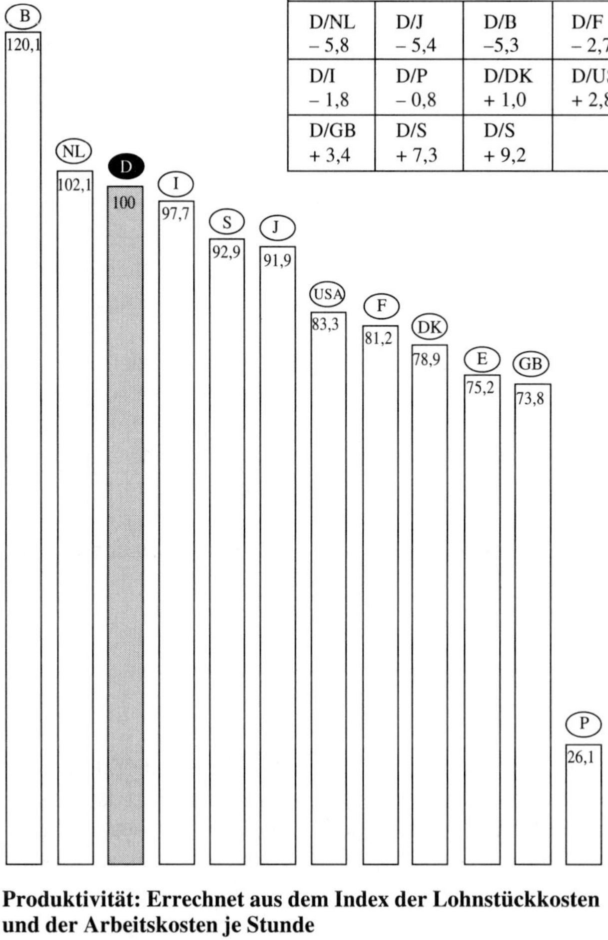

Produktivität: Errechnet aus dem Index der Lohnstückkosten und der Arbeitskosten je Stunde

Quellen: EG-Kommission, IW-Berechnungen

Abbildung 4: Produktivität im Verarbeitenden Gewerbe 1991
Indexwerte: Westdeutschland = 100

mark nicht weit von den deutschen Werten entfernten, waren für die meisten Industriestaaten die Vergleichswerte um 20–30 Prozent niedriger. So betrugen die Lohnstückkosten in Japan 79,7 Prozent und in den USA 75,9 Prozent der westdeutschen Werte (s. Abbildung 5).

Analysiert man die Gründe für die relativ hohe Arbeitsproduktivität in Westdeutschland, die sich in den genannten Zahlen für 1991 niedergeschlagen hat, so wird man an erster Stelle die hohe Qualifikation des Humankapitals zu nennen haben: gute allgemeine Schulbildung der Arbeitskräfte, weithin duale Berufsausbildung, berufliche Weiterbildung in großem Umfang. In kollektiver Hinsicht kann man von einer guten Arbeitsmoral sprechen; sie zeigt sich in der geringen Zahl der durch Arbeitskämpfe verlorenen Arbeitstage. Bei individueller Betrachtung erscheint die Arbeitsmoral freilich gespalten; beträchtlichen Fehlzeiten steht eine nicht unerhebliche Beteiligung am Verbesserungsvorschlagswesen und an Qualitätszirkeln gegenüber.

Offen bleibt die Frage, ob und welche Interdependenzen zwischen der Arbeitsproduktivität und den kurzen Arbeitszeiten sowie der flexiblen Regelung individueller Arbeitszeiten bestehen. Im übrigen wird man nicht ignorieren dürfen, daß die Arbeitsproduktivität auch vom Stand der Technisierung in der Wirtschaft stark beeinflußt wird. Dieser Umstand ist zwar kein wettbewerbsrelevantes Kriterium für das Humankapital, übt aber dennoch einen nicht zu unterschätzenden Einfluß auf seine Produktivität aus.

4. Die Förderung des Wettbewerbspotentials beim Humankapital

Das Wettbewerbspotential bei Führungskräften und Mitarbeitern im betrieblichen Leistungsprozeß stellt kein Zufallsprodukt dar; es läßt sich pflegen und entfalten. Die folgenden Überlegungen beschäftigen sich mit drei Ansätzen zur Stärkung der Wettbewerbsfähigkeit des Humankapitals.

4.1. Die Flexibilisierung der Arbeitszeit

Arbeitszeitverkürzung, insbesondere die in Tarifverträgen bei vollem bzw. partiellem Lohnausgleich vereinbarte, reduziert das verfügbare

Veränderung der deutschen Position gegenüber den jeweiligen Ländern 1987–1991 in Indexpunkten

D/USA – 11,4	D/NL – 9,9	D/J – 9,1	D/DK – 6,4
D/F – 6,1	D/B – 4,8	D/I + 4,4	D/GB + 6,1
D/P + 10,3	D/E + 13,5	D/S + 14,2	

+/– = Verbesserung/Verschlechterung der deutschen Position

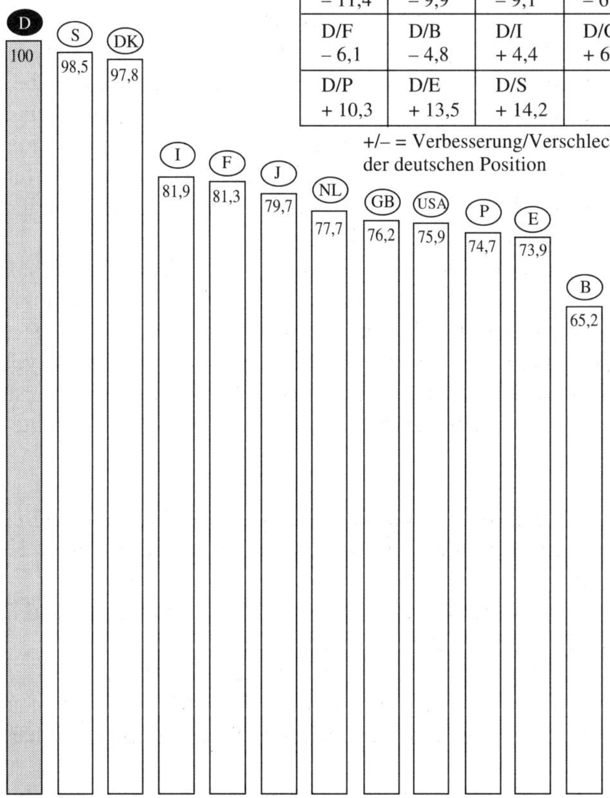

Lohnstückkosten: Bruttoeinkommen aus unselbständiger Arbeit zu jeweiligen Preisen und Wechselkursen in Relation zur Bruttowertschöpfung zu Preisen und Wechselkursen von 1980

Quellen: EG-Kommission, IW-Berechnungen

Abbildung 5: Lohnstückkosten im Verarbeitenden Gewerbe 1991 (Indexwerte: Westdeutschland = 100)

Humankapital. Sie erhöht – rebus sic stantibus – die Arbeitskosten und beeinträchtigt damit die Wettbewerbsfähigkeit gegenüber Anbietern, bei denen die individuelle Arbeitszeit nicht reduziert wird; dies trifft, wie die Vergleichszahlen zeigen, insbesondere für Wettbewerber aus dem Ausland zu.

In der Annahme, daß Arbeitszeitverkürzung die Produktivität nicht in gleichem Umfang steigert, haben seit Beginn der siebziger Jahre vor allem Unternehmen und Arbeitgeberverbände als Gegenkonzept die Flexibilisierung der individuellen Arbeitszeitregelung propagiert und erprobt. Tatsächlich ist es in dem fraglichen Zeitraum zu einer Situation bei den Arbeitszeiten gekommen, die in einer Verkürzung der tariflichen Wochenarbeitszeit bei gleichzeitiger Flexibilisierung der individuellen Arbeitszeitregelung besteht.

Für die genannte Flexibilisierung gibt es grundsätzlich zwei Ansatzmöglichkeiten: Lage und Verteilung der Arbeitszeit (chronologische Dimension) sowie variabler Umfang der individuellen Arbeitszeit (chronometrische Dimension). Dabei kann sich die Flexibilisierungsregelung auf die Tages-, Wochen-, Monats-, Jahres- und Lebensarbeitszeit erstrekken. Verbreitete Formen flexibler Arbeitszeiten stellen sich heute wie folgt dar:

- Gleitende Arbeitszeit mit individueller Wahlmöglichkeit von Beginn und Ende der täglichen Arbeitszeit sowie mit festgelegter Kernarbeitszeit,
- versetzte/gestaffelte Arbeitszeit mit individuellem Beginn und Ende der normalen, täglich gleichbleibenden Arbeitszeit,
- flexible Schichtarbeit mit unterschiedlicher Schichtlänge,
- differenzierte Arbeitszeit, bei der ein Teil der Mitarbeiter von anderen Belegschaftsteilen eine abweichende Wochenarbeitszeit hat, sowie
- Teilzeitarbeit mit Wochenarbeitszeit unter der tarifvertraglich vorgesehenen Stundenzahl sowie mit regelmäßiger oder unregelmäßiger Verteilung der individuellen Arbeitszeit, teilweise mit einem Arbeitszeit-Partner (job sharing).

Diese Flexibilisierung der individuellen Arbeitszeit hat für die Wettbewerbsfähigkeit des Unternehmens eine nicht zu unterschätzende Bedeutung. Teilweise erlaubt sie eine längere Nutzung des Anlagevermögens und verringert über die Betriebsnutzungszeit die anteiligen Investitions- und Kapitalkosten. Sie ermöglicht die Anpassung des Personaleinsatzes an Nachfrageschwankungen am Absatzmarkt. Einige Arten flexibler Arbeitszeit führen zu einem Rückgang bzw. Wegfall persönlicher Fehlzeiten und senken damit die Arbeitskosten. Die partielle »Zeitsouveränität«, die mit bestimmten Formen der Flexibilisierung verbunden ist, ermöglicht es, die Arbeitszeit an den Interessen der Mitarbeiter auszurichten und damit ihre Arbeitsmotivation zu stärken. Außerdem kann man partiell mit einer Kompensation des Anstiegs der Arbeitskosten, der aus einer Verkürzung der Arbeitszeit resultiert, rechnen.

4.2. Die Qualifizierung der Mitarbeiter

Eine wesentliche Grundlage für fast jede Art von Berufstätigkeit und damit für die qualitative Dimension des Humankapitals bildet die schulische Ausbildung der Menschen in Kindheit und Jugend. Zwischen dem Schulsystem eines Landes (Institutionen, Unterrichtsinhalt, Lehrpersonen etc.) und der beruflichen Qualifikation des Humankapitals bestehen mancherlei Interdependenzen. Auf dieser Erkenntnis beruhen zahlreiche Formen der Kooperation zwischen Schule und Wirtschaft in Deutschland, pflegen Firmen mehr oder weniger regelmäßig Kontakt mit Bildungseinrichtungen unterschiedlicher Art und unternehmen diese im Einzelfall Aktivitäten, um Defizite der schulischen Ausbildung junger Menschen zu kompensieren.

Für die Berufsausbildung gibt es in Deutschland zahlreiche Formen und Träger, die mit und ohne staatliche Regelung arbeiten. Von besonderer Bedeutung ist das bereits erwähnte »duale System« zur beruflichen Qualifizierung meist jüngerer Menschen. Inzwischen gibt es auch im tertiären Bildungssektor unterschiedliche Anwendungsformen des dualen Systems, an denen Akademien, Fachhochschulen und Universitäten partizipieren. Auch wenn man nicht zu leugnende Anwendungsprobleme nicht ignorieren darf, deutet das internationale Interesse an der dualen Berufsausbildung doch darauf hin, daß die berufliche Qualifizierung des Humankapitals in Deutschland für die Wettbewerbsfähigkeit des Unternehmen eine beachtenswerte Stärkung bedeutet.

Eine ähnliche Perspektive bietet die berufliche Weiterbildung. Die Dynamik der Anforderungen an die Qualifikation des Humankapitals verlangt seine permanente Weiterbildung während des ganzen Berufslebens (»berufs-lebenslanges Lernen«). Bei steigenden Arbeitskosten beeinträchtigen Qualifikationsdefizite des Humankapitals die Wettbewerbsfähigkeit stärker als bei niedrigerem Arbeitsentgelt und geringeren Personalzusatzkosten. Das Wachstum der Arbeitskosten bedingt demnach auch aus ökonomischen Gründen erhebliche Aktivitäten bei der Anpassungsfortbildung. Dieser Sachverhalt erklärt, daß die Wirtschaft in den alten Bundesländern im Jahre 1989 für die Weiterbildung der Mitarbeiter rund 27 Milliarden DM – zusätzlich zu den Qualifizierungsmaßnahmen der Bundesanstalt für Arbeit – aufgewandt hat. Unter diesem Aspekt kann man die Weiterbildung als »Investition« in das Humankapital zur Stärkung des Wettbewerbspotentials interpretieren.

4.3. Die Partizipation der Mitarbeiter

Hinsichtlich der Bedeutung des Humankapitals für die Wettbewerbsfähigkeit der Wirtschaft in Deutschland stellt sich eine weiterführende Frage: Hat die Beteiligung der Mitarbeiter am arbeitgebenden Unternehmen einen Einfluß auf seine Wettbewerbsfähigkeit? Wie verhält sich die Mitarbeiterpartizipation zum Wettbewerbspotential des einzelnen Unternehmens und der gesamten Wirtschaft? Der Klärung dieser Frage dienen die folgenden Überlegungen.

Die gesetzliche Regelung der Mitbestimmung der Arbeitnehmer ist in ihrem Gesamtumfang in Deutschland einmalig. Im Ausland begegnet ihr teilweise starkes Interesse; trotz ihrer Anwendung in vier Jahrzehnten gibt es jedoch bislang international keine Nachahmung des deutschen Mitbestimmungskonzeptes. Prüft man die Konsequenzen der Mitbestimmung für die Wettbewerbsfähigkeit deutscher Unternehmen, kann man die Kosten und Belastung, die aus den einschlägigen Gesetzen (Betriebsverfassungsgesetz 1952/72, Sprecherausschußgesetz 1989; Montanmitbestimmungsgesetz 1951, Mitbestimmungsgesetz 1976) resultieren, nicht ignorieren (finanzielle Aufwendungen für die Mitbestimmung, Erschwerung der betroffenen Entscheidungsprozesse, »Kopplungsgeschäfte« zwischen Unternehmens- und Arbeitnehmerinteressen etc.). Bei Anwendung der erwähnten Mitbestimmungsgesetze ergeben sich aber auch Vorteile (Verbesserung der mitbestimmten Entscheidungen, Stärkung der Akzeptanz der Entscheidungen bei betroffenen Mitarbeitern, Konfliktregelung zur Befriedung der Arbeitsbeziehungen im Unternehmen etc.). Aus diesen Andeutungen folgt, daß die gesetzlich geregelte Mitbestimmung auf die Wettbewerbsfähigkeit deutscher Unternehmen ambivalent wirkt; fallweise können die Kosten oder der damit verbundene Nutzen überwiegen. Die Art ihrer Auswirkung auf die Wettbewerbsfähigkeit hängt in nicht geringem Ausmaß von dem Modus der Ausübung der Mitbestimmung durch die Beteiligten ab.

In zunehmendem Maße schaffen Unternehmen in Deutschland partizipative Arbeitsformen und Arbeitsstrukturen (Teamwork, teilautonome Arbeitsgruppen, Qualitätszirkel, Konzepte der Organisationsentwicklung etc.). Dabei handelt es sich regelmäßig um freiwillige Einrichtungen ohne gesetzliche Vorgaben. Ihre Wirkweise hängt u. a. auch von der Bereitschaft und der Kompetenz der beteiligten Mitarbeiter ab. International lassen sich diese Partizipationsformen mit entsprechenden Aktivitäten in anderen Industrieländern (Japan, USA, Großbritannien, Skandinavien etc.) vergleichen; allerdings ist dann der unterschiedliche kulturelle Kontext zu beachten. Als Tendenzaussage kann man festhalten, daß solche partizipativen Arbeitsformen bei richtiger Aufgabenstellung und zweckmäßiger Gestaltung die Wettbewerbsfähigkeit der Wirtschaft und der Unternehmen stärken.

Schließlich ist in diesem Zusammenhang auf die Beteiligung der Mitarbeiter am Erfolg bzw. am Kapital des arbeitgebenden Unternehmens hinzuweisen. Eine Erfolgsbeteiligung (mit finalen Lohnkomponenten) fördert die Wettbewerbsfähigkeit, wenn sie partiell an die Stelle kausaler, fixer Arbeitsentgelte tritt und die Mitarbeiter bei ihrer Leistung und in ihrem Verhalten auf den Markterfolg des Unternehmens hin ausrichtet. Als Mindesterwartung kann man davon ausgehen, daß variable Entgeltkomponenten die Wettbewerbsfähigkeit weniger belasten als entsprechende fixe Vergütungsformen. Ein traditionelles Ziel der Kapitalbeteiligung der Mitarbeiter besteht darin, sie in ihrem Denken, Handeln und Verhalten zu »Mitunternehmern« werden zu lassen. Sofern diese Intention erreicht wird, darf man grundsätzlich eine Stärkung der Wettbewerbsfähigkeit des Unternehmens erwarten. Ob aber dieses Ziel realisierbar ist, hängt u. a. ab von der Höhe der Kapitalbeteiligung, von der Relation der Einkünfte aus dieser Beteiligung zu den sonstigen Arbeitsentgelten sowie von der Mentalität der beteiligten Mitarbeiter.

5. Ein internationaler Standortvergleich

Aus einer Reihe von Gründen wird das Humankapital in den letzten Jahren häufig sehr kritisch als Standortfaktor für die Wettbewerbsfähigkeit deutscher Unternehmen betrachtet. Insbesondere tendieren Wissenschaftler und die Wirtschaft zu der Feststellung, daß das deutsche Humankapital eine hohe Qualifikation aufweise, aber auch einen sehr teueren Standortfaktor verkörpere. Schließlich gibt es Bewertungen, die die wirtschaftlichen Veränderungen in Europa und in weltweiter Perspektive auf die Formel bringen, der Standort Deutschland sei vielleicht nicht schlechter geworden, aber die Qualität ausländischer Standorte habe sich nachhaltig verbessert. Manche Indikatoren deuten darauf hin, daß diese Relativierung bisheriger internationaler Wettbewerbsvorteile auch für das Humankapital in Deutschland zutrifft.

Literatur

Berthold, N., Wettbewerbsfähigkeit der deutschen Wirtschaft – Gefahr im Verzug?, Berlin 1992.

Fels, G. (Hrsg.), Standort D. Nach der Vereinigung – vor dem Binnenmarkt, Köln 1992.

Funk, J., Sicherung von Wettbewerbsfähigkeit und Arbeitsplätzen durch Reform der Unternehmensbesteuerung, in: Mannesmann-Post, Nr. 108, o. Jg., März 1992, S. 22–28.

Gaugler, E., Kadel, P., Personalpolitische Beurteilung von Betriebsstandorten, Mannheim 1987.

Gaugler, E., Human Resource Management: An International Comparison, in: Personnel, Vol. 65 (1988), Nr. 8, S. 24–30.

ders., Die Verwirklichung der Berufs- und Gewerbefreiheit, in: Schritte zum Europäischen Binnenmarkt, hrsg. von E. Dichtl, 2. Auflage, München 1992, S. 153–170.

Gaugler, E., Mungenast, M., Herausforderungen der Europäischen Integration, in: Personal, 43. Jg. (1991), S. 438–442.

Gaugler, E., Wiltz, St., Personalwesen im europäischen Vergleich, Mannheim 1993.

Institut der deutschen Wirtschaft (Hrsg.), Industrie-Standort Deutschland, Köln 1992.

dass. (Hrsg.), Land, Leute, Leistung. Portrait einer modernen Wirtschaftsgesellschaft, Köln 1992.

Welsch, J., Akute »Standortschwäche« oder Strategiedefizite? in: WSI-Mitteilungen, 45. Jg. (1992), S. 283–293.

Finanzplatz Deutschland: Eine Standortanalyse

Wolfgang Bühler

1. Standortfaktoren von Finanzplätzen

Im Mittelpunkt der Diskussion um die Konkurrenzfähigkeit des Standortes Bundesrepublik Deutschland steht die Standortentscheidung industrieller Unternehmen. Die Höhe der Arbeitskosten, der Steuern auf das Einkommen und Vermögen sowie bürokratische Hemmnisse werden beklagt, die Güte der Infrastruktur, das hohe Ausbildungsniveau der Arbeitnehmer und der Arbeitsfrieden gelobt. Eine hohe Qualität der benötigten Finanzdienstleistungen findet sich selten auf der Wunschliste. Daraus auf die geringe Bedeutung der finanziellen Komponente bei Standortentscheidungen zu schließen, wäre aber verfehlt. Vielmehr scheint die jederzeitige Verfügbarkeit international konkurrenzfähiger Finanzdienstleistungen, die von effizienten Finanzinstitutionen erstellt und angeboten werden, eine Selbstverständlichkeit zu sein. Tatsächlich ist sie jedoch die Konsequenz eines intensiven Wettbewerbs, der sich nur an Standorten entwickelt, die für Finanzinstitutionen attraktiv sind. Diese Überlegung führt zu den drei folgenden Problemkreisen:

1. Ist der Finanzplatz Deutschland ein attraktiver Standort für Finanzinstitutionen?
2. Wie effizient erstellen die deutschen Finanzinstitutionen ihre Transformationsleistungen?
3. Welche Herausforderungen müssen diese Institutionen bewältigen, damit sie international wettbewerbsfähig bleiben?

Ehe für diese Fragen in den folgenden Abschnitten eine Antwort gesucht wird, sind noch drei vorbereitende Überlegungen angebracht.

1.1. Finanzplatz Frankfurt oder Finanzplatz Deutschland?

Auf den ersten Blick scheint das Thema »Finanzplatz Deutschland« ungewöhnlich formuliert zu sein. So spricht man nicht vom Finanzplatz USA, Japan oder Großbritannien, sondern von den Finanzplätzen New

York, Tokio und London. Im Zusammenhang mit Standortentscheidungen gibt es aber gute Gründe, den Finanzplatz Deutschland als Ganzes zu betrachten. Eine Konzentration auf den Finanzplatz Frankfurt und damit auf die interessanten Teile des Finanzgeschäftes im Bereich der Primärmärkte (Emissionsgeschäft), der Sekundärmärkte (Börsen- und Telefonhandel) und der Terminmärkte (Forwards, Optionen, Futures, Swaps) verstellt den Blick dafür, daß der größte Teil der Finanzdienstleistungen außerhalb Frankfurts bereitgestellt wird. So erzielen 86 Prozent der ca. 717.000 Beschäftigten der westdeutschen Kreditwirtschaft ihr Einkommen nicht in Hessen und 75 Prozent der Wertschöpfung im Kreditwesen entsteht außerhalb dieses Bundeslandes (vgl. Remsperger, 1992, S. 15).

1.2. Die Attraktivität eines Finanzplatzes aus der Sicht von Unternehmen des finanziellen und des nichtfinanziellen Sektors

Die Stärken und Schwächen eines Finanzplatzes hängen letztlich von den Institutionen ab, die diesen Platz prägen. Für den deutschen Finanzmarkt zählen hierzu die Träger der staatlichen Wirtschaftspolitik, die Deutsche Bundesbank, die Kreditinstitute, die Börsen und verschiedene Anlegergruppen (vgl. v. Rosen, 1989, S. 81ff.). Sie beeinflussen im Rahmen ihrer individuellen Gestaltungsmöglichkeiten und als Anbieter oder Nachfrager von Finanzdienstleistungen die Attraktivität des Finanzplatzes Deutschland und damit die Standortentscheidung von Unternehmen des finanziellen und nichtfinanziellen Sektors.

Für die Standortentscheidung eines Kreditinstitutes stellen zunächst die politische und gesellschaftliche Stabilität, die Regelungsdichte für finanzielle Transaktionen als Konsequenz der ordnungspolitischen Grundeinstellung staatlicher Instanzen und die Wirtschaftskraft eines Landes wichtige Kriterien dar. Hinzu kommen die Bedeutung und Stabilität der Währung des Finanzplatzes sowie die Art der Instrumente, die von der Notenbank zur Sicherung ihres Auftrages eingesetzt werden. Eine vorteilhafte Gestaltung dieser Rahmenbedingungen ermöglicht die Agglomeration von Kreditinstituten, Wertpapierhäusern, Anlegergruppen, international tätigen Unternehmen, Anwälten und Wirtschaftsprüfern. Verbunden damit sind Agglomerationsvorteile in Form von Nachfragesteigerung, von besseren Möglichkeiten der Kostenreduktion, der Informationsbeschaffung und der Spezialisierung. Sie stellen aus der Sicht von Finanzintermediären wesentliche Kriterien für die Attraktivität eines Finanzplatzes dar (vgl. Lusser, 1986, S. 13ff.).

Eine hohe Konzentration von Finanzinstitutionen an einem Finanzplatz bewirkt tendenziell eine höhere Wettbewerbsintensität. Diese führt zur qualitativen und quantitativen Verbesserung der Marktleistungen und fördert die Entwicklung von Produkt- und Organisationsinnovationen im Finanzbereich. Beide Konsequenzen sind aus der Sicht von Unternehmen des nichtfinanziellen Sektors vorteilhaft und wirken sich auf deren Standortentscheidung positiv aus (vgl. Liener, 1992, S. 161ff.).

1.3. Die Gestaltbarkeit und Bedeutung von Standortfaktoren für einen Finanzplatz

Für die Frage, wie die Attraktivität eines Finanzplatzes gesichert oder verbessert werden kann, müssen die Gestaltbarkeit und die relative Bedeutung von Standortfaktoren geklärt werden. Tabelle 1 spiegelt die Beurteilung wichtiger Standortfaktoren hinsichtlich dieser beiden Kriterien wider (in Anlehnung an Haiss, 1991, S. 99).

Standortfaktor	**Gestaltbarkeit**	**relative Bedeutung**
Zeitzone	nein	a
gesellschaftliche Stabilität	langfristig	–
gesamtwirtschaftliches Umfeld	teilweise	z
internationale Ordnungspolitik	schwer	z
nationale Ordnungspolitik	kurzfristig	–
Währungspolitik	kurzfristig	–
Steuerpolitik	kurzfristig	z
elektronische Infrastruktur	mittelfristig	z
Informationstechnologie	mittelfristig	z
Qualifikation der Mitarbeiter	mittelfristig	z
OTC-Handel	mittelfristig	z
nationale Börsen	mittelfristig	a
Finanzinnovationen	kurzfristig	z
klassische Finanzdienstleistungen	kurzfristig	–
a: abnehmend	z: zunehmend	–: keine relative Änderung der Bedeutung

Tabelle 1: Gestaltbarkeit und relative Bedeutung von Standortfaktoren

Die obere Hälfte von Tabelle 1 umfaßt Standortfaktoren, die nicht unter der Kontrolle von Finanzinstitutionen stehen und somit die Rahmenbedingungen eines Finanzplatzes bestimmen. Sie beeinflussen wesentlich die internationale Wettbewerbsfähigkeit der bestehenden und die Möglichkeiten der Attrahierung zusätzlicher Institutionen. Hinsichtlich dieser Rahmenbedingungen verfügt der Finanzplatz Deutschland über eine Vielzahl von Stärken und wenige Schwächen.

2. Rahmenbedingungen für den Finanzplatz Deutschland

2.1. Das gesamtwirtschaftliche Umfeld

Die Bundesrepublik besitzt unbestritten, im Rahmen natürlicher und unvermeidbarer Konjunkturschwankungen, eine leistungsfähige Volkswirtschaft. Auch wenn sich die Situation Anfang der neunziger Jahre eingetrübt hat, und der Einigungsprozeß neue, bisher nicht gekannte Strukturprobleme aufwirft, wird nach einer Phase der Vermögensumverteilung diese wirtschaftliche Leistungsfähigkeit die Basis für eine weiter zunehmende Nachfrage nach Finanzdienstleistungen sein. Über den nationalen Bereich hinaus ist das gesamte wirtschaftliche Umfeld von Bedeutung. Hier setzen der fortschreitende Einigungsprozeß der Europäischen Gemeinschaft und mittelfristig – bei optimistischer Sicht der Entwicklung – die Märkte in Osteuropa positive Akzente für den Finanzplatz Deutschland.

2.2. Die Ordnungspolitik

Der Finanzplatz Deutschland ist durch einen liberalen ordnungspolitischen Rahmen gekennzeichnet. Der seit langem verwirklichte freie Kapitalverkehr und die freie Konvertibilität der Währung belegen dies. Die auf die Funktionsfähigkeit des finanziellen Sektors und den Anlegerschutz ausgerichteten gesetzlichen Bestimmungen bewegen sich auf einem angemessenen Mittelweg, auch wenn in Einzelfällen eine Verschärfung oder Lockerung gefordert werden.

So stößt beispielsweise das Fehlen von Regeln für »Firmenübernahmen« auf zunehmende Kritik, und die Einigung zwischen Bund und Ländern auf eine zentrale Wertpapierhandelsaufsicht stellt nur einen ersten Schritt für eine Marktaufsicht internationalen Zuschnitts dar (vgl. Häusler, 1993, S. 10f.). Andererseits bestehen Wettbewerbsverzerrungen aufgrund der unterschiedlichen Beaufsichtigung von banknahen Unternehmen und Kreditinstituten, der nicht einheitlichen Eigenkapitalnormen für Kreditinstitute und nichteuropäische Wertpapierhäuser im Wertpapiergeschäft, der in verschiedener Weise in nationales Recht umgesetzten Eigenkapitalrichtlinie und aufgrund der differierenden Behandlung des bilanzunwirksamen Geschäfts. In diesen Bereichen muß die internationale Harmonisierung weiter vorangetrieben werden.

Seit 1989 ist mit Blick auf eine zunehmende Abwanderung des Emissions- und Handelsgeschäftes in DM-Titeln eine Vielzahl von Deregulierungsgesetzen verabschiedet worden. Hierzu zählen die Neuordnung der terminrechtlichen Regelungen, die Ermöglichung des elektronischen Börsenhandels, die Abschaffung der Kapitalverkehrsteuer und des Emissionsgenehmigungsverfahrens für inländische Schuldverschreibungen sowie die Erweiterung des Anlagenkatalogs von Kapitalanlagegesellschaften und Versicherungsunternehmen.

Eine der wichtigsten ordnungspolitischen Strukturmaßnahmen für den Finanzplatz Deutschland betrifft jedoch nicht die Aufhebung, sondern die unterlassene Verabschiedung von Gesetzen. Dieser Hinweis zielt auf die Beibehaltung des in historischer Tradition gewachsenen Universalbankensystems, das einen der großen Aktivposten des Finanzplatzes Deutschland darstellt. Die in den siebziger Jahren, insbesondere in der kritischen Auseinandersetzung mit der »Macht der Banken« diskutierte Änderung in Richtung eines Trennbankensystems ist nicht mehr aktuell. In den Ländern mit Trennbankensystem besteht vielmehr die Tendenz, wenn auch mit gelegentlichen Rückschlägen wie in den USA, dieses System in ein Universalbankensystem fortzuentwickeln.

2.3. Die Währungspolitik

Es ist das unbestrittene Verdienst der Deutschen Bundesbank, durch ihre stabilitätsorientierte Währungspolitik die Basis für das weltweit hohe Vertrauen in die DM gelegt zu haben, das ein weiteres wichtiges Aktivum des Finanzplatzes Deutschland darstellt. Als Folge dieser Stabilitätspolitik hat sich die DM zur zweitwichtigsten Reservewährung der Welt entwickelt. Als weitere Folge bildete sich in der Vergangenheit ein im internationalen Vergleich niedriges Zinsniveau heraus. Die damit verbundenen relativ niedrigen Fremdkapitalkosten (vgl. im europäischen Vergleich: Commission of the European Communities, 1988, S. 24) stellen allerdings kein wesentliches Standortargument dar, da der durchschnittliche Zinsaufwand inländischer Unternehmen nur etwa 2 Prozent des Gesamtaufwandes ausmacht. Im Vergleich hierzu tragen der Personalaufwand durchschnittlich mit 19 Prozent und der Materialaufwand mit 60 Prozent zum Gesamtaufwand bei (vgl. Deutsche Bundesbank, 1992, S. 17).

Die gesetzlichen Liberalisierungsschritte wurden von der Bundesbank durch eine Reduktion ihres Katalogs von unerwünschten Geld- und Kapitalmarkttransaktionen begleitet. Als Beispiele können die Zulassung von Commercial Paper-Programmen und von ausländischen Instituten als Konsortialführern bei DM-Emissionen unter Wahrung des Verankerungsprinzips genannt werden.

Aber nicht in allen Bereichen ist die Bundesbank zu Zugeständnissen bereit. Sie besteht nach wie vor auf dem Instrument der Mindestreserve und lehnt aufgrund dieser Position Geldmarktfonds und unechte reservefreie Wertpapierpensionsgeschäfte ab.

Über die Wirksamkeit der Mindestreservepolitik wurde schon immer kontrovers diskutiert (vgl. z. B. Thiemann, 1989, S. 87ff.). Unstrittig ist, daß die mit der Mindestreserve verbundenen höheren Refinanzierungskosten von Kreditinstituten eine der Ursachen für die Attraktivität von Off-shore-Finanzplätzen darstellt. Daraus ergibt sich für die Bundesbank die paradoxe Situation, daß sie mit dem erfolgreichen Einsatz des Instruments Mindestreserve die Attraktivität der DM-Auslandsmärkte in London und Luxemburg in zweifacher Weise erhöht: Zum einen fördert sie die Abwanderung von Inlandsgeschäften an diese Finanzplätze. Zum anderen sichert sie zugleich die Qualität des Produktes »DM«, das an diesen Märkten einem erheblichen Teil der Transaktionen zugrunde liegt (vgl. Häusler, 1993, S. 11). Für diesen Problemkreis muß in absehbarer Zeit eine Lösung gefunden werden.

2.4. Die Steuerpolitik

Der steuerliche Rahmen besitzt für die Attraktivität eines Finanzplatzes eine große Bedeutung. So versucht Singapur mit Erfolg, über steuerliche Erleichterungen bei Syndikatskrediten Banken aus Hongkong für den eigenen Finanzplatz zu gewinnen (vgl. Seidlitz, 1992, S. 14). Ein objektiver und allgemeiner Vergleich der Steuerlast von Finanzinstitutionen an verschiedenen internationalen Finanzplätzen erweist sich, ebenso wie für Unternehmen des nichtfinanziellen Sektors, als außerordentlich schwierig, da neben der Höhe der Steuersätze auch die Bemessungsgrundlagen der einzelnen Steuerarten berücksichtigt werden müssen. Ein solcher Belastungsvergleich kann an dieser Stelle nicht durchgeführt werden.

Im privaten Bereich nimmt die Sensibilität gegenüber Steueränderungen ständig zu. Die kurzfristige Einführung einer Quellensteuer im Jahr 1988 und die derzeitigen Kapitalbewegungen im Zusammenhang mit der Zinsabschlagsteuer sind hierfür ein beredtes Zeugnis. Ob die von den Kreditinstituten in der Diskussion um die Zinsbesteuerung favorisierte Zinsabschlagsteuer den erhofften Kompromiß zwischen Steuergerechtigkeit und Schutz der nationalen Finanzmärkte darstellt, ist mehr als zweifelhaft. Zum einen droht die Zinsabschlagsteuer auf Stückzinsen zu einer Verlagerung eines weiteren Teils des institutionellen Handels in DM-Anleihen von Frankfurt nach Luxemburg oder London zu führen. Zum anderen korrumpiert es langfristig ein Gemeinwesen, wenn Steuerhinterziehung, die hinter den Mittelabflüssen nach Luxemburg vermutet werden darf, augenzwinkernd als Kavaliersdelikt betrachtet wird. Auch in diesem Bereich muß eine Problemlösung gefunden werden.

2.5. Die technische Infrastruktur

Die technische Infrastruktur, insbesondere die EDV-Informationstechnik, besitzt am Finanzplatz Deutschland zweifellos einen hohen Standard. Zahlungsverkehr und Abwicklung der Kredittransaktionen sind beispielhaft. Im Bereich der Börse bedeuten die Vereinheitlichung der EDV-Dienstleistungen innerhalb der Deutschen Wertpapierzentrale (DWZ) und deren Integration in die Deutsche Börse AG einen großen Fortschritt. Über die DWZ wird ein zentraler EDV-Service für den Börsenhandel, den vor- und nachbörslichen Handel, die Börsengeschäftsabwicklung, die Kassenvereinsabwicklung und für das Kursinformationswesen angeboten. Im Vergleich hierzu werden die Aussichten der von der Maklerschaft getragenen Informations- und Handelssysteme eher pessimistisch eingeschätzt (vgl. Gerke et al., 1992, S. 5).

Nach wie vor stellt die Abwicklung von Kassageschäften innerhalb von zwei Tagen im internationalen Vergleich einen hohen Standard dar. Das Scheitern des Taurus-Projektes in Großbritannien zeigt zudem, wie schwierig es ist, an einem Finanzplatz ein einheitliches Abwicklungssystem einzurichten. Dennoch wird die Fortbildung zu einem System mit »same-day-« und »multi-currency-settlement« erforderlich sein, wenn der Anschluß an die internationale Entwicklung nicht verpaßt werden soll (vgl. Breuer, 1992, S. 17).

2.6. Ein erstes Resümee

Die Rahmenbedingungen für den Finanzplatz Deutschland weisen viele entscheidende Stärken und einige Schwächen im internationalen Wettbewerb der Finanzplätze auf. Zentrale Stärken bilden das wirtschaftliche Umfeld, das Vertrauen in die DM und das Universalbankensystem. Hinzu trat in den letzten Jahren die Einsicht bei den Trägern der Ordnungspolitik, vom Gesetzgeber und von den Aufsichtsämtern, daß liberale, den Finanzplatz Deutschland im europäischen und internationalen Wettbewerb unterstützende Rahmenbedingungen mit den Zielen der Ordnungspolitik verträglich sein können. Hier wurde, unterstützt durch den europäischen Einigungsprozeß, großer Fortschritt erzielt, ohne dabei das für den Finanzplatz Deutschland wichtige, im Bereich der Börsen noch verbesserungsfähige Gütesiegel einer funktionierenden Kontrolle zu gefährden.

Wettbewerbsverzerrungen bestehen beispielsweise hinsichtlich der (nicht nur in Deutschland zu beachtenden) Mindestreserveverpflichtungen und in bezug auf die unterschiedliche Regulierung von nicht europäischen Wertpapierhäusern sowie von banknahen Unternehmen im Vergleich zu inländischen Kresditinstituten. Allerdings muß bei einer Gesamtwürdigung der Wettbewerbsverzerrungen auch beachtet werden, daß diese sich nicht nur zu Ungunsten der inländischen Kreditinstitute auswirken. So existieren Bewertungsspielräume, die nach dem HGB deutschen Instituten bei der Rechnungslegung eingeräumt werden, in einer Reihe europäischer und außereuropäischer Länder nicht.

Im nächsten Schritt wird die Frage nach der Effizienz und damit der Konkurrenzfähigkeit der Finanzinstitutionen gestellt.

3. Die Effizienz des Finanzplatzes Deutschland

Der Effizienzbegriff ist außerordentlich vielschichtig. Zur Beurteilung der Qualität und damit der internationalen Wettbewerbsfähigkeit des Finanzplatzes Deutschland wird im folgenden differenziert zwischen der Funktionseffizienz, der Arbitrageeffizienz und der Bewertungseffizienz.

3.1. Die Funktionseffizienz

Die Funktionseffizienz einer Finanzinstitution oder einer Institutionengruppe läßt sich durch das Kosten-Nutzenverhältnis messen, zu dem diese ihre Leistungen erbringt. Offensichtlich kann die hierzu erforderliche Quantifizierung des Nutzens von Finanzdienstleistungen nicht oder nur sehr schwer durchgeführt werden. Die folgende Analyse beschränkt sich deshalb auf einen Vergleich von Hilfsgrößen für die Funktionseffizienz von Finanzinstitutionen verschiedener Länder. Hierbei wird differenziert nach der Gesamtgruppe der Kreditinstitute, nach einzelnen Kreditinstituten und nach Börsen.

Einen ersten Eindruck von der Effizienz des Bankensektors vermittelt Tabelle 2. In dieser sind für die Industrieländer Deutschland, Frankreich, Großbritannien, Japan und USA die Wertschöpfung des Bankensektors bezogen auf das Bruttoinlandsprodukt und das Bilanzvolumen zusammengestellt.

	In % des BIP	In % des BV	In % der Beschäftigten*
D	5,0	2,3	3,1
F	4,7	1,6	n.v.
J	5,6	1,6	3,4
GB (85)	12,6	n.v.	2,5
USA	5,7	2,3	4,8

n.v.: nicht verfügbar
*: Gesamtzahl der Arbeitnehmer
BIP: Bruttoinlandsprodukt; BV: Bilanzvolumen
Quelle: Commission of the European Communities, 1988, S. 13, S. 15; BIZ, 1992, S. 216; OECD, 1991; eigene Berechnungen

Tabelle 2: Wertschöpfung des Bankensektors (1989)

Das englische Bankensystem liegt mit einer Wertschöpfung von 12,6 Prozent bezogen auf das BIP an der Spitze der fünf in den Vergleich einbezogenen Länder. Die deutschen Kreditinstitute tragen 5 Prozent zu BIP bei und nehmen damit hinter den USA und Japan den vierten Platz ein.

Die auf das BIP bezogene Wertschöpfung erlaubt noch keine Aussage über die Funktionseffizienz des Bankensektors. Ein hoher Prozentsatz in der zweiten Spalte von Tabelle 2 kann das Ergebnis von effizienten, aber auch von kostenträchtigen oder Monopolgewinne abschöpfenden Kreditinstituten sein.

Relativiert man die Wertschöpfung am Bilanzvolumen, dann führen das deutsche und das US-amerikanische Bankensystem. Wird schließlich noch berücksichtigt, daß für diese relative Wertschöpfung in der Bundesrepublik ein deutlich geringerer Anteil von Beschäftigten (3,1 Prozent) an der Gesamtzahl von Arbeitnehmern als in den USA benötigt wird (4,8 Prozent), dann folgt aus Tabelle 2 insgesamt eine positive Beurteilung der Funktionseffizienz des deutschen Bankensystems.

Weitere wichtige Kenngrößen bilden die durchschnittliche Bruttozinspanne sowie der durchschnittliche Gewinn nach Steuern bezogen auf das Eigenkapital und das Kreditvolumen. Bei der Berechnung dieser Erfolgskennzahlen war aus statistischen Gründen eine Beschränkung auf die Gruppe der Commercial Banks erforderlich.

Tabelle 3 zeigt, daß die deutschen Institute hinsichtlich der buchmäßig ermittelten Eigenkapitalrentabilität den vierten Platz einnehmen. Bei der Bruttozinsspanne stehen die beiden angelsächsischen Länder an erster, Japan mit deutlichem Abstand an letzter Stelle. Allerdings muß bei einer

	Bruttozins spanne (in %)	**Gewinn (n. St.) in % des**	
		Eigenkapitals	**Kreditvolumens**
D	2,04	6,3	0,37
F	2,03	8,9	0,31
J	1,0	7,5	0,33
GB	3,22	0,2	0,02
USA	3,5	7,6	0,67
Quelle: OECD, 1991; eigene Berechnungen			

Tabelle 3: Erfolgskennzahlen für Commercial Banks (1989)

Wertung dieser Reihenfolge, in Analogie zur Diskussion der ersten Kennzahlen in Tabelle 2, beachtet werden, daß eine niedrige Bruttozinsspanne mindestens zwei Interpretationen erlaubt. Ein kreditsuchendes Unternehmen wird sie tendenziell positiv, ein Kreditinstitut negativ beurteilen.

Einen besonders interessanten Aspekt stellt die Internationalität eines Finanzplatzes dar. Mißt man den Umfang der internationalen Verflechtung durch die Summe aus Forderungen und Verbindlichkeiten inländischer Kreditinstitute gegenüber ausländischen Banken und Nichtbanken (vgl. Thießen, 1988, S. 25), so ergibt sich die in Tabelle 4 wiedergegebene Rangfolge für die Jahre 1983, 1987 und 1991.

Großbritannien führt die Liste der größten internationalen Finanzplätze an. Japan verbesserte seine Position zwischen 1983 und 1987 deutlich, während die Schweiz zwischen 1987 und 1991 relativ an Bedeutung verlor. Deutschland liegt noch hinter Singapur auf dem zehnten Platz.

Die internationale Wettbewerbsfähigkeit der Kreditinstitute eines Landes läßt sich in Analogie zum nichtfinanziellen Sektor durch eine

Rang				**Mrd. USD**		
1991	**1987**	**1983**	**Land**	**1991**	**1987**	**1983**
1	1	1	Großbritannien	2.104	1.800	997
2	2	7	Japan	1.788	1.167	214
3	3	2	USA	1.377	1.121	737
4	4	3	Belgien-Luxemburg	987	716	342
5	6	5	Frankreich	983	497	271
6	7	10	Hongkong	933	495	126
7	8	14	Cayman Islands	790	476	98
8	5	4	Schweiz	774	574	297
9	9	8	Singapur	682	439	183
10	10	9	Deutschland	633	363	131

Quelle: Thießen, 1988, S. 272; Kurm, 1989, S. 12; IMF, 1992, S. 34–59; eigene Berechnungen

Tabelle 4: Die größten internationalen Finanzplätze nach Maßgabe der Summe aus Forderungen und Verbindlichkeiten inländischer Kreditinstitute gegenüber ausländischen Banken und Nichtbanken

Analyse der Ex- und Importleistungen dieser Institute beurteilen. Zur Messung des Export- bzw. Importüberschusses wird, einem Vorschlag Thießens folgend (vgl. Thießen, 1988, S. 36f.), ein Sollwert an Finanzdienstleistungen mit einem Istwert verglichen. Letzterer ergibt sich aus dem Bestand an internationalen Leistungen im Kredit- und Einlagenbereich, den das inländische Bankensystem erbringt. Der Sollwert wird im wesentlichen aus dem Außenhandelsvolumen ermittelt, multipliziert mit einem Faktor, durch den diese Stromgröße in eine mit dem Istwert vergleichbare Bestandsgröße transformiert wird. Liegt der Istwert über (unter) dem Sollwert, dann betreibt das betreffende Land einen Netto-Export (Netto-Import) an Finanzdienstleistungen. Die jeweils vier größten Netto-Exporteure und Netto-Importeure des Jahres 1991, deren 1987 und 1983 erzielte Rangpositionen und die zugehörigen Export- bzw. Importleistungen sind in Tabelle 5 wiedergegeben.

Netto-Exporteure						
Rang			**Land**	**Mrd. USD**		
1991	**1987**	**1983**		**1991**	**1987**	**1983**
1	1	1	Großbritannien	1.311	884	739
2	2	7	Cayman Islands	700	476	90
3	8	–	Japan	626	89	(–149)
4	3	8	Hongkong	559	362	50
Netto-Importeure						
Rang			**Land**	**Mrd. USD**		
1991	**1987**	**1983**		**1991**	**1987**	**1983**
1	1	1	Deutschland	896	752	304
2	2	13	USA	886	580	50
3	3	3	Italien	359	408	114
4	4	4	Kanada	347	288	92
Quelle: Thießen, 1988, S. 40f.; Kurm, 1989, S. 12; IMF, 1992, S. 34–59; eigene Berechungen						

Tabelle 5: Die größten Netto-Exporteure und Netto-Importeure von Finanzdienstleistungen

Wie 1987 ist auch 1991 Großbritannien der größte Netto-Exporteur von Finanzdienstleistungen, gefolgt von den Cayman Islands. Hervorgehoben zu werden verdient der Sprung Japans vom Netto-Importeur (1983) zum drittgrößten Netto-Exporteur (1991).

Deutschland führt unangefochten die Reihe der größten Netto-Importeure an. Der Netto-Import in Höhe von 896 Milliarden US $ entspricht bei einem Wechselkurs von 1,67 DM/$ einem Betrag von ca. 1.500 Milliarden DM. Ein Vergleich dieser Zahl mit der Bilanzsumme der Deutschen Bank AG im Jahr 1991 zeigt, daß dem Finanzplatz Deutschland durch den Netto-Import von Finanzdienstleistungen Wertschöpfung und Arbeitsplätze in dem Umfang entgehen, wie sie durch zweieinhalb Institute von der Größe der Deutschen Bank AG erbracht bzw. bereitgestellt wurden.

Im Einzelvergleich der international führenden Kreditinstitute besitzen die deutschen Banken keine herausragende Position. So befinden sich unter den zwanzig Banken mit der größten Bilanzsumme zwölf japanische und vier französische Institute, aber nur eine deutsche Bank. Die Tabelle der renditestärksten Kreditinstitute wird 1992 wie in den Vorjahren von drei spanischen Banken angeführt. Nur ein deutsches Institut, eine Landesbank, nimmt bei einer Rangordnung nach der Eigenkapitalrendite einen Platz unter den ersten zwanzig Instituten ein. Hinsichtlich der Eigenkapitalquote liegen die großen deutschen Institute, aus bekannten, im Bereich der Rechnungslegung zu suchenden Gründen. allenfalls im europäischen Mittelfeld.

Diesen durchschnittlichen Rangplätzen der deutschen Banken bei einem Einzelvergleich mit anderen führenden Institutionen steht andererseits der Tatbestand gegenüber, daß unter einhundert von Euromoney analysierten Banken nur neun ein AAA-Rating aufweisen können, darunter vier deutsche und drei Schweizer Banken sowie ein holländisches und ein US-amerikanisches Institut. Nur eine der großen EG-Banken, ein deutsches Institut, wird von allen drei führenden Rating-Agenturen mit einem Triple-A bedacht. Diese hohe Einschätzung der großen deutschen Kreditinstitute ist eine Folge der besseren Diversifikationsmöglichkeiten von Universalbanken und deren relativ vorsichtiger Geschäfts- und Bilanzpolitik.

Neben den Kreditinstituten erbringen Börsen für einen Finanzplatz wichtige Leistungen durch die Reduktion von Transaktionskosten in Form von Emissionskosten, Kosten der Suche nach einem Kontrahenten sowie Kosten des Abschlusses und der Erfüllung. Einige Kennzahlen zur Leistungsfähigkeit der deutschen Börsen im Vergleich mit führenden Börsen anderer Länder enthält Tabelle 6. Die ersten beiden Spalten geben den an Kassamärkten getätigten Gesamtumsatz in allen Wertpapieren und in Aktien wieder. In der dritten und vierten Spalte sind die Anzahl der börsennotierten inländischen Aktiengesellschaften und die zugehörige Marktkapitalisierung zusammengestellt. Die letzte Spalte enthält die Umschlagshäufigkeit der Aktienmärkte, berechnet als Quotient aus der zweiten und vierten Spalte.

Aus Tabelle 6 wird deutlich, daß die acht deutschen Börsen zusammengenommen bei den Umsätzen aller Wertpapiere einen beachtlichen vierten Rang nach den USA, Japan und Großbritannien einnehmen. Weniger eindrucksvoll präsentiert sich der deutsche Aktienmarkt. Hier betrug der Umsatz aller acht Börsen im Jahr 1991 nur 28 Prozent, die Marktkapitalisierung nur 11 Prozent der größten amerikanischen Aktienbörse. Allerdings errechnet sich daraus eine um das Zweieinhalbfache höhere Umschlagshäufigkeit an den deutschen Börsen im Vergleich zur NYSE. Diese vergleichsweise hohe Markttiefe beruht im wesentlichen auf den dreißig DAX-Werten, auf die 1992 rund 85 Prozent des Gesamtumsatzes entfielen.

Land	**Umsatz (in Mrd. DM)**		**Anzahl inländ. börsennotierter Aktiengesellsch.**	**Marktkapitalisierung (in Mrd. DM)**	**Umschlagshäufigkeit**
	insges.	**Aktien**			
BRD	1.725	643	665	597	1,08
Großbritannien	2.676	924	2.343	1.507	0,61
Frankreich (Paris)	1.127	193	839	563	0,34
NYSE	k. A.	2.305	1.780	5.378	0,43
NASDAQ	k. A.	1.052	3.841	733	1,44
Tokio	1.711	1.355	1.641	4.596	0,29
Osaka	302	228	1.158	3.836	0,06

Quelle: Arbeitsgemeinschaft der Deutschen Wertpapierbörsen, 1992, S. 150–152; bei Doppelzählung der Umsätze wurden die angegebenen Zahlen halbiert, k.A.: keine Angaben

Tabelle 6: Die deutschen Börsen im internationalen Vergleich (1991)

Seit Eröffnung der Deutschen Terminbörse (DTB) im Januar 1990 steht auch im nationalen Bereich ein breites Spektrum an Options- und Futures-Kontrakten zur Verfügung. Herzstück des Handels bildet die Kassa-Option auf den DAX-Index. Das Handelsvolumen dieses Kontraktes liegt ca. 30 Prozent über den gesamten Umsätzen aller Optionen auf individuelle Aktien.

Die Deutsche Terminbörse war nach der SOFFEX die zweite Computer-Optionsbörse der Welt. Sie hat sich in kurzer Zeit zur größten Optionsbörse Europas entwickelt. Im Futures-Bereich wird mit besonderem Interesse die Konkurrenz zur London International Financial Futures Exchange (LIFFE), der größten Futuresbörse Europas, verfolgt. An beiden Institutionen wird derselbe Futures-Kontrakt auf langlaufende Bundesanleihen gehandelt. Im Gegensatz zur DTB findet der Handel an der LIFFE während der Kernzeiten jedoch in Form des »open-outcry« auf dem Parkett statt. Ferner hat die LIFFE den Handel in diesem Kontrakt ca. zwei Jahre vor der DTB eröffnet. Bis heute blieben alle Versuche erfolglos. diesen Startvorteil der LIFFE aufzuholen und den größeren Teil des Geschäfts von London an die DTB zurückzuholen, obwohl primär in Frankfurt der Handel in den zugehörigen Bundesanleihen stattfindet und zusätzlich der DTB-Bund-Future von den deutschen Banken gestützt wird. Dieses Beispiel zeigt, wie schwer es ist, in Konkurrenz zu etablierten Finanzmärkten zu treten.

3.2. Die Arbitrageeffizienz

Unter Arbitrage versteht man die Erzielung eines risikolosen Gewinns ohne Kapitaleinsatz. Dauerhaft bestehende und ausnutzbare Arbitragemöglichkeiten sind ein Zeichen für einen schlecht funktionierenden Finanzmarkt.

Mit der Eröffnung der Terminmärkte hat sich für die Arbitrage eine neue Dimension eröffnet. Durch den Aufbau geeigneter Positionen am Kassa- und Terminmarkt lassen sich Arbitragesignale in erfolgreiche Arbitragepositionen umsetzen. Eine am Zentrum für Europäische Wirtschaftsforschung (ZEW), Mannheim, durchgeführte Studie zeigt, daß am Markt der DAX-Instrumente im Jahr 1991 eine bemerkenswerte Reifung stattgefunden hat. Die wichtigsten Ergebnisse dieser Studie können der Tabelle 7 entnommen werden.

Es ist zu erkennen, daß die Zahl der Arbitragesignale und die Anzahl

Kontrakt	Anzahl der Arbitragesignale	Anzahl erfolgreicher Arbitragepositionen	
		insgesamt	letztes Quartal
Juni 91	2.043	2.035	918
Sept. 91	648	641	119
Dez. 91	30	30	0
Quelle: Bühler/Kempf, 1993, S. 24, S. 29			

Tabelle 7: Arbitageeffizienz des Kassa- und Futuresmarktes im DAX

der erfolgreich aufgebauten Arbitragepositionen im Jahr 1991 deutlich abgenommen haben. Das letzte Quartal in der neunmonatigen Laufzeit eines Kontraktes verdient besonderes Interesse, da in diesem Zeitraum die höchsten Umsätze eines Futures zu verzeichnen sind. Auch für diese Zeitspanne kann eine abnehmende Anzahl von Arbitragemöglichkeiten beobachtet werden; für den Dezember-Kontrakt ließ sich sogar keine Arbitrageposition mehr aufbauen. Diese Entwicklung entspricht derjenigen in den USA und weist auf eine hohe Arbitrageeffizienz des DAX-Kassa- und Futuresmarktes hin.

3.3. Die Bewertungseffizienz

Von den Kursen, die an Finanzmärkten gestellt werden, erwarten Teilnehmer, daß sie fair sind. Wann verdienen nun Kurse das Prädikat »fair«? Sie können dann so bezeichnet werden, wenn sich alle heute verfügbaren Informationen in der Kursbildung widerspiegeln.

Die Frage der Bewertungseffizienz kann insbesondere im Zusammenhang mit einer Erstemission studiert werden. An vielen Finanzplätzen läßt sich dabei ein als »underpricing« bezeichnetes Phänomen beobachten. Hierunter versteht man, daß im Mittel die Unternehmen bei ihrem ersten Gang an die Börse »zu billig« verkauft werden. Mehrere Untersuchungen haben gezeigt, daß auch in der Bundesrepublik der typische Effekt des »underpricing« auftritt. Tabelle 8 enthält die Ergebnisse einer umfangreichen, den Zeitraum von 1980 bis 1990 unfassenden Studie. Der Umfang des »underpricing« wurde dabei gemessen durch die relative Abweichung des ersten, um die Börsentendenz bereinigten Kurses vom Emissionskurs.

Bank	Anzahl der Emissionen			durchschn. »underpricing« (in %)		
	1980–85	86–87	87–90	80–85	86–87	87–90
DB	22	14	19	14,4	16,1	10,4
DRS	–	6	10	–	14,8	5,7
CO	5	3	11	18,1	5,9	5,7
BVB	2	5	6	12,3	1,5	0,1
PM	10	–	–	70,2	–	–
insges.	43	37	62	29,0	11,8	8,3

Quelle: Henne, 1992, S. 66
DB: Deutsche Bank, DRS: Dresdner Bank, CO: Commerzbank, BVB: Bayerische Vereinsbank, PM: Portfoliomanagement

Tabelle 8: »Going public« und »underpricing«

Tabelle 8 zeigt, daß der Umfang des »underpricing« im Zeitablauf stark abnimmt. Die Gesamtergebnisse dieser Studie werden in Tabelle 9 dem Umfang des durchschnittlichen »underpricing« gegenübergestellt, wie es für den englischen, den schwedischen und den US-amerikanischen Markt ermittelt wurde.

Die in Tabelle 9 zusammengefaßten Ergebnisse sind mit Vorsicht zu vergleichen, da sie auf unterschiedlichen Untersuchungszeiträumen beruhen. Dennoch kann cum grano salis geschlossen werden, daß der Markt für Erstemissionen in der Bundesrepublik hinsichtlich der Bewertungseffizienz nicht schlechter zu beurteilen ist als Märkte mit deutlich umfangreicherer Emissionstätigkeit.

	Deutschland 1980–1990	Großbritannien 1986	Schweden 1983–1985	USA 1960–1982
durchschnittl. »underpricing« (in %)	15,5	6,9	40,5	18,8
Quelle:	Henne, 1992, S. 66	Levis, 1987, S. 19	de Ridder, 1986, S. 155	Ritter, 1984, S. 216

Tabelle 9: Durchschnittliches »underpricing« im internationalen Vergleich

3.4. Ein zweites Resümee

Hinsichtlich der Effizienz der deutschen Finanzinstitutionen ergibt sich ein vielschichtiges Bild. Die klassischen Finanzdienstleistungen werden in der Bundesrepublik von einem flexiblen Universalbankensystem in allen Bereichen zu wettbewerbsfähigen Preisen angeboten. Die hervorragende Infrastruktur im Bereich des Zahlungsverkehrs, das ausgebaute Firmenkundengeschäft der Universalbanken und deren erstklassiges Rating stellen für Unternehmen jeder Größenordnung wichtige Vorteile des Finanzplatzes Deutschland dar. Zugleich zeigt aber auch der hohe Import von Finanzdienstleistungen, daß ein Teil dieser Leistungen von inländischen Institutionen nicht angeboten oder nicht zu wettbewerbsfähigen Konditionen erbracht wird. Die Standortentscheidung eines industriellen Unternehmens muß durch dieses Defizit jedoch nicht zuungunsten des Standorts Deutschland beeinflußt werden, da es problemlos auf die internationalen Finanzmärkte ausweichen kann.

4. Herausforderungen für den Finanzplatz Deutschland in der Zukunft

Dem weltweiten Deregulierungsprozeß von Finanzmärkten kann sich der Finanzplatz Deutschland auch in der Zukunft nicht entziehen. Als Konsequenz wird sich der Wettbewerb zwischen den Finanzinstitutionen weiter verschärfen. Gegenstand dieses letzten Abschnitts ist die Diskussion der wichtigsten Herausforderungen, denen Kreditinstitute und Börsen gegenüberstehen.

4.1. Herausforderungen für Kreditinstitute

Aus den absehbaren zukünftigen Problemfeldern für Kreditinstitute sollen sechs herausgegriffen werden.

4.1.1. Neue Regionen

Mit der Vollendung des EG-Binnenmarktes für Finanzdienstleistungen ist eine weitere Konzentrationswelle im Bankbereich zu erwarten. In der Lafferty-Studie wird prognostiziert, daß es zu Beginn des dritten

Jahrtausends nur noch 18 europäische Anbieter von Finanzdienstleistungen geben wird. Das Eintreten dieser Prognose ist allerdings wenig wahrscheinlich, wenn man berücksichtigt, wie schwierig und häufig erfolglos sich internationale Mergers & Acquisitions in der Vergangenheit im industriellen wie im finanziellen Bereich erwiesen haben. Sehr viel wahrscheinlicher dürften zunächst weitere Fusionen auf der nationalen Ebene sein (zu speziellen, EG-bezogenen Problemen des Bankwesens vgl. Gerke, 1992, S. 195ff., und Kiehling, 1992, S. 38–78).

Der Aufbau eines flächendeckenden Niederlassungsnetzes in den neuen Bundesländern, verbunden mit den Aufgaben bei der Neustrukturierung des industriellen Bereichs, führte zu einer starken Belastung der deutschen Kreditinstitute. Sobald diese weiter abgenommen hat, kann eine stärkere Orientierung hin zu den Ländern Osteuropas erfolgen. Der Aufbau eines leistungsfähigen, von Marktsignalen gesteuerten Finanzsystems in den osteuropäischen Ländern stellt eine mit großen politischen und wirtschaftlichen Risiken verbundene Aufgabe dar. Sie kann und wird nicht allein von deutschen Banken bewältigt werden, sondern muß Gegenstand einer multilateral korrdinierten Aktion sein.

4.1.2. Das Commercial und Investment Banking

Die größere Geschäftsbreite der deutschen Universalbanken führt zwangsläufig dazu, daß diese nicht in allen Bereichen zu den »big players« zählen. Im Bereich des Investment Banking besteht teilweise noch ein deutliches Defizit im Vergleich zu angelsächsischen und japanischen Investment Banken. Spitzenpositionen können die deutschen Institute nur im DM-Bereich bei der Anleiheplazierung, im Devisenhandel und bei derivativen Produkten, wie Zinsswaps, FRA's und Caps, einnehmen. In allen anderen Währungen sind sie nicht auf den vorderen Plätzen zu finden, und selbst im DM-Bereich ist dieser Spitzenplatz nicht unangefochten (vgl. o. V., 1991, S. 91ff., 1992a, S. 25ff., und 1992b, S. 47ff.).

Der Rückstand im Investment Banking wird nur mittelfristig aufzuholen sein. Aufgrund der engen Verbindung des klassischen Bankgeschäfts mit Teilen des Investment Banking (als Beispiele können Projektfinanzierung und das M & A-Geschäft genannt werden) bestehen für die deutschen Universalbanken jedoch gute Chancen, ihre Marktposition in diesen Bereichen zu verbessern.

4.1.3. Neue Wettbewerber

Seit längerer Zeit gewinnt der Wettbewerb im Finanzbereich aufgrund des Aufkommens neuer Konkurrenten für Kreditinstitute, der »non-banks« bzw. »near-banks«, eine weitere Dimension (vgl. Arbeitskreis der Schmalenbach Gesellschaft, 1992, S. 35ff., S. 65). Bei den Konkurrenten handelt es sich insbesondere um Kreditkartenunternehmen (z.B. AMEXCO), Versandhäuser (z.B. Quelle) und Industrieunternehmen, (z. B. ABB, Daimler, Metallgesellschaft, Siemens). Die großen Unternehmen der letzten Gruppe übernehmen in zunehmendem Umfang über die traditionellen Geschäfte des Geld- und Devisenhandels sowie der Absatzfinanzierung hinaus Finanzdienstleistungen. Hierzu gehören beispielsweise Projektfinanzierung, Wertpapierhandel, Konsortialgeschäft und Portefeuillemanagement.

4.1.4. Die Kostensteigerung

Deutsche Banken sehen sich einer Kostenexplosion gegenüber. Diese beruht auf

- höheren Personalkosten aufgrund zunehmender Mitarbeiterzahl und höherer Löhne,
- steigenden Sachkosten, bedingt durch den Ausbau der Informationstechnologie,
- höheren Eigenkapitalanforderungen und
- teurer werdender Refinanzierung, verursacht durch eine höhere Verzinsung der Sichteinlagen, die Existenz von Geldmarktfonds und modifizierte Wertstellungspraktiken.

Mögliche Strategien unter dem Schlag- und Modewort »lean-banking« können an dieser Stelle nicht diskutiert werden.

4.1.5. Das Risikomanagement

Eine zentrale Aufgabe für die Zukunft der Kreditinstitute stellt das Risikomanagement dar. Zu den traditionellen Zinsänderungs- und Bonitätsrisiken sind eine Reihe weiterer Risiken getreten, die teilweise zusammen mit den klassischen Risiken, teilweise getrennt kontrolliert werden müssen.

Im Mittelpunkt der Diskussion stehen die Risiken aus dem bilanzunwirksamen Geschäft. Es wird geschätzt, daß bei deutschen Banken der nichtbilanzierungspflichtige Teil mehr als 60 Prozent des Bilanzvolumens beträgt. Die Qualität der Swap- und Optionsbücher, aus denen die eingegangenen Risiken ersichtlich sind, beeinflußt nicht nur den Rahmen für eine effiziente Steuerung und Kontrolle dieser Risiken, sondern auch die Möglichkeit, wettbewerbsfähige Preise für derivative Produkte zu erreichen. In diesem Bereich besitzen die angelsächsischen Institute einen deutlichen Vorsprung gegenüber den deutschen.

4.1.6. Die Informationstechnologie

Die Informationstechnologie beeinflußt alle Bereiche des Bankgeschäftes, vom Rechnungswesen über den Zahlungsverkehr bis hin zum Handel und zur Risikosteuerung. Eine große Zahl der heute intensiv gehandelten derivativen Instrumente verdankt seine Existenz in erster Linie Verbesserungen im Bereich der Informationstechnologie. Der Ausbau und die Pflege der vorhandenen Informationstechnologie in der Zukunft stellen die sechste zentrale Herausforderung für Kreditinstitute dar. Von großer Bedeutung wird es dabei sein, daß die Pflege- und Wartungskosten unter Kontrolle bleiben, damit Mittel in ausreichendem Umfang für Neuentwicklungen zur Verfügung stehen.

Die Entwicklung von Großsystemen und der zunehmende Einsatz von Netzwerken führen zu einer wachsenden Empfindlichkeit der EDV gegenüber Ausfällen und externen Angriffen. Das Management dieser aus dem EDV-Bereich stammenden Risiken wird in Zukunft stark an Bedeutung gewinnen.

4.2. Herausforderungen für Börsen

Auch die zweite Gruppe der den Finanzplatz Deutschland tragenden Institutionen, die Börsen, sind aufgrund der Globalisierung des Handels in Finanztiteln einem zunehmenden Wettbewerb ausgesetzt. Als typisches Beispiel hierfür können die Anstrengungen der Terminbörsen genannt werden, ihre Produkte in Kooperation mit anderen Terminbörsen weltweit zu plazieren. So versuchen die DTB und die LIFFE den Chicago Board of Trade als Kooperationspartner für den Handel im Bund-Future zu gewinnen.

4.2.1. OTC-Märkte

Die härteste Konkurrenz erwächst den deutschen Kassa- und Terminbörsen nicht in den in Paris, London oder New York ansässigen Börsen, sondern in den »over-the-counter«-Märkten. Hier werden zu maßgeschneiderten Konditionen größere Positionen im Kassa- und Termingeschäft als an Börsen gehandelt. Die Gefahr dieser Märkte besteht in der bilateralen Rechtsbeziehung zwischen den beiden Kontrahenten, die zu einer unbeaufsichtigten Risikoakkumulation bei einzelnen Teilnehmern und deshalb zu einem hohen Ausfallrisiko führen kann.

4.2.2. Internationaler Handel und Marktfragmentierung

Zunehmend werden wichtige Finanztitel weltweit in verschiedenen Märkten gehandelt. Für die Kassa- oder Terminbörse des Heimatlandes dieser Titel wird es entscheidend sein, das »center of competence« (vgl. Breuer, 1992, S. 19) in dem Sinne zu bleiben, daß die sich dort bildenden Preise eine Leitfunktion für die anderen Börsen übernehmen. Die Kassa-Börsen können diese Funktion heute noch für sich in Anspruch nehmen.

4.2.3. Die Computerbörse

Die Frage, ob eine Computerbörse zu besseren Transformationsleistungen als eine Präsenzbörse führt, wird objektiv schwer zu entscheiden sein. Fest steht, daß 22 von 27 Terminbörsen reine Computerbörsen sind. Weiter wird geschätzt, daß 40 Prozent des Handels in Finanztiteln elektronisch abgewickelt werden (vgl. Rettberg, 1993, S. 44). Dieser Anteil wird weiter steigen.

Vorteile einer Computerbörse sind deren Standortunabhängigkeit, die erhöhte Transparenz und die damit verbundene Chancengleichheit der Marktteilnehmer. Sie bietet ferner günstigere Voraussetzungen für einen globalen Handel, für die Verbesserung der Servicequalität bei der Orderübermittlung und für die Fortbildung der derzeitigen Abwicklung zu einem System mit »same-day-« und »multi-currency-settlement«. Demgegenüber sind die schnelleren Reaktionszeiten auf dem Parkett, insbesondere im Futureshandel, und die nur Menschen mögliche intuitive Einschätzung der Börsensituation als Vorteile der

Präsenzbörse anzusehen. Es kann davon ausgegangen werden, daß langfristig die international bedeutenden Finanztitel an Computerbörsen gehandelt werden.

4.2.4. Die Aufsicht

Die nach angelsächsischen Standards nur unzureichende Wertpapieraufsicht am Finanzplatz Deutschland, verbunden mit daraus entstehenden Nachteilen für die internationale Plazierung von DM-Titeln, hat zu der Einsicht geführt, daß eine ausschließliche Selbstkontrolle im Börsenbereich in der Zukunft nicht mehr ausreicht. Hier müssen die deutschen Börsen Aufsichtsformen entwickeln, die insbesondere im Bereich der Insiderkontrolle und bei der Übernahme von Firmen internationalen Standards genügen. Die ersten Schritte zur Verbesserung der Wertpapieraufsicht wurden im Januar 1993 vollzogen.

5. Ein letztes Resümee

Das auf dem Universalbankensystem basierende, breit gestreute und bedeutende klassische Bankgeschäft zusammen mit einer Vielzahl sinnvoller Deregulierungsmaßnahmen in den vergangenen Jahren sichert dem Finanzplatz Deutschland eine gute Startposition für den sich verschärfenden europäischen und internationalen Wettbewerb. Defizite bestehen im Bereich des Investment Banking. Diese sind nicht nur aufgrund regulierungsbedingter Wettbewerbsverzerrungen in früheren Jahren entstanden.

Viel grundsätzlicher liegt ihre Ursache in der im Vergleich zum angelsächsischen Bereich konservativeren Geldkultur in der Bundesrepublik. Diese kommt in der Auffassung zum Ausdruck, daß eine Wertschöpfung primär auf der Aktivseite der Bilanz und weniger auf der Passivseite erfolgt. Unternehmen werden nicht nur als Bündel finanzieller Kontrakte, sondern auch als produktive Einheiten und Anbieter von Arbeitsplätzen begriffen. Eine Zerschlagung von Unternehmen zur Realisierung stiller Reserven wird deshalb nicht als intelligenter Schachzug im Rahmen eines aggressiven »financial engineering« gewertet.

Hiermit in Zusammenhang steht die Auffassung, daß die Finanzierung eine unterstützende Aufgabe für die Produktionsseite von Unternehmen besitzt. Dies ist auch die Ursache für eine stärkere Verbindung zwischen dem industriellen und dem finanziellen Sektor in der Bundesrepublik als in den angelsächsischen Ländern und führt zu der beklagten geringeren Bedeutung des Aktienmarktes. Andererseits wirkt sich diese engere Verzahnung auch positiv aus, da ein Kreditgeber in der Regel eine längerfristige Perspektive besitzt als ein auf kurzfristige Performanceerfolge ausgerichteter Portefeuillemanager.

Die aufgezeigten, im Bereich der Geldkultur angelegten Unterschiede können kurzfristig und in einzelnen Marktsegmenten zu Nachteilen führen. Langfristig leitet sich daraus aber ein großer Vorteil des Finanzplatzes Deutschland ab.

Literatur

Arbeitskreis »Planung in Banken« der Schmalenbach-Gesellschaft, Finanzwettbewerb in den 90er Jahren, Wiesbaden 1992.

Bank für Internationalen Zahlungsausgleich, 62. Jahresbericht, Basel 1992.

Breuer, R., Zum aktuellen Stand der Börsenstrukturdiskussion in Deutschland, in: Arbeitsgemeinschaft der Deutschen Wertpapierbörsen (Hrsg.), Finanzmarkttheorie und Börsenstruktur 1992, S. 12–23.

Bühler, W., Kempf, A., Der DAX-Future: Kursverhalten und Arbitragemöglichkeiten, Zentrum für Europäische Wirtschaftsforschung, Discussion Paper Nr. 93–02.

Commission of the European Communities, The »Cost of Non-Europe«, in: Financial Services, Vol. 9, Luxemburg 1988.

De Ridder, A., Access to the Stock Market – An empirical Study of the Efficiency and the Swedish Primary Markets, The Federation of Swedish Industries, Stockholm 1986.

Deutsche Bundesbank, Ertragslage und Finanzierungsverhältnisse der westdeutschen Unternehmen im Jahre 1991, in: Monatsbericht November 1992, S. 15–31.

Gerke, W., Das deutsche Kreditgewerbe im Markt der Zwölf, in: Dichtl, E. (Hrsg.), Schritte zum Europäischen Binnenmarkt, 2. Aufl., München 1992, S. 195–221.

Gerke, W., Rapp, H. W., Rasch, S., The German Security Market, Vortragsmanuskript 1992.

Haiss, P. R., Finanzplatz Österreich, in: Bank Archiv, Zeitschrift für das gesamte Bank- und Börsenwesen, 39. Jg., (1991), S. 96–105.

Häusler, G., Finanzplatz Deutschland aus der Sicht der Bundesbank, in: Deutsche Bundesbank, Auszüge aus Presseartikeln Nr. 10, 4. Febr. 1993, S. 7–12.

Henne, F., Die Bestimmung und Entwicklung von Emissionsprämien am deutschen Aktienmarkt, Diplomarbeit Lehrstuhl für Finanzierung, Universität Mannheim 1991.

International Monetary Fund, International Financial Statistics, Washington, Dezember 1992, S. 34–59.

Kiehling, H., Finanzplatz Europa, München 1992.

Kurm, M., Der Exportweltmeister bei Finanzen in der zweiten Liga, in: Handelsblatt, 23. 3. 1989, S. 12.

Liener, G., Anforderungen an einen europäischen Kapitalmarkt aus unternehmerischer Sicht, in: G. Bruns, K. Häuser (Hrsg.), Kapitalmärkte im europäischen Reformprozeß, Frankfurt 1992, S. 149–168.

Lusser, M., Internationale Finanzplätze, in: Zeitschrift für das gesamte Kreditwesen, 24. Jg. (1986), S. 12–29.

Organization for Economic Cooperation and Development, Bank Profitability, Statistical Supplement to Financial Statements of Banks, Paris 1991.

o. V., All change in Foreign exchange, in: Euromoney, Mai 1991, S. 91–98.

o. V., Treasurers' Top Team in Derivatives, in: Corporate Finance, Mai 1992a, S. 25–32.

o. V., The World's best Bond Trading Houses 1992, in: Euromoney, Mai 1992b, S. 47–52.

Remsperger, H., Auch für die Europäische Zentralbank sollte das Subsidiaritätsprinzip gelten, in: Handelsblatt, 5. 11. 1992, S. 15.

Rettberg, U., Die Frage nach dem Handelssystem der Zukunft bleibt vorerst unbeantwortet, in: Handelsblatt, 24. 3. 1993, S. 44.

Ritter, J. R., The ›Hot Issue‹ Market of 1980, in: Journal of Business, Vol. 57 (1984), S. 215–240.

Rosen, R. v., Finanzplatz Deutschland, Frankfurt 1989.

Seidlitz, P., Die Bedeutung des Finanzzentrums für die kapitalhungrigen Länder Asiens wächst, in: Handelsblatt, 11. 11. 1992, S. 14.

Thiemann, B., Braucht die Geldpolitik das Instrument der Mindestreserve?, in: Engels, W. (Hrsg.), Institutionelle Rahmenbedingungen effizienter Kapitalmärkte, Frankfurt 1988, S. 87–101.

Thießen, F., Standorttheorie für internationale Finanzzentren, Köln 1988.

Tobin, J., On the Efficiency of the Financial System, in: Lloyds Bank Review, July 1984, S. 1–15.

Öffentliche Infrastruktur und Standortqualität

Eberhard Wille

1. Standortqualität auf dem Prüfstand

Die Standortqualität der Bundesrepublik Deutschland steht seit Beginn der neunziger Jahre stärker als in den vorausgegangenen Jahren im Vordergrund des wirtschaftspolitischen Interesses, das häufig sorgenvolle Fragen über die weitere Entwicklung widerspiegelt. Die Standortdiskussion gewinnt vor allem durch die anvisierte Vollendung des Europäischen Binnenmarktes (vgl. Läufer, 1992) und den ökonomischen Aufbau in den neuen Bundesländern an Bedeutung bzw. Aktualität. Von der Vollendung des Europäischen Binnenmarktes erwarten viele Unternehmen zumindest innerhalb dieser Gemeinschaft eine Verschärfung des Wettbewerbs und überprüfen unter diesem Aspekt auch kritisch ihren bisherigen Standort. Dabei sieht sich die bundesdeutsche Wirtschaftspolitik mit der Doppelaufgabe konfrontiert, einmal die Industrie in den Neuen Bundesländern zügig an internationale Standards heranzuführen und daneben die Wettbewerbsfähigkeit der Unternehmen in den Alten Bundesländern zu erhalten. Schließlich bildet eine prosperierende Wirtschaftsentwicklung in den Alten Bundesländern eine wichtige Voraussetzung für eine wirkungsvolle Unterstützung der ostdeutschen Wirtschaft.

Von den vielschichtigen Einflußgrößen, welche die Standortqualität eines Landes bestimmen, greifen internationale Vergleiche neben den Arbeitskosten und der Arbeitszeit bevorzugt die Belastung durch Steuern und Sozialabgaben heraus. So stieg z. B. die gesamtwirtschaftliche Abgabenquote, d. h. der Anteil von Steuern und Sozialbeiträgen am nominalen Sozialprodukt, von 33 Prozent im Jahre 1960 über 36,5 Prozent im Jahre 1970 auf 42,5 Prozent im Jahre 1991 an (vgl. Sachverständigenrat zur Begutachtung der gesamtwirtschaftlichen Entwicklung, 1992, Tabelle 37*, S. 320ff.). Dabei ließen die im Kontext der deutschen Vereinigung beschlossenen Steuer- und Beitragserhöhungen die Abgabenquote gegenüber 1990 um etwa 2 Prozentpunkte anwachsen und damit wieder das Niveau von 1985, d. h. des Jahres vor der Steuerreform, erreichen (vgl. Wissenschaftlicher Beirat beim Bundesministerium für Wirtschaft, 1992, S. 13). Für den Anstieg der Abgabenquote zeichnete bei weitgehend konstanter volkswirtschaftlicher Steuerquote die relative Expansion der Sozialabgaben verantwortlich, denn die Sozialabgabenquote kletterte von 10,3 Prozent im Jahre 1960 über 12,6 Prozent (1970) auf inzwischen 17,1 Prozent. Der jüngste »Entwurf eines Gesetzes zur Sicherung und Strukturverbesserung der gesetzlichen Krankenversicherung (Gesundheits-Strukturgesetz)« vom 5. 11. 1992 zielt denn auch primär darauf ab, »Beitragssatzstabilität (zu) gewährleisten« (Fraktionen der CDU/CSU, SPD und FDP, 1992, S. 1).

Hinsichtlich des Niveaus der Abgabenquote nimmt die Bundesrepublik innerhalb der Europäischen Gemeinschaft zwar nur einen Mittelfeldplatz ein, aber Japan und die Vereinigten Staaten, die für viele einheimische Unternehmen die relevanten Konkurrenten auf den Weltmärkten stellen, weisen deutlich niedrigere Abgabenquoten auf (vgl. Bundesministerium der Finanzen, 1992b, Übersicht 17, S. 312). Wie einschlägige Publikationen belegen (vgl. Bundesministerium für Wirtschaft, 1992a und 1992b), schenkt auch die Bundesregierung der Qualität des Wirtschaftsstandortes Deutschland besondere Beachtung. So legte das Bundesministerium der Finanzen (1992c) am 9. 10. 1992 den Referentenentwurf eines »Gesetzes zur Verbesserung der steuerlichen Rahmenbedingungen zur Sicherung des Wirtschaftsstandorts Deutschland im Europäischen Binnenmarkt (Standortsicherungsgesetz)« vor. Unbeschadet allfälliger Bemühungen um Stabilität der Sozialabgabensätze und um verbesserte steuerliche Rahmenbedingungen dürfte die infolge der Transfers in die Neuen Bundesländer äußerst angespannte Finanzlage der öffentlichen Haushalte vorerst kaum mehr als eine aufkommensneutrale Reform der Unternehmensbesteuerung erlauben.

Um die Standortqualität eines Landes oder einer Region zu erfassen, bilden Arbeitskosten, Steuersystem und Sozialabgabenniveau zweifellos wichtige und vor allem vergleichsweise gut zu quantifizierende Einflußgrößen. Sie reichen aber als alleinige Indikatoren bei weitem nicht aus, um dieses komplexe Phänomen hinreichend zu bestimmen. Die Standortqualität eines Landes hängt auch von einer Reihe eher qualitativer Faktoren ab, zu denen u. a. die staatliche Regulierungsdichte, die gesellschaftliche Akzeptanz des technischen Fortschritts, die soziale und politische Stabilität, die Weltoffenheit der Bevölkerung, die Ausbildung und Mobilität der Arbeitskräfte sowie die öffentliche Infrastruktur gehören (ähnlich Bundesministerium für Wirtschaft, 1992a, S. 1, und Berthold, 1992, S. 160ff.). Bezogen auf den öffentlichen Haushalt bedeutet dies, daß eine isolierte Betrachtung der Einnahmenseite zu kurz greift; denn ein Staat, der höhere Abgaben erhebt, kann den privaten Haushalten und Unternehmen im Prinzip auch mehr bzw. qualifiziertere öffentliche Leistungen ohne spezielles Entgelt zur Verfügung stellen. Unter dem Aspekt der Standortqualität interessieren somit im Rahmen der Staatstätigkeit nicht nur die Wirkungen der Besteuerung und Sozialabgabenerhebung, sondern gleichermaßen auch jene Effekte, die von den entsprechenden öffentlichen Ausgaben ausgehen. Es kommt letztlich nicht auf die Steuer- bzw. Abgabeninzidenz auf der einen oder die Ausgabeninzidenz auf der anderen Seite als isolierte Standortkriterien an, sondern auf ihren Saldo, d.h. auf die Inzidenz des Gesamtbudgets (vgl. Musgrave, R. A./Musgrave, P. B./Kullmer, 1988, S. 39ff.).

2. Die öffentliche Infrastruktur als Determinante der Produktivitätsentwicklung?

Wie bereits angedeutet, besitzen die öffentlichen Entscheidungseinheiten über die Verwendung ihrer Ausgaben die Möglichkeit, die öffentliche Infrastruktur auszubauen bzw. zu verbessern und damit zur Erhöhung der Standortqualität eines Landes oder einer Region beizutragen. Unter diesem Aspekt stand die öffentliche Infrastruktur in der Bundesrepublik Deutschland bereits um die Mitte der sechziger Jahre im Mittelpunkt des wissenschaftlichen Interesses (siehe u. a. die Sammelbände von Joachimsen/Simonis, 1970, Arndt/Swatek, 1971, und Simonis, 1977). Die meisten Autoren sahen in der öffentlichen Infrastruktur schon damals eine wichtige Determinante von Produktivitätssteigerungen und wirtschaftlichem Wachstum sowie eine notwendige Voraussetzung räumlicher Integration. Entsprechend wiesen sie der Infrastrukturpolitik vornehmlich die Aufgabe zu, das Wirtschaftswachstum und die Mobilität zu fördern und das regionale Wohlstandsgefälle abzubauen. Fragen konjunkturpolitischer Steuerung, sektoraler Strukturpolitik und personaler Verteilung ergänzten dieses Themenspektrum.

Nachdem die öffentliche Infrastruktur in den siebziger Jahren weitgehend aus dem wissenschaftlichen Blickfeld verschwand – eine Ausnahme bildete hier lediglich die Regionalforschung (vgl. Biehl et al., 1975, sowie derselbe, 1991) –, scheint sie neuerdings eine Renaissance zu erleben. In der Bundesrepublik Deutschland machten vor allem die maroden staatlichen Einrichtungen in den Neuen Bundesländern und die mit ihnen einhergehenden desolaten Investitionsbedingungen auf die grundlegende Bedeutung aufmerksam, die der öffentlichen Infrastruktur für eine prosperierende Wirtschaftsentwicklung zukommt. Obgleich in den Jahren 1991 und 1992 Netto-Finanztransfers von schätzungsweise 120 Milliarden DM bzw. 142 Milliarden DM in die Neuen Bundesländer flossen (vgl. Bundesministerium der Finanzen, 1992a, S. 4), blieb die dortige Wirtschaftsentwicklung bisher spürbar hinter den Erwartungen zurück. Dem angestrebten zügigen Wirtschaftsaufschwung-Ost standen ganz offensichtlich u. a. erhebliche Infrastrukturengpässe in den Neuen Bundesländern entgegen (vgl. Nerb/Städtler, 1991, und Schrumpf, 1992). So sieht auch der Sachverständigenrat zur Begutachtung der gesamtwirtschaftlichen Entwicklung (1991a, Tz 31) in dem katastrophalen Zustand der öffentlichen Infrastruktur ein »zentrales Wachstumshemmnis« und das Deutsche Institut für Wirtschaftsforschung (1991) fordert als notwendige Voraussetzung für den angestrebten, kräftigen Aufschwung »eine Infrastrukturoffensive für Ostdeutschland« (ähnlich McDonald/Thumann, 1990, S. 76f.). Nach Ansicht des Bundesministeriums für Wirtschaft (1992b, S. 5f.) muß deshalb in den Neuen Bundesländern »der Aufbau der Infrastruktur ... noch über viele Jahre ein Schwerpunkt der westdeutschen Hilfe« bleiben.

Die öffentliche Infrastruktur rückte in den letzten Jahren auch auf internationaler Ebene im Zusammenhang mit Fragen nach den Ursachen des abgeschwächten Produktivitätsanstiegs wieder in den Vordergrund des wirtschaftspolitischen Interesses. Da die öffentlichen Infrastrukturausgaben seit Anfang bzw. Mitte der siebziger Jahre in den meisten entwickelten Volkswirtschaften deutlich langsamer als zuvor zunahmen (vgl. Ford/Poret, 1991), lag die Vermutung nahe, daß Infrastrukturdefizite für die gleichzeitige Abschwächung des Produktivitäts- und Sozialproduktwachstums (mit-) verantwortlich zeichnen. So beauftragte der U. S. Congress schon 1984 einen National Council on Public Works Improvement mit der Aufgabe, den Stand der öffentlichen Infrastruktur zu beurteilen. Dieser Council gelangte in seinem Schlußbericht (1988, S. 1) zu dem vernichtenden Ergebnis, daß »the quality of America's infrastructure is barely adequate to fulfill current requirements, and insufficient to meet the demands of future economic growth and development«. Entsprechend forderten 100 amerikanische Ökonomen, unter ihnen R. Solow und J. Tobin, in einem offenen Brief den Präsidenten, den Kongreß und die Notenbank dazu auf, zur Förderung von Produktivität und Wachstum die öffentlichen Infrastrukturinvestitionen um 50 Milliarden Dollar zu erhöhen (vgl. F.A.Z. vom 7. 4. 1992, S. 17).

Die Hypothese, daß vor allem die Produktivität im privaten Sektor signifikant von den Infrastrukturausgaben und vom öffentlichen Kapitalstock abhängt, bestätigte dann eine vielbeachtete Untersuchung von Aschauer (1989a und 1989b). Nach den Ergebnissen seiner empirischen Analyse, die auf U. S.-Daten für den Zeitraum von 1949 bis 1985 aufbaut, beeinflußt der nicht-militärische öffentliche Kapitalstock die Produktivität deutlich stärker als die entsprechenden öffentlichen Infrastrukturausgaben. Während der militärische Kapitalstock nur wenig zur Produktivität beiträgt, besitzt ein »core infrastructure« den höchsten Erklärungsgehalt für die Produktivität. Dieser harte »Infrastrukturkern« umfaßt bei ihm (1989a, S. 193) Straßen, Autobahnen, Flughäfen, Strom- und Gasversorgung, den öffentlichen Personennahverkehr, Wasserwege und Entsorgungssysteme (siehe auch Abschnitt 5.). Darüber hinaus deuten seine Resultate darauf hin, daß der öffentliche Kapitalstock und die Infrastrukturausgaben im Untersuchungszeitraum zentrale Einflußfaktoren des verminderten Produktivitätswachstums bildeten.

Während ähnliche Untersuchungen von Munnel (1990 und 1991) sowie Berndt/Hansson (1992) – letztere auf der Basis schwedischer Daten – die »Aschauerhypothesis« (Ford/Poret, 1991, S. 64) trotz unterschiedlichen methodischen Vorgehens tendenziell stützen, zeigen andere Studien keinen statistisch gesicherten Zusammenhang zwischen den Infrastrukturausgaben und dem öffentlichen Kapitalstock auf der einen und der Produktivität im privaten Sektor auf der anderen Seite. So weisen Ford/Poret (1991, S. 65) im Rahmen ihres »Cross-Country-Vergleichs«, der zwölf Länder umfaßt, darauf hin, daß sich das Wachstum der öffentlichen Infrastrukturausgaben zwar überall abschwächte, die Produktivität im privaten Sektor jedoch gleichzeitig nur in etwa der Hälfte dieser Länder zurückging. Sie halten die Effekte, die von der öffentlichen Infrastruktur auf die Produktivität ausgehen, für nicht hinreichend gesichert, »to support a policy recommendation of a sharp acceleration of infrastructure investment« (S. 74). Tatom (1991a und 1991b) und Holtz-Eakin (1992) verneinen als Fazit ihrer empirischen Analysen ebenfalls eine statistische Evidenz dieses Zusammenhanges. Der Einfluß, den der öffentliche Kapitalstock auf den Output im privaten Sektor ausübt, ist nach Tatoms Ergebnissen (1991a, S. 13) »not statistically different from zero«. Holtz-Eakin (1992, S. 15) hält die empirischen Resultate, die eine positive Beziehung zwischen dem öffentlichen Kapitalstock und der Produktivität bzw. dem Output im privaten Sektor anzeigen, für »the artifact of an inappropriately restrictive econometric framework«.

Ein methodisch und inhaltlich wohl zentraler Einwand gegen die Hypothese gipfelt in der Gegenthese, daß es sich hier um eine zufällige Parallelität von abgeschwächtem Wachstum des öffentlichen Kapitalstocks und vermindertem Produktivitätsanstieg handelt (vgl. Barro 1992). Ford/Poret (1991, S. 64) und Holtz-Eakin (1992, S. 1) weisen darüber hinaus darauf hin, daß die Beziehung zwischen öffentlichem Kapitalstock und Produktivitätswachstum auch eine umgekehrte kausale Interpretation erlaubt. Sofern die öffentlichen Infrastrukturleistungen in Analogie zu superioren Gütern bei starkem Sozialproduktswachstum überproportional zunehmen und bei eingeengtem Finanzierungsspielraum überdurchschnittliche Einbußen erleiden, stellt sich der gleiche empirische Befund ein. Schließlich vernachlässigen jene Studien, welche die Hypothese von Aschauer stützen, andere Einflußfaktoren der Produktivitätsentwicklung, wie z. B. die Veränderung von Energie- und Rohstoffpreisen oder die Anlastung von Umweltkosten.

Die Kritiker dieser Hypothese verwerfen allerdings nur eine statistisch signifikante Kausalität zwischen den hoch aggregierten Größen »öffentlicher Kapitalstock« und »Produktivität im privaten Sektor«. Sie stellen nicht die grundsätzliche Bedeutung der öffentlichen Infrastruktur für die wirtschaftliche Entwicklung in Frage, deren Effekte sich nach ihrer Auffassung jedoch nur auf Mikro- oder Mesoebene, d. h. bei Unternehmen oder bestimmten Industriezweigen, nachweisen lassen. Holtz-Eakin (1992, S. 15) räumt denn auch im Hinblick auf seine Untersuchung alle Zweifel bezüglich der öffentlichen Infrastruktur als Standortfaktor aus: »It would be wrong to conclude from this analysis that the large stock of public capital provides no benefits.

3. Das inhaltliche Spektrum des Begriffs »öffentliche Infrastruktur«

Obwohl der Terminus »Infrastruktur« inzwischen in Wissenschaft und Praxis zum allgemeinen Sprachgebrauch gehört, gibt es bisher keine allgemein anerkannte Definition dieses Begriffes. Da ihm semantisch eine gewisse Erhabenheit anhaftet, dient die Etikette »Infrastruktur« nicht selten dazu, bestimmten Projekten im politischen Prozeß eine besondere Dringlichkeit zu verleihen (vgl. Borchardt, 1971, S. 11). Um dieser Gefahr vorzubeugen, versuchen wir im folgenden, den Begriff Infrastruktur instrumental zu definieren und dabei finale Elemente möglichst zu vermeiden. Dies bedeutet u. a., daß eine Ausweitung der öffentlichen Infrastruktur nicht per se die gesellschaftliche Wohlfahrt erhöht, d. h. daß der Nutzen von Infrastrukturinvestitionen auch geringer als ihre Opportunitätskosten ausfallen kann. Letztere enthalten den Nutzenentgang, der dadurch entsteht, daß die im Infrastrukturbereich gebundenen Ressourcen nun in keine andere Verwendung mehr fließen und dort Nutzen stiften können. Bei allen terminologischen Unterschieden herrscht Einigkeit darüber, daß es sich bei der Infrastruktur um eine Bestandsgröße handelt, die sich in Abhängigkeit von der Stromgröße Infrastrukturinvestition verändert (vgl. Frey, 1972, S. 16f.).

Um den Begriffsinhalt nicht schon a priori einzuengen, wollen wir zunächst von einer weiten Definition ausgehen und die öffentliche Infrastruktur in Anlehnung an Jochimsen (1966, S. 100) auffassen als »Summe der materiellen, institutionellen und personalen Einrichtungen und Gegebenheiten«, die den Wirtschaftseinheiten infolge öffentlicher Aktivität zur Verfügung stehen. Während die materielle Infrastruktur im wesentlichen aus Gebäuden, Anlagen, Ausrüstungen und Einrichtungen besteht, umfaßt die personale Infrastruktur das Fähigkeits- bzw. Humankapital. Die institutionelle Infrastruktur, die sich zusammen mit der personalen der immateriellen Infrastruktur subsumieren läßt, berücksichtigt schließlich auch die Rechtsnormen und Traditionen, die im Sinne einer kodifizierten und gewachsenen Wirtschaftsordnung die Koordinationsprozesse beeinflussen (vgl. Tuchtfeldt, 1970, S. 126).

Öffentliche Infrastrukturausgaben bilden in diesem Sinne Aufwendungen zur Finanzierung der entsprechenden Investitionen und dienen dazu, die öffentliche Infrastruktur zu erhalten und auszubauen bzw. qualitativ zu verbessern. Nach unserer weiten Definition entsprechen die Infrastrukturausgaben weitgehend den finanzstatistischen Realausgaben, d. h. sie umfassen jene Aufwendungen, mit denen die öffentlichen Entscheidungsträger volkswirtschaftliche Ressourcen erwerben, um mit ihrer Hilfe öffentliche Güter und Dienste zu erstellen (vgl. Ehrlicher, 1977, S. 756f.). Im Gegensatz zu den öffentlichen Transferzahlungen repräsentieren sie Leistungsausgaben, die primär den Allokationsbereich öffentlicher Haushalte betreffen (ähnlich Haller, 1966, S. 59, und Albers, 1979, S. 23). In der Klassifikation der amtlichen Statistik nach volkswirtschaftlichen Arten schließen die Realausgaben in der laufenden Rechnung die Personalausgaben und den laufenden Sachaufwand sowie in der Kapitalrechnung die öffentlichen Sachinvestitionen ein (vgl. Wille, 1985, S. 17ff., und Kronenberger, 1988, S. 117ff.). Nicht zu den Realausgaben zählen in der laufenden Rechnung die Zinsausgaben, die laufenden Zuschüsse und Zuweisungen sowie in der Kapitalrechnung die Vermögensübertragungen, Darlehen, Beteiligungen und Darlehensrückzahlungen.

Ausgehend von der weiten begrifflichen Abgrenzung erstreckt sich die öffentliche Infrastruktur u. a. auf die folgenden Ausgaben- bzw. Aufgabenbereiche (vgl. auch Stohler, 1965, S. 288, und Recktenwald, 1970, S. 380):

- Wasserwirtschaft (z. B. Be- und Entwässerung von Gebieten, Flußkorrekturen, Errichtung von Stauseen und Deichen, Sicherung der Trinkwasserqualität, Bau von Abwasserreinigungsanlagen),
- Forstwirtschaft (z. B. Aufforstung, Maßnahmen gegen Bodenerosion),
- Energie,
- Verkehr,
- Telekommunikation,
- Forschung und Entwicklung,
- Ausbildung,
- Gesundheitswesen,
- Umweltschutz,
- Freizeit- und Sporteinrichtungen,
- innere und äußere Sicherheit (z. B. Verteidigung, Justiz, Polizei),
- allgemeine Verwaltung sowie
- Wohnungsbau.

Diese Aufgabenbereiche enthalten alle, wenn auch in unterschiedlicher Ausprägung bzw. Kombination, eine materielle, institutionelle und personale Infrastrukturkomponente, d. h. sie lassen sich dieser Dreiteilung nicht eindeutig zuordnen.

Wie bereits angedeutet, handelt es sich bei unserer bisherigen Definition um eine weite inhaltliche Abgrenzung des Infrastrukturbegriffs, und es läßt sich über die Einbeziehung sowohl der institutionellen Komponente als auch einiger Aufgabenbereiche (wie der inneren und äußeren Sicherheit, der allgemeinen Verwaltung und des Wohnungsbaus) unter Produktivitätsaspekten trefflich streiten. Eine sinnvolle Wahl des Infrastrukturbegriffs muß sich wohl auch an der jeweiligen Fragestellung bzw. dem spezifischen Erkenntnisinteresse orientieren. Gerade die anfängliche Situation in den Neuen Bundesländern deutet zumindest auf die grundsätzliche Berechtigung des weiten Infrastrukturbegriffes hin; denn ungeklärte Eigentumsverhältnisse, mangelndes Fachpersonal in der Verwaltung, ökologische Altlasten, unzureichende Wohnungsqualität und fehlende Erfahrung mit marktwirtschaftlichen Koordinationsprozessen bilden für den angestrebten wirtschaftlichen Aufschwung ähnlich relevante Hindernisse wie gravierende Rückstände in den »klassischen« Infrastrukturbereichen Energie, Verkehr und Telekommunikation (vgl. Sachverständigenrat zur Begutachtung der gesamtwirtschaftlichen Entwicklung, 1991b, Tz 64 und Tz 85, sowie 1992, Tz 111).

Bei einer sehr engen Abgrenzung des Infrastrukturbegriffs, welche nur die materielle Komponente berücksichtigt, beschränken sich die öffentlichen Infrastrukturausgaben auf die Sachinvestitionen. Diese umfassen nach der Finanzstatistik die öffentlichen Aufwendungen für (1) Baumaßnahmen, (2) den Erwerb von beweglichen Sachen und (3) den Erwerb von unbeweglichen Sachen (siehe ausführlicher Kronenberger, 1988, S. 144ff.). Nach internationalen Konventionen zählen Bauten für militärische Zwecke nicht zu den Sachinvestitionen, sondern zum laufenden Sachaufwand. Aufwendungen für den Erwerb von beweglichen Sachen fallen dann unter die Sachinvestitionen, wenn der Preis dieser Geräte oder Gegenstände im Einzelfall eine bestimmte Wertgrenze übersteigt (beim Bund z. B. 10.000,– DM) und die erwartete Nutzungsdauer mehr als ein Jahr beträgt. Die Sachinvestitionen bilden zusammen mit den sog. Investitionsförderungsmaßnahmen bzw. Finanzierungshilfen die öffentlichen Investitionsausgaben. Diese Finanzierungshilfen bestehen im wesentlichen aus Zuweisungen, Zuschüssen und Darlehen an öffentliche und private Wirtschaftseinheiten bzw. Investoren sowie aus dem Erwerb von Beteiligungen.

Unsere bisherigen begrifflichen Abgrenzungen folgten stärker pragmatischen Erwägungen als präzisen ökonomischen Kriterien, so daß der Versuch naheliegt, die öffentliche Infrastruktur mit Hilfe von technischen Merkmalen oder theoretisch-wirkungsanalytisch zu definieren (vgl. Stohler, 1965, S. 281, Musgrave, R. A., 1971, S. 52, und Frey, 1972, S. 1f.). Die entsprechenden Ansätze greifen u. a. auf die Unteilbarkeit, die lange Lebensdauer, den heterogenen Leistungscharakter, die Ortsgebundenheit der Nutzung, die fehlende Importmöglichkeit, die hohe Kapitalintensität, den Umfang des Risikos, Economies of Scale, Nicht-Ausschließbarkeit und externe Effekte zurück. Letztlich vermag aber keines dieser Kriterien – und auch kein entsprechendes Kriterienbündel – diese Selektionsaufgabe zufriedenstellend zu lösen. Zudem können im Prinzip, wie die Praxis vieler Länder belegt, die meisten Infrastrukturleistungen nicht nur von Gebietskörperschaften, sondern auch von öffentlichen und privaten Unternehmen erbracht werden (ähnlich Zimmermann, 1970, S. 192).

4. Arten von öffentlichen Infrastrukturausgaben

Wie bereits angedeutet, zielen die öffentlichen Infrastrukturausgaben darauf ab, das staatliche Infrastrukturvermögen über Reinvestitionen zu erhalten und mit Hilfe von positiven Nettoinvestitionen zu erweitern bzw. zu verbessern. Vom weiten Begriff ausgehend können sich die öffentlichen Infrastruktur- bzw. Realausgaben auf diese Weise im Infrastrukturvermögen als konsumtivem oder produktivem Kapital niederschlagen. Nach dieser fast schon klassischen Unterscheidung (vgl. u.a. Ehrlicher, 1964, S. 874, Jochimsen, 1966, S. 103f., und Recktenwald, 1970, S. 381) dient die öffentliche Infrastruktur in ihrer Variante als konsumtives Kapital dazu, langlebige Konsumgüter bzw. Endprodukte an private Haushalte abzugeben. »Most components of public capital yield direct benefits to consumers as final users« (Tatom, 1991a, S. 14); in diese Kategorie von Infrastrukturleistungen fallen z. B. Sportanlagen, Parks, Theater, Museen und der Wohnungsbau. Demgegenüber schafft die Infrastruktur als produktives Kapital über intermediäre Güter Vorleistungen für die unternehmerische Produktion; dies geschieht vor allem im Bereich von Forschung und Entwicklung, aber auch beim Auf- und Ausbau von Wasserwegen.

Ähnlich wie die Trennung in eine materielle, institutionelle und personale Infrastrukturkomponente erlaubt auch die Unterscheidung in konsumtives und produktives Infrastrukturvermögen nur in Ausnahmefällen eine eindeutige Zuordnung einzelner öffentlicher Aufgabenbereiche. In mehreren Bereichen, wie z. B. Gesundheits- und Bildungswesen, Telekommunikation, Energiesektor und Verwaltung, finden wir nahezu immer eine konsumtive und produktive Nutzung des öffentlichen Infrastrukturvermögens. Darüber hinaus verdeutlicht gerade die anfängliche Situation in den neuen Bundesländern, daß der konsumtive und produktive Charakter bestimmter öffentlicher Infrastrukturinvestitionen auch von zeitlichen und örtlichen Gegebenheiten abhängt. Öffentliche Ausgaben für Freizeiteinrichtungen, Umweltschutzprojekte und Wohnungsbaumaßnahmen besitzen im Prinzip weitgehend konsumtiven Charakter, können aber in bestimmten Konstellationen, insbesondere bei erheblichen Mängellagen, auch produktiven Charakter annehmen. Sofern nämlich Engpässe im Freizeit- und Wohnungsbereich oder die Gesundheit beeinträchtigende Umweltzustände die Attrahierung von qualifizierten Fachkräften und damit die Niederlassung von Unternehmen behindern, erhöhen entsprechende öffentliche Infrastrukturinvestitionen die Produktivität dieser Region. Selbst bei einzelnen öffentlichen Projekten, wie z.B. Arbeitsförderungsmaßnahmen, steht ihr konsumtiver oder produktiver Charakter nicht a priori fest, sondern dürfte von Person zu Person variieren.

Eine weitere, allerdings weniger gebräuchliche Unterscheidung geht vom öffentlichen Produktionsprozeß aus (vgl. Wille, 1985, S. 39ff.). Unter diesem Aspekt erwerben die öffentlichen Entscheidungseinheiten, die nur einen geringen Teil ihrer Produktionsmittel selbst erzeugen, mit Hilfe der öffentlichen Realausgaben am Markt sächliche und personelle Kapazitäten, um mit ihnen öffentliche Güter und Dienste zu erstellen. Entsprechend fließen auf der Grundlage des engen Infrastrukturbegriffs öffentliche Sachinvestitionen einmal in weitgehend fertige Produkte, die zu ihrer Nutzung keines besonderen Transformationsprozesses mehr bedürfen, und zum anderen in Produktionsfaktoren, die später erst im Verbund mit anderen, komplementären Produktionsmitteln das nutzbare öffentliche Angebot generieren. Im ersten, selteneren Fall geben die jeweiligen Nettoinvestitionen, wie z. B. Bau- und Kunstdenkmäler, gepflasterte Rathausplätze und, mit Abstrichen, Verkehrswege, unmittelbar Leistungen ab und verursachen kaum komplementäre Folgeausgaben. Die meisten öffentlichen Sachinvestitionen, wie z.B. Schul- und Krankenhausgebäude, Opernhäuser und Schwimmbäder, münden jedoch in Produktionsfaktoren, so daß die entsprechenden Produktionsprozesse dann noch komplementäre Faktoren benötigen, die mit (konsumtiven)

Folgeausgaben in Form von Personalaufwendungen und laufendem Sachaufwand einhergehen.

Abbildung 1 kombiniert die beiden skizzierten Unterscheidungen und verdeutlicht anhand von Beispielen, daß die meisten öffentlichen Sachinvestitionen nicht unmittelbar zu einem nutzbaren Angebot, sondern erst zu Produktionsfaktoren führen. Letztere tragen dann vornehmlich zur Erstellung von Gütern bei, die sowohl konsumtiven als auch produktiven Charakter besitzen. In diese Rubrik fallen mit der Energieversorgung und der Telekommunikation auch zwei Aufgabenbereiche, die mit dem Verkehrswesen im Hinblick auf eine leistungsfähige Infrastruktur als besonders zentrale Komponenten der Standortqualität gelten (vgl. Bundesministerium für Wirtschaft, 1992, S. 19f.). Gleiches gilt wohl für die relevantesten Infrastrukturengpässe in den Neuen Bundeslän-

Position im Produktionsprozeß / Verwendung	nahezu fertiges Produkt bzw. nutzbares Angebot	Produktionsfaktor
weitgehend konsumtiv	– Parks u. Freizeiteinrichtungen – Umweltschutzprojekte – Wohnungsbau – Bau- und Kunstdenkmäler	– betreuungsintensive Sporteinrichtungen – Schwimmbäder – Opernhäuser – Museen
konsumtiv und produktiv	– Straßen u. Schienen – Flughäfen	– medizinische Einrichtungen – allgemeine Bildungseinrichtungen – Telekommunikation – Energie- u. wasserwirtschaftliche Projekte – Erschließung und Entsorgung – Verwaltungsgebäude
primär produktiv	– Wasserwege, See- u. Binnenhäfen	– Forschungslabors – berufsspezifische Bildungseinrichtungen

Abbildung 1: Arten öffentlicher Sachinvestitionen

dern; denn nach einer Ifo-Telefonumfrage bei 500 repräsentativ ausgewählten westdeutschen Managern besitzt hier eine Verbesserung der Telekommunikation, gefolgt vom Straßenverkehr, höchste Dringlichkeit (vgl. Nerb/Städtler, 1991, S. 4; ähnlich Arbeitsgemeinschaft deutscher wirtschaftswissenschaftlicher Forschungsinstitute, 1992, S. 16f.).

5. Allokationswirkungen des Infrastrukturvermögens

Von Umfang und Qualität der öffentlichen Infrastruktur gehen vielschichtige Allokationswirkungen aus, wobei sich die folgenden drei zentralen Effekte unterscheiden lassen (ähnlich Frey, 1972, S. 48ff.):

- direkte Wohlfahrtseffekte,
- direkte Kapazitäts- und Rationalisierungseffekte sowie
- indirekte Produktivitätseffekte

Da die Sachinvestitionen in ihrer finanzstatistischen Abgrenzung Bruttoinvestitionen darstellen, vermögen erst die entsprechenden öffentlichen Nettoinvestitionen direkte Kapazitäts- und Rationalisierungseffekte auszulösen. Die direkten Wohlfahrtseffekte und die indirekten Produktivitätseffekte hängen in erster Linie von der Bestandsgröße Infrastrukturvermögen ab und nur über diese von den öffentlichen Nettoinvestitionen als Stromgrößen (vgl. Leibfritz, 1980, S. 148). Unter diesem Aspekt stimmte der empirische Befund Aschauers (1989a, S. 181ff.), daß der öffentliche Kapitalstock die Produktivität im privaten Sektor stärker beeinflußt als die zugehörigen Infrastrukturausgaben, voll mit entsprechenden theoretischen Überlegungen überein.

Direkte Wohlfahrtseffekte treten bei der konsumtiven Nutzung des öffentlichen Infrastrukturvermögens auf. Solche Effekte stiften typischerweise Anlagen für Erholung, Sport und Kultur, das Umweltkapital sowie der Wohnungsbestand, aber auch medizinische Einrichtungen, soweit sie in keiner Beziehung zur Arbeitsfähigkeit der Patienten stehen oder in ihren Wirkungen über den Beschäftigungsaspekt hinausgehen. Im Verkehrsbereich fallen z.B. Ausflugsfahrten und Urlaubsreisen in diese Kategorie. Die privaten Haushalte konsumieren diese Leistungen, welche die öffentliche Infrastruktur hier abgibt, als Endprodukte, für die sie in der Regel kein Entgelt zahlen.

Direkte Kapazitäts- und Rationalisierungseffekte schlagen sich bei jener Wirtschaftseinheit nieder, welche die Investition durchführt. Sie erhöhen bei gegebenem Aufwand das Produktionsergebnis oder senken bei gegebenem Output den Ressourceninput. Während direkte Kapazitäts- und Rationalisierungseffekte im Aufgabenspektrum der Gebietskörperschaften selten vorkommen, vermögen Investitionen im Bereich der Elektrizitäts-, Gas- und Wasserversorgung, der Entsorgung, der Telekommunikation und des Schienen- und Luftverkehrs solche Wirkungen zu erzeugen. Da hier das Hauptbetätigungsfeld öffentlicher Unternehmen liegt, unterscheiden sie sich unter diesem Aspekt stärker von der klassischen öffentlichen Verwaltung als von privaten Unternehmen.

Indirekte Produktivitätseffekte kommen nicht bzw. nicht unmittelbar der öffentlichen Hand als ihrem Verursacher, sondern den Unternehmen zugute; denn diese erhalten das öffentliche Infrastrukturangebot als zumeist unentgeltliche Vorleistung. Die öffentlichen Planträger partizipieren an diesen Wirkungen allerdings mittelbar in Form von jenen Steuermehreinnahmen und Minderausgaben, die aus diesen Produktivitätseffekten bzw. dem mit ihnen einhergehenden Sozialproduktwachstum resultieren. Die Unternehmen bedienen sich des öffentlichen Infrastrukturvermögens als kollektiv nutzbarer Zwischenprodukte (vgl. Arnold, 1992, S. 177ff.), die wie externe Produktionsfaktoren die Kosten ihrer Güterproduktion senken. Die Verkehrsinfrastruktur gehört neben den Ergebnissen öffentlicher Grundlagenforschung zu den wohl wichtigsten Produktionsvoraussetzungen, die der Staat dem Unternehmenssektor zur Verfügung stellt (vgl. European Conference of Ministers of Transport, 1992a und 1992b). Dabei fallen die indirekten Produktivitätseffekte ceteris paribus um so höher aus, je weniger ihre Empfänger für diese Leistungen zahlen. Der Nettovorteil, der den Unternehmen aus einem Ausbau der öffentlichen Infrastruktur erwächst, hängt darüber hinaus von der Finanzierung der entsprechenden öffentlichen Sachinvestitionen ab; denn diese kann nicht nur die Steuerbelastung der Unternehmen erhöhen, sondern im Falle der Staatsverschuldung auch deren Kreditfinanzierung erschweren bzw. verteuern (vgl. Leibfritz, 1980, S. 147). Dieser Aspekt verdeutlicht noch einmal im theoretischen Zusammenhang die eingangs formulierte These, daß auf internationaler Ebene weder isolierte Steuerbelastungsvergleiche noch einseitige Analysen von Infrastruktureffekten valide Aussagen darüber erlauben, inwieweit bestimmte Staaten ihre Unternehmen besonders fördern oder benachteiligen (siehe Abschnitt 1.).

Vor dem Hintergrund der indirekten Produktivitätseffekte liegt es auch aus theoretischer Perspektive nahe, im Sinne der Hypothese von Aschauer einen Zusammenhang zwischen dem Umfang bzw. der Qualität der öffentlichen Infrastruktur und der Produktivität im Unternehmenssektor zu vermuten. Da die indirekten Produktivitätseffekte weniger von den Stromgrößen als vom öffentlichen Infrastrukturvermögen ausgehen, besitzen hier jene Untersuchungen größere Erfolgsaussichten, welche die Produktivität im privaten Sektor auf den öffentlichen Kapitalstock als unabhängige Variable beziehen. Um diesen funktionalen Zusammenhang noch etwas stärker herauszuarbeiten, wählen einige Autoren statt des gesamten öffentlichen Infrastrukturvermögens nur einen Teil bzw. den Kern des entsprechenden Kapitalstocks (»a core infrastructure«) als Bezugsgröße für ihre Produktivitätsanalysen. Zu dieser »core infrastructure« rechnen Berndt/Hansson (1992, S. 153) in Ergänzung zu Aschauer (1989a, S. 193; siehe auch Abschnitt 2.) auch »telecommunications«, während Bildungs-, Gesundheits- und allgemeine Sozialleistungen aus diesem Infrastrukturkern grundsätzlich ausgeklammert bleiben. Bei allen Unterschieden, die teilweise auch auf die jeweilige Datenlage zurückgehen bzw. aus Meßproblemen erwachsen, zielt das Konzept des »core infrastructure« darauf ab, den stärker produktiven Teil des öffentlichen Kapitalstocks als Determinante der Produktivitätsentwicklung im privaten Bereich zu separieren. Weitere Einsichten und möglicherweise statistisch gesicherte Kausalität versprechen stärker disaggregierte Studien, die z. B. funktional ausgewählte Teile des öffentlichen Kapitalstocks mit Einzelproduktivitäten für spezielle Bereiche oder Branchen verknüpfen (wie z.B. Nadiri/Mamuneas, 1991, und Seitz, 1992).

Sofern das öffentliche Infrastrukturvermögen die Produktivität im privaten Sektor tatsächlich in nennenswertem Umfange beeinflussen sollte, würde dies für die Standortqualität in den Neuen Bundesländern vorerst keine rosigen Aussichten eröffnen. Selbst bei hohen öffentlichen Sachinvestitionen wächst der Kapitalstock auch wegen der zu erwartenden erheblichen Abschreibungen wahrscheinlich vergleichsweise langsam. Insgesamt dürfte es schon geraume Zeit in Anspruch nehmen, bis sich das auf diese Weise angereicherte Infrastrukturvermögen in direkten und vor allem in indirekten Produktivitätseffekten niederschlägt.

Mit tendenziell ähnlichen Problemen sehen sich im Europäischen Binnenmarkt dann jene Länder konfrontiert, die noch über einen vergleichsweise geringen öffentlichen Kapitalstock verfügen. Um bei einer einheitlichen Währung oder festen Wechselkursen im Hinblick auf die Standortqualität mit jenen Ländern, die eine gut ausgebaute öffentliche Infrastruktur besitzen, konkurrieren zu können, benötigen diese Länder kompensierende Effekte, wie z.B. ein niedrigeres Lohnniveau oder eine geringere Steuerbelastung. Insofern spricht auch dieser Gesichtspunkt dafür, im Europäischen Binnenmarkt keine Vereinheitlichung des Steuersystems – und vorerst auch keine des Sozialsystems – anzustreben, sondern hier eine kompetitive Vielfalt bestehen zu lassen. Andernfalls werden gerade jene Länder, die sich mit ihrer Produktivitätsentwicklung noch etwas im Rückstand befinden, wichtiger Aktionsparameter beraubt.

6. Zur empirischen Entwicklung der öffentlichen Infrastrukturausgaben

Die öffentlichen Infrastrukturausgaben entsprechen in ihrer weiten Abgrenzung weitgehend den finanzstatistischen Realausgaben (siehe auch Abschnitt 3.) und erlauben insofern einen Blick auf ihre empirische Entwicklung. Wie Tabelle 1 ausweist, sank der Anteil der öffentlichen Realausgaben an den entsprechenden Gesamtausgaben im öffentlichen Gesamthaushalt[1] zwischen 1962 und 1989[2] von 62,9 Prozent auf 55,8 Prozent. Dabei erfolgte dieser relative Rückgang der öffentlichen Infrastrukturausgaben vornehmlich in zwei Etappen, d. h. von 1973/74 auf 1975/76 und von 1979/80 auf 1980/81 (vgl. Wille, 1993, unter V.). Für die jeweilige Abnahme des Realausgaben-Anteils dürften im ersten Zeitabschnitt die Expansion der Transferausgaben und im zweiten das Wachstum der öffentlichen Zinsausgaben in erster Linie verantwortlich zeichnen. Es fällt auf, daß die relative Schrumpfung der öffentlichen Real- bzw. Infrastrukturausgaben jeweils in eine rezessive Konjunkturphase fiel. Danach stabilisierte sich ihr Anteil zwar wieder, erreichte aber in beiden Fällen nicht mehr das ursprüngliche Niveau. Auf der Ebene der Gebietskörperschaften nahm der Realausgaben- Anteil beim Bund von 45,0 Prozent auf 25,6 Prozent drastisch ab, während er bei den Ländern im Beobachtungszeitraum, wenn auch nicht mehr ab 1970, noch anstieg[3].

Jahr	Gesamtausgaben	Darunter							
		Realausgaben		Darunter				Zinsausgaben	
				Personalausgaben		Sachinvestitionen			
	Mrd. DM	Mrd. DM	Anteil[2]	Mrd. DM	Anteil[2]	Mrd. DM	Anteil[2]	Mrd. DM	Anteil[2]
1962	106,48	66,98	62,9	27,38	25,7	16,55	15,5	2,96	2,8
1963	116,34	75,31	64,7	30,36	26,1	19,09	16,4	2,75	2,4
1964	127,15	81,76	64,3	33,13	26,1	22,44	17,6	3,05	2,4
1965	139,30	86,81	62,3	37,38	26,8	23,47	16,8	3,49	2,5
1966	145,02	91,64	63,2	41,58	28,7	23,36	16,1	4,37	3,0
1967	153,79	96,04	62,4	44,12	28,7	22,78	14,8	5,38	3,5
1968	158,83	97,12	61,1	46,87	29,5	23,04	14,5	5,65	3,6
1969	174,55	109,36	62,7	52,85	30,3	26,39	15,1	6,24	3,6
1970	196,32	125,54	63,9	61,42	31,3	32,24	16,4	6,79	3,5
1971	226,48	146,35	64,6	73,36	32,4	37,57	16,6	7,67	3,4
1972	252,13	160,96	63,8	81,87	32,5	39,13	15,5	8,77	3,5
1973	280,49	180,04	64,2	93,90	33,5	41,35	14,7	10,51	3,7
1974	318,26	204,26	64,2	108,71	34,2	46,13	14,5	12,44	3,9
1975	360,51	216,93	60,2	118,11	32,8	46,03	12,8	14,51	4,0
1976	376,76	223,77	59,4	124,24	33,0	43,63	11,6	17,81	4,7
1977	395,17	234,16	59,3	132,07	33,4	43,21	10,9	20,65	5,2
1978	433,40	253,59	58,5	140,94	32,5	47,56	11,0	21,74	5,0
1979	469,85	275,53	58,6	150,46	32,0	53,32	11,3	24,73	5,3
1980	509,24	300,45	59,0	162,47	31,9	60,00	11,8	29,35	5,8
1981	541,76	312,61	57,7	172,51	31,8	56,99	10,5	36,41	6,7
1982	561,61	316,28	56,3	177,24	31,6	52,01	9,3	44,88	8,0
1983	570,08	321,13	56,3	182,14	31,9	48,50	8,5	51,14	9,0
1984	583,58	327,27	56,1	184,94	31,7	47,62	8,2	53,31	9,1
1985	604,40	340,81	56,4	191,81	31,7	50,18	8,3	55,59	9,2
1986	628,60	356,47	56,7	200,51	31,9	53,76	8,6	57,65	9,2
1987	651,33	369,13	56,7	209,03	32,1	55,20	8,5	58,43	9,0
1988	666,68	376,85	56,5	214,30	32,1	56,15	8,4	59,91	9,0
1989	701,48	392,59	56,0	220,47	31,4	60,02	8,6	61,04	8,7
1990	816,61	416,82	51,0	232,36	28,5	64,36	7,9	64,56	7,9
1991	974,10	525,09	53,9	290,37	29,8	86,72	8,9	76,88	7,9

1 Zu Abgrenzungen siehe Anmerkung 1 im Text. 2 Jeweilige Ausgaben in vH der Gesamtausgaben.

Quelle: Zusammengestellt und errechnet aus Sachverständigenrat zur Begutachtung der gesamtwirtschaftlichen Entwicklung, 1992, Tabelle 41*, S. 328; Bundesministerium der Finanzen, 1992b, S. 89

Tabelle 1: Realausgaben und Sachinvestitionen im öffentlichen Gesamthaushalt[1]

In ihrer engen Fassung beschränken sich die öffentlichen Infrastrukturinvestitionen auf die öffentlichen Sachinvestitionen. Deren Anteil an den Gesamtausgaben sank von 1962 bis 1989, wie Tabelle 1 belegt, im öffentlichen Gesamthaushalt aber noch weit stärker ab als jener der öffentlichen Realausgaben. Während der Sachinvestitionen-Anteil zwischen 1962 und 1974 vergleichsweise geringfügig schwankte, fiel er anschließend bis 1983 um 6 Prozentpunkte auf 8,5 Prozent ab, und verharrte bis 1989 auf diesem niedrigen Niveau. Einen besonders deutlichen Rückgang erlitten die öffentlichen Sachinvestitionen im Rahmen der Haushaltskonsolidierung, als sie zwischen 1980 und 1984 von 60,0 Milliarden DM auf 47,6 Milliarden DM, d. h. um 12,4 Milliarden DM, zurückgingen. Im Vergleich dazu stiegen die öffentlichen Personalausgaben im gleichen Zeitraum, wenn auch moderater als in den vorangegangenen Jahren, noch um fast 22,5 Milliarden DM an. Dieser Einbruch, den die öffentlichen Sachinvestitionen im Zuge der Haushaltskonsolidierung erlebten, läßt sich normativ kaum rechtfertigen, d. h. allokativ mit Sättigungstendenzen und anderen bedarfsbedingten Verschiebungen oder produktions- und kostenbedingten Veränderungen begründen (vgl. Wille, 1986, S. 54ff.). Die öffentlichen Sachinvestitionen bildeten vielmehr »als kurzfristig disponibelste Ausgabenkategorie« (Bundesministerium der Finanzen, 1982, S. 20) ein bevorzugtes, weil politisch vergleichsweise konfliktarmes Konsolidierungsopfer. Wie auch Abbildung 2 veranschaulicht, konsolidierten vor allem die Gemeinden, die innerhalb der Gebietskörperschaften üblicherweise die meisten Sachinvestitionen tätigen, zu Lasten dieser Infrastrukturinvestitionen ihre Budgets.

Trotz aller wirtschaftspolitischen Appelle, in den Neuen Bundesländern umgehend die öffentliche Infrastruktur zu verbessern, blieb die Entwicklung der öffentlichen Investitionsausgaben dort zunächst deutlich hinter den Erfordernissen zurück. Die überwiegend kreditfinanzierten West-Ost-Transfers flossen vielmehr größtenteils in konsumtive Verwendung, anstatt über den Auf- und Ausbau der Infrastruktur die Produktivität im privaten Sektor zu erhöhen (vgl. Arbeitsgemeinschaft deutscher wirtschaftswissenschaftlicher Forschungsinstitute, 1992, S. 23 und S. 26). Das anfangs unzureichende Niveau öffentlicher Investitionsausgaben wurzelte teilweise in temporären rechtlichen und organisatorischen Hemmnissen, wie z. B. in Rechtsunsicherheit und Verwaltungsmängeln. Daneben wurde die konsumtive Verwendung der Unter-

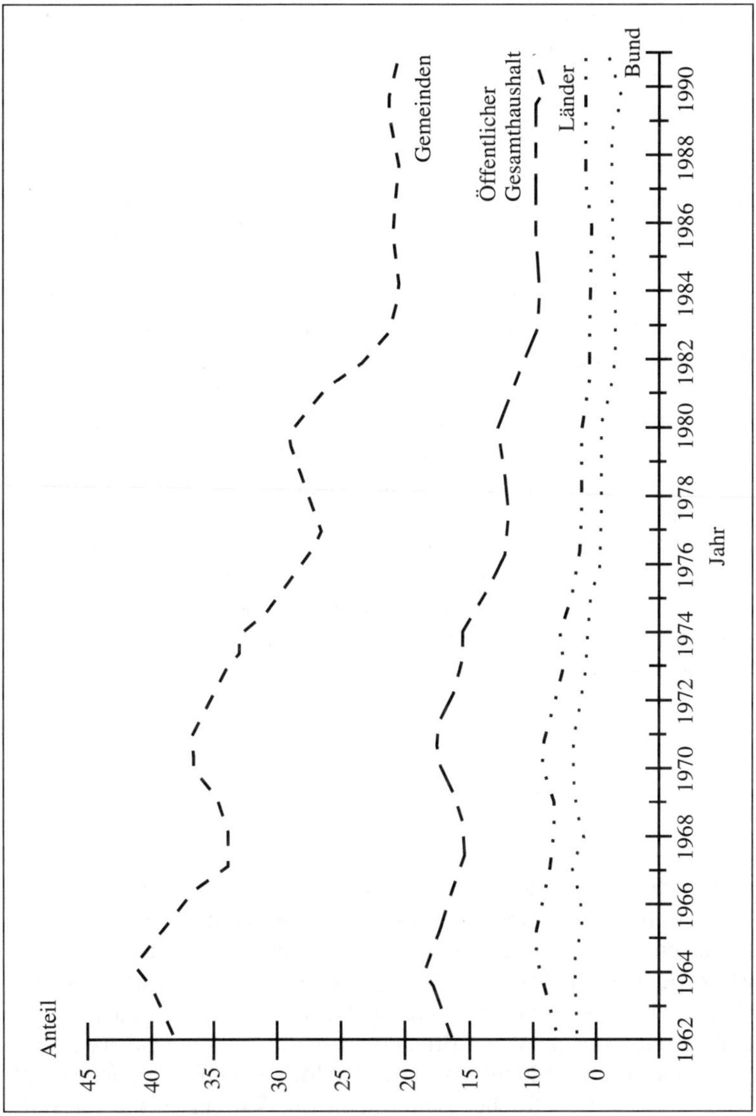

Abbildung 2: Anteil der Sachinvestitionen an den Gesamtausgaben nach öffentlichen Ebenen

stützungszahlungen aber auch dadurch begünstigt, daß ihre Finanzierung in beträchtlichem Maße über Sonderfonds und (Finanzierungs-) Quellen außerhalb des öffentlichen Gesamthaushaltes erfolgte (vgl. Wissenschaftlicher Beirat beim Bundesministerium für Wirtschaft, 1992, S. 35). Diese Finanzierungsweise mindert zum einen die Budgettransparenz und entzieht zum anderen die jeweiligen Ausgaben der Vorschrift des Artikels 115 Grundgesetz, wonach die Einnahmen aus Krediten normalerweise nicht die Summe der im Haushaltsplan veranschlagten Ausgaben für Investitionen überschreiten dürfen.

Obgleich die öffentlichen Investitionen in die ostdeutsche Infrastruktur im Jahre 1992 ein beachtliches Niveau erreichten, existieren noch immer, vor allem in den Bereichen Verkehr und Telekommunikation, »gravierende Defizite in der Infrastrukturausstattung« (Sachverständigenrat zur Begutachtung der gesamtwirtschaftlichen Entwicklung, 1992, Tz 111). In den Neuen Bundesländern gehören Infrastrukturmängel nach Ansicht sowohl westdeutscher Unternehmen als auch in Westdeutschland ansässiger ausländischer Firmen zu den relevantesten Investitionshemmnissen bzw. Standortnachteilen (siehe auch Institut der deutschen Wirtschaft, 1993, S. 5). Davor rangieren in den Augen der deutschen Unternehmen nur die Rechtsunsicherheit sowie Verwaltungsmängel und im Urteil der Unternehmen, die sich mehrheitlich im Besitz von Ausländern befinden, die hohen Lohnstückkosten.

7. Ausbau der Infrastruktur bei anstehender Haushaltskonsolidierung

Die Unterstützungszahlungen für die Neuen Bundesländer ließen die öffentliche Nettokreditaufnahme und mit ihr (sowie der Übernahme von ostdeutschen Altschulden) den Schuldenstand kräftig bzw. sprunghaft ansteigen. Unter Berücksichtigung der Gesamtverschuldung von Kreditabwicklungsfonds, ostdeutscher Wohnungswirtschaft und Treuhandanstalt dürfte der Schuldenstand im öffentlichen Gesamthaushalt nach den derzeit vorliegenden Informationen bzw. Eröffnungsbilanzen Ende 1995 eine Größenordnung von ca. 2.000 Milliarden DM erreichen (vgl. ähnlich Wissenschaftlicher Beirat beim Bundesministerium für Wirtschaft, 1992, S. 28; Wille, 1992, S. 4). Gegenüber dem Jahre 1989 wird sich der Schuldenstand im öffentlichen Gesamthaushalt damit mehr als verdoppeln, und die Relation öffentlicher Schuldenstand/Bruttosozialprodukt wird wahrscheinlich die 50-Prozent-Grenze deutlich überschreiten. Als Folge dieser zunehmenden Staatsverschuldung steigen in den nächsten Jahren auch die öffentlichen Zinszahlungen stark an, so daß die sogenannte Zinslastquote, d. h. der Anteil der Zinszahlungen an den entsprechenden Gesamtausgaben, selbst nach vorsichtigen Schätzungen im öffentlichen Gesamthaushalt von 8,7 Prozent im Jahre 1989 auf über 12,5 Prozent klettern wird (siehe ebenda). Diese relative Expansion der Zinsausgaben droht den budgetären Handlungsspielraum schon auf mittlere Frist empfindlich einzuengen und stellt die öffentlichen Entscheidungseinheiten somit vor eine »gewaltige Konsolidierungsaufgabe« (Sachverständigenrat zur Begutachtung der gesamtwirtschaftlichen Entwicklung, 1992, Tz 338ff.).

Vor dem Hintergrund einer sich abzeichnenden Haushaltskonsolidierung stehen der Auf- und Ausbau einer hochwertigen öffentlichen Infrastruktur in den nächsten Jahren eher unter budgetpolitisch ungünstigen Vorzeichen. Sofern die Haushaltskonsolidierung nicht einseitig über Abgabenerhöhungen erfolgt, verlangt sie eine Einschränkung der öffentlichen Ausgaben, so daß dann innerhalb der einzelnen Ausgabenarten eine verschärfte Selektion stattfindet. In dieser Hinsicht konkurrieren die öffentlichen Realausgaben mit den Sozialtransfers sowie den Subventionen und die Sachinvestitionen unbeschadet vielfältiger komplementärer (Produktions-)Beziehungen mit den Personalausgaben. Bei global eingeengtem Finanzierungsspielraum befinden sich vor allem die öffentlichen Sachinvestitionen in einer budgetpolitisch vergleichsweise schwachen Wettbewerbsposition; denn ihr Nutzen fällt häufig erst nach vielen Jahren an und erscheint den später Betroffenen in der Gegenwart noch wenig transparent. Unter diesem Aspekt überrascht es nicht, daß die öffentlichen Sachinvestitionen im budgetpolitischen Willensbildungsprozeß nur eine bescheidene Unterstützung erfahren, während bei den meisten anderen Ausgabenarten gut organisierte, einflußreiche Interessengruppen gegen allfällige Kürzungspläne vehement zu Felde ziehen.

Das radikale Absinken der öffentlichen Sachinvestitionen im Zuge der Haushaltskonsolidierung Anfang der achtziger Jahre belegt in empirischer Hinsicht die Gefahr, die den öffentlichen Sachinvestitionen bei globalen Budgetkürzungen droht[4]. Da es auch an einem überzeugenden, qualitativ orientierten Konsolidierungskonzept fehlt, besteht die

Gefahr, daß sich eine ähnliche Entwicklung wiederholt. Die Bewältigung der Doppelaufgabe, die öffentlichen Haushalte zu konsolidieren und gleichzeitig die öffentliche Infrastruktur auszubauen, kann nur auf der Grundlage einer strikten Schwerpunkt- und Prioritätenbildung gelingen, welche die allerdringlichsten Projekte von wichtigen oder nur wünschenswerten Vorhaben trennt (vgl. Wille, 1992, S. 4). Bei diesem Selektionsprozeß, der in politischer Hinsicht einige Standfestigkeit verlangt, sollten unter dem Aspekt der Standortqualität Ausgaben in das produktive Infrastrukturvermögen und hier vor allem öffentliche Sachinvestitionen allererste Priorität genießen.

Unbeschadet aller Abgrenzungsprobleme können nicht Transfer-, sondern nur öffentliche Realausgaben dem privaten Sektor indirekte Produktivitätseffekte stiften; denn nur mit Hilfe dieser Infrastrukturausgaben (im weiteren Sinne) finanzieren die öffentlichen Planträger die Produktion von Gütern und Diensten, die sie den Unternehmen und privaten Haushalten zur Verfügung stellen. Auch innerhalb der Realausgaben macht es für die künftige Standortqualität einen Unterschied, ob die jeweiligen Ausgaben in Besoldungserhöhungen oder über öffentliche Sachinvestitionen in dauerhafte Produktionsmittel fließen, die auch in späteren Jahren noch eine Nutzung erlauben. Sofern die öffentlichen Planträger ihre Ausgaben teilweise über eine Nettokreditaufnahme finanzieren, steht den späteren Zins- und Tilgungsverpflichtungen im Falle öffentlicher Sachinvestitionen ein angereichertes staatliches Produktionsvermögen gegenüber.

Unbeschadet aller Unkenrufe und isolierter internationaler Standortvergleiche, die nur einzelne oder einen Teil der Einflußfaktoren herausgreifen, welche die Standortqualität eines Landes oder einer Region bestimmen, halten etwa die Hälfte der Deutschen in Ost und West ihr Land immer noch für den besten Industriestandort (vgl. F.A.Z. vom 7. 12. 1992, S. 15). Auch wenn diese positive Einschätzung des Standortes Deutschland trügen bzw. inzwischen nicht mehr der Realität entsprechen sollte, schneidet die Bundesrepublik bei den vielschichtigen Determinanten der Standortqualität im internationalen Vergleich unterschiedlich ab. Negativen Faktoren, wie z. B. den hohen Arbeitskosten und der starken Steuer- und Abgabenbelastung, stehen auch Determinanten der Standortqualität gegenüber, bei denen die Bundesrepublik Deutschland kompetitive Vorteile besitzt. Hierzu gehören nach dem Urteil von in Westdeutschland ansässigen Unternehmen, die sich mehrheitlich im Besitz von Ausländern befinden, neben der Qualifikation der Arbeitnehmer und der hohen Produktivität auch die gute Infrastrukturausstattung (vgl. Institut der deutschen Wirtschaft, 1993, S. 5). Da die Standortnachteile, u. a. infolge von Budgetrestriktionen, auf absehbare Zeit bestehen bleiben dürften, erscheint es um so wichtiger, die Positionen auf der Habenseite der Standortqualität zu erhalten und auszubauen. Andernfalls drohen die Standortnachteile zu dominieren und es dürfte dann im internationalen Wettbewerb sehr schwerfallen, ein negatives Gesamtbild der Standortqualität wieder umzukehren bzw. für in- und ausländische Investoren freundlich zu gestalten.

Anmerkungen

1 Der öffentliche Gesamthaushalt umfaßt hier in der Abgrenzung der Finanzstatistik ab 1991 Bund, Lastenausgleichsfonds, ERP-Sondervermögen, EG-Anteile, Länder (West und Ost), Gemeinden (West und Ost), Fonds »Deutsche Einheit« sowie Kreditabwicklungsfonds. Bis 1990 Rechnungsergebnisse, 1990 vorläufig; für 1991 Schätzungen für Länder und Gemeinden, basierend auf den Ergebnissen der Vierteljahresstatistik; Krankenhäuser und Sonderrechnungen eingeschlossen. Vgl. Sachverständigenrat zur Begutachtung der gesamtwirtschaftlichen Entwicklung, 1992, Tabelle 41*, S. 328.

2 Die Eingliederung des Haushaltes der ehemaligen DDR (mit Ausgaben von 72,1 Milliarden DM) führte schon im Jahre 1990 zu einem Strukturbruch, der über den Basiseffekt die Anteile der in Tabelle 1 aufgeführten Ausgabenarten absinken ließ.

3 Siehe hierzu die Tabellen 2 bis 4 (S.166–168). Sie wurden zusammengestellt und errechnet aus Sachverständigenrat zur Begutachtung der gesamtwirtschaftlichen Entwicklung, 1992, Tabelle 41*, S. 328f.; Bundesministerium der Finanzen, 1992b, S. 90–92.

4 Diese Überlegungen sprechen in Verbindung mit dem bundesdeutschen empirischen Befund eher gegen die Hypothese von Aschauer (siehe Abschnitt 2.). Sie legen vielmehr den Schluß nahe, daß niedrige Wachstumsraten des Sozialprodukts und eingeengter Finanzierungsspielraum in den öffentlichen Haushalten zu einem relativen Rückgang der Infrastrukturausgaben führten. Die unter diesen Bedingungen verschärfte Ausgabenselektion traf vor allem die Sachinvestitionen als die juristisch und politisch flexibelste Ausgabenkategorie deutlich überproportional.

Literatur

Albers, W., Ursachen, Wirkungen und Begrenzungsmöglichkeiten einer wachsenden Staatsquote – Die Lage in der Bundesrepublik Deutschland, in: Rühle, H./Veen, H.-J. (Hrsg.), Wachsende Staatshaushalte. Ein internationaler Vergleich der Ursachen, Folgen und Begrenzungsmöglichkeiten, Stuttgart 1979, S. 19–50.

Arbeitsgemeinschaft deutscher wirtschaftswissenschaftlicher Forschungsinstitute, Die Lage der Weltwirtschaft und der deutschen Wirtschaft im Herbst 1992, Berlin 1992.

Arndt, H./Swatek, D. (Hrsg.), Grundfragen der Infrastrukturplanung für gewachsene Wirtschaften, Schriften des Vereins für Socialpolitik, N. F. Bd. 58, Berlin 1971.

Arnold, V., Theorie der Kollektivgüter, München 1992.

Aschauer, D. A., Is Public Expenditure Productive?, in: Journal of Monetary Economics, Vol. 23 (1989), S. 177–200.

ders., Does Public Capital Crowd out Private Capital?, in: Journal of Monetary Economics, Vol. 23 (1989), S. 171–188.

Barro, R. J., Keynes Is Still Dead, in: The Wall Street Journal, 3. 11. 1992.

Berndt, E. R./Hansson, B., Measuring the Contribution of Public Infrastructure Capital in Sweden, in: Scandinavian Journal of Economics, Vol. 94 (1992), Supplement, S. 151–168.

Berthold, N., Wettbewerbsfähigkeit der deutschen Wirtschaft – Ein Standortproblem?, in: Hamburger Jahrbuch für Wirtschafts- und Gesellschaftspolitik, 37. Jg. (1992), S. 159–171.

Biehl, D., et al., Bestimmungsgründe des regionalen Entwicklungspotentials, Kieler Studien, Nr. 133, Kiel 1975.

ders., The Role of Infrastructure in Regional Development, in: Vickerman, R. W. (Ed.), Infrastructure and Regional Development, London 1991, S. 9–35.

Borchardt, K., Die Bedeutung der Infrastruktur für die sozialökonomische Entwicklung, in: Arndt, H./Swatek, D. (Hrsg.), Grundfragen der Infrastrukturplanung für wachsende Wirtschaften, a.a.O., S. 11–30.

Bundesministerium der Finanzen, Finanzbericht 1983, Bonn.

dass., Finanzieller Status der öffentlichen Haushalte und finanzpolitische Perspektiven im Zusammenhang mit der Finanzierung der Deutschen Einheit, Bonn, Mai 1992.

dass., Finanzbericht 1993, Bonn 1992.

dass., Referentenentwurf eines Gesetzes zur Verbesserung der steuerlichen Rahmenbedingungen zur Sicherung des Wirtschaftsstandorts Deutschland im Europäischen Binnenmarkt (Standortsicherungsgesetz), Bonn, 9. 10. 1992.

Bundesministerium für Wirtschaft, Qualität des Wirtschaftsstandortes Deutschland und Ansatzpunkte zur Verbesserung, 2. Aufl., in: BMWi-Dokumentation, Nr. 317, Bonn 1992.

dass., Strategie für den Standort Deutschland: Wirtschaftspolitik für die neunziger Jahre, in: BMWi-Dokumentation, Nr. 327, Bonn 1992.

Deutsches Institut für Wirtschaftsforschung, Eine Infrastrukturoffensive für Ostdeutschland. Finanzierungsaspekte und gesamtwirtschaftliche Wirkungen, in: Wochenbericht 10/91, Berlin, 7. 3. 1991, S. 91–97.

Ehrlicher, W., Probleme langfristiger Strukturwandlungen des Kapitalstocks, in: Neumark, F. (Hrsg.), Strukturwandlungen einer wachsenden Wirtschaft, Schriften des Vereins für Socialpolitik, N. F. Bd. 30/II, Berlin 1964, S. 871–897.

ders., Öffentliche Sachausgaben, in: Handbuch der Finanzwissenschaft, 3. Aufl., Bd. I, Tübingen 1977, S. 753–795.

European Conference of Ministers of Transport, Investment in Transport Infrastructure in the 1980s, Paris 1992.

dies., Evaluating Investment in Transport Infrastructure, Paris 1992.

Ford, R./Poret, P., Infrastructure and Privat-Sector Productivity, in: OECD Economic Studies, No. 17, Autumn 1991, S. 63–89.

Fraktionen der CDU/CSU, SPD und FDP, Entwurf eines Gesetzes zur Sicherung und Strukturverbesserung der gesetzlichen Krankenversicherung (Gesundheits-Strukturgesetz), Bundestags-Drucksache 12/3608, Bonn, 5. 11. 1992.

Frey, R. L., Infrastruktur. Grundlagen der Planung öffentlicher Investitionen, 2. Aufl., Tübingen 1972.

Haller, H., Einige Gedanken zum Thema: Öffentliche Finanzen im Wirtschaftswachstum, in: Schneider, E. (Hrsg.), Wirtschaftskreislauf und Wirtschaftswachstum. Carl Föhl zum 65. Geburtstag, Tübingen 1966, S. 57–74.

Holtz-Eakin, D., Public Sector Capital and the Productivity Puzzle, Working Paper No 4122, National Bureau of Economic Research, July 1992.

Institut der deutschen Wirtschaft, Standort Deutschland. Das Urteil des Auslands, in: Informationsdienst des Instituts der deutschen Wirtschaft, 19. Jg., Nr. 2, 14. 1. 1993, S. 4f.

Jochimsen, R., Theorie der Infrastruktur. Grundlagen der marktwirtschaftlichen Entwicklung, Tübingen 1966.

Jochimsen, R./Simonis, U. E. (Hrsg.), Theorie und Praxis der Infrastrukturpolitik, Schriften des Vereins für Socialpolitik, N. F. Bd. 54, Berlin 1970.

Kronenberger, S., Die Investitionen im Rahmen der Staatsausgaben, Frankfurt u. a. 1988.

Läufer, E. (Bearb.), Europäische Gemeinschaft – Europäische Union. Die Vertragstexte von Maastricht, Bonn 1992.

Leibfritz, W., Der Staat als Investor. Ein Überblick über die öffentliche Investitionstätigkeit und die Entwicklung des Infrastrukturbestandes in der Bundesrepublik, in: Ifo-Studien, 26. Jg. (1980), S. 123–171.

McDonald, D./Thumann, G., Investment Needs in East Germany, in: Lipschitz, L./McDonald, D. (Eds.), German Unification, Economic Issues, International Monetary Fund, Occasional Paper, Nr. 75, Washington D. C. 1990, S. 71–77.

Munnell, A. H., Why has Productivity Growth declined? Productivity and Public Investment, in: New England Economic Review, 1990, January/February, S. 3–22.

ders., Is There a Shortfall in Public Capital Investment? An Overview, in: New England Economic Review, 1991, May/June, S. 23–35.

Musgrave, R. A., Infrastruktur und die Theorie der öffentlichen Güter, in: Arndt, H./Swatek, D. (Hrsg.), Grundfragen der Infrastrukturplanung für wachsende Wirtschaften, a.a.O., S. 43–54.

Musgrave, R. A./Musgrave, P. B./Kullmer, L., Die öffentlichen Finanzen in Theorie und Praxis, 2. Bd., 4. Aufl., Tübingen 1988.

Nadiri, M. J./Mamuneas, T. P., The Effects of Public Infrastructure and R & D Capital on the Cost Structure and Performance of U.S. Manufacturing Industries, Working Paper No. 3887, National Bureau of Economic Research, October 1991.

National Council on Public Works Improvement, Fragile Foundations: A Report on America's Public Works, Final Report of the President and the Congress, February 1988.

Nerb, G./Städtler, A., Infrastrukturengpässe in den neuen Bundesländern – Ergebnisse der Ifo-Telefonumfrage im Dezember 1990, in: Ifo-Schnelldienst, 6/91, S. 3f.

Recktenwald, H. C., Entwicklung und Grenzen der Infrastrukturausgaben, in: Jochimsen, R./Simonis, U. E. (Hrsg.), Theorie und Praxis der Infrastrukturpolitik, a.a.O., S. 379–400.

Sachverständigenrat zur Begutachtung der gesamtwirtschaftlichen Entwicklung, Marktwirtschaftlichen Kurs halten. Zur Wirtschaftspolitik für die neuen Bundesländer, Sondergutachten vom 13. 4. 1991.

ders., Die wirtschaftliche Integration in Deutschland. Perspektiven – Wege – Risiken, Jahresgutachten 1991/92, Stuttgart 1991.

ders., Für Wachstumsorientierung – gegen lähmenden Verteilungsstreit, Jahresgutachten 1992/93, Stuttgart 1992.

Schrumpf, H., Engpässe in der Infrastruktur in den neuen Bundesländern, in: Die deutsch-deutsche Integration, Beihefte der Konjunkturpolitik, Heft 39, Berlin 1992, S. 127–140.

Seitz, H., The Economic Benefits of the Public Road Network: A Dual Approach to the Analysis of Public Infrastructure, Discussion-Paper 469–XX, Institut für Volkswirtschaftslehre und Statistik, Universität Mannheim, March 1992 (erscheint in: Annals of Regional Science).
Simonis, U. E. (Hrsg.), Infrastruktur. Theorie und Politik, Köln 1977.
Stohler, J., Zur rationalen Planung der Infrastruktur, in: Konjunkturpolitik, Zeitschrift für angewandte Konjunkturforschung, 11. Jg. (1965), S. 279–308.
Tatom, J. A., Should Government Spending on Capital Goods be Raised?, in: The Federal Reserve Bank of St. Louis Review, Vol. 73 (1991), March/April, S. 3–15.
ders., Public Capital and Private Sector Performance, in: The Federal Reserve Bank of St. Louis Review, Vol. 73 (1991), May/June, S. 3–15.
Tuchtfeldt, E., Infrastrukturinvestitionen als Mittel der Strukturpolitik, in: Jochimsen, R./Simonis, U. E. (Hrsg.), Theorie und Praxis der Infrastrukturpolitik, a.a.O., S. 125–151.
Wille, E., Öffentliche Sachausgaben versus öffentliche Personalausgaben, in: Häuser, K. (Hrsg.), Produktivitätsentwicklung staatlicher Leistungen, Schriften des Vereins für Socialpolitik, N. F. Bd. 145, Berlin 1985, S. 11–122.
ders., Staatliche Aufgabenplanung im Schatten der Haushaltskonsolidierung, in: Wille, E. (Hrsg.), Konkrete Probleme öffentlicher Planung. Grundlegende Aspekte der Zielbildung, Effizienz und Kontrolle, Frankfurt et al. 1986, S. 25–66.
ders., Die Belastung der öffentlichen Haushalte durch die deutsche Wiedervereinigung, in: Volkswirtschaftliche Korrespondenz der Adolf-Weber-Stiftung, 31. Jg., Nr. 9/1992.
ders., Die Bedeutung der öffentlichen Infrastruktur für die wirtschaftliche Entwicklung – Notwendigkeiten in den neuen Bundesländern; erscheint in dem Tagungsband »Finanzierung und Organisation der Infrastruktur in den neuen Bundesländern« des Wissenschaftlichen Beirats der Gesellschaft für öffentliche Wirtschaft, Baden-Baden 1993.
Wissenschaftlicher Beirat beim Bundesministerium für Wirtschaft, Gesamtwirtschaftliche Orientierung bei drohender finanzieller Überforderung, Gutachten vom 10./11. 7. 1992, in: BMWi-Studienreihe, Nr. 78, Bonn 1992.
Zimmermann, H., Alternativen der Finanzierung von Infrastrukturvorhaben, in: Jochimsen, R./Simonis, U. E. (Hrsg.), Theorie und Praxis der Infrastrukturpolitik, a.a.O., S. 187–208.

Jahr	Gesamt-ausgaben	Darunter							
		Realausgaben		Darunter				Zinsausgaben	
				Personalausgaben		Sachinvestitionen			
	Mrd. DM	Mrd. DM	Anteil[2]	Mrd. DM	Anteil[2]	Mrd. DM	Anteil[2]	Mrd. DM	Anteil[2]
1962	49,87	22,43	45,0	6,55	13,1	2,95	5,9	0,91	1,8
1963	54,76	26,11	47,7	7,43	13,6	3,43	6,3	0,99	1,8
1964	58,15	26,24	45,1	8,18	14,1	3,68	6,3	1,12	1,9
1965	64,19	26,49	41,3	9,11	14,2	3,77	5,9	1,17	1,8
1966	66,88	27,48	41,1	10,24	15,3	3,88	5,8	1,53	2,3
1967	74,64	30,69	41,1	10,90	14,6	4,67	6,3	2,01	2,7
1968	75,77	27,94	36,9	11,42	15,1	4,15	5,5	1,92	2,5
1969	82,26	32,17	39,1	12,83	15,6	5,01	6,1	2,19	2,7
1970	87,99	34,16	38,8	14,55	16,5	5,64	6,4	2,46	2,8
1971	98,48	38,37	39,0	17,02	17,3	6,41	6,5	2,60	2,6
1972	111,10	42,07	37,9	18,96	17,1	6,63	6,0	2,80	2,5
1973	122,56	46,00	37,5	21,27	17,4	6,49	5,3	3,33	2,7
1974	134,04	51,52	38,4	24,03	17,9	7,10	5,3	4,23	3,2
1975	158,80	55,43	34,9	25,45	16,0	7,81	4,9	5,21	3,3
1976	165,20	56,71	34,3	26,25	15,9	7,01	4,2	6,88	4,2
1977	172,39	58,51	33,9	27,47	15,9	7,21	4,2	8,54	5,0
1978	189,66	62,65	33,0	28,77	15,2	7,66	4,0	9,56	5,0
1979	203,41	66,37	32,6	30,17	14,8	7,98	3,9	11,26	5,5
1980	215,72	70,49	32,7	32,14	14,9	8,21	3,8	13,97	6,5
1981	232,99	73,95	31,7	34,08	14,6	7,28	3,1	18,00	7,7
1982	244,65	76,18	31,1	34,40	14,1	6,96	2,8	22,11	9,0
1983	246,75	78,94	32,0	35,14	14,2	7,12	2,9	26,62	10,8
1984	251,78	80,59	32,0	35,46	14,1	7,12	2,8	27,76	11,0
1985	257,11	82,54	32,1	36,67	14,3	7,39	2,9	29,16	11,3
1986	261,53	84,89	32,5	37,94	14,5	7,52	2,9	30,27	11,6
1987	269,05	87,00	32,3	39,28	14,6	7,68	2,9	31,04	11,5
1988	275,37	87,50	31,8	40,12	14,6	7,68	2,8	32,28	11,7
1989	289,78	90,27	31,2	41,34	14,3	8,03	2,8	32,10	11,1
1990	380,18	94,14	24,8	43,20	11,4	8,54	2,2	33,24	8,7
1991	401,77	102,81	25,6	48,73	12,1	10,98	2,7	39,62	9,9

1 Quelle: siehe Anmerkung 3 im Text.
2 Jeweilige Ausgaben in % der Gesamtausgaben.

Tabelle 2: Realausgaben und Sachinvestitionen des Bundes[1]

Jahr	Gesamtausgaben	Darunter							
		Realausgaben		Darunter				Zinsausgaben	
				Personalausgaben		Sachinvestitionen			
	Mrd. DM	Mrd. DM	Anteil[2]	Mrd. DM	Anteil[2]	Mrd. DM	Anteil[2]	Mrd. DM	Anteil[2]
1962	43,51	21,99	50,5	14,03	32,2	3,09	7,1	0,66	1,5
1963	45,96	23,89	52,0	15,43	33,6	3,57	7,8	0,64	1,4
1964	50,18	26,55	52,9	16,77	33,4	4,28	8,5	0,64	1,3
1965	54,55	29,22	53,6	19,02	34,9	4,68	8,6	0,77	1,4
1966	57,88	31,70	54,8	21,02	36,3	4,66	8,1	0,96	1,7
1967	60,15	33,21	55,2	22,32	37,1	4,52	7,5	1,25	2,1
1968	63,38	34,95	55,1	23,86	37,6	4,53	7,1	1,48	2,3
1969	67,78	38,51	56,8	26,88	39,7	4,94	7,3	1,61	2,4
1970	77,65	45,12	58,1	31,65	40,8	6,40	8,2	1,68	2,2
1971	89,53	53,21	59,4	38,08	42,5	6,96	7,8	2,00	2,2
1972	100,38	58,92	58,7	42,38	42,2	6,73	6,7	2,32	2,3
1973	115,85	67,15	58,0	48,94	42,2	7,37	6,4	2,70	2,3
1974	134,05	78,12	58,3	56,82	42,4	8,66	6,5	3,15	2,3
1975	146,28	84,10	57,5	62,30	42,6	8,59	5,9	3,88	2,7
1976	154,39	88,17	57,1	66,17	42,9	8,12	5,3	5,22	3,4
1977	161,60	94,13	58,2	70,84	43,8	8,38	5,2	6,38	3,9
1978	176,52	100,30	56,8	75,39	42,7	8,75	5,0	6,88	3,9
1979	191,83	108,06	56,3	80,80	42,1	9,35	4,9	7,93	4,1
1980	208,61	117,37	56,3	87,44	41,9	10,56	5,1	8,95	4,3
1981	216,63	122,93	56,7	92,80	42,8	10,02	4,6	10,89	5,0
1982	224,20	126,62	56,5	95,83	42,7	9,94	4,4	13,85	6,2
1983	228,29	130,48	57,2	98,78	43,3	9,87	4,3	16,09	7,0
1984	234,29	132,89	56,7	100,22	42,8	9,96	4,3	17,51	7,5
1985	243,33	138,57	56,9	103,77	42,6	10,58	4,3	18,57	7,6
1986	254,13	144,71	56,9	108,12	42,5	11,24	4,4	19,61	7,7
1987	263,90	150,61	57,1	112,34	42,6	11,77	4,5	19,82	7,5
1988	270,06	155,01	57,4	115,39	42,7	11,92	4,4	20,48	7,6
1989	282,66	161,17	57,0	118,44	41,9	12,75	4,5	21,27	7,5
1990	300,40	171,60	57,1	125,09	41,6	13,41	4,5	22,14	7,4
1991	320,93	182,78	57,0	133,34	41,5	14,44	4,5	23,90	7,4

1 Einschließlich staatlicher Krankenhäuser und Sonderrechnungen; zu Abgrenzungen und Quellen siehe Anmerkung 3 im Text.
2 Jeweilige Ausgaben in % der Gesamtausgaben.

Tabelle 3: Realausgaben und Sachinvestitionen der Länder[1]

Jahr	Gesamt-ausgaben	Darunter							
		Realausgaben		Darunter				Zinsausgaben	
				Personalausgaben		Sachinvestitionen			
	Mrd. DM	Mrd. DM	Anteil[2]	Mrd. DM	Anteil[2]	Mrd. DM	Anteil[2]	Mrd. DM	Anteil[2]
1962	28,04	22,51	80,3	6,80	24,3	10,51	37,5	0,79	2,8
1963	31,48	25,26	80,2	7,50	23,8	12,09	38,4	0,90	2,9
1964	35,81	28,93	80,8	8,19	22,9	14,47	40,4	1,07	3,0
1965	39,02	31,05	79,6	9,25	23,7	15,02	38,5	1,30	3,3
1966	41,03	32,39	78,9	10,32	25,2	14,81	36,1	1,59	3,9
1967	41,02	32,10	78,3	10,91	26,6	13,59	33,1	1,81	4,4
1968	43,19	34,20	79,2	11,59	26,8	14,36	33,2	1,92	4,4
1969	48,42	38,64	79,8	13,13	27,1	16,44	34,0	2,08	4,3
1970	56,49	46,21	81,8	15,22	26,9	20,20	35,8	2,40	4,2
1971	67,42	54,74	81,2	18,26	27,1	24,20	35,9	2,81	4,2
1972	74,72	59,92	80,2	20,53	27,5	25,77	34,5	3,39	4,5
1973	84,08	66,86	79,5	23,69	28,2	27,50	32,7	4,21	5,0
1974	95,85	74,58	77,8	27,86	29,1	30,37	31,7	4,85	5,1
1975	101,23	77,38	76,4	30,36	30,0	29,64	29,3	5,25	5,2
1976	104,08	78,88	75,8	31,82	30,6	28,51	27,4	5,53	5,3
1977	107,65	81,52	75,7	33,77	31,4	27,62	25,7	5,58	5,2
1978	118,19	90,63	76,7	36,78	31,1	31,16	26,4	5,28	4,5
1979	130,35	101,08	77,5	39,49	30,3	35,99	27,6	5,66	4,3
1980	145,47	112,58	77,4	42,89	29,5	41,23	28,3	6,57	4,5
1981	152,13	115,72	76,1	45,63	30,0	39,69	26,1	7,58	5,0
1982	153,06	113,48	74,1	47,01	30,7	35,12	22,9	8,83	5,8
1983	151,66	111,70	73,7	48,23	31,8	31,51	20,8	8,34	5,5
1984	154,70	113,75	73,5	49,27	31,8	30,54	19,7	8,06	5,2
1985	162,94	119,69	73,5	51,37	31,5	32,22	19,8	8,00	4,9
1986	172,48	126,85	73,5	54,45	31,6	35,00	20,3	7,72	4,5
1987	179,24	131,56	73,4	57,41	32,0	35,75	19,9	7,48	4,2
1988	184,40	134,34	72,9	58,80	31,9	36,54	19,8	7,39	4,0
1989	194,32	141,25	72,7	60,70	31,2	39,25	20,2	7,56	3,9
1990	208,23	151,09	72,6	64,07	30,8	42,42	20,4	8,07	3,9
1991	227,50	164,60	72,3	70,86	31,1	45,04	19,8	8,89	3,9

1 Einschließlich kommunaler Krankenhäuser; zu Abgrenzungen und Quellen siehe Anmerkung 3 im Text.
2 Jeweilige Ausgaben in % der Gesamtausgaben.

Tabelle 4: Realausgaben und Sachinvestitionen der Gemeinden[1]

Die Beschaffung und Verwendung wettbewerbsrelevanter Informationen

Joachim Niedereichholz

1. Die Information als Produktions- und Innovationsfaktor

Die Entwicklung der Bundesrepublik Deutschland als eines exportorientierten und rohstoffarmen Landes hängt in den nächsten Jahren wesentlich davon ab, inwieweit es gelingt, die Wettbewerbsfähigkeit der Unternehmen auf dem In- und Auslandsmarkt zu sichern. Mit Blick auf den Europäischen Binnenmarkt wird es für die Unternehmen von großer Bedeutung sein, sich z. B. noch umfassender über Gesetze, Normen und Standards zu informieren, Marktsituationen für Produkte schnell und systematisch zu bewerten sowie neue Geschäftsverbindungen und Kooperationen einzugehen. Zudem ist es für die Erfolgs- und Konkurrenzfähigkeit der deutschen Wirtschaft entscheidend, ob und wie schnell eigene Innovationen in Produkte umgesetzt werden; aber auch fremde Innovationen müssen frühzeitig erkannt werden, um entsprechend darauf reagieren zu können. In diesem Prozeß kommt der Information (im Sinne von Fachinformation, die zur Bewältigung von fachlichen Aufgaben in Wirtschaft und Staat, Wissenschaft und Forschung benötigt wird) neben den klassischen Produktionsfaktoren Arbeit, Boden und Kapital eine entscheidende Bedeutung als Wettbewerbsfaktor zu.

Information ist im Gegensatz zu den klassischen Produktionsverfahren jedoch nicht physisch begrenzt, sondern vermehrt sich dauernd und überaus schnell (vgl. Dangel, 1988, S. 258). Gab es Ende des 18. Jahrhunderts weltweit knapp einhundert Fachzeitschriften, überschritt die Zahl im Jahr 1900 bereits 10.000. Heute erscheinen weltweit über 100.000 Fachzeitschriften mit 100.000 Seiten pro Tag. Die Zahl der in der Bundesrepublik herausgegebenen Fachzeitschriften liegt heute bei ca. 3.000. Außerdem werden weltweit täglich 1.000 Patente bei den zuständigen Patentämtern angemeldet (vgl. Hügel, 1990, S. 186). Die Bedeutung dieser Zahlen läßt sich eindrucksvoll an einem Beispiel aus der Chemischen Industrie verdeutlichen: Um auf dem aktuellen Wissensstand seines Berufes zu bleiben, müßte ein Chemiker jährlich 530.000 Laborberichte, Doktorarbeiten und Fachzeitschriften lesen. Hinzu kommt, daß die gewonnene Information nur eine Halbwertszeit von drei Jahren besitzt. Angesichts dieser Entwicklung stoßen konventionelle Formen der Informationsbeschaffung, -speicherung und -verwendung zunehmend an ihre Grenzen. Eine Überprüfung des traditionellen Informationsverhaltens und die Beschreitung neuer Wege erscheinen daher geboten.

Ein Werkzeug zur Beherrschung der wachsenden Informationsflut liegt in der Form von Online-Datenbanken vor. Diese bieten die Möglichkeit, die Masse an Informationen sinnvoll zu speichern und nach unterschiedlichen Kriterien auszuwerten. Telekommunikationsnetze machen diese Fähigkeit nicht nur an ausgewählten Punkten, sondern auch weltweit verfügbar.

In der Bundesrepublik zeigt sich, daß viele Unternehmen die Vorzüge einer elektronischen Informationsbeschaffung noch nicht erkannt haben (vgl. Pieper, 1990, S. 10). In dieser Hinsicht unterscheidet sich das deutsche Informationsbewußtsein deutlich von dem in anderen Ländern. Insbesondere im Vergleich zu Japan fällt auf, daß dort die Bedeutung der Informationsbeschaffung einen höheren Stellenwert besitzt. Der Schwerpunkt bei der Produktion und Nutzung von Online-Datenbanken liegt jedoch in den Vereinigten Staaten, die den Weltmarkt für Online-Dienste eindeutig dominieren. Aber auch in Großbritannien und Frankreich wird verstärkt am Ausbau von elektronischen Informationssystemen gearbeitet. Diese Entwicklung zu einer im Weltmaßstab oligopolistischen bzw. monopolistischen Angebotsstruktur im Bereich der Online-Datenbanken kann dazu führen, daß sich für die Bundesrepublik eine einseitige Abhängigkeit ergibt, eine Entwicklung vor der, so der Präsident des Deutschen Patentamtes, E. Häußer (1989, S. 7), »nicht eindringlich genug gewarnt werden kann«.

2. Die Beschaffung wettbewerbsrelevanter Informationen

2.1. Die konventionelle Beschaffung

Der Bedarf von Unternehmen an externer Information ist vielfältig. So benötigen Marketing- und Vertriebsabteilungen z. B. aktuelle Daten über die Markt- und Kundenstruktur. Zudem muß das Verhalten von Konkurrenten und potentiellen Mitbewerbern im In- und Ausland beobachtet und analysiert werden. Im FuE-Bereich müssen Informationen über Neuentwicklungen und Forschungsergebnisse umgehend verfügbar sein. Es gilt, Trends in Forschung und Entwicklung frühzeitig zu erkennen und konsequent in neue Produkte umzusetzen. Im Bereich des Einkaufs gewinnen Informationen über neue Lieferanten, Produkte und Lieferzeiten zunehmend an Bedeutung.

Die Beschaffung der für solche betrieblichen Problemstellungen erforderlichen Informationen kann auf unterschiedliche Weise erfolgen. Als Informationsquellen kommen in Frage:

- Fachbücher, -zeitschriften und Forschungsberichte,
- Kontakte zu Fachkollegen bei Firmen und Instituten,
- Patente,
- Beratungsstellen bei Verbänden und Kammern,
- Bibliotheken, Archive, Dokumentationsstellen,
- Kongresse, Messen, Tagungen sowie
- externe Beratung.

Als gemeinsames Merkmal dieser konventionellen Informationsquellen läßt sich festhalten, daß die Informationsbeschaffung in der Regel unsystematisch abläuft und nicht alle relevanten Quellen ermittelt werden können. Hinzu kommt, daß sie sowohl zeit- als auch kostenintensiv ist. Da sich die Kosten der Informationssuche selten in Form von Auszahlungen niederschlagen, entsteht ein unzutreffendes Bild der tatsächlichen Belastung.

Während bei deutschen Großunternehmen und ausländischen Konkurrenten die Informationsbeschaffung mittels Datenbanken schon lange und erfolgreich eingesetzt wird, nutzen Klein- und Mittelbetriebe nach einer Untersuchung des Instituts der deutschen Wirtschaft Datenbanken nur in sehr geringem Umfang (vgl. Pieper, 1990, S. 11f.). Die wichtigste Form der Informationsbeschaffung stellt bei Klein- und Mittelbetrieben die persönliche Kommunikation dar, sei es im Gespräch mit Kunden und Lieferanten (83 Prozent), sei es bei Kontakten auf Messen (31 Prozent) oder aber im Informationsaustausch mit Konkurrenten (27 Prozent). Auf den weiteren Plätzen folgen Fach- und Tageszeitungen (31 Prozent). Datenbanken belegen mit nur 15 Prozent einen Platz im hinteren Feld. In diesem Zusammenhang stellt sich die Frage, inwiefern die konventionelle Informationsbeschaffung vor dem Hintergrund des zunehmenden Wettbewerbsdrucks und eines exponentiell anwachsenden Wissens künftig ausreicht, ein erfolgreiches Agieren am Markt zu gewährleisten, zumal heute mit immer leistungsfähigeren Rechnern und Speicherverfahren Mittel zur Verfügung stehen, die eine effiziente Verwaltung umfangreicher Datenmengen erlauben.

2.2. Die Informationsbeschaffung mit Online-Datenbanken

2.2.1. Datenbanken und ihre Vorteile

Eine Datenbank stellt eine im allgemeinen große Sammlung von Daten dar, die in einem Rechner gespeichert und mittels geeigneter Software verwaltet werden. Kann der Benutzer über Telekommunikationsnetze selbst in den Daten recherchieren, spricht man von Online-Datenbanken. Diese weisen im Vergleich zu den traditionellen und etablierten Formen der Informationsbeschaffung entscheidende Vorteile auf (vgl. Hügel, 1990, S. 12):

Mehrdimensionale Suche, Kombination von Suchbegriffen, Freitextsuche:
Konventionelle Datensammlungen (Kataloge, Karteikästen) sind üblicherweise nur im Rahmen eines Ordnungskriteriums (z. B. Autor) auswertbar. Online-Datenbanken lassen sich im Gegensatz dazu in Sekundenbruchteilen nach unterschiedlichen Ordnungsbegriffen abfragen. So kann beispielsweise nach Autor, Titel, Verlagsort oder Erscheinungsjahr gesucht werden. Die Verwendung Bool'scher Operatoren ermöglicht es, bestimmte logische Verknüpfungen zwischen den Suchbegriffen herzustellen. Auf schnelle und komfortable Weise können z. B. alle Unternehmen einer bestimmten Branche mit mehr als 20 Millionen DM Umsatz im süddeutschen Raum aus dem Datenbestand herausgefiltert werden. Mit Hilfe der Truncation-Funktion werden bei einer Recherche all diejenigen Begriffe erfaßt, die den eingegebenen Wortstamm enthalten. Dadurch kann nach einem bestimmten Begriff unabhängig von dessen grammatikalischer Form oder Zusammensetzung gesucht werden. Zudem besteht die Möglichkeit, innerhalb eines längeren Textes nach Stichwörtern zu forschen, d. h. man ist nicht auf bestimmte Suchfelder angewiesen (Freitextsuche).

Schnelle und aktuelle Information:
Für viele Informationen bildet Aktualität ein entscheidendes Bewertungskriterium. Sie wird bei Online-Datenbanken durch permanente Ergänzung (Updating) gewährleistet. Neueste Informationen sind dadurch schneller verfügbar als bei herkömmlichen Printmedien.

Hohes Datenvolumen:
Aufgrund moderner Speicherverfahren steht dem Benutzer ein gewaltiges Datenvolumen zur Verfügung. Der Datenbestand von großen Hosts bewegt sich in der Größenordnung von einigen hundert Gigabyte.

Bedeutungslosigkeit der Entfernung:
Wegen der Existenz weltumspannender Datenvermittlungsnetze spielt der Standort eines Datenbankrechners nur hinsichtlich der Gebühren eine Rolle.

Elektronische Weiterverarbeitung:
Die bei einer Online-Recherche gewonnenen Informationen liegen bereits in digitaler Form vor und können mit geeigneter Software leicht aufbereitet und weiterverwendet werden. Dies ist insbesondere im Bereich statistischer Daten von großer Bedeutung.

Online-Anpassung der Suche:
Führt der gewünschte Suchbegriff zu keinem Ergebnis oder ist das Suchraster zu grob, kann der Suchbegriff durch interaktiven Dialog am Bildschirm leicht modifiziert werden.

Für den Betrieb von Online-Datenbanken muß das Zusammenspiel verschiedener Institutionen gewährleistet sein: Der Datenbankhersteller (Datenbankproduzent) sammelt die Daten, speichert sie elektronisch und ist für deren laufende Aktualisierung zuständig. Die Datenbankproduktion wird von Unternehmen in unterschiedlichen Branchen, wissenschaftlichen Institutionen oder staatlichen Einrichtungen betrieben. Der Datenbankanbieter (Host) übernimmt gegen Zahlung einer Lizenzgebühr die gespeicherten Informationen und stellt sie auf geeigneten Rechnern mittels spezieller Retrievalsoftware externen Nutzern zur Verfügung. Host und Datenbankhersteller sind in der Regel getrennte Organisationen; es gibt jedoch auch Hersteller, die gleichzeitig als Anbieter am Markt auftreten. Die meisten Datenbankanbieter halten auf ihren Rechnern die Datenbanken zahlreicher Hersteller bereit und tragen somit als Informationsmittler zu einer Konzentration des Datenangebots bei. Für den Informationssuchenden verbindet sich damit der Vorteil, daß zur Nutzung von sämtlichen verfügbaren Datenbanken nur ein einziger Vertrag, und zwar mit dem Anbieter, geschlossen werden muß. In den weiteren Aufgabenbereich der Hosts fallen die Vermarktung der angebotenen Datenbanken und die Schulung der Nutzer in der jeweiligen Abfragesprache. Darüber hinaus bieten viele Hosts die Funktion eines Datenbankvermittlers an, d. h. die vorhandenen technischen Einrichtungen werden genutzt, um dem Kunden den Zugriff auf das Angebot weiterer Anbieter zu ermöglichen (Gateways).

Im folgenden sollen einige für die Informationsbeschaffung wichtige nationale und internationale Hosts vorgestellt werden (vgl. Niedereichholz/Kaucky, 1992, S. 139):

- Data-Star, Schweiz: zählt mit etwa 500 Datenbanken zu den weltweit größten Hosts, umfassendes Angebot mit Schwerpunkten auf den Gebieten Biologie/Medizin/Naturwissenschaft und Wirtschaft/Management,
- Dialog, USA: einer der größten Anbieter mit ca. 400 Datenbanken, in denen mehr als 200 Millionen Dokumente zu nahezu allen Wissensgebieten gespeichert sind,
- Echo Luxemburg: nicht-kommerzieller Host der Kommission der Europäischen Gemeinschaft mit über 30 Datenbanken zu EG-Fragen (Informationen über Branchen, Märkte, Ausschreibungen und Förderprogramme),
- ESA-IRS, Italien: Host der Europäischen Raumfahrtbehörde mit über 100 Datenbanken, Schwerpunkt im technisch-wissenschaftlichen Bereich,
- DIMDI, Köln: staatlicher deutscher Host mit Schwerpunkt auf den Gebieten Medizin/Pharmazie/Chemie und Biowissenschaften,
- FIZ Technik, Frankfurt: technisch-wissenschaftliche Datenbanken, Produkt- und Firmeninformationen,
- GBI, München: kommerzieller Host mit Schwerpunkt Wirtschaftsinformationen,
- Genios, Düsseldorf: erster kommerzieller Anbieter in Deutschland, überwiegend auf Wirtschaftsinformationen spezialisiert,
- STN International, Karlsruhe: internationaler Zusammenschluß von Anbietern (Deutschland, Japan, USA) mit technisch-wissenschaftlichem Schwerpunkt, Zugriff auf Chemie-Datenbanken.

2.2.2. Die Systematik von Online-Datenbanken

Ein einheitliches Schema für die Kategorisierung von Online-Datenbanken existiert in der Literatur nicht. In Anlehnung an Hügel (1990, S. 125f.) gliedert sich der Online-Datenbankmarkt in die drei Hauptgebiete Fachinformationsdatenbanken, Realtime-Datenbanken und Realtime-Informationssysteme (s. Abbildung 1).

Bei Fachinformationsdatenbanken handelt es sich um öffentlich zugängliche Online-Datenbanken, deren Inhalt im Gegensatz zu Realtime-Datenbanken eine historische Tiefe besitzt. Neue Informationen werden in Fachinformationsdatenbanken aufgenommen, ohne dabei ältere Informationen zu verdrängen. Ein grundlegendes Unterscheidungsmerkmal bei der weiteren Differenzierung der Fachinformationsdatenbanken bildet der Charakter der Information. Danach lassen sich Referenzdatenbanken (Sekundärinformationen) und Quellendatenbanken (Primärinformationen) unterscheiden.

Referenzdatenbanken liefern dem Benutzer lediglich Hinweise auf andere Quellen, ohne die eigentliche Information zu enthalten. In bibliographischen Datenbanken wird auf Veröffentlichungen in Büchern,

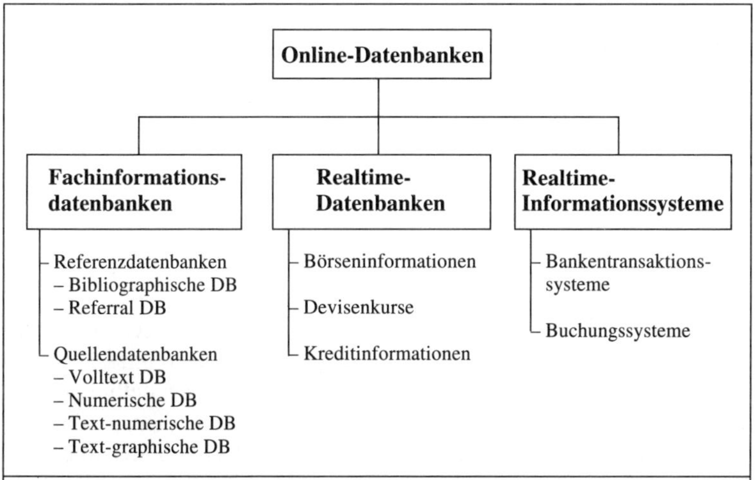

Quelle: in Anlehnung an Hügel, 1990, S. 126

Abbildung 1: Abgrenzung des Online-Datenbankmarktes

Zeitungen oder Zeitschriften hingewiesen. In der Regel werden diese Angaben mit einer kurzen Zusammenfassung des Inhalts (abstract) ergänzt. Referraldatenbanken enthalten Informationen über Personen, Organisationen etc., die zu bestimmten Themen Auskünfte geben können. Im Gegensatz zu dieser Art von Datenbanken sind in Quellen- oder Faktendatenbanken die gesuchten Informationen selbst gespeichert. Das Abgrenzungskriterium für eine Untergliederung der Quellendatenbanken bildet die Form oder das Format der in der Datenbank enthaltenen Informationen. In Volltext-Datenbanken sind überwiegend Informationen in Form von vollständigen Aufsätzen, Artikeln oder Zeitungsausgaben gespeichert, während numerische Datenbanken ausschließlich aus Zahlenreihen (z.B. Statistiken) bestehen. Der Inhalt von Text-numerischen Datenbanken (z.B. Handbücher) und Text-graphischen Datenbanken (z.B. Chemische Strukturformeln) stellt eine Kombination bisheriger Formate bzw. deren Erweiterung dar. Aufgrund der Weiterentwicklung der magneto-optischen Speichertechnologie und höherer Datenübertragungsraten zeichnet sich ein Trend hin zu Quellendatenbanken und der graphischen Darstellung von Informationen ab.

Realtime-Informationssysteme sind im Vergleich zu Fachinformationsdatenbanken bzw. Realtime-Datenbanken nicht öffentlich zugänglich. Hierzu gehören sowohl Buchungs- und Platzreservierungssysteme der Fluggesellschaften (Amadeus, Sabre) als auch diverse Buchungssysteme im Bankenbereich.

3. Angebot und Rahmenbedingungen am Online-Markt

3.1. Der internationale Markt für Online-Datenbanken

3.1.1. Die Entwicklung des weltweiten Datenbankangebots

Die ersten Online-Datenbanken entstanden Anfang der sechziger Jahre in den Vereinigten Staaten. Dort wurden EDV-Systeme relativ früh im Druck- und Verlagsgewerbe zur elektronischen Satzherstellung eingesetzt. Zur selben Zeit begannen sogenannte Referatedienste, das Zusammenstellen, Sortieren und Aufbereiten von Nachrichten und Literaturhinweisen elektronisch zu unterstützen. Dadurch wurde es möglich, gedruckte Informationen über Datenbanken anzubieten. Mit der Einführung der 360er Serie von IBM stand zudem die notwendige Rechnerkapazität zur Verfügung, um die gespeicherten Informationen online abzurufen (vgl. König/Niedereichholz, 1985, S. 270).

Im Jahre 1963 erschien die erste Online-Datenbank mit Patentinformationen, und seit 1967 sind die Chemical Abstracts online verfügbar (vgl. Hügel, 1990, S. 30). 1972 trat Dialog, heute einer der größten Datenbankanbieter der Welt, in den Markt ein. Dialog wurde in den sechziger Jahren als Inhouse System des kalifornischen Luft- und Raumfahrtkonzerns Lockeed entwickelt, um Daten mit der amerikanischen Raumfahrtbehörde NASA auszutauschen. Als sich abzeichnete, daß die gespeicherten Daten auch kommerziell nutzbar waren, wurde das System zu einer Online-Datenbank weiterentwickelt und am Markt angeboten.

In Abbildung 2 ist die Entwicklung des weltweiten Datenbankangebots von 1980 bis Januar 1993 dargestellt. Nach einem Bestand von 411 Datenbanken im Jahr 1980 umfaßt das Angebot 1993 weltweit rund 5.200 Datenbanken, die von 2.200 Herstellern stammen und auf

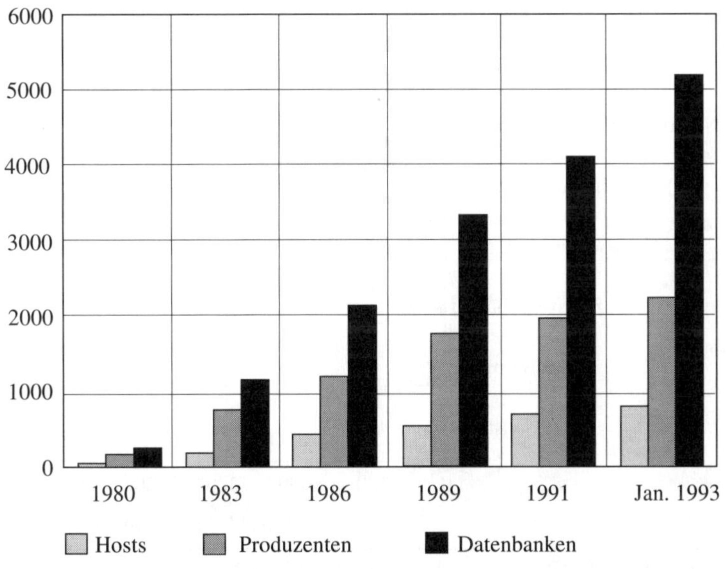

Quelle: Gale Research Inc., 1993, S. X

Abbildung 2: Entwicklung des weltweiten Angebots an Online-Datenbanken

über 820 Hosts den Benutzern zur Verfügung stehen (vgl. davon abweichende Angaben, z.B. bei Scientific Consulting Dr. Schulte-Hillen, 1992, S. VII).

Online-Datenbanken decken mit ihrem Angebot einen Großteil des benötigten Informationsspektrums ab. Das Angebot reicht dabei von allgemein gehaltenen Informationen bis hin zu sehr speziellen Daten, die nur für Fachabteilungen einen Informationswert besitzen. Abbildung 3 vermittelt einen Überblick über das weltweite Informationsangebot von Datenbanken. Die Zahlenangaben beziehen sich auf den Bestand zu Beginn des Jahres 1992. Hier fällt die starke Konzentration bei Datenbanken mit Wirtschaftsinformationen auf, die mehr als die Hälfte der weltweit angebotenen Datenbanken und 90 Prozent des Gesamtumsatzes am Online-Datenbankmarkt ausmachen.

Von besonderer Bedeutung ist die Verteilung des Angebots auf die

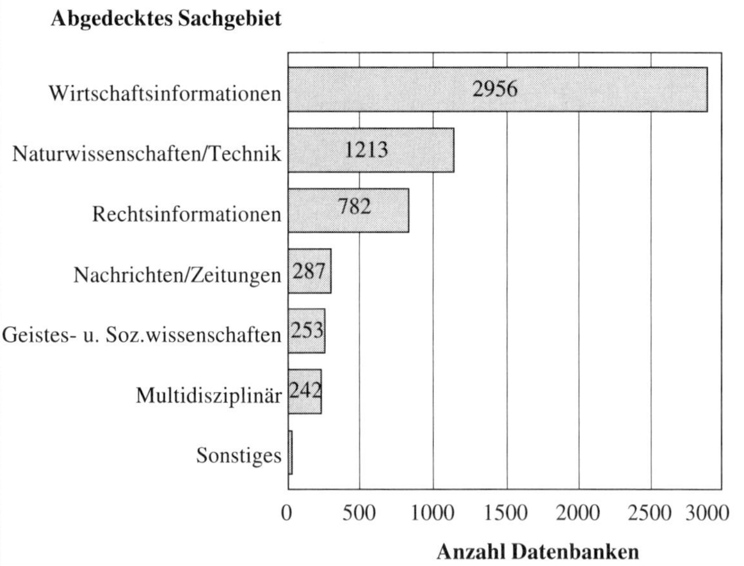

Quelle: Scientific Consulting Dr. Schulte-Hillen, 1992, S. VII

Abbildung 3: Weltweites Informationsangebot von Online-Datenbanken nach Sachgebieten

Herstellerländer. Danach entfallen von den 5.200 weltweit angebotenen Datenbanken allein 55 Prozent auf die Herkunftsländer USA und Kanada (vgl. Rosenthal, 1992, S. 6). Die Zahl der angebotenen Online-Datenbanken und ihre Verteilung auf die einzelnen Herstellerländer sind jedoch nur ein Indikator für die Bewertung des Online-Marktes. Umfangreiche Datenbasen mit Millionen gespeicherter Dokumente stehen gleichberechtigt neben Datenbanken, die sich erst in der Aufbauphase befinden. Die Tatsache, daß Anwender in bestimmten Datenbanken häufiger als in anderen recherchieren, wird ebenfalls nicht erfaßt. Zur besseren Beurteilung des Online-Marktes werden deshalb Umsatzzahlen bzw. darauf basierende Marktanteile nationaler Anbieter als weitere Indikatoren herangezogen. Die folgenden Angaben basieren, soweit nichts Abweichendes angegeben ist, auf dem »Fachinformationsprogramm der Bundesregierung 1990–1994« (BMFT, 1990, S. 64ff.). Hinsichtlich der methodischen Zurechnungs- bzw. Abgrenzungsproblematik nationaler Umsätze wird auf die angegebene Quellenliteratur verwiesen.

3.1.2. Der Online-Markt in den USA und Europa

Obwohl andere Staaten bei der Produktion von Datenbanken aufgeholt haben, wird der Online-Markt nach wie vor von den Vereinigten Staaten dominiert. Dies gilt sowohl für den Gesamtmarkt als auch für die Marktsegmente Wirtschaftsinformation (ca. 90 Prozent des Gesamtmarktes) bzw. technisch-wissenschaftliche Information (10 Prozent). Die USA hatten 1990 mit einem Umsatz von 5,3 Mrd. US-Dollar einen Marktanteil von 54 Prozent zu verzeichnen. Verglichen mit den Werten für 1986 entspricht dies einem Rückgang des Anteils amerikanischer Anbieter um 12 Prozentpunkte. Auf den weiteren Plätzen folgen Anbieter in Europa mit einem Anteil von 34 Prozent und Japan mit 12 Prozent.

Der Marktanteil in Europa konnte im Betrachtungszeitraum 1986 bis 1990 um 11 Prozentpunkte deutlich erhöht werden. Im jährlichen Durchschnitt ist der europäische Markt für Online-Datenbanken in den Jahren 1986 bis 1990 um 38 Prozent gewachsen. Dabei liegen Anbieter in Großbritannien mit einem jährlichen Zuwachs von 42 Prozent und in der Bundesrepublik Deutschland mit 39 Prozent über dem europäischen Durchschnitt. Betrachtet man die Verteilung der Marktanteile innerhalb Europas, so fallen der hohe Anteil Großbritanniens mit 17 Prozent und jener der Schweiz mit 4 Prozent am Gesamtmarkt auf. Das gute Ergebnis britischer Anbieter läßt sich auf die Bedeutung des Finanzplatzes London und das starke Wachstum der Realtime-Datenbanken vom Typ Reuters zurückführen (vgl. von Wietersheim, 1990, S. 14.05). In der Schweiz dürfte der stark frequentierte Host Data-Star für den vergleichsweise hohen Marktanteil verantwortlich sein. Auf den weiteren Plätzen folgen Anbieter aus der Bundesrepublik und Frankreich mit einem Weltmarktanteil von jeweils rund 3,5 Prozent.

Gliedert man den Gesamtmarkt für Online-Datenbanken in die Teilmärkte Wirtschaftsinformation bzw. technisch-wissenschaftliche Information auf, so ergibt sich ein vergleichbares Bild nationaler Marktanteile. Das Marktsegment der Wirtschaftsinformation führen die USA mit 57 Prozent Marktanteil an, gefolgt von europäischen Anbietern mit 31 Prozent und Japan mit 16 Prozent. Im Bereich der technisch-wissenschaftlichen Information ist auf europäischer Ebene jedoch eine Verschiebung der Marktanteile zu verzeichnen. Die französischen Datenbankanbieter liegen mit 9 Prozent Marktanteil an der Spitze, gefolgt von der Bundesrepublik mit 7 Prozent und der Schweiz mit 4 Prozent. Der Marktanteil britischer Anbieter spielt mit 2 Prozent eine untergeordnete Rolle.

3.2. Online-Datenbanken in der Bundesrepublik Deutschland

3.2.1. Das Datenbankangebot

Die Bundesrepublik Deutschland galt in bezug auf das Angebot und die Nutzung von Online-Datenbanken lange Zeit als Entwicklungsland. Das geringe Angebot an inländischen Datenbanken und die monopolistische Rolle amerikanischer Anbieter veranlaßten das BMFT, 1984 eine Untersuchung über die »Gefahren der Abhängigkeit von ausländischen Datenbanken für Wissenschaft und Forschung, Wirtschaft und Industrie« in Auftrag zu geben (Schulte-Hillen/von Wietersheim, 1984). Die Problematik wurde zusätzlich dadurch verschärft, daß die Vereinigten Staaten den Zugriff auf ihre Datenbanken aus sicherheitspolitischen Gründen beschränkten, um Technologie- und Know-how-Transfers in die damalige Sowjetunion zu verhindern (vgl. Schulte Hillen/von Wietersheim, 1984, S. 112).

Auch wenn sich die politische Lage auf internationaler Ebene in den vergangenen Jahren grundlegend verändert hat, wäre es ein Trugschluß zu glauben, daß aufgrund weltweiter Recherchemöglichkeiten die nationale Produktion von Datenbanken eine untergeordnete Rolle spielte. Zum einen enthalten in den Vereinigten Staaten produzierte Datenbanken tendenziell Informationen, die auf die Bedürfnisse amerikanischer Nachfrager zugeschnitten sind, zum anderen ergeben sich aufgrund einseitiger Abhängigkeit immer Risiken, vom Zugang zu bestimmten Informationen ausgeschlossen zu werden. Wie Beispiele aus der jüngeren Vergangenheit zeigen, besteht eine »Tendenz der gegenwärtigen amerikanischen Administration, die Zugänglichkeit zu wichtigen Datenbanken zu beschränken, sei es zum Schutz der inländischen Konkurrenz oder aus politischen Gründen« (Häußer, 1990, S. 01.14).

In der Bundesrepublik war der Einsatz von Online-Datenbanken zunächst auf Großunternehmen und Forschungseinrichtungen begrenzt. Aufgrund des hohen externen Informationsbedarfs betrieben diese schon lange eine systematisch geplante Informationsbeschaffung. Zudem waren in eigenen Rechenzentren und speziellen Fachabteilungen der Information und Dokumentation die notwendigen Ressourcen vorhanden. Insbesondere die Chemische Industrie nutzte diese Art der Informationsbeschaffung frühzeitig, um sich aus Online-Datenbanken über den weltweiten Forschungs- und Entwicklungsstand zu informieren. Bei kleineren und mittleren Unternehmen konnten sich Online-Datenbanken hingegen noch nicht durchsetzen, obwohl die Preise für Hard- und Software mittlerweile rapide gefallen sind und nahezu jedes Unternehmen über die Hardware-Voraussetzungen (PC, Telefonanschluß) verfügt, um Online-Datenbanken einzusetzen.

Die Gründe für die mangelnde Akzeptanz sind vielschichtig. Einer dürfte sicherlich im geringen Bekanntheitsgrad der Online-Datenbanken liegen. Im Zuge von Marketingmaßnahmen haben Anbieter mit Aussagen über »Das Wissen der Welt auf Knopfdruck« eine überzogene Erwartungshaltung geweckt. Im Bereich der Benutzerschnittstellen konnten sich Standardisierungsbestrebungen mit dem Ziel einer einheitlichen Abfragesprache (Common Command Language) nicht durchsetzen. Für die Praxis der Online-Recherche ist deshalb die Kenntnis mehrerer Abfragesprachen unabdingbar. Als weiterer Grund sind Hemmschwellen vor den überwiegend in englischer Sprache angebotenen Datenbanken zu nennen. Hinzu kommen die mangelnde Transparenz des Online-Marktes und die vom Benutzer als sehr hoch empfundenen

Gebühren. Daneben spielt das spezifische Informationsverhalten in der Bundesrepublik eine entscheidende Rolle, wonach die Beschaffung von Informationen möglichst keine Kosten verursachen sollte. Bei einer Online-Recherche steht deren Höhe jedoch eindeutig fest, während der damit verbundene Nutzen nur schwer zu quantifizieren ist. Dabei wird häufig übersehen, daß konventionelle Formen der Informationsbeschaffung, z.B. durch qualifizierte Mitarbeiter in Bibliotheken und Archiven, vergleichbare Kosten bei geringerem Erfolg verursachen.

Verfolgt man die Entwicklung des Online-Marktes, so konnten deutsche Anbieter ihre Umsätze im Zeitraum von 1986 bis 1990 von 93 Millionen auf über 351 Millionen US-Dollar steigern, was zur Folge hatte, daß der Anteil der Bundesrepublik am Gesamtmarkt von 2,2 Prozent auf 3,5 Prozent anstieg. In bezug auf die einzelnen Marktsegmente ergibt sich ein recht unterschiedliches Bild. Im Teilmarkt der technisch-wissenschaftlichen Informationen hatte die Bundesrepublik 1990 mit 45 Millionen US-Dollar oder einem Weltmarktanteil von 7,2 Prozent eine führende Stellung in Europa. Das Marktsegment der Wirtschaftsinformation konnte in den Jahren 1986 bis 1990 einen Umsatzanstieg von 76 Millionen auf rund 307 Millionen US-Dollar verbuchen, doch sind deutsche Anbieter hier im internationalen Vergleich mit einem Marktanteil von 3,3 Prozent weit unterrepräsentiert. Im Hinblick auf die absolute Zahl der in der Bundesrepublik angebotenen Datenbanken fällt auf, daß sich die relative Zusammensetzung des deutschen Angebots stark zugunsten von Wirtschaftsdatenbanken verschoben hat. Mittlerweile fallen 70 Prozent der in der Bundesrepublik betriebenen Datenbanken in das Segment der Wirtschaftsinformationen (1986: rund 30 Prozent).

3.2.2. Die Informationsinfrastruktur

Eine moderne Telekommunikationsinfrastruktur ist Voraussetzung für die Entwicklung und Wettbewerbsfähigkeit der deutschen Volkswirtschaft. Die Erfahrungen in Deutschland nach der Wiedervereinigung haben gezeigt, welche Bedeutung der Fernmeldeinfrastruktur für Unternehmen, Behörden und Private zukommt.

Für die elektronische Informationsbeschaffung bilden leistungsfähige Datenübertragungsnetze die Grundlage, die weltweit vorhandenen Datenbanken online nutzen zu können. Während z. B. in den USA und

Japan Private eigene Kommunikationsnetze betreiben dürfen, liegt das Netzmonopol in der Bundesrepublik Deutschland bei der DBP Telekom. Eine Ausnahme verkörpert lediglich der Bereich des Mobilfunks. Im Rahmen des Netzmonopols der Telekom erfolgt der Zugang zum Rechner des Datenbankanbieters im einfachsten Fall über die Telefonleitung, indem die digitalen Informationen des Computers mit Hilfe eines Modems in Tonsignale umgesetzt werden. Aufgrund von Störanfälligkeit und geringer Übertragungsgeschwindigkeit sind Modemverbindungen jedoch nur bedingt für die Datenkommunikation geeignet (vgl. Sandmaier, 1990, S. 21).

Die weitaus häufigste Zugangsart zu Online-Datenbanken stellt der sogenannte Datex-P-Dienst der DBP Telekom dar, ein digitales, paketvermittelndes Netz, das speziell für die Datenübertragung geschaffen wurde. Bei der Paketvermittlung werden die zu übertragenden Informationen in Pakete (= Blöcke) bestimmter Länge aufgeteilt und dem nächstliegenden Datex-P-Knoten zugeleitet, um dort kurzfristig zwischengespeichert und anschließend über leistungsfähige 64 KB-Standleitungen bis zum Netzknoten des Adressaten weitergeleitet zu werden. Der Informationsfluß zwischen den einzelnen Knoten muß dabei nicht unbedingt nach der kürzesten Entfernung erfolgen; denn das entscheidende Kriterium für die Wegewahl im Netz ist das Bestehen einer freien Leitung. Am Netzknoten des Adressaten werden die unterschiedlichen Pakete zur ursprünglichen Information zusammengestellt und dem Empfänger übermittelt. Im Gegensatz zu einer gewöhnlichen Telefonverbindung besteht bei der Paketvermittlung zwischen Sender und Empfänger keine feste Verbindung. Der Datenaustausch erfolgt jedoch so schnell, daß beim Benutzer der Eindruck entsteht, die Verbindung exklusiv zu nutzen (virtuelle Verbindung).

In der Bundesrepublik Deutschland sind alle großen Hosts über das Datex-P-Netz zu erreichen. Für die Verbindung mit ausländischen Hosts bietet die DBP Telekom einen Zugang zum paketvermittelnden Netz des jeweiligen Landes an. So ist es heute möglich, über Datex-P mehr als 60 nationale Netze in allen Erdteilen zu erreichen (vgl. Hügel, 1990, S. 62). Der große Vorteil des Datex-P-Netzes liegt darin, daß die Kosten überwiegend von der übertragenen Datenmenge und – zumindest in Europa – nicht von der geographischen Entfernung zur genutzten Datenbank abhängen.

Die Telekom bietet im Rahmen des Datex-P-Dienstes verschiedene

Zugangsarten an, die sich in Kostenstruktur und Leistungsumfang unterscheiden. Für die folgende, vereinfachte Zusammenstellung der fixen und variablen Datenübertragungskosten (s. Tabellen 1 und 2) wird die Existenz eines Datex-P10 Hauptanschlusses (Datex-P10H) zugrunde gelegt, der sich für eine intensive Recherche in Online-Datenbanken anbietet.

Fixe Kosten für Datex-P10H (Auszug, Stand Januar 1993)			
einmalige Bereitstellungsgebühr	550,– DM		
Übertragungsgeschwindigkeit	2400 bit/s	4800 bit/s	9600 bit/s
monatliche Gebühr	220,– DM	320,– DM	420,– DM
Quelle: DBP Telekom, 1993, S. 5			

Tabelle 1: Fixe Datex-P-Kosten

In Tabelle 2 wird für die Berechnung der variablen Kosten eine jeweils 30 Minuten dauernde Online-Recherche mit einer übertragenen Datenmenge von 20 KB unterstellt. Im Verlauf der Recherche greift der Benutzer von der Bundesrepublik aus auf Hosts im Inland, in Frankreich und den USA zu.

Recherche auf Host	**Kosten (in DM)**
im Inland	1,38
in Frankreich	3,11
in den USA	7,36
Summe:	11,85

Tabelle 2: Variable Datex-P-Kosten

Bei Online-Recherchen spielen die variablen Datenübertragungskosten in Relation zu den Host-Kosten (siehe Abschnitt 4.2.) eine untergeordnete Rolle. Dennoch ist anzumerken, daß die Bundesrepublik im internationalen Vergleich in bezug auf die Höhe der Fernmelde- und Datenübertragungskosten eine Spitzenstellung einnimmt. Kein anderes Land innerhalb Europas berechnet einen höheren Inlandstarif: »Nutzer in der Bundesrepublik werden mit fast viermal so hohen Gebühren wie Nutzer im benachbarten Luxemburg ... belastet. Auch im Auslandstarif verändern sich die Relationen kaum« (Hügel, 1990, S. 65).

3.2.3. Staatliche Förderungsmaßnahmen

Im Gegensatz zur Entwicklung in anderen Ländern steht in der Bundesrepublik Deutschland die staatliche Förderung der Fachinformation im Mittelpunkt. Grundlage bildet das 1974 von der Bundesregierung verabschiedete »Programm zur Förderung der Information und Dokumentation (IuD-Programm) 1974-1977«. Dessen Ziel war es, mit einer besseren Nutzung vorhandener Erkenntnisse die Effizienz in Wirtschaft und Verwaltung zu erhöhen, die Wettbewerbsfähigkeit der Wirtschaft zu stärken und die Informationsmöglichkeiten für den Bürger zu verbessern (vgl. Stolz-Willig, 1989, S. 180). Zur Umsetzung des Programms sollten ursprünglich 16 Fachinformationssysteme sowie vier Informationseinrichtungen mit besonderer Zweckbestimmung (z.B. Patente, Forschungsprojekte) aufgebaut und betrieben werden, die zu verschiedenen Bereichen der Wissenschaft und Technik Literatur und Fakten sammelten und elektronisch aufbereiteten. Jedem Fachinformationssystem wurde ein Fachinformationszentrum (FIZ) zugeordnet, um das Angebot an Online-Informationen öffentlich verfügbar zu machen. Als erstes wurde 1972 das FIZ Chemie errichtet, dem weitere Fachinformationszentren folgten; die ursprünglich geplante Einrichtung von 16 Fachinformationszentren wurde jedoch nie verwirklicht (vgl. Hofhansel/vom Kolke, 1988, S. 27).

Weitere Stationen staatlicher Förderung waren 1982 der »Leistungsplan Fachinformation Planperiode 1982–1984« des Bundesforschungsministeriums, an den sich 1985 das »Fachinformationsprogramm 1985–1988« der Bundesregierung anschloß. Darin wurden die Förderung der Fachinformation auf breiter Basis revidiert und für die Zukunft eine Konzentration auf ausgewählte Schwerpunkte festgeschrieben (vgl. BMFT, 1985, S. 23 ff.). Der Markt für Fachinformationen soll in stärkerem Maße privater Initiative überlassen werden, wobei staatliche Förderung nur dann in Betracht kommt, wenn die gewünschten Ergebnisse nicht über den Markt zu erzielen sind (Prinzip der Subsidiarität). Es wird zudem eine höhere Kostendeckung (1986: 33 Prozent) der geförderten Fachinformationseinrichtungen angestrebt, und im unterrepräsentierten Bereich der Wirtschaftsinformationen sollen sich Private stärker als bisher entfalten können.

Im Rahmen des »Fachinformationsprogramms der Bundesregierung 1990–1994« steht die »umfassende Verfügbarkeit deutscher und internationaler Fachinformation für Nutzer in der Bundesrepublik« im Vordergrund (BMFT, 1990, S. 22). Mit Mitteln von insgesamt 2 Mrd. DM ist geplant, die Aktualität von Datenbanken zu verbessern und den Zugang zu ihnen zu erleichtern. Die Förderung internationaler Kooperationen bei Produktion, Angebot und Vertrieb soll den Zugriff auf internationale Datenbanken langfristig sichern. Ein Modellversuch sieht vor, die Nutzung von Online-Datenbanken bei kleinen und mittleren Unternehmen einschließlich Handwerksbetrieben voranzutreiben, indem unter bestimmten Voraussetzungen für Online-Recherchen Zuschüsse von bis zu 50 Prozent der entstehenden Kosten gewährt werden. Damit wird der seit Mitte der achtziger Jahre eingeschlagene Weg der staatlichen Förderung fortgesetzt.

4. Die Nutzung von Online-Datenbanken

4.1. Ausgewählte Einsatzgebiete von Online-Datenbanken

4.1.1. Die Patentanalyse als Frühindikator für technisch-wissenschaftliche Neuerungen

Eine interessante Erkenntnisquelle für die Gewinnung technisch-wissenschaftlicher Informationen stellt die Auswertung von Patentliteratur dar. Durch die systematische Nutzung vorhandener Patentinformationen ist es möglich, Wettbewerbsvorteile gegenüber Konkurrenten zu erzielen. Diese Erkenntnis setzt sich in der Bundesrepublik Deutschland allerdings nur langsam durch, da die Bedeutung von Patenten hier überwiegend noch unter reinen Schutzaspekten gesehen wird (vgl. hierzu Engelhardt u.a., 1989, S. 9ff.). Patente haben neben ihrer Funktion eines gesetzlich geschützten temporären Monopols auch einen bedeutenden Informationswert für Forschung und Entwicklung. Nach Meinung von Fachleuten sind 85 bis 90 Prozent der weltweit verfügbaren technischen Informationen in Patenten gespeichert. Ein Großteil des in den Patentschriften enthaltenen Wissens bleibt für mindestens fünf Jahre ausschließlich auf dieses Medium begrenzt, da keine Veröffentlichung in Fachzeitschriften und -büchern erfolgt.

Patente erfassen den Stand der Forschung in einem frühen Stadium und deuten auf eine sich verändernde technische Entwicklung, neue Technologie und das Aufkommen potentieller Konkurrenten hin. Aufgrund strenger formaler Anmeldekriterien bei den nationalen und internationalen Patentämtern liegen Patente sehr hoch strukturiert und mit einer umfassenden Dokumentation vor. Zu einer ordnungsgemäßen Anmeldung gehören eine detaillierte Erläuterung der Erfindung, technische Beschreibung und Zeichnungen sowie Angaben über Erfinder, Anmelder und Herkunftsland. Mit Unterstützung von Online-Datenbanken ist eine systematische Auswertung dieser Angaben möglich. Typische Fragestellungen im Rahmen einer Patentrecherche bilden die Früherkennung technologischer Trends, die Beobachtung von Konkurrenten oder die Lokalisierung von Technologieführern. Der Inhalt der Recherche bezieht sich dabei weniger auf den technischen Kern der Patentschriften, sondern es soll verstärkt die Entwicklung erkannt werden.

Ein typisches Phänomen für neue Entwicklungsrichtungen bildet der sogenannte Innovationsschwall. Kennzeichnend hierfür ist ein enormer Anstieg von Patentanmeldungen im Umfeld einer neuen, bedeutenden Entwicklung, wie z.B. bei der Entdeckung des »warmen« Supraleiters im Jahre 1986. In diesem Zusammenhang signalisierte die große Zahl von Patentanmeldungen eine Erfindungshysterie im Sog einer bedeutenden Schlüsseltechnologie (vgl. Fendt, 1988, S.74).

Anfang 1993 existierten weltweit ca. 60 Online-Datenbanken mit Patentinformationen. Die Datenbank PATDPA (1,2 Millionen Dokumente), die vom Deutschen Patentamt betrieben und vom Host STN in Karlsruhe angeboten wird, ist für deutsche Nutzer von besonderer Bedeutung. Seit Ende 1989 können neben den eigentlichen Patentschriften auch Zeichnungen online abgerufen werden. Zu den weltweit bedeutendsten Patentdatenbanken gehört zweifellos der World-Patent-Index (WPI) des britischen Herstellers Derwent, dessen Bestand 6 Millionen Patentfamilien aus insgesamt 30 Industrieländern umfaßt und wöchentlich ergänzt wird. Patentinformationen, deren Originalquellen nicht ohne weiteres ausgewertet werden können (z.B. japanische oder russische Patentschriften), liegen hier in englischer Sprache vor. Die Online-Patentdatenbank INPADOC des Internationalen Patentdokumentations-Centrums in Wien bietet mit 19 Millionen Dokumenten aus 56 Ländern die breiteste Abdeckung der internationalen Patentschriften, die jedoch nur in der jeweiligen Originalsprache vorliegen.

Bei allen Vorteilen von Patentanalysen darf nicht übersehen werden, daß bestimmte Vorkenntnisse notwendig sind, um gute Resultate zu erzielen. Im Rahmen einer quantitativen Recherche ist zu berücksichtigen, daß eine solche nur bedingt Rückschlüsse auf die tatsächliche Güte und wirtschaftliche Bedeutung eines Patents ermöglicht. Der qualitative Aspekt kann mit einer länderübergreifenden Analyse erfaßt werden. Aufgrund der hohen Kosten internationaler Schutzrechte werden nur bedeutende und wirtschaftlich vielversprechende Erfindungen in mehreren Ländern zum Patent angemeldet. Aus der Anzahl der benannten Länder können dann Rückschlüsse auf die Erwartungshaltung der Anmelder hinsichtlich der Verwertbarkeit ihres Patents gezogen werden.

4.1.2. Die Online-Recherche in Firmendatenbanken

Aktuelle und vollständige Informationen über in- und ausländische Firmen und deren Produkte gewinnen im globalen Wettbewerb zunehmend an Bedeutung. Unterschiedliche Quellen müssen herangezogen werden, um qualifizierte Daten über Kunden oder Lieferanten und deren Produkte zu erhalten. Daneben spielen Bilanzdaten, Beteiligungs- und Besitzverhältnisse und sonstige Informationen über Unternehmen im Wirtschaftsprozeß eine wichtige Rolle.

Eine bewährte Methode, sich über Lieferanten bzw. Hersteller und deren Umfeld zu informieren, sind die umfangreichen Einkaufsführer. Sie enthalten nach unterschiedlichen Kriterien geordnet Angaben über Unternehmen, Branchen und Lieferprogramme. Geht man von einfachen Fragestellungen aus, die sich auf den Sitz der Firma, Ansprechpartner und Branche beziehen, führt diese Form der Informationsbeschaffung ohne Zweifel zum gewünschten Erfolg. Bei nicht indizierten Suchbegriffen oder einer kombinierten Suche stoßen konventionelle Methoden jedoch rasch an ihre Grenzen. So ist z.B. die Suche nach sämtlichen potentiellen Lieferanten in einer bestimmten Branche mit einem möglichst optimalen Standort und einer vorgegebenen Firmengröße nicht oder nur mit einem unverhältnismäßig hohen Aufwand in gedruckten Nachschlagewerken möglich. Online-Datenbanken bieten durch Kombination von Suchbegriffen die Chance, aus dem Datenbestand nur diejenigen Unternehmen zu selektieren, die alle geforderten Bedingungen erfüllen (vgl. Pernsteiner, 1992, S. 100). Hinzu kommt, daß eine laufende Ergänzung der Online-Datenbanken die Aktualität der Informationen in hohem Maße gewährleistet. Allerdings hat sich gezeigt, daß bei den Datenbanken beachtliche Unterschiede in bezug auf Aktualität und Qualität bestehen.

Als Beispiel für eine Firmendatenbank im Beschaffungsbereich sei hier BDI, die Online-Version des Einkaufsführers »Die Deutsche Industrie«, genannt, die Angaben zu mehr als 20.000 Unternehmen enthält. Auf internatinalem Gebiet stehen mit den Datenbanken von DUN & BRADSTREET Informationen über mehr als 1,5 Millionen Firmen zur Verfügung, die von 2.000 Wirtschaftsspezialisten in den jeweiligen Ländern zusammengestellt werden.

Eine Recherche in Firmendatenbanken beschränkt sich nicht auf den effizienten Nachweis von Lieferanten und Herstellern. Mittels Online-Datenbanken kann auch auf Informationen über Beteiligungs- und Besitzverhältnisse, Kooperationen und Handelsregistereintragungen zugegriffen werden. Daneben sind in Sekundenbruchteilen Bilanzen und finanzwirtschaftliche Kennzahlen am Bildschirm verfügbar, und mit Hilfe von Pressedatenbanken, z.B. der Volltextversion des Handelsblatts oder der Financial Times, können aktuelle Nachrichten aus aller Welt online abgerufen werden (vgl. Reyes, 1991, S. 15.04).

4.2. Die Kosten von Online-Recherchen

Die Kosten einer Online-Recherche lassen sich in Datenübertragungskosten und solchen der Host-Nutzung unterteilen. Da im Rahmen der Informationsinfrastruktur (s. Abschnitt 3.2.2.) bereits auf die Datenübertragungskosten in der Bundesrepublik Deutschland eingegangen wurde, sollen hier nur noch die rechnerabhängigen Kosten (Host-Kosten) angesprochen werden. Im einzelnen unterscheidet man zwischen fixen und variablen Bestandteilen. Fixe Kosten entstehen in der Regel bei der erstmaligen Anmeldung (Vertragsschluß) und der Vergabe einer Zugangsberechtigung; sie bewegen sich zwischen 100 und 200 DM. Einige Anbieter berechnen zudem eine monatliche Mindestpauschale, die auch dann entrichtet werden muß, wenn die Datenbank nicht genützt wird. Daneben fallen Kosten für die Schulung der Mitarbeiter in der jeweiligen Retrievalsprache an.

Den weitaus größten Teil der Recherchekosten bildet das variable Element. Hier wird nach Anschaltzeit pro Stunde gerechnet, wobei die Verbindungszeit von ›login‹ bis ›logoff‹ zugrunde gelegt wird. Zwischen den einzelnen Anbietern, aber auch innerhalb eines Hosts schwanken die Kosten pro Anschaltstunde erheblich. Eine Bandbreite von 70 bis 400 DM pro Stunde ist keine Seltenheit (ausführlich dazu: AFI, 1989, S. 9ff.; Kmuche, 1992, S. 67f.). Für die Ausgabe eines Dokuments am Bildschirm werden durchschnittlich zwischen 0,60 DM und 9 DM berechnet, bei umfangreichen Informationssegmenten können allerdings auch bis zu 100 DM erreicht werden. Diese Gebührenvielfalt, die durch Sonderkonditionen zu bestimmten Tages- und Nachtzeiten, Rabatte und Preisnachlässe zusätzlich verstärkt wird, macht eine Vergleichbarkeit verschiedener Hosts und Datenbanken somit kaum möglich. Kleinere und mittlere Unternehmen, die die Kosten einer eigenen Recherche scheuen oder denen die technischen bzw. personellen Voraussetzungen dafür fehlen, können eine Fremdrecherche in Auftrag geben, bei der private Informationsvermittler, aber auch Industrie- und Handelskammern die Datenbankrecherche übernehmen.

5. Schlußbetrachtung

In der Bundesrepublik Deutschland haben die Verfügbarkeit und Nutzung von Online-Datenbanken noch nicht den Umfang erreicht, der wünschenswert wäre. Dies liegt zum einen an dem unüberschaubaren Angebot und der mangelnden Benutzerfreundlichkeit, zum anderen stehen Online-Datenbanken in Konkurrenz zu Formen der konventionellen Informationsbeschaffung. Hier existiert in der Bundesrepublik eine traditionell gut ausgebaute Infrastruktur. Viele Unternehmen fühlen sich durch ein dichtes Netz von Bibliotheken, Industrie- und Handelskammern, Verbänden etc. und eine Vielzahl von Fachzeitschriften und -büchern ausreichend mit Informationen versorgt, obwohl mit dieser herkömmlichen Informationsbeschaffung häufig gravierende Nachteile einhergehen.

Neue Impulse für die Nutzung von Datenbanken könnten sich mit der bundesweiten Einführung des Dienstintegrierenden Digitalen Netzwerkes (ISDN) ergeben. Als großen Vorteil bietet das ISDN eine durchgehende digitale Verbindung von Teilnehmer zu Teilnehmer. Dadurch wird die gleichzeitige Übermittlung von Daten und Sprache auf zwei Kommunikationskanälen mit einer Übertragungsgeschwindigkeit von 64.000 bit/s möglich. Die Verdoppelung der ISDN-Kanäle auf 586.000 im Jahre 1992 zeigt, daß bei den Anwendern eine starke Nachfrage besteht (vgl. o.V., 1993, S. 63). Mit Hilfe des ISDN-Netzes könnten Online-Datenbanken in größerem Umfang über Datex-J (früher Btx) genutzt werden, was bisher aufgrund der geringen Standardübertragungsgeschwindigkeit von 1200/75 bit/s nur bedingt wahrgenommen wurde.

Eine vergleichsweise neue Möglichkeit, Datenbanken auch ohne direkte Hostverbindung zu nutzen, stellt die CD-ROM-Technik (compact disc-read only memory) dar. Dieses optische Speichermedium, das seinen Ursprung in der Audio-CD hat, bietet auf kleinstem Raum eine Speicherkapazität von 650 MB (ca. 300.000 Schreibmaschinenseiten). Viele der ursprünglich nur online angebotenen Datenbanken erscheinen zusätzlich in Form von CD-ROMs. Dabei fällt auf, daß die Recherche in CD-ROM-Datenbanken mittels einfacher und graphisch-orientierter Retrievalsoftware äußerst benutzerfreundlich gestaltet ist. Werden die Informationen nicht tagesaktuell benötigt und wird häufig in denselben Datenbeständen recherchiert, stellen CD-ROMs eine interessante Alternative zu Online-Datenbanken dar.

Literatur

AFI-Arbeitsgemeinschaft Fachinformation (Hrsg.), Vorteile durch Datenbanken, 2., überarb. Aufl., Frankfurt am Main 1989.

Bundesministerium für Forschung und Technologie (Hrsg.), Fachinformationsprogramm der Bundesregierung 1985–1988, Bonn 1985.

Bundesministerium für Forschung und Technologie (Hrsg.), Fachinformationsprogramm der Bundesregierung 1990–1994, Bonn 1990.

Dangel, J.W., Wirtschaftsdatenbanken, in: IO Management Zeitschrift, 57 Jg. (1988), Nr. 5, S. 258–262.

Deutsche Bundespost Telekom (Hrsg.), Datenübermittlung über Telefonverbindungen: Hauptgebührenpositionen, Stand 01.01.1993.

Engelhardt, K., u.a., Fachwissen Patentinformation: Datenbanken strategisch genutzt, Essen 1989.

Fendt, H., Technische Trends rechtzeitig erkennen, in: HARVARDmanager, 10.Jg. (1988), Nr. 5, S. 72–80.

Gale Research Inc. (Hrsg.), Directory of Databases, Vol. 1: Online Databases, January 1993, Detroit, Washington, London 1993.

Häußer, E., Vorwort, in: K. Engelhardt u.a., Fachwissen Patentinformation: Datenbanken strategisch genutzt, Essen 1989, S. 7f.

Häußer, E., Perspektiven und Strukturen elektronischer Informationssysteme, in: Online '90, Congressband V, 1990, S. 01.01–01.19.

Hofhansel, H.G., vom Kolke, E.G., Datenbanken, Datenbankproduzenten und Datenbankanbieter am Online-Markt, in: Handbuch der modernen Datenverarbeitung, Nr. 141, 1988, S. 19–32.

Hügel, R., Der internationale Markt für Online-Datenbanken, Frankfurt am Main, Bern u.a. 1990.

Kmuche, W., Umgang mit externen Datenbanken: Ein praktischer Leitfaden für die maßgeschneiderte Informationsbeschaffung durch externe Datenbanken; Kosten, Nutzen, Möglichkeiten, 4., völlig überarb. Aufl., Planegg/München 1992.

König, W., Niedereichholz, J., Informationstechnologie der Zukunft: Basis strategischer DV-Planung, Würzburg 1985.

Niedereichholz, J., Kaucky, G., Datenbanksysteme, 4., vollst. revidierte Aufl., Heidelberg 1992.

o.V., Jahreszahlen für Telekom-Dienste, in: Bildschirmtext-Magazin, 14. Jg. (1993), Nr. 2, S. 63.

Pernsteiner, R., Informationsbeschaffung durch Online-Datenbanken im Einkauf, in: Handbuch der modernen Datenverarbeitung, Nr. 168, 1992, S. 97–103.

Pieper, A., Rationelle Informationsbeschaffung: Datenbanknutzung in Klein- und Mittelbetrieben, Köln 1990.

Reyes, G., Die Qualität von Datenbanken mit Unternehmensdaten, in: Online '91, Congressband V, 1991, S. 15.01–15.10.

Rosenthal, K., Spracheingabe soll den Zugriff auf Datenbanken erleichtern, in: Blick durch die Wirtschaft, Nr. 134, 15.07.1992, S. 6.

Sandmaier, S., Informationsvorsprung mit Online-Datenbanken: Internationale Wissensressourcen für die Praxis, Frankfurt am Main 1990.

Schulte-Hillen, J., von Wietersheim, B., IuD-online-Datenbanknutzung in der Bundesrepublik Deutschland: Gefahren der Abhängigkeit von ausländischen Datenbanken für Wissenschaft und Forschung, Wirtschaft und Industrie, München, New York u.a. 1984.

Scientific Consulting Dr. Schulte-Hillen, Handbuch der Datenbanken für Naturwissenschaften, Technik, Patente 1992, Darmstadt, Brüssel u.a. 1992.

Stolz-Willig, B., Wieviel Information braucht die Bundesrepublik? Datenbanken zwischen Markt und Subvention, in: Nachrichten für Dokumentation, 40.Jg. (1989), S. 179–182.

Wietersheim, B. von, Markt für Online-Datenbanken in der Bundesrepublik Deutschland, in Europa und weltweit: Ergebnisse einer Studie, in: Online '90, Congressband V, 1990, S. 14.01–14.13.

Aspekte der Unternehmensbesteuerung im internationalen Vergleich

Otto H. Jacobs und *Christoph Spengel*

1. Problemstellung

Seit der Schaffung des Europäischen Binnenmarktes besteht zwischen den Mitgliedstaaten der EG ein zum Teil erhebliches Steuergefälle. Daraus resultieren zwischenstaatliche Unterschiede in Höhe und Struktur der Steuerbelastung von Unternehmen, was wiederum zu Behinderungen im Funktionieren des Binnenmarktes führen kann. In diesem Zusammenhang werden insbesondere folgende Aspekte diskutiert (vgl. Kommission, 1991, S. 43, Ruding Kommission, 1992, S. 194ff.):

(1) Beeinflussung der internationalen Wettbewerbsfähigkeit von Unternehmen eines Landes im Vergleich zu der anderer Länder,
(2) Einflüsse auf Standortentscheidungen multinationaler Unternehmen und somit Rückwirkungen auf die Attraktivität einzelner Länder als Wirtschaftsstandort für in- und ausländische Investoren sowie
(3) Auswirkungen auf die Art der Finanzierung von Unternehmen.

Auch aus volkswirtschaftlicher Sicht kann ein ausgeprägtes Steuergefälle innerhalb der EG nicht erwünscht sein; denn aufgrund des freizügigen Kapitalverkehrs können verzerrende Allokationseffekte auftreten. Die Bedeutung des Steuergefälles innerhalb der EG wird im Zuge der Vollendung des Europäischen Binnenmarktes an Gewicht gewinnen: Einerseits wurde eine Vielzahl von Hemmnissen für den freien Verkehr von Waren, Dienstleistungen, Personen und Kapital beseitigt, andererseits hat die EG-Kommission die Harmonisierung der direkten Unternehmenssteuern auf Maßnahmen beschränkt, die zur Vollendung des Binnenmarktes unerläßlich sind. Die Mitgliedstaaten können ihre Besteuerung frei gestalten, solange meßbare Verzerrungen nicht eindeutig nachgewiesen werden (Grundsatz der Subsidiarität).

Gegenstand des Beitrags ist eine Analyse möglicher Auswirkungen eines EG-weiten Steuergefälles auf die Wettbewerbsfähigkeit von Unternehmen, auf Standort- sowie Finanzierungsentscheidungen. Im Mittelpunkt steht hierbei die Steuerbelastung deutscher Unternehmen im internationalen Vergleich. Als Vergleichsländer werden überwiegend die wichtigsten Handelspartner der Bundesrepublik Deutschland innerhalb der EG herangezogen. Im zweiten Abschnitt wird untersucht, welche Höhe und Struktur die deutsche Unternehmensbesteuerung im Vergleich zu anderen Staaten aufweist und welche Auswirkungen hieraus für die Wettbewerbsposition deutscher Unternehmen und die Qualität der Bundesrepublik Deutschland als Wirtschaftsstandort resultieren können. Der Einfluß der Besteuerung auf Standort- und Finanzierungsentscheidungen wird im dritten Abschnitt anhand einer Fallstudie für einen internationalen deutschen Konzern mit in- und ausländischen Beteiligungen demonstriert. Darauf aufbauend werden im vierten Abschnitt Überlegungen für eine Reform der Unternehmensbesteuerung angestellt. Die Ausführungen beschränken sich auf die Rechtsform der Kapitalgesellschaft, die international vor allem aus Gründen der Haftung bevorzugt wird.

2. Höhe und Bedeutung der deutschen Unternehmenssteuerbelastung im internationalen Vergleich

2.1. Höhe der Steuerbelastung deutscher Unternehmen im internationalen Vergleich

Ein Blick auf die in Abbildung 1 und Abbildung 2 dargestellte Entwicklung der Einkommen- und Körperschaftsteuersätze für die Bundesrepublik Deutschland, deren fünf wichtigste Handelspartner innerhalb der EG sowie die USA und Japan zeigt folgendes:

- In der Bundesrepublik Deutschland wurden zwischen 1989 und 1991 sowohl der Körperschaftsteuersatz als auch der Spitzensatz der Einkommensteuer gesenkt. Dies kann jedoch auch für die Mehrzahl der hier betrachteten Länder festgestellt werden.
- Hinsichtlich des Spitzensatzes der Einkommensteuer liegt die Bundesrepublik Deutschland im internationalen Vergleich mit 53 Prozent im unteren Mittelfeld.
- Im Bereich der Körperschaftsteuer befindet sich die Bundesrepublik

Deutschland trotz einer Steuersatzsenkung um 6 Prozentpunkte mit 50 Prozent eindeutig an der Spitze. Mit Ausnahme von Japan liegen alle anderen Länder teilweise deutlich unter 40 Prozent.

Ein ausschließlicher Vergleich der nominalen Gewinnsteuersätze ist allerdings wenig aussagekräftig; denn er vernachlässigt Unterschiede im Aufbau der Steuersysteme sowie bei der Ermittlung des steuerpflichtigen Gewinns. Die effektive Steuerbelastung ergibt sich als Summe aller unternehmensrelevanten Steuerarten unter Berücksichtigung der jeweiligen Steuerbemessungsgrundlagen und der Steuersätze.

Bezüglich der Höhe der ertragsteuerlichen Bemessungsgrundlagen hat der BDI/DIHT im Jahr 1989 einen internationalen Vergleich durch-

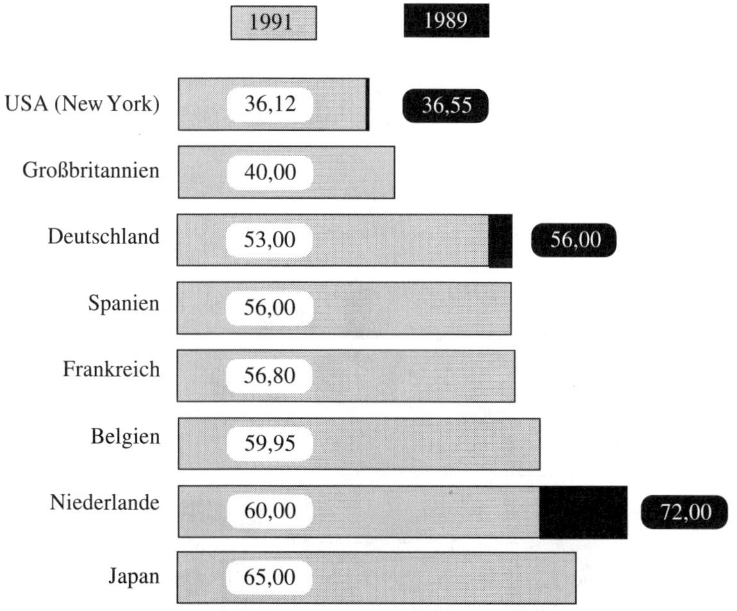

Quelle: BMF, 1990, BMF, 1992

Abbildung 1: Einkommensteuertarife (Spitzensätze) 1989/1991 (in %)

geführt (vgl. BDI/DIHT, 1989), dessen Ergebnisse in Abbildung 3 wiedergegeben sind. Die Studie basiert auf einer konkreten Simulation der steuerlichen Veranlagung existierender Unternehmen. In die Untersuchung wurden insbesondere folgende länderspezifische Gewinnermittlungsvorschriften einbezogen:

- Abschreibungen auf das bewegliche Anlagevermögen,
- Bewertung des Vorratsvermögens,
- Verrechnung von Aufwendungen für die betriebliche Altersversorgung,
- Bildung und Bewertung von Rückstellungen sowie
- Verlustverrechnungsmodalitäten.

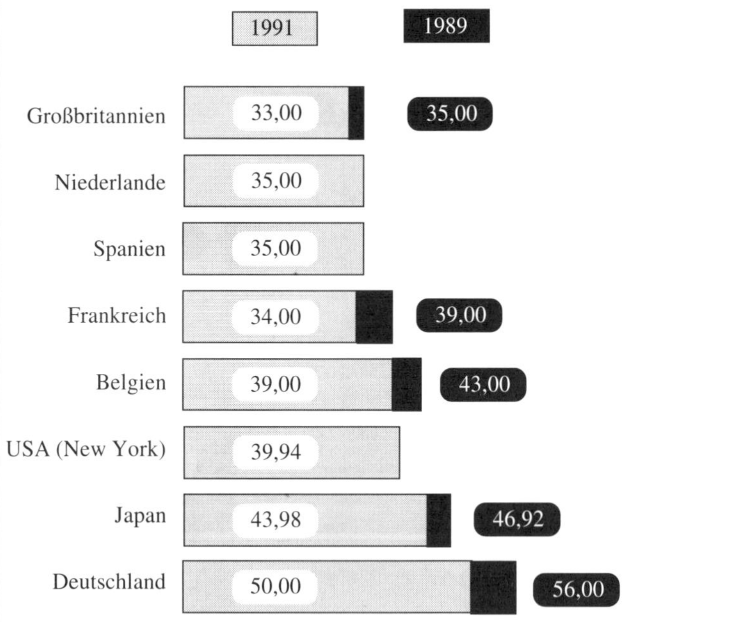

Quelle: BMF, 1990, BMF, 1992

Abbildung 2: Körperschaftsteuertarife für einbehaltene Gewinne 1989/1991 (in %)

Das Vergleichsergebnis zeigt, daß die ertragsteuerliche Bemessungsgrundlage in Deutschland nicht wesentlich von derjenigen in anderen Staaten abweicht. Die deutschen Gewinnermittlungsvorschriften sind beispielsweise günstiger als jene in Großbritannien, Frankreich, Spanien und den USA. Dagegen liegt die Bemessungsgrundlage in Belgien und den Niederlanden unter der deutschen.

Die Abweichungen in den Bemessungsgrundlagen nach oben und unten bewegen sich in einer Bandbreite von plus/minus 10 Prozent, so daß die Bundesrepublik Deutschland im Mittelfeld der betrachteten Länder liegt. Aufgrund der nur geringfügigen Differenzen besteht Anlaß zu der Vermutung, daß für die Höhe der Ertragsteuerbelastung von Unternehmen im internationalen Vergleich dem Niveau der Ertragsteuersätze ein besonderes Gewicht beizumessen ist (vgl. Fischer, 1991, S. 223). Hierbei befinden sich, wie gezeigt wurde, deutsche Unternehmen im Nachteil gegenüber ihren ausländischen Konkurrenten. Allerdings

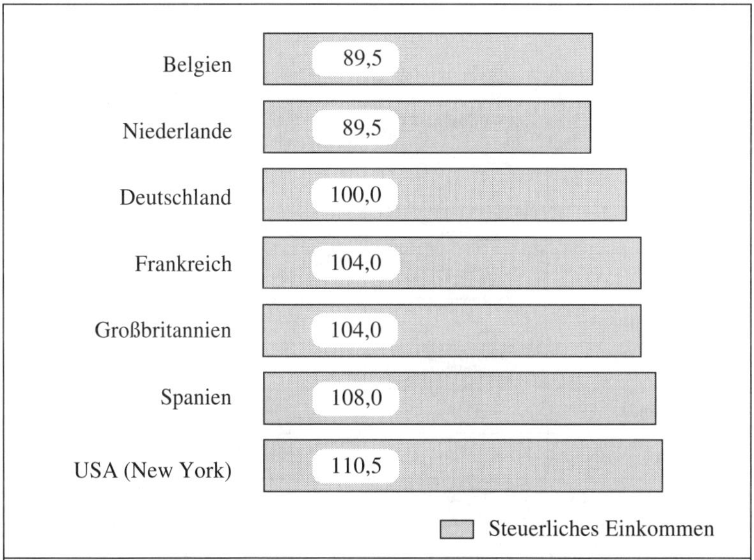

Quelle: BDI/DIHT, 1989

Abbildung 3: Internationaler Vergleich der Gewinnermittlungsvorschriften (Indexwerte; Deutschland ≙ 100)

ist einschränkend zu bedenken, daß die Ergebnisse einer Veranlagungssimulation von existierenden Unternehmen nicht ohne Vorbehalte verallgemeinert werden können, da sich diese in ihren nicht-steuerlichen Größen, wie z.B. Personalkosten, Materialkosten oder Umsatzerlösen, von Land zu Land unterscheiden. Dies wiederum wirkt sich auf die Höhe des Gewinns vor und nach Steuern aus. Nur wenn sichergestellt ist, daß es sich jeweils um identische Unternehmen handelt, sind die Ergebnisse nach Anwendung der steuerlichen Vorschriften vergleichbar (vgl. Wysocki, 1963, S. 37).

Hinzu kommt für deutsche Unternehmen eine im internationalen Vergleich bestehende Zusatzbelastung mit Gewerbesteuer und Vermögensteuer. Gewerbliche Erträge unterliegen neben der Körperschaftsteuer der Gewerbeertragsteuer; das Betriebsvermögen wird mit Gewerbekapitalsteuer und Vermögensteuer belastet. Der in Abbildung 4 dokumentierte Vergleich zeigt, daß die Bundesrepublik Deutschland das einzige Land ist, in dem neben einer Vermögensteuer für natürliche und juristische Personen auch noch eine Gewerbesteuer erhoben wird.

Land	**Gewerbesteuer**	**Vermögensteuer**	
		natürliche Person	**juristische Person**
Belgien			
Deutschland	X	X	X
Frankreich	X	X	
Großbritannien			
Japan	X		
Niederlande		X	
Spanien		X	
USA (New York)	X		X
Markierte Felder kennzeichnen das Vorliegen der betreffenden Steuerart.			
Quelle: BMF, 1992			

Abbildung 4: Gewerbesteuer (und ähnliche Steuern) sowie Vermögensteuer 1991

Insbesondere die deutsche Gewerbesteuer mit ihrer ertragsabhängigen (Gewerbeertragsteuer) und ihrer ertragsunabhängigen Komponente (Gewerbekapitalsteuer) bildet im internationalen Vergleich eine Ausnahme. Die französische Gewerbesteuer (»taxe professionnelle«) knüpft an die Lohnsumme sowie den Wert des Sachanlagevermögens an. Die in Japan erhobene »business tax« entspricht der Gewerbeertragsteuer, und die von einigen Staaten in den USA erhobenen »franchise taxes« sind eher mit der Gewerbekapitalsteuer vergleichbar (vgl. Kommission, 1991, S. 37).

In Abbildung 5 ist die Steuerbelastung einer Kapitalgesellschaft im Fall der Gewinnthesaurierung für die Jahre 1989 und 1991 wiedergegeben. Dabei wurden die Interdependenzen der Steuerarten untereinander

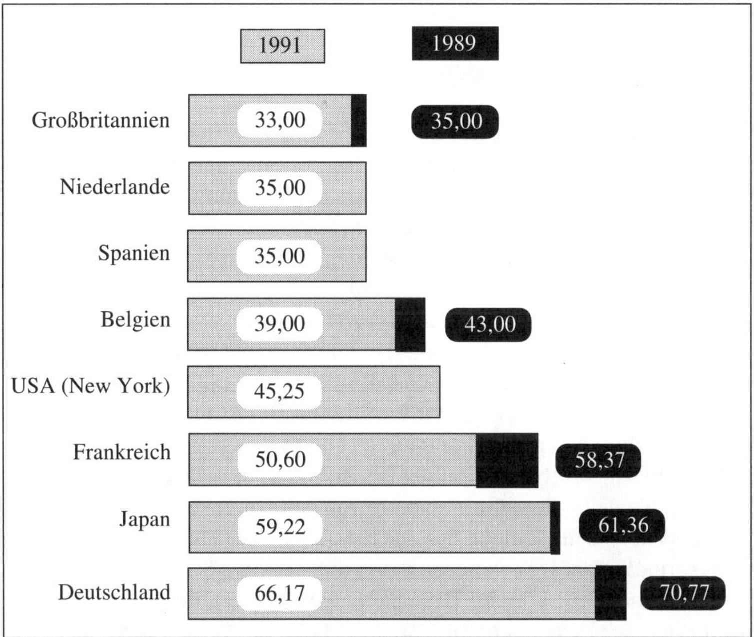

Quelle: BMF, 1990, BMF, 1992, eigene Berechnungen

Abbildung 5: Steuerbelastung einer Kapitalgesellschaft bei Gewinnthesaurierung 1989/1991 (in %)

berücksichtigt und vereinfachende Annahmen über die Höhe der steuerlichen Bemessungsgrundlagen getroffen.

Der Vergleich zeigt zum einen, daß die Steuerbelastung einer deutschen Kapitalgesellschaft zwischen 1989 und 1991 wie in den meisten anderen Ländern zwar abgenommen hat, allerdings ist sie in der Bundesrepublik Deutschland im internationalen Vergleich weiterhin am höchsten. Ursächlich hierfür sind die vergleichsweise hohe Belastung der Unternehmensgewinne mit Körperschaftsteuer sowie die Zusatzbelastung durch die Gewerbesteuer und die Vermögensteuer. Zum anderen wird deutlich, daß zwischen den betrachteten Mitgliedstaaten der EG ein Steuergefälle zwischen 33 Prozent (Großbritannien) und 66 Prozent (Bundesrepublik Deutschland) besteht.

2.2. Bedeutung der Steuerbelastung für die Wettbewerbsfähigkeit deutscher Unternehmen und Attraktivität der Bundesrepublik Deutschland als Wirtschaftsstandort

Bezogen auf die Wettbewerbsfähigkeit von Unternehmen im internationalen Vergleich kommt der Steuerbelastung eine besondere unternehmenspolitische Bedeutung zu. Der nach Steuern im Unternehmen verbleibende Gewinn spiegelt den Spielraum für Selbstfinanzierung wider, der wiederum die Möglichkeiten zur Finanzierung wachstumssichernder innovativer und risikoreicher Investitionen aufzeigt (vgl. Fuest/Kroker, 1992, S. 40, Jacobs, 1985, S. 66).

Die Beurteilung der Wettbewerbsfähigkeit deutscher Unternehmen im Vergleich zu jener ausländischer Konkurrenten fällt negativ aus, wenn hierzu ausschließlich die zuvor ermittelten Belastungszahlen herangezogen werden. Allerdings kann hieraus nicht generell gefolgert werden, daß die Wettbewerbsposition deutscher Unternehmen als gefährdet anzusehen ist; denn diese Größen betreffen den Durchschnittsfall und vernachlässigen Unterschiede bei der Ermittlung der steuerlichen Bemessungsgrundlagen. Des weiteren hängt die effektive Steuerbelastung von Unternehmen z.B. von der Branchenzugehörigkeit, der Finanzierungsweise und der Erfolgssituation ab. Wie hoch die tatsächliche Steuerbelastung ausfällt, ist daher immer das Ergebnis des Einzelfalls und der spezifischen Unternehmensdaten (vgl. Jacobs, 1991a, ders., 1991b).

Daß die Unternehmensbesteuerung als Standortfaktor und somit auch als ein maßgebender Indikator für die Attraktivität eines Landes als

Wirtschaftsstandort bedeutsam ist, wurde in der Vergangenheit oftmals bezweifelt (vgl. die Nachweise bei Fischer, 1991, S. 223). Sicherlich spielen für die Auswahl eines Unternehmensstandortes neben der Besteuerung auch betriebs- und volkswirtschaftliche Gesichtspunkte eine große Rolle. Laut Ergebnissen einer Befragung von 8400 Unternehmen, die in Abbildung 6 wiedergegeben sind, haben Steuern als Kostenfaktor mittlerweile jedoch eine signifikante Bedeutung bei Standortentscheidungen innerhalb der EG.

Von Bedeutung ist darüber hinaus, daß die Unternehmen die Höhe der Steuerbelastung nicht anhand der effektiven Belastung beurteilen, sondern sich vielmehr am Steuersatz für einbehaltene Gewinne orientieren (vgl. Devereux, 1992, S. 110; Ruding Kommission, 1992, S. 115). Folglich kommt der Höhe des Ertragsteuertarifes bei der Bewertung von Unternehmensstandorten eine entscheidende Bedeutung zu. In bezug

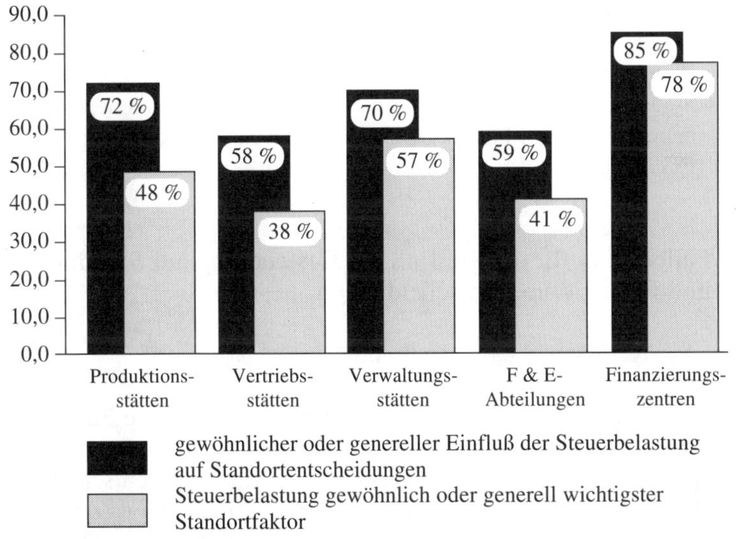

Quelle: Devereux, 1992, Ruding Kommission, 1992

Abbildung 6: Einfluß der Steuerbelastung auf Standortentscheidungen innerhalb der EG

auf den Standort Bundesrepublik Deutschland kann dies aufgrund der vergleichsweise hohen Steuertarife zur Folge haben, daß die Attraktivität als Wirtschaftsstandort abnimmt. Als Anzeichen dafür kann beispielsweise die Entwicklung der Direktinvestitionen zwischen 1986 und 1991 herangezogen werden. Danach stiegen die Direktinvestitionen deutscher Unternehmen im Ausland mit 53 Prozent stärker als die von ausländischen Unternehmen im Inland (46 Prozent) an (vgl. Statistisches Bundesamt, 1992, S. 697f.).

Die vorangegangenen Ausführungen können thesenartig wie folgt zusammengefaßt werden:

(1) Zwischen den Mitgliedstaaten der EG besteht ein zum Teil erhebliches Steuergefälle.
(2) Im internationalen Vergleich ist die Steuerbelastung deutscher Unternehmen für den Durchschnittsfall als hoch einzustufen.
(3) Aus der vergleichsweise hohen Steuerbelastung kann ein Nachteil für die Wettbewerbsfähigkeit deutscher Unternehmen im internationalen Vergleich resultieren. Des weiteren ist die Attraktivität des Wirtschaftsstandortes Bundesrepublik Deutschland gefährdet, da die Steuerbelastung, insbesondere die Höhe der Ertragsteuersätze, einen gewichtigen Faktor für Standortentscheidungen innerhalb der EG darstellt.

3. Fallbeispiel für den Einfluß der Besteuerung auf Standort- und Finanzierungsentscheidungen

3.1. Sachverhalt und Vorgehensweise

Bei den bisher angestellten Überlegungen in bezug auf die Beurteilung der Wettbewerbsposition deutscher Unternehmen im internationalen Vergleich und die Attraktivität der Bundesrepublik Deutschland als Wirtschaftsstandort blieben zwei Aspekte unberücksichtigt: Zum einen wurde unterstellt, daß Gewinne nach Steuern generell in der (Tochter-) Gesellschaft verbleiben (Thesaurierungsfall), d.h. entweder im Inland oder im jeweiligen ausländischen Staat reinvestiert werden. Häufig werden Gewinne jedoch an die Muttergesellschaft ausgeschüttet und von dieser reinvestiert oder an die Anteilseigner weiterausgeschüttet, um deren Dividendenansprüche zu erfüllen. Hierdurch kann sich auf der Ebene der Muttergesellschaft und jener der Anteilseigner eine unterschiedliche Steuerbelastung ergeben, je nachdem, ob die Gewinne aus dem In- oder dem Ausland stammen. Aufgrund eines isolierten Vergleichs der Steuerbelastung in einzelnen Ländern läßt sich folglich die für internationale Standortentscheidungen relevante Frage nicht abschließend beantworten, ob ein deutsches Unternehmen seine Produktionskapazität eher im Ausland oder in Deutschland erweitern soll.

Zum anderen wurde die Frage der Finanzierung von Investitionen der (Tochter-)Gesellschaft nicht berücksichtigt. Der Muttergesellschaft steht es grundsätzlich frei, der Tochter die für die Investitionen erforderlichen Mittel in Form von Eigenkapital (Beteiligungsfinanzierung) oder als Darlehen (Fremdfinanzierung) zur Verfügung zu stellen. Die Steuerfolgen beider Finanzierungsalternativen sind allerdings verschieden (vgl. Jacobs, 1991, S. 634 ff.).

Diese beiden Aspekte der internationalen Steuerplanung -Ausschüttungsverhalten und Unternehmensfinanzierung – lassen differenzierte Rückschlüsse auf die Vorteilhaftigkeit von Unternehmensstandorten zu. Sie sollen daher im folgenden anhand einer Fallstudie unter Einbeziehung der Bundesrepublik Deutschland, Frankreich und Großbritannien analysiert werden (vgl. dazu ausführlich Jacobs/Spengel, 1992, 1993).

Für die Berechnung der Besteuerungsfolgen wurde unterstellt, daß einer deutschen Muttergesellschaft von ihren inländischen Anteilseignern zusätzliches Beteiligungskapital in Höhe von 1000 Einheiten zur Verfügung gestellt wurde. Dieser Betrag wird zur Finanzierung einer Investition der in- oder ausländischen Tochtergesellschaft in Form von entweder Eigen- oder Fremdkapital an die Tochtergesellschaft weitergeleitet. Die Tochtergesellschaft erwirtschaftet eine Investitionsrendite vor Steuern in Höhe von 10 Prozent (= 100 Einheiten). Zur Beurteilung der steuerlichen Vorteilhaftigkeit der einzelnen Handlungsalternativen wird die jeweilige Gesamtsteuerbelastung ermittelt, die sich für den Fall ergibt, daß der von der Tochtergesellschaft nach Abzug deren Steuerbelastung maximal ausschüttbare Gewinn bzw. zahlbare Zins über die Muttergesellschaft bis an deren Anteilseigner weitergeleitet wird. Insgesamt lassen sich somit die in Abbildung 7 aufgezeigten Konstellationen analysieren.

Im Rahmen der Ergebnisanalyse können in Abhängigkeit von der Finanzierungsart mehrere Belastungsebenen betrachtet werden. Nach dem Trennungsprinzip sind Kapitalgesellschaften mit ihren Einkünften selbständig steuerpflichtig. Die Anteilseigner erzielen erst im Zeitpunkt der Gewinnausschüttung steuerpflichtige Einkünfte. Falls eine Kapitalgesellschaft ihre Gewinne thesauriert, werden den Anteilseignern daher grundsätzlich keine Einkünfte zugerechnet. Aus diesem Grund können bei der Beteiligungsfinanzierung drei Ebenen gesondert betrachtet werden:

- Tochtergesellschaft im Fall der Gewinnthesaurierung,
- Tochter- und Muttergesellschaft im Fall der Ausschüttung der Tochter- an die Muttergesellschaft und Thesaurierung durch letztere sowie
- zusätzlich Anteilseigner bei Weiterausschüttung durch die Muttergesellschaft.

Im Gegensatz hierzu kann bei der Fremdfinanzierung die Ebene der Tochtergesellschaft nicht isoliert analysiert werden. Dies liegt daran,

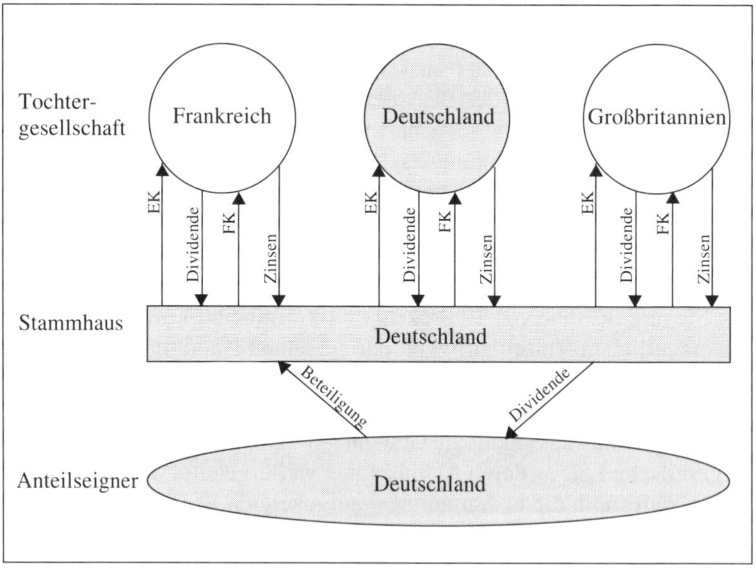

Abbildung 7: Analysierte Sachverhalte

daß Zinsen und Darlehen, die im Rahmen der Besteuerung der Tochtergesellschaft prinzipiell abzugsfähige Ausgaben bzw. Schuldposten darstellen, unmittelbar beim Darlehensgeber (Muttergesellschaft) zu versteuern sind.

Wegen der Vielzahl der nationalen Detailregelungen bei der Ausgestaltung der Tarife und Bemessungsgrundlagen der finanzierungsrelevanten Steuerarten wurden folgende vereinfachende Annahmen getroffen:

- Kapitalrendite vor Steuern von 10 Prozent,
- Schachtelbeteiligungen (Beteiligungsquote > 25 Prozent),
- steuerliche Bemessungsgrundlagen entsprechen investiertem Kapital,
- ausschließliche Betrachtung der Spitzensteuersätze,
- Verhältnis Kapitalrendite zu Lohnsumme 1:3 sowie
- Verhältnis Kapitalrendite zu Wertschöpfung 1:5.

3.2. Besteuerungsfolgen auf der Ebene der Tochtergesellschaft

3.2.1. Deutschland

3.2.1.1. Körperschaftsteuer

Im Fall der Beteiligungsfinanzierung unterliegen thesaurierte Gewinne einer deutschen Kapitalgesellschaft der körperschaftsteuerlichen Tarifbelastung in Höhe von 50 Prozent. Ausgeschüttete Gewinne werden unabhängig von der Tarifbelastung immer der 36prozentigen Ausschüttungsbelastung unterworfen. Infolgedessen mindert sich im Fall der Ausschüttung die Körperschaftsteuer in Höhe der Differenz von Tarifbelastung (50 Prozent) und Ausschüttungsbelastung (36 Prozent). Die deutsche Tochtergesellschaft kann daher 64 Prozent ihres Gewinns vor Körperschaftsteuer ausschütten (Bruttobardividende). Im Fall der Fremdfinanzierung der deutschen Tochtergesellschaft sind Zinsen auf Gesellschafterdarlehen grundsätzlich als Betriebsausgabe abzugsfähig.

3.2.1.2. Vermögensteuer und Gewerbesteuer

Eine deutsche Kapitalgesellschaft ist mit ihrem Gesamtvermögen vermögensteuerpflichtig. Dessen Wert entspricht dem Einheitswert des Betriebsvermögens, der nach den Grundsätzen des Bewertungsgesetzes ermittelt wird. Da Fremdkapital als Schuldposten abgezogen werden kann, wenn es mit dem Betrieb in wirtschaftlichem Zusammenhang steht, löst dessen Zuführung keine Vermögensteuerzahlung aus. Dagegen erhöht sich im Fall der Beteiligungsfinanzierung der Einheitswert des Betriebsvermögens um den Einlagebetrag, der für Zwecke der Vermögensteuer mit 75 Prozent angesetzt wird. Der Vermögensteuersatz für juristische Personen beträgt 0,6 Prozent. Die Vermögensteuer ist nicht als Betriebsausgabe abzugsfähig.

Des weiteren unterliegen deutsche Kapitalgesellschaften unabhängig von ihrer Betätigung allein aufgrund ihrer Rechtsform der Gewerbesteuer. Diese setzt sich aus den beiden Komponenten Gewerbeertrag und Gewerbekapital zusammen.

Ausgangsgröße des Gewerbeertrags bildet der um bestimmte Hinzurechnungen und Kürzungen modifizierte körperschaftsteuerliche Gewinn. Im Fall der Fremdfinanzierung sind Darlehenszinsen diesem zur Hälfte hinzuzurechnen, falls das zugrundeliegende Kapital nicht nur einer vorübergehenden Stärkung des Betriebskapitals dient. Aus dem Gewerbeertrag erhält man durch Multiplikation mit der Steuermeßzahl in Höhe von 5 Prozent den Steuermeßbetrag der Gewerbeertragsteuer.

Ausgangspunkt für das Gewerbekapital ist der Einheitswert des Betriebsvermögens der Tochtergesellschaft, der ebenfalls um bestimmte Hinzurechnungen und Kürzungen zu modifizieren ist. Analog zur Gewerbeertragsteuer sind insbesondere die den langfristigen Zinsen zugrundeliegenden Verbindlichkeiten zur Hälfte dem Einheitswert des Betriebsvermögens hinzuzurechnen. Im Fall der Beteiligungsfinanzierung unterliegt der Einheitswert des Betriebsvermögens keinen gewerbesteuerlichen Modifikationen. Den Steuermeßbetrag der Gewerbekapitalsteuer erhält man durch Multiplikation des Gewerbekapitals mit der Steuermeßzahl von 0,2 Prozent.

Die Steuermeßbeträge der Gewerbeertragsteuer und Gewerbekapitalsteuer werden zu einem einheitlichen Steuermeßbetrag zusammengefaßt, aus dem durch Multiplikation mit dem Gewerbesteuerhebesatz die Gewerbesteuer ermittelt werden kann. Für die Berechnungen wurde ein Gewerbesteuerhebesatz in Höhe von 400 Prozent unterstellt.

Die Gewerbesteuer ist eine abzugsfähige Betriebsausgabe. Somit mindern Gewerbekapital- und Gewerbeertragsteuer zum einen die körperschaftsteuerliche Bemessungsgrundlage, zum anderen reduziert die Gewerbeertragsteuer zusätzlich ihre eigene Bemessungsgrundlage.

3.2.2. Frankreich

3.2.2.1. Körperschaftsteuer

Im Fall der Beteiligungsfinanzierung unterliegen bei französischen Kapitalgesellschaften sowohl thesaurierte als auch ausgeschüttete Gewinne der Körperschaftsteuer in Höhe von $33^1/_3$ Prozent. Im Fall der Fremdfinanzierung sind Zinszahlungen grundsätzlich als Betriebsausgabe abzugsfähig.

3.2.2.2. Arbeitgebersteuern und Gewerbesteuer

Französische Arbeitgeber müssen auf die von ihnen gezahlten Löhne und Gehälter eine Lohnsummensteuer (»taxe sur les salaires«) entrichten. Bemessungsgrundlage bilden die gezahlten Bruttolöhne und -gehälter unter Abzug der Arbeitgeberbeiträge zur Sozialversicherung. Arbeitgeber, die mit mindestens 90 Prozent ihrer Umsätze der Mehrwertsteuer unterliegen, sind von der Lohnsummensteuer befreit, so daß die Lohnsummensteuer im wesentlichen von Unternehmen entrichtet werden muß, deren Umsätze von der Mehrwertsteuer befreit sind. Daher bleibt sie im folgenden unberücksichtigt. Gewerbebetriebe und körperschaftsteuerpflichtige Gesellschaften unterliegen der Lehrlingsteuer (»taxe d'apprentissage«) in Höhe von 0,6 Prozent der Bemessungsgrundlage der Lohnsummensteuer, wobei es unbeachtlich ist, ob das Unternehmen umsatzsteuerpflichtige Umsätze erzielt oder nicht. Daneben müssen französische Unternehmen mit mindestens 10 Arbeitnehmern eine Berufsausbildungsabgabe (»participation des employeurs à la formation professionnelle continue«) entrichten, die 1,5 Prozent der Bemessungsgrundlage der Lohnsummensteuer beträgt. Schließlich fällt bei Unternehmen mit mindestens 10 Arbeitnehmern eine Wohnungsbauabgabe (»participation des employeurs à l'effort de construction«) in Höhe von 0,45 Prozent der Bemessungsgrundlage der Lohnsummensteuer an. Sämtliche Arbeitgebersteuern, die insgesamt 2,55 Prozent der Bemessungsgrundlage der Lohnsummensteuer betragen, sind als Betriebsausgabe abzugsfähig. Dieser Prozentsatz geht in die Berechnung ein.

Der von den Gebietskörperschaften erhobenen Gewerbesteuer (»taxe professionnelle«) unterliegen natürliche und juristische Personen, die eine gewerbliche Tätigkeit selbständig und mit Gewinnerzielungsabsicht ausüben. Die Bemessungsgrundlage der Gewerbesteuer setzt sich aus dem Mietwert (»valeur locative«) für Wirtschaftsgüter des Sachanlagevermögens und 18 Prozent der vom Unternehmen gezahlten Lohnsumme vor Abzug der Sozialausgaben zusammen. Um einen Ausgleich für die erheblichen Unterschiede zwischen den Gemeindesteuersätzen und den vielfältigen Steuerbefreiungen zu gewährleisten, ist die zu zahlende Gewerbesteuer betragsmäßig auf 3,5 Prozent des vom Unternehmen geschaffenen Mehrwerts (»valeur ajoutée«) begrenzt, der im wesentlichen dem Nettoumsatz aus Verkäufen des Unternehmens entspricht. Der Rechnung liegt diese Bemessungsgrundlage zugrunde. Die Gewerbesteuer ist als Betriebsausgabe abzugsfähig.

3.2.3. Großbritannien

Im Fall der Beteiligungsfinanzierung fällt in Großbritannien auf thesaurierte Gewinne eine Körperschaftsteuer in Höhe von 33 Prozent an. Schüttet eine britische Kapitalgesellschaft Gewinne aus, hat sie 25/75 des ausgeschütteten Betrags als »advance corporation tax« (ACT) abzuführen. Allerdings kann die ACT mit der für das betreffende Jahr festzusetzenden Jahreskörperschaftsteuer (»mainstream corporation tax«) verrechnet werden. Folglich handelt es sich bei der ACT grundsätzlich um eine Körperschaftsteuervorauszahlung, die den ausschüttbaren Gewinn nicht mindert. Im Fall der Fremdfinanzierung sind von der britischen Tochtergesellschaft an die deutsche Muttergesellschaft gezahlte Zinsen grundsätzlich abzugsfähig.

3.3. Die Besteuerung der Investitionsrückflüsse bei der Muttergesellschaft im Fall der Gewinnthesaurierung

3.3.1. Körperschaftsteuer

Im Fall der Beteiligungsfinanzierung gehören die erhaltenen Dividendenzahlungen grundsätzlich zu den Einkünften aus Gewerbebetrieb der Muttergesellschaft. Da die Gewinne bereits von der Tochtergesellschaft versteuert wurden, besteht somit die Gefahr einer wirtschaftlichen Doppelbesteuerung der Dividenden. Gewinnausschüttungen einer inländischen Tochtergesellschaft sind bei der Muttergesellschaft körperschaftsteuerpflichtig. Eine zweifache Besteuerung der Gewinne wird jedoch durch das körperschaftsteuerliche Anrechnungsverfahren vermieden; denn die von der Tochtergesellschaft auf die Gewinnausschüttungen gezahlte Körperschaftsteuer in Höhe von 36 Prozent wird vollständig auf die Körperschaftsteuer der Muttergesellschaft angerechnet. Dividendenzahlungen einer französischen bzw. britischen Tochtergesellschaft an eine deutsche Muttergesellschaft, deren Beteiligungsquote an der jeweiligen Tochtergesellschaft 10 Prozent übersteigt, werden gemäß den mit Frankreich und Großbritannien abgeschlossenen Doppelbesteuerungsabkommen auf der Ebene der Muttergesellschaft freigestellt (internationales Schachtelprivileg). Sofern die deutsche Muttergesellschaft die aus Frankreich bzw. Großbritannien stammenden Dividenden thesauriert, ergeben sich für sie folglich keine zusätzlichen deutschen Körperschaftsteuerzahlungen (EK 01). Im Fall der Fremdfinanzierung erhöhen Darlehenszinsen von in- und ausländischen Tochtergesellschaften den körperschaftsteuerpflichtigen Gewinn der Muttergesellschaft und unterliegen daher in vollem Umfang der Körperschaftsteuer.

3.3.2. Vermögensteuer und Gewerbesteuer

Das Vermögen einer inländischen Kapitalgesellschaft ist auf Gesellschaftsebene grundsätzlich vermögensteuerpflichtig. Zur Vermeidung einer Doppelbelastung mit Vermögensteuer (Tochter- und Muttergesellschaft) werden jedoch bei einer inländischen Kapitalgesellschaft aufgrund des bewertungsrechtlichen Schachtelprivilegs Beteiligungen an anderen inländischen Kapitalgesellschaften aus dem Einheitswert des Betriebsvermögens herausgenommen, falls eine Beteiligung in Höhe von 10 Prozent vorliegt und diese seit mindestens 12 Monaten besteht. Das Besteuerungsrecht für Beteiligungen an französischen und britischen Kapitalgesellschaften wird aufgrund der Doppelbesteuerungsabkommen mit Frankreich und Großbritannien alleine Deutschland zugeordnet. Falls die Beteiligungsquote der deutschen Muttergesellschaft mindestens 10 Prozent beträgt, bleibt der Wert der Anteile an der französischen und an der britischen Tochtergesellschaft bei der Ermittlung des Einheitswertes des Betriebsvermögens jedoch außer Ansatz. Folglich fällt im Fall der Beteiligungsfinanzierung auf der Ebene der deutschen Muttergesellschaft keine Vermögensteuer an. Dagegen sind im Fall der Fremdfinanzierung sowohl Forderungen gegenüber inländischen als auch solche gegenüber französischen und britischen Kapitalgesellschaften im Einheitswert des Betriebsvermögens der Muttergesellschaft enthalten, so daß bei ihr auf den Darlehensbetrag Vermögensteuer anfällt.

Die Gewerbeertragsteuer knüpft unmittelbar an die Bemessungsgrundlage der Körperschaftsteuer an. Folglich gehen Gewinnausschüttungen inländischer Tochtergesellschaften sowie Zinsen aus Darlehen an in- und ausländische Tochtergesellschaften in die Ausgangsgröße zur Ermittlung des Gewerbeertrages der deutschen Muttergesellschaft ein. Da im Fall der Beteiligungsfinanzierung einer inländischen Tochtergesellschaft die Erträge bereits bei ihr mit Gewerbeertragsteuer belastet wurden, sehen die gewerbesteuerlichen Korrekturvorschriften zur Vermeidung einer zweifachen Erfassung des gleichen Gewerbeertrages vor, daß Gewinnausschüttungen inländischer Tochtergesellschaften bei der Ermittlung des Gewerbeertrages der Muttergesellschaft gekürzt werden, falls die Beteiligungsquote mindestens 10 Prozent beträgt (gewerbesteuerliches Schachtelprivileg). Erträge aus Beteiligungen an französischen und britischen Tochtergesellschaften sind dagegen bereits aufgrund der in den Doppelbesteuerungsabkommen mit Frankreich und Großbritannien vereinbarten Schachtelprivilegien für die Körperschaftsteuer von der Gewerbeertragsteuer befreit. Dies folgt daraus, daß in beiden Fällen das internationale Schachtelprivileg auch für die Gewerbesteuer gilt. Für Zinsen ist hingegen keine Entlastung vorgesehen, so daß bei der Darlehensvergabe an in- und an ausländische Tochtergesellschaften auf die jeweiligen Zinserträge Gewerbesteuer anfällt.

Da das Gewerbekapital an die vermögensteuerliche Bemessungsgrundlage (Einheitswert des Betriebsvermögens) anknüpft, ist die Beteiligung an einer inländischen sowie jene an einer französischen bzw. britischen Tochtergesellschaft von der Gewerbekapitalsteuer befreit. Dagegen sind Forderungen gegenüber in- und ausländischen Kapitalgesellschaften im Einheitswert des Betriebsvermögens enthalten. Aufgrund fehlender gewerbesteuerlicher Kürzungsvorschriften unterliegen sie auf der Ebene der Muttergesellschaft der Gewerbekapitalsteuer.

3.4. Besteuerungsfolgen bei Einbeziehung der Anteilseignerebene

3.4.1. Vorbemerkungen

Für die Beurteilung der Vorteilhaftigkeit des Sitzstaates der Tochtergesellschaft einerseits und der Finanzierungsform andererseits wird die Besteuerung der Anteilseigner in den Vergleich einbezogen. Dies ist in erster Linie aus folgendem Grund erforderlich: Die Analyse der Besteuerungsfolgen auf der Ebene der Muttergesellschaft hat gezeigt, daß ausländische Schachteldividenden im Inland von der Körperschaftsteuer befreit sind. Dagegen sind Darlehenszinsen sowie inländische Schachteldividenden ungemildert mit inländischer Körperschaftsteuer belastet. Nachfolgend werden die steuerlichen Konsequenzen im Fall der Weiterausschüttung der Finanzierungserträge, die aus deren unterschiedlicher körperschaftsteuerlicher Vorbelastung resultieren, dargestellt und analysiert. Des weiteren wird untersucht, welche Besteuerungsfolgen für den Anteilseigner aus dem Halten der Beteiligung an der Muttergesellschaft resultieren.

3.4.2. Einkommen- und Körperschaftsteuer

Die Weiterausschüttung der Finanzierungserträge hat folgende steuerliche Konsequenzen: Auf der Ebene der Muttergesellschaft ist für ausgeschüttete Gewinne unabhängig von deren Tarifbelastung die Ausschüttungsbelastung in Höhe von 36 Prozent herzustellen. Dem Anteilseigner wird ein Körperschaftsteueranrechnungsanspruch in gleicher Höhe gewährt, der neben der Dividende seine steuerpflichtigen Einnahmen erhöht und auf seine Einkommensteuer angerechnet wird. Auf die steuerpflichtigen Einnahmen fällt Einkommensteuer in Höhe von 53 Prozent an.

Im Fall der Weiterausschüttung von Darlehenszinsen sowie inländischen Beteiligungserträgen ergeben sich durch das körperschaftsteuerliche Anrechnungsverfahren keine nachteiligen Konsequenzen. Da die Gewinne bereits ungemildert mit inländischer Körperschaftsteuer belastet sind, kommt es zu einer Körperschaftsteuerminderung in Höhe von 14/50 des ausgeschütteten Betrags. Die auf den Einkünften lastende deutsche Körperschaftsteuer kann vollständig auf die Einkommensteuer der Anteilseigner angerechnet werden. Dagegen führt das Herstellen der Ausschüttungsbelastung bei der Weiterausschüttung der zunächst freigestellten französischen und britischen Beteiligungserträge zu einer Nachversteuerung in Höhe von 36 Prozent, da im körperschaftsteuerlichen Anrechnungsverfahren nur die inländische Körperschaftsteuer als Tarifbelastung angesehen wird. Hierdurch wird die Steuerbefreiung auf der Ebene der Muttergesellschaft im Ergebnis rückgängig gemacht; denn neben der französischen bzw. britischen Tochtergesellschaft, bei der die Gewinne bereits versteuert wurden, muß nun auch der Anteilseigner der Muttergesellschaft die Dividenden versteuern.

3.4.3. Vermögensteuer

Die Anteile an der Muttergesellschaft sind beim Anteilseigner vermögensteuerpflichtig .Für die Bewertung der Anteile ist deren gemeiner Wert zu ermitteln. Werden die Anteile an der Börse gehandelt, ist der Börsenkurs am Stichtag maßgebend. Bei nichtnotierten Anteilen wird der Wert aus Verkäufen abgeleitet oder, falls keine Verkäufe vorliegen, unter Berücksichtigung des Vermögens und der Ertragsaussichten der Kapitalgesellschaft geschätzt. Hierfür ist grundsätzlich vom Einheitswert des Betriebsvermögens der Kapitalgesellschaft auszugehen. Dem Einheitswert werden Schachtelbeteiligungen an Kapitalgesellschaften hinzugerechnet, sofern sie nicht darin enthalten sind. Von der Hinzurechnungsvorschrift werden sowohl inländische Schachtelbeteiligungen als auch solche an einer französischen und einer britischen Tochtergesellschaft erfaßt, da sie auf der Ebene der Muttergesellschaft freigestellt sind. Da Darlehensforderungen gegenüber in- und ausländischen Kapitalgesellschaften generell im Einheitswert enthalten sind, fällt somit im Fall der Beteiligungs- und im Fall der Fremdfinanzierung infolge der Erhöhung des Werts der Anteile an der Muttergesellschaft auf Anteilseignerebene Vermögensteuer an. Das steuerpflichtige Gesamtvermögen des Anteilseigners wird mit 0,5 Prozent besteuert.

3.5. Ergebnisse des Vergleichs

Abbildung 8 zeigt die Ergebnisse der durchgeführten Steuerbelastungsrechnungen.

3.5.1. Die Thesaurierung auf der Ebene der Tochtergesellschaft

Sollen die Gewinne nach Steuern von der Tochtergesellschaft thesauriert werden, erweist sich der Standort Großbritannien als vorteilhafteste Alternative. Dort werden Gewinne lediglich mit Körperschaftsteuer in Höhe von 33 Prozent besteuert. Dagegen fallen in Frankreich neben der Körperschaftsteuer ($33^1/_3$ Prozent) noch die »taxe professionnelle« sowie die Arbeitgebersteuern an. Insgesamt resultiert hieraus eine im Vergleich zu Großbritannien höhere Steuerbelastung. Im Vergleich zu britischen und französischen Tochtergesellschaften ist die Belastung auf der Ebene einer deutschen Tochtergesellschaft am höchsten. Ausschlag-

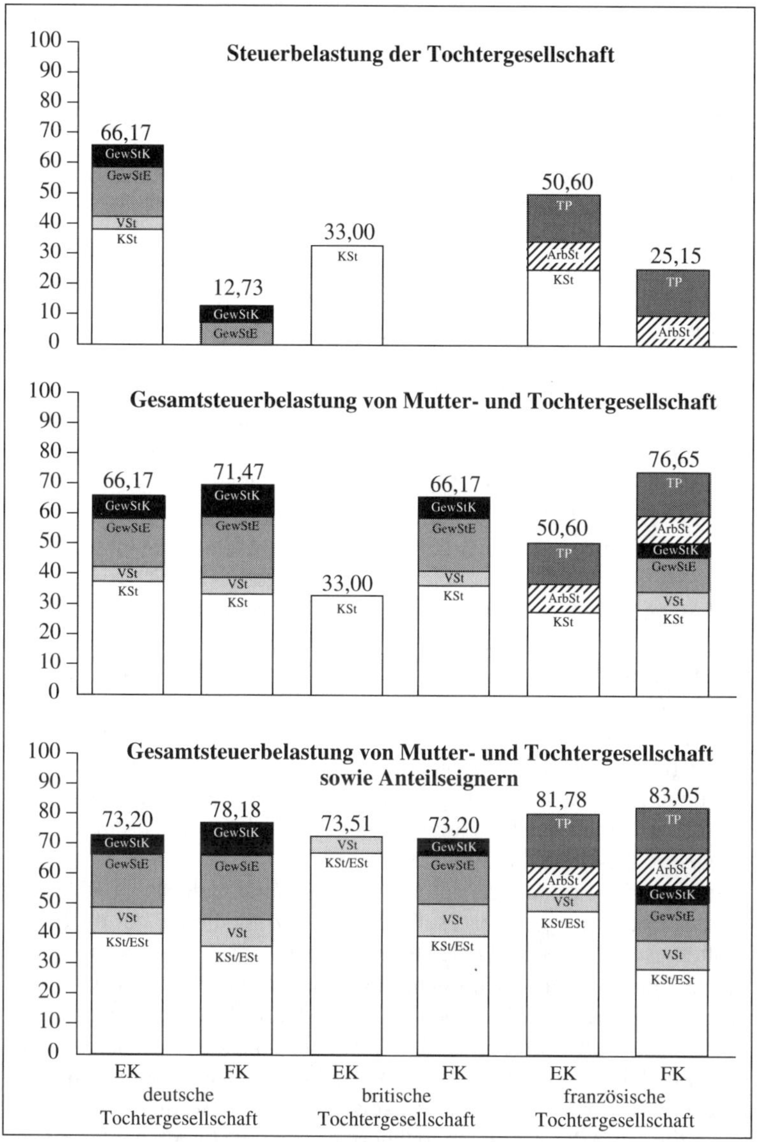

Abbildung 8: Ergebnisse der Steuerbelastungsrechnung in Prozent

gebend hierfür sind zum einen die vergleichsweise hohe Ertragsteuerbelastung mit Körperschaft-und Gewerbeertragsteuer (49,16 Prozent) und zum anderen die Belastung der Unternehmenssubstanz durch Vermögen- und Gewerbekapitalsteuer. Zusätzlich belastend wirkt daneben die Nichtabzugsfähigkeit der Vermögensteuer als Betriebsausgabe, da hierdurch eine Definitivbelastung mit Körperschaftsteuer in Höhe der Vermögensteuerzahlung ausgelöst wird (4,5 Prozent).

3.5.2. Die Thesaurierung auf der Ebene der Muttergesellschaft

Werden die Gewinne an die Muttergesellschaft ausgeschüttet, ergibt sich keine zusätzliche Steuerbelastung. Inländische Beteiligungserträge sind aufgrund des gewerbesteuerlichen Schachtelprivilegs von der Gewerbeertragsteuer freigestellt. Eine doppelte Belastung der Erträge mit Körperschaftsteuer wird durch die Möglichkeit der vollen Anrechnung der von der Tochterkapitalgesellschaft gezahlten Körperschaftsteuer vermieden. Die Anteile an der inländischen Tochtergesellschaft werden wegen des bewertungsrechtlichen Schachtelprivilegs sowohl von der Vermögen- als auch von der Gewerbekapitalsteuer befreit. Dividendenzahlungen französischer und britischer Tochtergesellschaften sowie der Wert der Anteile an diesen Gesellschaften sind aufgrund der in den Doppelbesteuerungsabkommen mit Frankreich und Großbritannien vereinbarten Schachtelprivilegien im Inland sowohl von der Körperschaft- und Gewerbeertragsteuer als auch von der Vermögen- und Gewerbekapitalsteuer freigestellt. Die Gesamtbelastung stimmt somit mit den Steuerzahlungen auf der Ebene der jeweiligen Tochtergesellschaft überein, so daß es bezüglich der Besteuerungsfolgen unerheblich ist, auf welcher Ebene die Gewinne thesauriert werden.

Im Fall der Fremdfinanzierung müssen neben den Steuerzahlungen auf der Ebene der Tochtergesellschaft zusätzlich die bei der deutschen Muttergesellschaft anfallende Steuerbelastung auf Zinserträge sowie auf den Darlehensbetrag berücksichtigt werden.Im Vergleich zu einer britischen Tochtergesellschaft, bei der die gesamte Bruttorendite in Form von Zinsen weitergeleitet werden kann, wird diese in Deutschland und Frankreich bereits auf der Ebene der Tochtergesellschaft durch die Hinzurechnungsvorschriften bei der Gewerbesteuer bzw. die »taxe professionnelle« und die Arbeitgebersteuern gemindert. In den beiden letzten Fällen kann daher der Muttergesellschaft für das Darlehen nur ein unter der Bruttorendite liegender Zinsbetrag vergütet werden. Die Darlehenszinsen unterliegen bei der Muttergesellschaft der Körperschaft- und der Gewerbeertragsteuer. Auf die Darlehensforderung werden Vermögen- und Gewerbekapitalsteuer erhoben. Eine zusätzliche Körperschaftsteuerbelastung entsteht aufgrund der Nichtabzugsfähigkeit der Vermögensteuer.

In bezug auf die Finanzierungsform ist aus der Sicht der Muttergesellschaft in den hier betrachteten Fällen eine Beteiligungsfinanzierung regelmäßig günstiger als eine Darlehensvergabe, da die Steuerzahlungen der jeweiligen Tochter- und Muttergesellschaft im Fall der Fremdfinanzierung höher sind als im Fall der Beteiligungsfinanzierung.

Hinsichtlich des Standorts der Tochtergesellschaft ist Großbritannien wie auch im Fall der Thesaurierung durch die Tochtergesellschaft durchweg am vorteilhaftesten. Französische Direktinvestitionen sind nur im Fall der Beteiligungsfinanzierung günstiger als deutsche. Bei beabsichtigter Fremdfinanzierung sind dagegen deutsche Direktinvestitionen den französischen vorzuziehen. Die für den Fall der Thesaurierung auf der Ebene der Tochtergesellschaft abgeleitete Vorteilhaftigkeitsrangfolge kann sich folglich für deutsche und französische Beteiligungen in Abhängigkeit von der Finanzierungsform umkehren. Diese Ergebnisse lassen sich auf folgende Ursachen zurückführen:

(1) Körperschaftsteuer:
In Frankreich und Großbritannien beträgt der Körperschaftsteuertarif für einbehaltene und ausgeschüttete Gewinne $33^1/_3$ (Frankreich) bzw. 33 Prozent (Großbritannien). Der deutsche Tarif ist gespalten. Für thesaurierte Gewinne beläuft er sich auf 50 Prozent, im Ausschüttungsfall vermindert er sich auf 36 Prozent.

Diese Tarifunterschiede sind zum einen der Grund für die auf der Ebene der Muttergesellschaft auftretenden Steuerbelastungsdifferenzen im Fall der Beteiligungsfinanzierung in- und ausländischer Tochtergesellschaften. Während inländische Beteiligungserträge dem inländischen Steuerniveau unterliegen, sind ausländische aufgrund der Freistellung im Inland nur im Ausland körperschaftsteuerpflichtig. Im Fall der Beteiligungsfinanzierung erweisen sich daher Direktinvestitionen in Frankreich und Großbritannien verglichen mit dem Inland als günstiger.

Zum anderen läßt sich auch der Belastungsunterschied zwischen der Beteiligungs- und Fremdfinanzierung ausländischer Tochtergesellschaften auf die unterschiedliche Höhe der nationalen Körperschaftsteuertarife zurückführen. Während Darlehenszinsen im Inland körperschaftsteuerpflichtig sind, bleiben ausländische Beteiligungserträge im Inland freigestellt. Folglich ist für eine deutsche Muttergesellschaft die Beteiligungsfinanzierung von französischen und britischen Tochtergesellschaften günstiger als eine Fremdfinanzierung.

Dagegen sind die auf der Ebene der Muttergesellschaft auftretenden Belastungsdifferenzen zwischen der Fremdfinanzierung ausländischer Tochtergesellschaften einerseits und der Beteiligungs- bzw. Fremdfinanzierung inländischer Tochtergesellschaften andererseits nicht auf unterschiedliche Körperschaftsteuertarife zurückzuführen. Da es sich bei sämtlichen Erträgen jeweils um inländische Einkünfte handelt, bildet folglich die Erhebung weiterer ertragsabhängiger sowie ertragsunabhängiger Steuern in den einzelnen Ländern die Ursache für bestehende Belastungsdifferenzen.

(2) Weitere Ertragsteuern und ertragsunabhängige Steuern:
Die Erhebung der Gewerbesteuer und der Vermögensteuer in Deutschland erhöht zum einen die Steuerbelastung deutscher Kapitalgesellschaften. Dies führt generell zu einer Benachteiligung von deutschen Direktinvestitionen gegenüber solchen in Frankreich und Großbritannien. Da beide Steuerarten auf der Ebene einer deutschen Tochtergesellschaft die Fremdfinanzierung begünstigen, bei einer deutschen Muttergesellschaft hingegen einseitig die Beteiligungsfinanzierung, ergeben sich zum anderen Verzerrungen in bezug auf die Finanzierungsentscheidung. Insgesamt resultiert hieraus aus der Sicht einer deutschen Muttergesellschaft sowohl bei inländischen als auch bei französischen und britischen Direktinvestitionen eine Begünstigung der Beteiligungsfinanzierung.

Die in Frankreich erhobenen Arbeitgebersteuern sowie die »taxe professionnelle« führen zu einer Erhöhung der Steuerbelastung französischer (Tochter-) Kapitalgesellschaften und begünstigen somit deutsche und britische gegenüber französischen Direktinvestitionen. Auf die Art der Finanzierung einer französischen Tochtergesellschaft wirkt sich die Erhebung dieser Steuern allerdings nicht aus.

Der Vergleich der Belastungswirkung von Gewerbe- und Vermögensteuer einerseits und den Arbeitgebersteuern sowie der »taxe professionnelle« andererseits für die Ebene der Tochtergesellschaft zeigt, daß die Gewerbe-und Vermögensteuerbelastung im Fall der Fremdfinanzierung geringer, im Fall der Beteiligungsfinanzierung dagegen höher als die Belastung durch Arbeitgebersteuern und die »taxe professionnelle« ist. Aus diesem Grund sind für die deutsche Muttergesellschaft deutsche Direktinvestitionen bei Gewährung eines Gesellschafterdarlehens günstiger als französiche, im Fall der Beteiligungsfinanzierung hingegen benachteiligt.

3.5.3. Die Weiterausschüttung an die Anteilseigner

Bei einer Weiterausschüttung der Finanzierungserträge an die Anteilseigner kommt es im Fall der zunächst freigestellten Schachteldividenden französischer bzw. britischer Tochtergesellschaften infolge der Herstellung der Ausschüttungsbelastung zu einer Nachversteuerung in Höhe von 36 Prozent. Im Ergebnis wird daher die auf der Ebene der Muttergesellschaft für diese Erträge gewährte Steuerbefreiung rückgängig gemacht. Dagegen kann im Fall der Ausschüttung inländischer Beteiligungserträge sowie Darlehenszinsen von inländischen und französischen bzw. britischen Tochtergesellschaften über die Körperschaftsteuerminderung und den Anrechnungsanspruch die auf diesen Erträgen lastende deutsche Körperschaftsteuer mit der Einkommensteuer eines Anteilseigners verrechnet werden.

Auf der Anteilseignerebene ist die Vermögensteuerzahlung auf den Wert der Anteile an der Muttergesellschaft als zusätzlicher Belastungsfaktor zu berücksichtigen. Auswirkungen auf die Vorteilhaftigkeit der einzelnen Finanzierungsalternativen resultieren hieraus jedoch nicht, da aufgrund der Annahme identischer Bemessungsgrundlagen die Vermögensteuerzahlungen jeweils in gleicher Höhe anfallen.

Im Fall der Beteiligungsfinanzierung sind, abweichend von den Ergebnissen auf der Ebene der Muttergesellschaft, nunmehr inländische Direktinvestitionen am günstigsten. Die Vorteilhaftigkeit des Standorts Großbritannien besteht nur noch, falls eine Fremdfinanzierung erfolgen soll.

Diese Benachteiligung ausländischer gegenüber inländischen Direktinvestitionen für den Fall der Beteiligungsfinanzierung ist darauf zurückzuführen, daß die von der ausländischen Tochtergesellschaft auf die Gewinne gezahlte Körperschaftsteuer nicht als inländische Tarifbelastung anerkannt wird. Daher führt die Weiterausschüttung steuerbefreiter ausländischer Schachteldividenden an die Anteilseigner zwingend zu einer Körperschaftsteuererhöhung (Nachversteuerung) und somit zu einer wirtschaftlichen Doppelbesteuerung dieser Dividenden.

Zusammenfassend verdeutlichen die Ergebnisse, daß die Ausgestaltung der Körperschaftsteuersysteme, die Höhe der Steuertarife sowie Ausmaß und Struktur der ertragsunabhängigen Besteuerung in den einzelnen Staaten zu Verzerrungen im Zusammenhang mit nationalen und grenzüberschreitenden Investitions- und Finanzierungsentscheidungen führen können. Dies wiederum kann die Funktionsfähigkeit des Europäischen Binnenmarktes beeinträchtigen.

Des weiteren wird ersichtlich, daß zur Beurteilung der Attraktivität eines Wirtschaftsstandortes ein isolierter Vergleich der Steuerbelastung in einzelnen Ländern nicht ausreicht. Aus der Sicht eines deutschen Investors gewinnt der Standort Bundesrepublik Deutschland dann an Attraktivität, wenn die Besteuerung der Investitionsrückflüsse und der Gewinnausschüttungen an die Anteilseigner in das Kalkül einbezogen sowie hinsichtlich der Finanzierungsart differenziert wird.

4. Reformüberlegungen

4.1. Der Stand der Steuerharmonisierung innerhalb der EG

Die Harmonisierungsbemühungen betreffen in erster Linie die indirekten Steuern. Insbesondere auf dem Gebiet der Umsatzsteuer sind große Fortschritte zu verzeichnen, was sowohl auf das Steuersystem als auch die Bemessungsgrundlage und die Steuersätze zutrifft. Für den innergemeinschaftlichen Leistungsaustausch ist nach Wegfall der Grenzkontrollen zum 1.1.1993 beabsichtigt, das von sämtlichen EG-Staaten praktizierte Bestimmungslandprinzip durch das sog. Gemeinschaftsprinzip zu ersetzen (vgl. dazu Spengel, 1993). Eine konsensfähige Lösung im Zusammenhang mit dem zu schaffenden Clearing-System, das zur Verteilung des Steueraufkommens aus innergemeinschaftlichen Umsätzen erforderlich ist, konnte jedoch noch nicht erzielt werden. Daher besteht eine bis zum 31.12.1996 befristete Übergangsregelung (vgl. dazu Kraeusel, 1992).

Dagegen soll die Harmonisierung der direkten Unternehmenssteuern auf Maßnahmen beschränkt werden, die zur Vollendung des Binnenmarktes unerläßlich sind. Die bislang vom Rat der Europäischen Gemeinschaften verabschiedeten und in nationales Recht umgesetzten Richtlinien, die Mutter-Tochter-Richtlinie und die Fusionsrichtlinie, betreffen die Besteuerung grenzüberschreitender Geschäftsvorfälle. Nach der Mutter-Tochter-Richtlinie darf ein EG-Staat auf Dividenden von Tochtergesellschaften an ihre in einem anderen EG-Staat ansässige Muttergesellschaft keine Quellensteuer erheben. Im Sitzstaat der Muttergesellschaft ist eine Doppelbesteuerung der Dividende durch die Anrechnungs- oder Freistellungsmethode zu vermeiden (vgl. dazu Esser, 1992). Die Fusionsrichtlinie bietet die Möglichkeit, bei grenzüberschreitender Umstrukturierung von Unternehmensgruppen die steuerwirksame Aufdeckung stiller Reserven unter bestimmten Voraussetzungen zu vermeiden (vgl. dazu Herzig/Dautzenberg/Heyeres, 1991).

Eine Harmonisierung der Unternehmensbesteuerungssysteme der Einzelstaaten wird mit Blick auf den Grundsatz der Subsidiarität nicht unbedingt angestrebt. Vielmehr sollen die Mitgliedstaaten in der Gestaltung ihrer Besteuerung grundsätzlich frei sein. Ein Handeln auf Gemeinschaftsebene soll nur erforderlich sein, falls aufgrund von Besteuerungsunterschieden zwischen den Staaten spürbare Verzerrungen auf Standort-, Investitions-und Finanzierungsentscheidungen eindeutig nachgewiesen werden können (vgl. Bundesrat-Drucksache 360/90). Ob derartige Maßnahmen erforderlich sind, will die EG-Kommission vom Ausgang der Untersuchung einer unabhängigen Expertengruppe abhängig machen, die ihren Bericht 1992 vorgelegt hat (vgl. Ruding Kommission, 1992). Danach sollte sich die Steuerharmonisierung innerhalb der EG auf folgende Maßnahmen konzentrieren:

(1) Beseitigung von diskriminierenden und wettbewerbsverzerrenden Effekten nationaler Steuervorschriften, welche grenzüberschreitende Unternehmensinvestitionen und -beteiligungen verhindern,
(2) Festlegung eines Mindestkörperschaftsteuersatzes in Höhe von 30 Prozent und Einführung einheitlicher Gewinnermittlungsvorschriften sowie
(3) Gewährleistung eines Höchstmaßes an Transparenz aller Steueranreize, die der Investitionsförderung dienen.

Als erste Reaktion hierauf kündigte die EG-Kommission eine umfassende Konsultation der Steuerbehörden der Mitgliedstaaten an (vgl. Bundesrat-Drucksache 540/92).

4.2. Mögliche Reformmaßnahmen des deutschen Gesetzgebers

Zur Stärkung der Attraktivität des Wirtschaftsstandortes Bundesrepublik Deutschland im Europäischen Binnenmarkt hat der Bundestag im Juli 1993 das sogenannte Standortsicherungsgesetz verabschiedet. Danach ergibt sich für Kapitalgesellschaften ab dem 1. 1. 1994 insbesondere folgende Entlastung:

(1) Senkung des Körperschaftsteuersatzes auf einbehaltene Gewinne von 50 auf 45 Prozent,
(2) Senkung der Ausschüttungsbelastung von 36 auf 30 Prozent sowie
(3) Verzicht auf die Körperschaftsteuererhöhung bei der Ausschüttung steuerfreier Vermögensmehrungen (EK 01). Falls der Empfänger der betreffenden Dividende eine unbeschränkt steuerpflichtige Kapitalgesellschaft ist, bleibt die vereinnahmte Ausschüttung bei deren Einkommensermittlung außer Ansatz. Handelt es sich bei dem Anteilseigner um eine unbeschränkt steuerpflichtige natürliche Person, ist die Ausschüttung einkommensteuerpflichtig und berechtigt nicht zur Körperschaftsteueranrechnung.

Die Gegenfinanzierung der Entlastungsmaßnahmen geschieht im wesentlichen durch eine Verbreiterung der steuerlichen Bemessungsgrundlagen, indem die degressiven Abschreibungsmöglichkeiten für Betriebsgebäude eingeschränkt werden.

Bezogen auf die Ergebnisse der im dritten Abschnitt durchgeführten Belastungsrechnungen ergeben sich durch das Standortsicherungsgesetz die in Abbildung 9 dargestellten Änderungen, wobei der Aspekt der Gegenfinanzierung nicht berücksichtigt wurde. Außerdem ist zu beachten, daß sich die Analyse ausschließlich auf eine deutsche Muttergesellschaft mit in- oder ausländischen Tochtergesellschaften beschränkt. Für ausländische Investoren kann insbesondere die Senkung der Ausschüttungsbelastung auf 30 Prozent die Attraktivität des Standorts Deutschland erhöhen; denn aus Deutschland stammende Beteiligungserträge sind hierdurch geringer belastet. Da aus dem Ausland zugeflossene Schachteldividenden auch in anderen Staaten auf der Ebene einer Muttergesellschaft häufig freigestellt sind, ergibt sich in diesen Fällen eine Steuerersparnis.

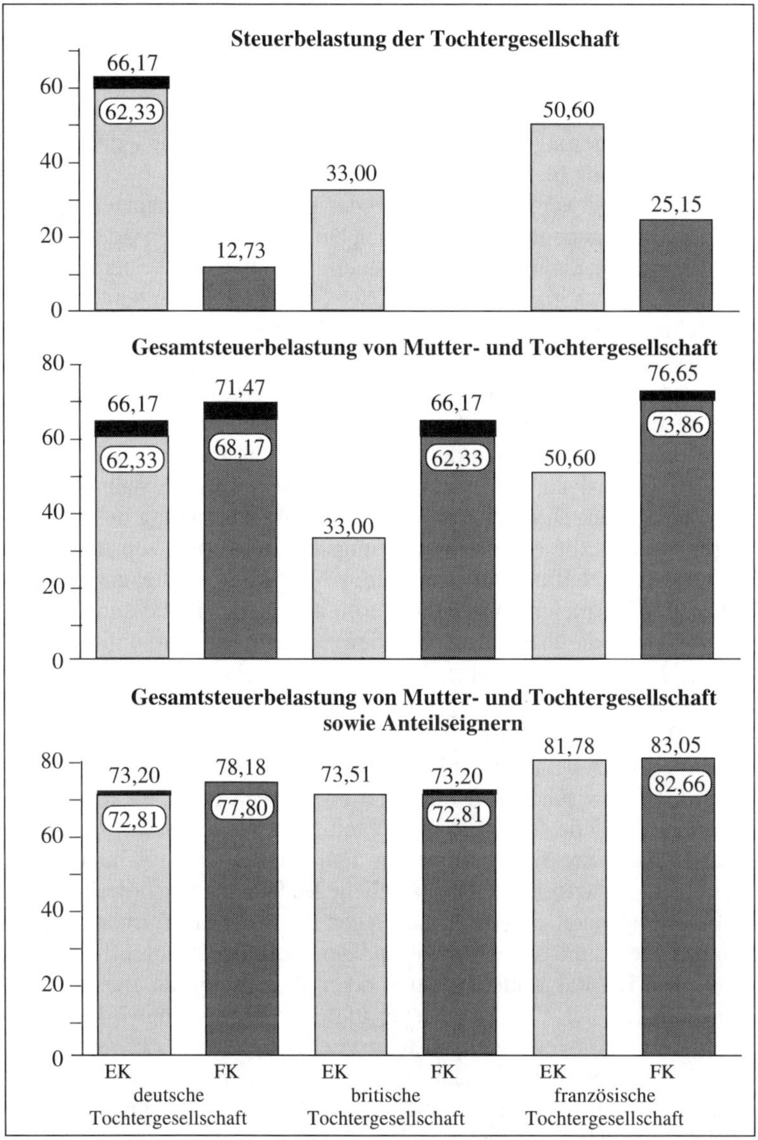

Abbildung 9: Auswirkungen des Standortsicherungsgesetzes

(1) Die Steuerbelastungsdifferenzen zwischen deutschen Kapitalgesellschaften und ihren ausländischen Konkurrenten verringern sich. Für die hier analysierten Länder ergibt sich jedoch unabhängig von der Belastungsebene keine Änderung der Vorteilhaftigkeitsrangfolge.
(2) Die Besteuerungsunterschiede im Fall der Beteiligungs- und Fremdfinanzierung bleiben bestehen.
(3) Schließlich werden für den Fall der Beteiligungsfinanzierung ausländische gegenüber inländischen Direktinvestitionen weiterhin benachteiligt; denn die Nachversteuerung im Fall der Weiterausschüttung steuerbefreiter ausländischer Schachteldividenden an unbeschränkt steuerpflichtige natürliche Personen wird nicht beseitigt.

Der Weg, zusätzliche Investitionsanreize durch eine Absenkung der Steuertarife bei gleichzeitiger Ausdehnung der Bemessungsgrundlagen zu schaffen, ist grundsätzlich der richtige, denn die Höhe der Steuersätze hat erhebliche psychologische Auswirkungen auf internationale Standortentscheidungen. Des weiteren verbessert eine Absenkung des Thesaurierungssatzes die Selbstfinanzierungsmöglichkeiten von deutschen Kapitalgesellschaften und somit deren Wettbewerbsfähigkeit im internationalen Vergleich. Durch die Verbreiterung der Bemessungsgrundlagen können darüber hinaus Wettbewerbsverzerrungen in diesem Bereich, z.B. Abschreibungsvergünstigungen, abgebaut werden, so daß die steuerliche Gewinnermittlung transparenter wird (vgl. Kommission, 1991, S. 261 ff.). Diese Vorgehensweise wählten beispielsweise Großbritannien und die USA bei ihren umfassenden Steuerreformen in den achtziger Jahren. Um zwischen den Finanzierungsformen bestehende Besteuerungsunterschiede sowie die Benachteiligung ausländischer gegenüber inländischen Direktinvestitionen im Fall der Beteiligungsfinanzierung zu verringern, wären jedoch zusätzliche Maßnahmen erforderlich.

Belastungsunterschiede zwischen den Finanzierungsformen resultieren in erster Linie aus der selbständigen Vermögensteuerpflicht einer deutschen Kapitalgesellschaft und deren Anteilseignern, der Nichtabzugsfähigkeit der Vermögensteuer und der damit verbundenen Belastung der Vermögensteuer mit Körperschaftsteuer und Gewerbesteuer vom Ertrag sowie den Korrekturvorschriften bei den Dauerschulden bzw. Dauerschuldzinsen im Zusammenhang mit der Gewerbesteuer. Bei diesen Steuern bestehen daher wichtige Ansatzpunkte für Reformmaßnahmen.

Eine Finanzierungsneutralität im Bereich der Vermögensteuer ließe sich prinzipiell durch eine Abschaffung der Vermögensteuer auf das Betriebsvermögen herbeiführen. Diese Lösung entspräche z.B. der in Frankreich praktizierten Regelung (vgl. Jacobs/Spengel, 1993a, S. 11f.). Sie vernachlässigt jedoch, daß die Verfügungsmöglichkeit über eine Vermögenssubstanz eine besondere Leistungsfähigkeit darstellt, die eine eigenständige Besteuerung in Form einer Vermögensteuer rechtfertigt. Eine Doppelbelastung von Kapitalgesellschaften und ihren Anteilseignern ist allerdings sachlich nicht gerechtfertigt. Zu deren Beseitigung könnte ein dem Körperschaftsteuerrecht vergleichbares Anrechnungsverfahren eingeführt werden, das eine Einmalbelastung mit Vermögensteuer und somit auch Finanzierungsneutralität gewährleisten würde.

In seiner Grundstruktur wäre das Anrechnungsverfahren wie folgt auszugestalten (vgl. dazu und zur Begründung Jacobs, 1988, S. 499ff.): Die Kapitalgesellschaft ermittelt ihr Betriebsvermögen nach den Grundsätzen der Einheitsbewertung und zahlt auf dieser Basis Vermögensteuer. Dem Anteilseigner wird der Einheitswert nach Maßgabe seiner Beteiligung am Nennkapital zugerechnet. Er enthält entsprechend der Höhe seiner Beteiligungsquote einen Anrechnungs- oder Erstattungsanspruch aus der Vermögensteuer, die die Gesellschaft gezahlt hat. Die Vermögensteuersätze für natürliche und juristische Personen sollten identisch sein. Außerdem wäre darauf zu achten, daß die Vermögensteuer auf der Ebene der Kapitalgesellschaft nicht mit Körperschaft- und Gewerbeertragsteuer belastet wird, also eine abzugsfähige Betriebsausgabe darstellt. Aufgrund der Anrechnung würde das bewertungsrechtliche Schachtelprivileg entfallen.

Bei der Gewerbesteuer ließe sich Finanzierungsneutralität prinzipiell durch die volle Hinzurechnung der Dauerschulden und der entsprechenden Zinsen zum Gewerbekapital bzw. Gewerbeertrag verwirklichen. Am konsequentesten ist allerdings eine Abschaffung der Gewerbesteuer. Damit wäre nicht nur die unterschiedliche Behandlung der Finanzierungsformen aufgehoben, sondern gleichzeitig auch der Kritik an der Begründung der Gewerbesteuer sowie dem Umstand Rechnung getragen, daß die Gewerbesteuer im internationalen Vergleich eine Sonderbelastung für deutsche Unternehmen darstellt (vgl. z.B. Wendt, 1992, S. 77ff.).

Die Neutralität von Kapitalanlagen im In- und Ausland wäre ceteris paribus gegeben, falls einer Kapitalgesellschaft aus dem Ausland zugeflossene Gewinne wie inländische Gewinne bei einer Weiterausschüttung im Ergebnis nur einmal mit dem individuellen Steuersatz des Anteilseigners besteuert würden. Dieses Ergebnis, das in Abbildung 10 für eine britische Tochtergesellschaft dokumentiert ist, kann durch Einführung eines grenzüberschreitenden Körperschaftssteueranrechnungsanspruches erreicht werden: Auf der Ebene einer deutschen Muttergesellschaft ist die auf den ausländischen Dividenden lastende Körperschaftsteuer als eine der deutschen Körperschaftsteuer entsprechende Steuer anzuerkennen, die im Fall der Weiterausschüttung der Dividenden auf die Einkommensteuer der Anteilseigner angerechnet wird.

	derzeitiges System	**vorgeschlagenes System**
Britische Tochtergesellschaft		
1. Gewinn vor Steuern	100,00	100,00
2. Körperschaftsteuer (33 %)	– 33,00	– 33,00
3. Ausschüttung	67,00	67,00
Deutsche Muttergesellschaft		
4. Steuerfreie Einkünfte	67,00	–
5. Steuerpflichtige Einkünfte	–	100,00
6. Körperschaftsteuer (45 %)	–	45,00
7. Anrechnungsanspruch	–	33,00
8. EK 45 (3.–6. + 7.)	–	55,00
9. Körperschaftsteuerminderung ($^{15}/_{55}$ von 8.)	–	15,00
Deutscher Anteilseigner		
10. Bruttobardividende	67,00	70,00
11. Anrechnungsanspruch ($^{3}/_{7}$ von 10.)	–	30,00
12. Steuerpflichtiges Einkommen (10. + 11.)	67,00	100,00
13. Einkommensteuer		
13a. (40 % von 12.)	– 26,80	– 40,00
13b. (20 % von 12.)	– 13,40	– 20,00
14. Anrechnungsanspruch (11.)	–	30,00
15. Zahllast (13. + 14.)		
15a. (ESt 40 %)	26,80	10,00
15b. (ESt 20 %)	13,40	– 10,00
16. Nettoeinkommen (10.–15.)		
16a. (ESt 40 %)	40,20	60,00
16b. (ESt 20 %)	53,60	80,00

Abbildung 10: Vorschlag zu einer Reform der Körperschaftsteuer

Die Umsetzung einer derartigen Maßnahme müßte allerdings im gesamteuropäischen Kontext erfolgen. Hierzu sind aus systematischer Sicht folgende Schritte erforderlich (vgl. Spengel, 1993):

(1) Zunächst wäre ein gemeinschaftliches Körperschaftsteuersystem einzuführen. Gegenwärtig bestehen zwischen den Körperschaftsteuersystemen im Europäischen Binnenmarkt noch erhebliche Unterschiede (vgl. Grotherr, 1992, S. 1389f.). Das Spektrum der vorzufindenden Varianten umfaßt das Klassische, das Teilanrechnungs-, das Vollanrechnungssystem und das Dividendenabzugsverfahren. Im Klassischen System (z.B. Niederlande) wird dem Anteilseigner kein Anrechnungsanspruch auf die Körperschaftsteuer gewährt, die auf den Dividenden lastet. Folglich kommt es bei einer Gewinnausschüttung zu einer »klassischen« Doppelbelastung der Dividenden, da diese nun mit Körperschaftsteuer und Einkommensteuer belastet sind. Bei einem Teilanrechnungssystem (z.B. Großbritannien) ist der Anrechnungsanspruch auf einen bestimmten Prozentsatz (< 100 Prozent) der auf den Dividenden lastenden Körperschaftsteuer beschränkt, so daß eine wirtschaftliche Doppelbesteuerung der Dividenden zwar gemildert, aber nicht vollständig vermieden wird. Kennzeichen eines Vollanrechnungssystems (z.B. Deutschland) ist die generelle Vermeidung einer Mehrfachbelastung ausgeschütteter Gewinne bei der Kapitalgesellschaft und ihren Anteilseignern. Im Fall der Ausschüttung kann die auf den Dividenden lastende Körperschaftsteuer vollständig auf die Einkommensteuer des Anteilseigners angerechnet werden. Daher unterliegen ausgeschüttete Gewinne im Ergebnis nur der persönlichen Einkommensteuer des Anteilseigners. Bei dem von Griechenland angewandten Dividendenabzugsverfahren sind Gewinnausschüttungen als Betriebsausgabe abzugsfähig, so daß grundsätzlich die gleichen Wirkungen wie bei einem Vollanrechnungssystem eintreten. Unter systematischen Gesichtspunkten wäre EG-einheitlich ein Vollanrechnungssystem einzuführen. Abweichend von der zivilrechtlichen Eigenständigkeit juristischer Personen steht beim Anrechnungsverfahren die wirtschaftliche Einheit von Kapitalgesellschaft und Anteilseignern im Vordergrund. Nur in einem Vollanrechnungssystem wird diese Grundwertung konsequent verwirklicht (vgl. Herzig, 1990, S. 31).

(2) In einem zweiten Schritt wären die Steuersätze zu harmonisieren. Wie gezeigt wurde (vgl. Punkt 3.5.3.), sind Unterschiede in der Höhe der nationalen Körperschaftsteuertarife ein Grund für die Steuerbelastungsdifferenzen zwischen der Beteiligungsfinanzierung in- und jener ausländischer Tochtergesellschaften.
(3) In einem dritten Schritt wäre der grenzüberschreitende Körperschaftsteueranrechnungsanspruch auch natürlichen Personen zu gewähren, die Schachteldividenden unmittelbar von einer im EG-Ausland ansässigen Kapitalgesellschaft beziehen. Gegenwärtig können natürliche Personen die auf den Dividenden lastende ausländische Körperschaftsteuer im Inland nicht anrechnen (fehlende Steuersubjektidentität, vgl. Jacobs, 1991, S. 122 f.). Eine Versagung des Anrechnungsanspruchs im Fall des Direktbezugs würde diesen gegenüber dem mittelbaren Bezug über eine inländische Kapitalgesellschaft steuerlich diskriminieren. Dies erscheint sachlich nicht gerechtfertigt und würde Tendenzen zur Zwischenschaltung inländischer Kapitalgesellschaften fördern (vgl. Haase/Roßmayer, 1991, S. 1132).
(4) Falls die im Ausland (Quellenstaat) erhobene Körperschaftsteuer im Inland (Wohnsitzstaat) auf die Einkommensteuer des Anteilseigners angerechnet wird, können sich Verschiebungen im Ertragsteueraufkommen zwischen den Mitgliedstaaten ergeben. Insbesondere müßte der Fiskus des Wohnsitzstaates dem Anteilseigner ausländische Steuern erstatten, falls der inländische Einkommensteuersatz unter dem ausländischen Körperschaftsteuersatz liegt (vgl. Abbildung 10, Nr. 15 b). Insoweit würde eine Subventionierung des Quellenstaates durch den Wohnsitzstaat vorliegen. In einem vierten Schritt wäre zur Vermeidung der Subventionierung von Quellenstaaten daher ein innergemeinschaftlicher Fiskalausgleich (Clearing-System) zu schaffen (vgl. Haase/Roßmayer, 1991, S. 1128ff., Pumbo, 1992, S. 1999).

Zusammenfassend ist festzuhalten, daß die Vorschläge zur Harmonisierung der Unternehmensbesteuerung ein weites Spektrum aufweisen. Es sind sowohl nationale Reformmaßnahmen als auch ein Vorgehen auf Gemeinschaftsebene denkbar. Zu beachten ist, daß sämtliche Vorschläge politisch durchsetzbar sein müssen. Mit Blick auf die Probleme bei der Einführung eines Fiskalausgleiches im Zusammenhang mit der

Harmonisierung der Umsatzsteuer kann ein massiver Eingriff in die Steuersouveränität der einzelnen Mitgliedstaaten EG-weiten Steuerreformmaßnahmen entgegenstehen.

Literatur

BDI/DIHT, Steuerliche Gewinnermittlungsvorschriften im internationalen Vergleich, Köln 1989.

Bundesminister der Finanzen (BMF), Die wichtigsten Steuern im internationalen Vergleich, in: Internationale Wirtschafts-Briefe, Fach 10, International, Gruppe 2, S. 737–746.

Bundesminister der Finanzen (BMF), Die wichtigsten Steuern im internationalen Vergleich, in: Internationale Wirtschafts-Briefe, Fach 10, International, Gruppe 2, S. 853–862.

Bundesrat-Drucksache 360/90, Mitteilung der Kommission der Europäischen Gemeinschaften an das Parlament und den Rat über Leitlinien zur Unternehmensbesteuerung.

Bundesrat-Drucksache 540/92, Mitteilung der Kommission der Europäischen Gemeinschaften an den Rat und das Europäische Parlament im Anschluß an die Schlußfolgerungen des unabhängigen Sachverständigenausschusses über die Leitlinien für die Unternehmensbesteuerung im Rahmen der Vertiefung des Binnenmarktes.

Devereux, M., The Impact of Taxation on International Business: Evidence from the Ruding Committee Survey, in: EC Tax Review, o.Jg. (1992), S. 105–117.

Esser, R., Quellensteuerbefreiung, Schachtelprivileg und Staatshaftung, in: Recht der Internationalen Wirtschaft, 38. Jg. (1992), S. 293–297.

Fischer, L., Die Reform des Unternehmenssteuerrechts in den wichtigsten Industriestaaten – Übereinstimmungen und Unterschiede, in: Herzig, N. (Hrsg.): Betriebswirtschaftliche Steuerlehre und Steuerberatung, Festschrift für Gerd Rose zum 65. Geburtstag, Wiesbaden 1991, S. 217–237.

Fuest, W./Kroker, R., Indikator Unternehmenssteuern, in: IW-Trends, Institut der Deutschen Wirtschaft, 19. Jg. (1992), Heft 2, S. 35–42.

Grotherr, S., Plädoyer für einen neuen Richtlinienvorschlag zur Harmonisierung der Körperschaftsteuersysteme im Europäischen Binnenmarkt, in: Deutsches Steuerrecht, 30. Jg. (1992), S. 1388–1393.

Haase, K.D./Roßmayer, K., Körperschaftsteuer auf Auslandseinkünfte –Modelle zur Steuerentlastung des Durchschleusens durch inländische Körperschaften –, in: Deutsches Steuerrecht, 29. Jg. (1991), S. 1126–1132.

Herzig, N., Nationale und internationale Aspekte einer Reform der Körperschaftsteuer, in: Steuer und Wirtschaft, 67. Jg. (1990), S. 22–39.

Herzig, N./Dautzenberg, R./Heyers, N., System und Schwächen der Fusionsrichtlinie, in: Der Betrieb, 44 Jg. (1991), Beilage 12.

Jacobs, O.H., Das unterkapitalisierte deutsche Unternehmen – Eigenkapitalbildung und Steuern, in: Steuerberaterkongreßreport, o.Jg. (1985), S. 51–67.

ders., Unternehmensbesteuerung und Rechtsform, München 1988.

ders., Die Steuerbelastung deutscher Kapitalgesellschaften im Vergleich zur Steuerbelastung nach US-amerikanischem Recht – Eine EDV-gestützte Steuerbelastungsanalyse, in: Deutsches Steuerrecht, 29. Jg. (1991), S. 257–262.

ders., Einflußfaktoren der internationalen Steuerbelastung. Dargestellt am Vergleich Deutschland–USA, in: Herzig, N. (Hrsg.): Betriebswirtschaftliche Steuerlehre und Steuerberatung, Festschrift für Gerd Rose zum 65. Geburtstag, Wiesbaden 1991, S. 255–270.

ders., Internationale Unternehmensbesteuerung, 2. Aufl., München 1991.

Jacobs, O.H./Spengel, C., Besteuerung und Finanzierung verbundener Unternehmen in Deutschland, Frankreich und Großbritannien, in: Internationales Steuerrecht, 1. Jg. (1992), S. 84–88 (Teil I), S. 125–131 (Teil II) und Internationales Steuerrecht 1993, S. 37–44 (Teil III).

dies., The Financing and Taxation of Corporations – A Comparing Analysis for the EC-Member Countries Germany, France and Great Britain, in: Intertax, o. Jg. (1993), S. 4–15.

Kommission, Gutachten der Kommission zur Verbesserung der steuerlichen Bedingungen für Investitionen und Arbeitsplätze, Bonn 1991.

Kraeusel, J., Das Umsatzsteuer–Binnenmarktgesetz (UStBG), in: Umsatzsteuer- und Verkehrsteuer-Recht, 78 Jg. (1992), S. 257–288.

Pumbo, M., Steuerbelastung ausländischer Einkünfte bei Weiterausschüttung – Eine vergleichende Analyse der Reformvorschläge-, in: der Betrieb, 45. Jg. (1992), S. 1993–1999.

Ruding Kommission, Report of the Committee of Independent Experts on Company Taxation, Brüssel 1992.

Spengel, C., Umsatzbesteuerung im EG-Binnenmarkt. Vom Bestimmungslandprinzip über das Ursprungslandprinzip zum Gemeinschaftsprinzip, in: WiSt-Wirtschaftswissenschaftliches Studium, 22. Jg. (1993), S. 45–48.

ders., Aspekte einer Reform der Körperschaftsteuer im Europäischen Binnenmarkt, in: ZEW-Newsletter, 2. Jg. (1993), S. 5–9.

Statistisches Bundesamt, Statistisches Jahrbuch für Deutschland 1992, Stuttgart 1992.

Wendt, R., Reform der Unternehmensbesteuerung aus europäischer Sicht, in: Steuer und Wirtschaft, 69. Jg. (1992), S. 66–80.
Wysocki, K.v., Theorie und Praxis internationaler Steuerbelastungsvergleiche in betrieblicher Sicht, in: Management International Review, o. Jg. (1963), S. 29–43.

Abkürzungen

ArbSt	Arbeitgebersteuern (Frankreich)
ESt	Einkommensteuer
GewStE	Gewerbesteuer vom Ertrag
GewStK	Gewerbesteuer vom Kapital
KSt	Körperschaftsteuer
TP	Taxe professionnelle (Frankreich)
VSt	Vermögensteuer

Der Umweltschutz als Standortfaktor

Klaus Conrad

1. Die drei Effekte des Umweltschutzes

Neben den klassischen Produktionsfaktoren Arbeit, Kapital und Boden gibt es einen weiteren, der Jahrhunderte lang zum Nulltarif eingesetzt wurde, die Umwelt. Da Preise nicht die Knappheit dieses Gutes widerspiegeln, wurden umweltbelastende Produktions- und Konsumaktivitäten zu stark ausgedehnt. Die Nutzung der Umwelt impliziert aber volkswirtschaftliche Kosten im Sinne von Korrosion und Säurefraß an Gebäuden oder Aufwendungen im Gesundheitswesen. Im modernen Produktionsprozeß hat der Produktionsfaktor Umwelt nun seinen Preis wie die anderen Faktoren auch. Verteilungskonflikte sind zwangsläufig die Folge, da Teile der Einkommen aus Arbeit, Kapital und Boden an diesen neuen Faktor abgeführt werden müssen. Dieser Verteilungskampf ist bereits voll im Gange. Der Kostendruck auf die Wirtschaft durch Umweltschutz ist unausweichlich und wird sicher noch weiter zunehmen.

Ob nun über marktwirtschaftliche Hebel wie die Abwasserabgabe oder über die Kosten einer ordnungsrechtlichen Regulierung über Vorschriften und Auflagen, über Grenzwerte und Maßnahmen nach dem »Stand der Technik«, Umweltnutzung muß in jedem Fall als Kostenfaktor in die einzelwirtschaftliche Kalkulation einfließen. Hat die Umwelt ihren Preis, dann liegt es im eigenen Interesse von Produzenten und Konsumenten, Produktionsverfahren und Konsumgüter zu wählen, die die Entstehung von unerwünschter Kuppelproduktion verhindern oder jedenfalls minimieren.

Umweltschutzanforderungen haben drei Effekte, wobei diese zu einer unterschiedlichen Bewertung eines Industriestandortes führen. Zum einen impliziert Umweltschutz Kosten durch dem Produktionsprozeß nachgeschaltete »end of pipe«-Technologie sowie Kosten durch den Einsatz nicht gerade billiger Technologie, die eine Umweltbelastung erst gar nicht entstehen läßt. Diese Kostenbelastung veranlaßt umweltintensive Industriezweige wie die Chemische Industrie oder die Papiererzeugende Industrie, eine Standortverlagerung bei Betriebserweiterungen in Erwägung zu ziehen. Was aber für die einen Kosten sind, sehen die anderen als Umsatz. Aus dieser Sicht ist die Umweltschutzindustrie eine Wachstumsbranche und die Bundesrepublik als Spitzenreiter einer strikten Umweltpolitik ein guter Wirtschaftstandort. Kleine mittelständische Unternehmen im Bereich der Meßtechnik oder der Lärmdämmung begrüßen daher jede Verschärfung in der Umweltpolitik.

Schließlich ist Umweltqualität auch ein wichtiger Standortfaktor für Branchen, die diese als kostenlosen Teil der Infrastruktur schätzen. Beispiele dafür bilden das Banken- und Versicherungsgewerbe oder der Fremdenverkehr. Die Schwierigkeit ostdeutscher Firmen, selbst bei guter Entlohnung westdeutsche Arbeitskräfte zu gewinnen, verdeutlicht die Bedeutung von Umweltqualität für die Attraktivität eines Industriestandortes.

2. Der Umweltschutz als Kostenfaktor

Ist die Kostenbelastung der deutschen Unternehmen höher als diejenige, die ausländischen Konkurrenten erwachsen, um Vorschriften zum Schutz der Umwelt einzuhalten, dann verringert sich die inländische Produktion an umweltintensiven Gütern, sei es durch Abbau oder Elimination von Produktlinien oder sei es durch Standortverlagerung ins Ausland. Die Folge ist ein Verlust an inländischen Arbeitsplätzen. Beginnen wir also mit einigen Zahlen zur Kostenbelastung.

Abbildung 1 zeigt die Investitionen in den Umweltschutz und Abbildung 2 die Umweltschutzausgaben, bestehend aus Sachaufwendungen und Investitionsausgaben. 1990 entfielen fast 8 Milliarden DM im Produzierenden Gewerbe auf Investitionen in den Umweltschutz.

Allein die Unterhaltung und der Betrieb bestehender Umweltschutzeinrichtungen kosteten 13 Milliarden DM. Die Ausgaben zur Luftreinhaltung stiegen seit Anfang der siebziger Jahre um das Fünffache. 21 Milliarden DM Umweltschutzausgaben bedeuten über 2800 DM pro Arbeitsplatz im Jahre 1990 im Produzierenden Gewerbe. Mehr als 200 Milliarden DM hat dieses in den vergangenen 20 Jahren für den Umweltschutz ausgegeben. Insbesondere von 1986 bis 1990 wuchsen die Ausgaben kräftig.

Weitere Verbesserungen im Umweltschutz können beim relativ ho-

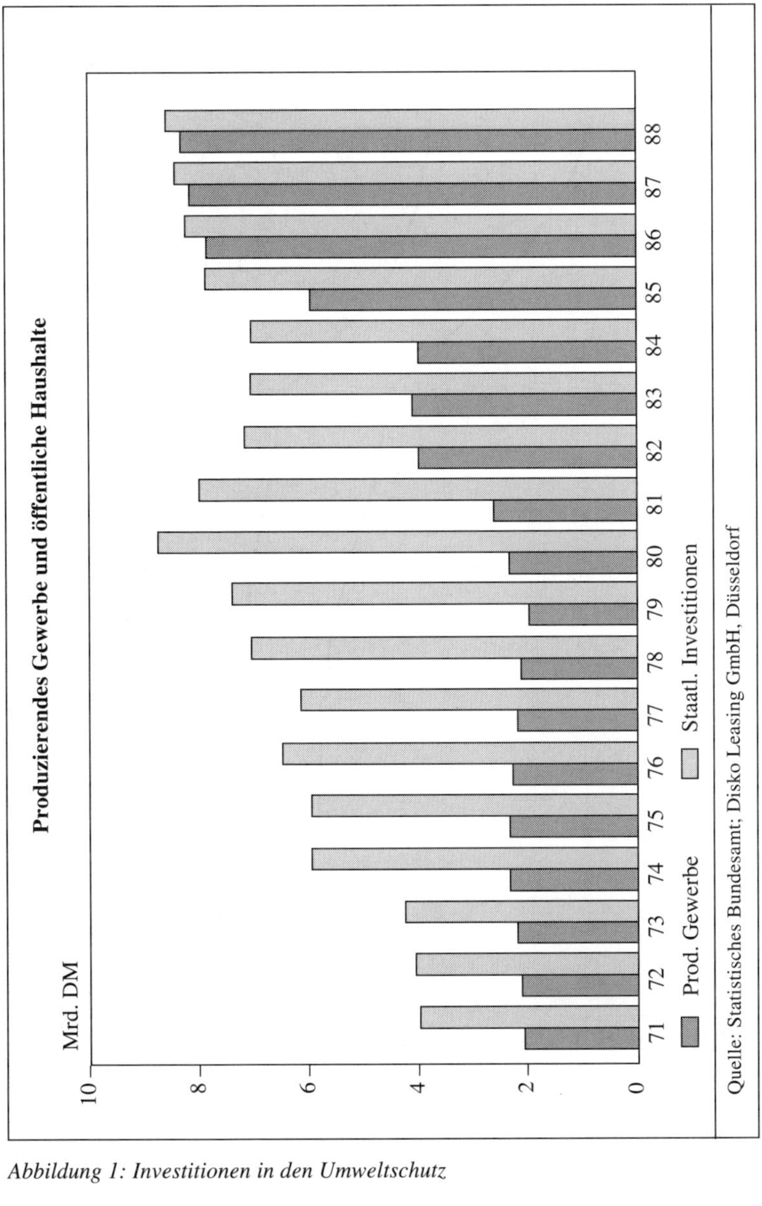

Abbildung 1: Investitionen in den Umweltschutz

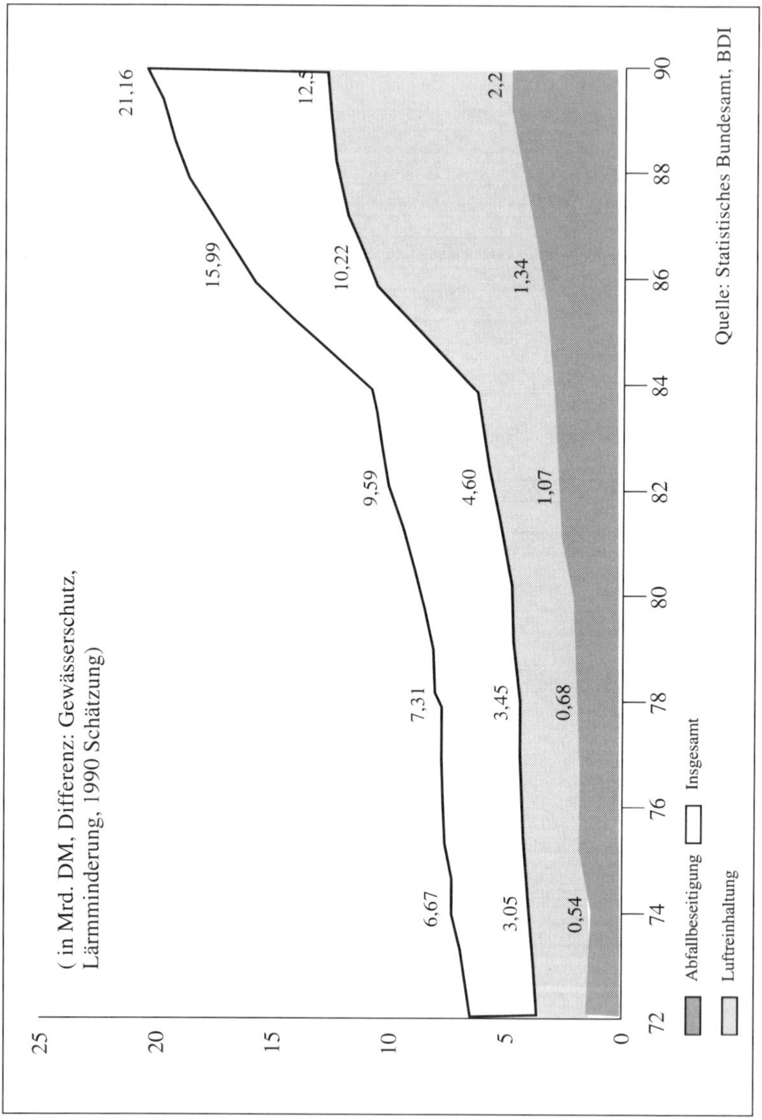

Abbildung 2: Umweltschutzausgaben im Produzierenden Gewerbe (alte Bundesländer)

hen Stand der deutschen Umweltqualität nur noch mit progressiv steigenden Kosten erreicht werden. Hinzu kommt, daß in der Bundesrepublik der private Sektor 1991 fast zwei Drittel der Umweltschutzausgaben aufgebracht hat. Wie Abbildung 3 zeigt, trägt in den meisten anderen Industrieländern der Staat einen größeren Teil der Kosten. Nach einer Studie des Instituts der deutschen Wirtschaft übernimmt der Staat in Frankreich 62 Prozent der Umweltschutzausgaben, in den Niederlanden 78 Prozent und in Japan 88 Prozent, wohingegen es in der Bundesrepublik nur 37 Prozent sind.

Mißt man die Umweltschutzkosten an der Höhe des Bruttosozialproduktes, so beläuft sich der Anteil in der Bundesrepublik 1991 auf 1,74 Prozent. Nur Österreich gibt einen höheren Anteil für den Umweltschutz aus.

Übrigens wandten alle anderen in den Vergleich einbezogenen Länder 1991 einen deutlich geringeren Anteil ihres Bruttosozialproduktes für Umweltschutzausgaben auf als im Jahre 1975. Auf der Grundlage

	1980	**1986**	**1991**[3]	**1980**	**1986**	**1991**[3]	**1980**	**1986**	**1991**[3]
Land	**Millionen US-Dollar**[2]			**Anteil am BSP**[2] **(in %)**			**Davon priv. Umweltschutzausgaben (in %)**		
Deutschland	11.829	13.209[4]	16.369	1.45	1.53[4]	1.74	36[4]	49	63
Frankreich	5.887[5]	6.464	7.171	0.87[5]	0.88	0.91	37[5]	37	38
Großbritannien	8.297	7.312	6.270	1.54	1.20	0.93	49[4]	50	52
Niederlande	1.875[4]	2.293	2.818	1.10[4]	1.28	1.46	30	26	22
Dänemark	677	705	703	1.02	0.90	0.78	9	10	12
Österreich	911[6]	1.255	1.783	1.22[6]	1.50	1.94	33	50	65
Norwegen	633[7]	556	484	1.25[7]	0.81	0.57	33	33[4]	32
Schweden	1.235[7]	1.267	1.301	0.99[7]	0.92	0.87	20[8]	29[4]	34
Finnland	675	711	742	1.30	1.16	1.05	54	55	57
Japan	19.572	17.629	16.170	1.84	1.34	1.02	14	13	12
Kanada	5.387	4.982	4.706	2.04	1.59	1.30	40	35	31
USA	43.570	47.105	50.302	1.62	1.47	1.36	60	59	59

1 öffentliche und private Ausgaben
2 in Preisen und Wechselkursen von 1980
3 Hochrechnung
4 1985 5 1981 6 1979 7 1978 8 1974

Quelle: IW-trends, 2/92, Tab. 1+2

Abbildung 3: Umweltschutzausgaben[1] ausgewählter Industrieländer

dieser Zahlen ist erklärlich, daß nach einer Ifo-Umfrage vom Dezember 1991 zu den gravierenden Negativpunkten nach Ansicht der Firmen neben Steuerbelastung, Sozialabgaben, Arbeitszeit und Löhnen die im internationalen Vergleich schärferen Umweltschutzanforderungen zählen. Eine Ruhepause bei den Umweltschutzanforderungen würde daher nach deren Überzeugung zur Verbesserung des Standorts beitragen.

Umweltschutzkosten werden auch in einem Negativkatalog angeführt, der erklären soll, warum in Deutschland von 1980 bis 1991 weniger als 2 Prozent der weltweiten Direktinvestitionen getätigt wurden (19 Milliarden Dollar von 1 Billion Dollar). Umgekehrt investierten deutsche Unternehmen jedoch 112 Milliarden Dollar im Ausland.

Wir hatten eingangs erwähnt, es gelte heutzutage als selbstverständlich, daß die Nutzung des Produktionsfaktors Umwelt Kosten verursacht. Im Zusammenhang mit der Standortfrage erscheint ein internationaler Vergleich von Umweltschutzkosten von Interesse. Ob ein solcher Vergleich aussagekräftig ist, wird oft bezweifelt, und zwar aus mehreren Gründen.

Erstens erscheint es selbstverständlich, daß der Anteil der Umweltschutzkosten am Bruttosozialprodukt in der Bundesrepublik weit höher ausfällt als z.B. der für Schweden oder Norwegen. Die Bundesrepublik stellt ein dicht besiedeltes, hochindustrialisiertes und rohstoffarmes Land inmitten des dicht besiedelten Europas dar. Dies erfordert geradezu eine umweltfreundliche und rohstoffsparende Produktion und impliziert daher höhere Kosten des Faktors Umwelt.

Zweitens erscheint ein internationaler Vergleich von Kosten nicht besonders aufschlußreich, da in der Statistik nicht genau abgegrenzt wird, ob es sich nur um »end-of-pipe«-Investitionen oder auch um integrierte Umweltschutztechnologie handelt, d.h. ob nur die Kosten des nachsorgenden Umweltschutzes oder auch die Vorsorgekosten im Sinne emissionsarmer Technologie erfaßt sind, bei denen es zu einer Emission erst gar nicht oder nur in äußerst vermindertem Maße kommt. Das Nachschalten von Luftfiltern verursacht nur einmalige Kosten, wohingegen die Verpflichtung zu einer integrierten Umweltschutztechnologie eher zu einer Belastung der internationalen Wettbewerbsfähigkeit werden kann. Außerdem gibt es methodische Schwierigkeiten bei der Zuordnung von Kosten des Umweltschutzes zu den Kostenarten. Eine neue Anlage als Ersatz einer alten ist zugleich auch umweltfreundlicher.

Welcher Teil der Anschaffungskosten soll als Umweltschutzinvestition gebucht werden?

Drittens kann man aus aggregierten Zahlen für das Produzierende Gewerbe nicht auf die gleichmäßige Kostenbelastung aller Branchen schließen. Den Hauptanteil der Kosten der Luftreinhaltung hatte die Elektrizitätswirtschaft zu tragen. Deren Produkt bildet zwar für manche Industriezweige ein wichtiges Zwischenprodukt im Produktionsprozeß, doch wird es ein Arbeitsplatz schaffender Exportschlager selbst in Frankreich nicht werden. Die Last der Kosten konzentrierte sich aber auch noch auf andere Branchen, die durch eine intensive Umweltnutzung gekennzeichnet sind. Bei diesen, wie beispielsweise bei der Chemischen Industrie, der Mineralölverarbeitung, der Papierverarbeitenden Industrie oder Gießereien, ist ohne Zweifel von einer Beeinträchtigung der Wettbewerbsposition auszugehen.

Viertens kann man Kosten so relativieren, daß sie problemlos dem Verursacher zugemutet werden können. So wurden 1990 vom Produzierenden Gewerbe 21 Milliarden DM an Umweltschutzausgaben getätigt. Im selben Jahr wurden 128 Milliarden Zigaretten in der Bundesrepublik verkauft. Bei einem Preis von 20 Pfennig je Zigarette ergibt dies 25,6 Milliarden DM und damit eine um 4,6 Milliarden DM höhere Summe, als sie die Industrie für den Umweltschutz ausgab.

Zusammenfassend kann festgehalten werden, daß die deutsche Industrie trotz aller methodischen Einwände hinsichtlich der Aussagekraft von Kostendaten finanziell stärker belastet ist als ihre Standortkonkurrenten in der EG und auf dem Weltmarkt. Ein Grund hierfür liegt auch darin, daß beim Verteilungskampf der drei Produktionsfaktoren Kapital, Arbeit und Umwelt keiner zugunsten des anderen ein Promille abgeben will. Die Industrie weist zurecht darauf hin, daß die Verdrängung »produktiver« Investitionen durch Umweltschutzaufwendungen das Produktionspotential für den Wachstumsprozeß und damit für Arbeitsplätze reduziert. Die Gewerkschaften sind nicht bereit, Abstriche von ihren Lohnforderungen zugunsten des Faktors Umwelt zu machen, obwohl die durch höhere Umweltschutzauflagen von einigen Milliarden DM bedingte Mehrbelastung oft nur einen Bruchteil der Summe ausmacht, um die bei Tarifverhandlungen gerungen wird. Umwelt als Produktionsfaktor wird schließlich ständig teurer werden, weil die Politiker unter dem Druck der öffentlichen Meinung Auflagen und Abgaben verschärfen werden.

3. Die Stromkosten als Standortfaktor

Der deutsche Industriestrompreis lag 1990 um 23,6 Prozent über dem Durchschnitt der westlichen Industriestaaten (vgl. Abbildung 4). Die wesentliche Ursache für diesen Wettbewerbsnachteil resultiert aus der Vorreiterrolle beim Umweltschutz. Da 60 Prozent der industriellen Energiekosten Stromkosten sind, hat deren umweltbedingte Verteuerung Folgen für die Standortwahl. Die Großfeueranlagenverordnung erlegt den deutschen Kraftwerken die weltweit strengste Rauchgasreinigung auf. Der Bau der entsprechenden Anlagen hat rund 22 Milliarden DM gekostet. Allein 5 Milliarden DM an Betriebskosten fallen jährlich für die Reinigung der Rauchgase von Schwefeldioxyd und Stickoxyden an.

Dadurch verteuert sich der Preis für Strom aus fossil befeuerten Kraftwerken um knapp 3 Pfennig je Kilowattstunde. Bei einem jährlichen Stromverbrauch der westdeutschen Industrie von rund 200 Milliarden kWh ergibt sich daraus ein strompreisbedingter Standortnachteil von 5,5 Milliarden DM. Im Vergleich zu Frankreich liegt der Strompreis je kWh gar um 6 Pfennig höher, so daß der Standortnachteil 11 Milliarden beträgt. Auf Grund höherer Sicherheitsstandards ist selbst der preisgünstige Kernenergiestrom in Deutschland teurer als in den meisten anderen Industrieländern. Die hohen Stromkosten Japans bilden keinen überzeugenden Grund für die Irrelevanz hoher Stromkosten, da energieintensive Branchen dort schon vor Jahren systematisch zurückgedrängt worden sind. Auch bei uns zwingt die Verteuerung der Stromkosten zu Standortüberlegungen. So sind die Herstellungskosten der Grundprodukte Chlor und Natronlauge zu zwischen einem Drittel und der Hälfte von den Stromkosten bestimmt.

Entsprechend der Vorleistungsstruktur beträgt bei immerhin 10 Prozent der Industrieproduktion der Anteil der Energiekosten am Produktionswert mindestens 12 Prozent. Eine Entlastung ist bei den Stromkosten nicht in Sicht; ihre Höhe ist eine Folge des Standortnachteils in einem dicht besiedelten Land. Zwangsläufig sind hier aufgrund der potentiell höheren Schadens- auch die Umweltschutzkosten zur Verhinderung oder Verminderung von Schäden besonders hoch.

Deutschland ist kein Standort für energieintensive Betriebe. Ein Alleingang bei der CO_2-Besteuerung hätte dies nochmals unter Beweis gestellt. Es bleibt jedoch zu hoffen, daß im Binnenmarkt ein größeres

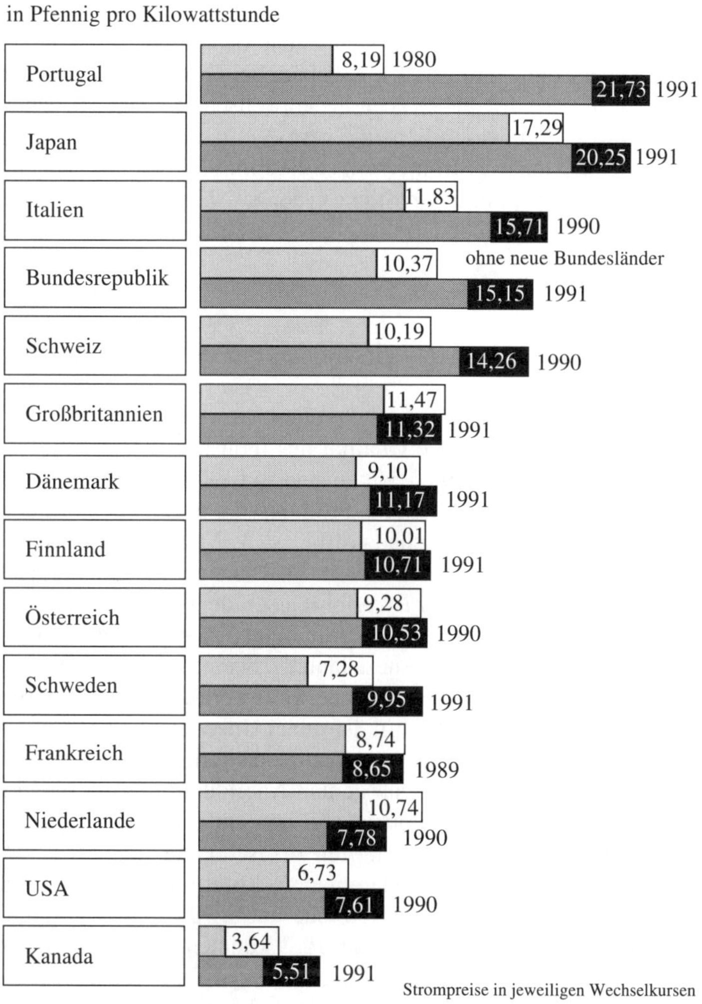

Quelle: Ursprungsdaten OECD; IEA, Institut der deutschen Wirtschaft Köln

Abbildung 4: Wettbewerbsfaktor Industriestrompreis

Gefälle bei den Umweltauflagen der Kraftwerke kaum aufrechterhalten werden kann. Da der Trend hin zu höheren Umwelt- und Sicherheitsstandards gehen dürfte, sollte wenigstens der umweltschutzbedingte Strompreisnachteil mittelfristig abgebaut sein. Wie sich im nächsten Abschnitt zeigen wird, haben aber die Umweltschutzanlagen in den deutschen Kraftwerken wesentlich zu einem qualitativen Wachstum beigetragen. So senkten die Stromerzeuger die Emission von SO_2 gegenüber 1982 um 88 Prozent und von Stickoxyden um 73 Prozent. Sie leisteten daher einen wesentlichen Beitrag zur Umweltqualität des Standorts Deutschland.

4. Auswirkungen des Umweltschutzes auf die Umweltqualität

Die Gewährleistung einer anspruchvollen Umweltqualität ist Vorsorge für die Zukunft und für die Qualität des Industriestandortes Deutschland. Umweltbelastung und -risiken sind so weit wie möglich zu beseitigen, damit Smogalarm nicht die Produktivität negativ beeinflußt oder Zeitungsmeldungen über schadstoffbelastete Nahrungsmittel den Import ausländischer Produkte fördern. Daß mangelnde Umweltqualität ein negativer Standortfaktor ist, erfährt jeder, der in den Neuen Bundesländern Unternehmen für Betriebsgründungen zu gewinnen sucht. Bundesumweltminister Töpfers These lautet, daß eine leistungsfähige Wirtschaft eine gesunde Umwelt brauche. Eine verläßliche und international glaubwürdige Umweltpolitik ist seiner Überzeugung nach ein gutes Mittel, um die Attraktivität des Industriestandortes Deutschland zu erhalten bzw. zu verbessern. Daß gemäß Abbildung 5 Deutschland kein attraktiver Investitionsstandort ist, sei den anderen, aus der Sicht der Industrie negativen, Standortfaktoren zuzuschreiben.

Wie sich Investitionen in Kläranlagen, Abluftreinigung und Entsorgungseinrichtungen in Milliardenhöhe ausgewirkt haben, zeigen die Abbildung 5–7. Zwischen 1982 und 1989 konnten die Schwefeldioxyd-Emission um fast die Hälfte, die Stickstoffoxyd-Emission um ein Zehntel und die Staub-Emission um ein Drittel gesenkt werden, und dies trotz eines Wirtschaftswachstums von durchschnittlich 2,5 Prozent pro Jahr. Abbildung 6 verdeutlicht, daß durch die Verordnungen der TA-Luft der Anteil der Kraftwerke an der Emission von Luftschadstoffen stark zurückgegangen ist. Hingegen hat die Bedeutung des Sektors Verkehr an der Schadstoffemission ständig zugenommen. Insbesondere unterstreichen die absoluten Zahlen in der letzten Spalte, daß bei den Luftschadstoffen NO_2, Kohlenmonoxyd, organische Verbindungen und Kohlendioxyd der Sektor Verkehr oder gar die Haushalte und Kleinverbraucher größere Luftverschmutzer sind als die Industrie. Hier liegen die Bereiche, wo Umweltziele mit geringeren volkwirtschaftlichen Kosten erreicht werden können.

Abbildung 7 verdeutlicht die Schadstoffreduktion von 1980 bis 1986. Danach hat sich die Schwefeldioxyd-Emission um 27 Prozent reduziert, und zwar um 822 Tsd. Tonnen auf 2214 Tsd. Tonnen.

Stickstoffoxid (NO_x) und Schwefeldioxid (SO_2) in der Bundesrepublik in Kilotonnen pro Jahr

Jahr	NO_x	SO_2
1970	380	710
1971	360	660
1972	360	640
1973	370	640
1974	360	610
1975	320	550
1976	330	570
1977	330	550
1978	310	530
1979	300	510
1980	290	480
1981	270	460
1982	240	410
1983	230	380
1984	230	350
1985	220	310
1986	210	290
1987	220	270
1988	230	250
1989	220	220

1987 bis 1989 vorläufige Berechnungen.
Quelle: Umweltbundesamt

Abbildung 5: Industrieemissionen

	1970	1980	1985	1989	1989
	Anteil im vH				**in 1000 t[1]**
		Schwefeldioxyd			
Kraftwerke	45,5	58,8	62,9	37,4	
Industrie	31,3	27,2	23,8	41,6	
Haushalte, Kleinverbraucher	19,0	10,6	9,7	13,6	
Verkehr	4,1	3,4	3,6	7,4	
insgesamt	100,0	100,0	100,0	100,0	
		Stickoxyd (NO_2)			
Kraftwerke	25,8	26,8	25,8	17,5	474
Industrie	23,6	14,5	11,1	10,7	290
Haushalte, Kleinverbraucher	6,2	4,8	4,7	3,9	106
Verkehr	44,4	53,9	58,4	67,9	1837
insgesamt	100,0	100,0	100,0	100,0	2707
		Staub			
Kraftwerke	22,8	18,5	15,5	6,0	28
Industrie	55,4	62,9	63,6	71,8	333
Haushalte, Kleinverbraucher	15,4	9,3	8,7	6,7	31
Verkehr	6,4	9,3	12,2	15,5	72
insgesamt	100,0	100,0	100,0	100,0	464
		Kohlenmonoxyd			
Kraftwerke	0,2	0,4	0,5	0,5	44
Industrie	17,4	16,9	17,2	17,3	1426
Haushalte, Kleinverbraucher	21,1	9,3	11,3	8,5	702
Verkehr	61,3	73,4	71,0	73,7	6100
insgesamt	100,0	100,0	100,0	100,0	8272
		Organische Verbindungen			
Kraftwerke	0,5	0,7	0,6	0,5	13
Industrie	19,3	8,1	5,7	5,5	134
Haushalte, Kleinverbraucher	8,0	3,5	3,6	2,7	66
Verkehr	38,0	51,1	51,5	52,3	1273
Lösemittel	34,2	36,6	38,6	39,0	1120
insgesamt	100,0	100,0	100,0	100,0	2436
		Kohlendioxyd			
Kraftwerke	29,3	35,1	34,5	35,9	247
Industrie	29,6	24,6	22,2	21,6	148
Haushalte, Kleinverbraucher	26,8	22,9	23,6	19,3	133
Verkehr	14,3	17,4	19,7	23,2	160
insgesamt	100,0	100,0	100,0	100,0	689

Eigene Berechnungen nach Angaben des Umweltbundesamtes.
[1] Bei Kohlenmonoxyd in Mill. t

Quelle: RWI Essen

Abbildung 6: Zur Entwicklung der Luftschadstoffemission in den Hauptverursacherbereichen

Allein die Tatsache, daß der Warenkorb des Jahres 1986 mit den Emissionskoeffizienten von 1986 hergestellt wurde und nicht mit denjenigen des Jahres 1980, hat den SO_2-Ausstoß des Jahres 1986 um 1096 Tsd. Tonnen sinken lassen. Auch eine geänderte Vorleistungsstruktur infolge Substitution und Energieeinsparung hat mit 59 Tsd. Tonnen zur Entlastung beigetragen. Eine Belastung von 222 Tsd. Tonnen ist eingetreten, weil die volkswirtschaftliche Endnachfrage im besagten Zeitraum gestiegen ist.

Wie die Abbildungen zeigen, hat sich die Spitzenposition im Umweltschutz auch qualitativ niedergeschlagen. Bei einer Befragung von 600 Unternehmen aus allen Branchen stimmten über 70 Prozent der Aussage zu, daß Umweltschutz zur Sicherung ihres Produktionsstandortes unbedingt nötig ist. Zwei Drittel der Probanden sehen Umweltschutz als einen Teil ihrer Existenzsicherung an. Damit klingt schon der dritte Aspekt des Themas Umweltschutz als Standortfaktor an: Zuneh-

1980 bis 1986[1], in 1000t

	1986	Veränderung 1980 bis 1986[1]				
	tatsächlich		Hypothetische Ent- bzw. Belastung[2] durch Änderung der			
			Emmissions-koeff.	Vorleist.-Struktur	End-nachfrage	Joint-effect[3]
Schwefeldioxyd	2.214	- 822	- 1.096	- 59	222	111
Stickoxyd	2.023	- 138	- 305	- 31	162	36
Kohlendioxyd[4]	535	- 69	- 115	- 16	49	13
Kühlwasser[5]	34.466	2.627	1.330	- 510	4.134	332
Produktionsabwasser	2.050	- 500	- 675	- 176	263	88
Abfallaufkommen	170.184	- 23.301	- 17.885	- 5.831	- 1.029	1.444
Produktionsabfall	33.402	3.183	1.554	- 2.059	3.523	165

Eigene Berechnungen.
[1] Bei Kühlwasser und Produktionsabwasser von 1979 bis 1986
[2] Gegenüber dem tatsächlichen Schadstoffausstoß von 1986
[3] Der Jointeffekt, der sich bei der Zerlegung in 3 Komponenten (Emmissionskoeffizient, Vorleistungsstruktur, Endnachfrage) ergibt
[4] In Mill. t.
[5] In Mill. m^3.

Quelle: RWI Essen

Abbildung 7: Auswirkungen des intersektoralen Strukturwandels auf die Umweltbelastung nach Verursacherfaktoren

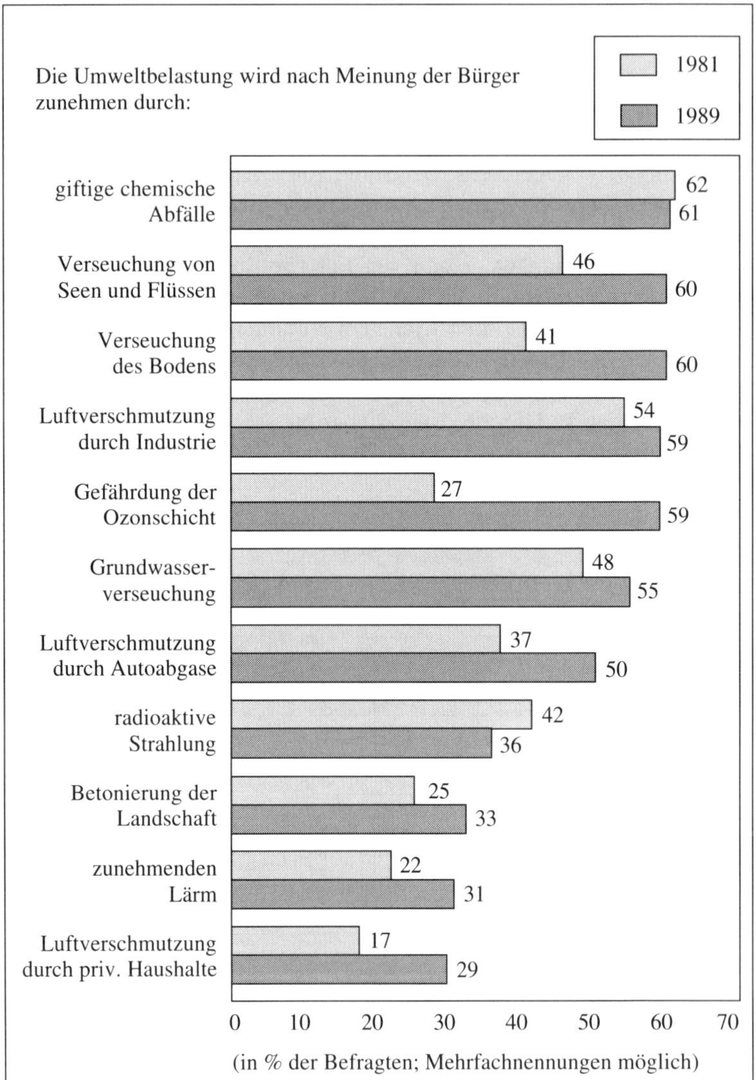

Quelle: Emnid Befragung

Abbildung 8: Umweltbelastung aus der Sicht der Bürger

mendes Bewußtsein für die ökologischen Probleme weltweit wird zum Vorteil für die Industrie, sobald die Nachfrage nach umweltschonender Technik wächst und die deutsche Industrie ihren Wettbewerbsnachteil in einen Wettbewerbsvorsprung ummünzen kann.

Daß trotz aller nachweislichen Erfolge beim Umweltschutz nach Meinung der Bevölkerung die Verseuchung von Flüssen und Seen sowie die Luftverschmutzung durch die Industrie zunehmen werden (siehe Abbildung 8), möge ein Soziologe interpretieren. Die zusammengestellten Fakten können jedenfalls nicht zur Erklärung herangezogen werden.

5. Standortvorteile durch den »Zukunftsmarkt Umwelt«

Obwohl die besondere Belastung einzelner Branchen durch die vergleichsweise strengen Umweltvorschriften ein Faktum darstellt, besteht doch die Hoffnung, daß mittelfristig ein technologischer und dann auch marktbezogener Vorsprung auf dem Weltmarkt die Folge sein wird. So wird in einem Gutachten des Rheinisch-Westfälischen Instituts für Wirtschaftsforschung (RWI) auf die zumindest vorübergehende Belastung der deutschen Wirtschaft durch hohe Umweltanforderungen hingewiesen, gleichzeitig aber auch betont, daß umweltschonende Technologie auf eine steigende Nachfrage in der ganzen Welt stoßen dürfte. Damit kann sich eine frühzeitig vorgenommene umweltgerechte Strukturanpassung langfristig als ein Standortvorteil erweisen. Dies ist insbesondere dann der Fall, wenn sich zumindest auf der europäischen Ebene eine Tendenz hin zur Angleichung des Umweltschutzniveaus abzeichnet. Diese These wird seit Beginn der Umweltschutzdiskussion vertreten. Doch fällt es der Statistik immer noch schwer zu belegen, daß die ökologische Modernisierung außer einer sauberen Umwelt auch Knowhow für den späteren Export solcher Technologie gebracht hat.

Verfolgt man die Tagespresse, die Fachliteratur und Aussagen des Umweltministers Töpfer, so ist durch die Vorreiterrolle im Umweltschutz zusätzliches Wachstum geschaffen worden. Nicht nur über 500.000 neue Arbeitsplätze seien entstanden, sondern deutsche Anlagenbauer seien auch führend in der Welt bei der »Entgiftung« von Kohlekraftwerken oder beim Katalysator (Töpfer, im Handelsblatt vom 1.4.92). Seltsamerweise mußte aber bei der Emissionsminderung von Kraftwerken auf japanische Lizenzen zurückgegriffen werden (Dierkes/Zimmermann, 1991, S. 79) und das Kalkwaschverfahren zur Rauchgasentwicklung des Mannheimer Großkraftwerkes beruht auf einer amerikanischen Lizenz.

Eine Studie des Rheinisch-Westfälischen Instituts für Wirtschaftsforschung (RWI) hat die Produktions- und Beschäftigungseffekte der Umweltschutzaufwendungen der Unternehmen und des Staates quantifiziert. Sie führten zu einer direkten Veränderung der Nachfrage und Produktion und zum anderen lösten sie indirekte Nachfrageimpulse über die Verflochtenheit der einzelnen Sektoren der Volkswirtschaft aus. Die Nachfrageerhöhung bei der Umweltschutzindustrie veranlaßt diese, Vorleistungen bei den Zulieferern zu bestellen, die ihrerseits Produktion und Beschäftigung erhöhen. Die Zulieferer wiederum bestellen Vorprodukte bei ihren Lieferanten, und der Multiplikatoreffekt ist in vollem Gange. Einkommen entsteht und Teile davon fließen in den Konsum. Mittels der Input-Output Rechnung lassen sich diese gesamtwirtschaftlichen und sektoralen Effekte berechnen.

Abbildung 9 zeigt, daß die direkte Bestellung von Umweltschutzgütern im Jahre 1988 ein Produktionsvolumen von 20,84 Milliarden DM aufwies. Die Kette der Bestellungen an die Lieferanten führte zu einem tatsächlichen Produktionsvolumen von 24,44 Milliarden DM, so daß sich ein Gesamtwert von über 45 Milliarden DM ergab (alle Zahlen in Preisen von 1980). 323000 Erwerbstätige sind benötigt worden, um dieses Produktionsvolumen zu erstellen. Damit hingen 1988 1,2 Prozent der Erwerbstätigen von Umweltschutzaufwendungen ab. Wie Abbildung 9 auch verdeutlicht, profitieren die Sektoren in unterschiedlichem Maße vom Umweltschutz. Im Baugewerbe sind es 4,1 Prozent der Erwerbstätigen, im Maschinenbau 3,9 Prozent, in der Elektrotechnik 1,5 Prozent und im Stahl- und Leichtmetallbau 7,4 Prozent. Zählt man noch die 175000 Erwerbstätigen hinzu, die beim Staat mit Umweltschutzaufgaben beschäftigt, im Altstoffgroßhandel oder in der privaten Entsorgungswirtschaft tätig sind, so ergibt sich eine Zahl von knapp einer halben Million Personen, die (in den Alten Bundesländern) direkt oder indirekt für den Umweltschutz arbeiten.

Auch die Wachstumsprognosen für die mit Umweltschutz befaßten Industriezweige sind überdurchschnittlich; man rechnet mit jährlich zwischen sechs und acht Prozent. Allein die Meß- und Regeltechnik wird bis zum Jahr 2000 ihren Umsatz voraussichtlich verdreifachen.

Umwelttechnologie ist eine Zukunftsbranche und deutsche Spitzenprodukte können für das Ausland interessant werden. Selbst das Institut der Deutschen Wirtschaft teilt die Einschätzung des Bundesforschungsministers, daß das rapide Wachstum der deutschen Umweltschutzinvestitionen auf mittlere und längere Sicht zu einem Wettbewerbsvorteil für die deutsche Wirtschaft werden kann.

Anfang der neunziger Jahre kam Deutschland auf einen Anteil von 21 Prozent am Welthandelsvolumen für Umwelttechnik und lag damit vor den USA mit 16 Prozent und Japan mit 13 Prozent. Die westdeutsche Ausfuhr bei Erzeugnissen der Anwendungsgebiete Abfall, Abwasser, Luft sowie Meß- und Regelgeräte erreichte 1990 einen Wert von 35 Milliarden DM und damit 5,5 Prozent der gesamten westdeutschen Aus-

Produktionsbereich	**Bruttoproduktion**[1]			**Beschäftigung**		
	direkt	**indirekt**	**insgesamt**	**direkt**	**indirekt**	**insgesamt**
	in Mrd. DM			**in 1000**		
Insgesamt	20,44	24,44	45,28	148,8	174,5	323,3
darunter[2]:						
Baugewerbe	6,32	0,21	6,53	72,8	1,7	74,5
Maschinenbau	4,69	1,29	5,98	35,0	9,6	44,6
Sonstige Diensleistungen	1,36	3,20	4,56	9,0	21,1	30,1
Großhandel	1,18	0,95	2,13	15,7	12,6	28,3
Elektrotechnik	1,32	0,93	2,25	10,5	7,4	17,8
Stahl- u. Leichtmetallbau	1,52	0,38	1,89	10,7	2,6	13,4
Übriger Verkehr	0,11	1,02	1,13	0,7	6,8	7,6
Chemie	0,57	1,36	1,93	2,0	4,8	6,9
Steine und Erden	0,26	0,93	1,18	1,5	5,3	6,8
Kohlenbergbau	0,26	0,60	0,85	1,9	4,5	6,4
Elektrizitätserzeugung	0,91	0,64	1,55	3,4	2,4	5,8
Kunststoffwaren	0,09	0,74	0,83	0,7	5,2	5,8
Ziehereien, Kaltw., Stahlv.	0,00	0,79	0,79	0,0	5,6	5,6
Feinmechanik, Optik	0,57	0,10	0,67	4,7	0,9	5,6

Eigene Berechnungen nach Angaben in R.-U. Sprenger und des Statistischen Bundesamtes.
[1] In Preisen von 1980.
[2] Produktuinsbereiche mit mehr als 5000 induzierten Beschäftigungsfällen.
Quelle: RWI Essen

Abbildung 9: Direkte und indirekte Produktions- und Beschäftigungseffekte der Umweltschutzaufwendungen der Unternehmen und des Staates (1988)

fuhr. Kommt es auf europäischer Ebene in nächster Zeit zu einer Angleichung des Umweltschutzniveaus, so wird sich der bisher in der Kostenhöhe liegende Wettbewerbsnachteil doch noch zu einem Vorteil entwickeln. Bei steigender Weltnachfrage nach umweltschonender Technologie kann sich eine frühzeitig vorgenommene umweltgerechte Strukturanpassung langfristig als ein Standortvorteil erweisen.

Ein Beispiel, wie man eine führende Position auf dem Weltmarkt erreicht, bildet die Verpackungsverordnung. Sie initiierte die Entwicklung von Trenn-und Wiederaufbereitungsverfahren, die es am Tage der Einführung des Gesetzes noch gar nicht gab. Ein Schulfall, wie man einen Standort mit hochqualifizierten Arbeitskräften zu einem Schwerpunkt für Umwelttechnik ausbaut, stellt Nordrhein-Westfalen dar. Hier wird die Umwelttechnologie bewußt als ein Zukunftsmarkt verstanden, um die Folgen der Stagnation und Rückläufigkeit anderer Wirtschaftszweige abzufedern.

Bei all der Euphorie über das Geschäft mit der Umwelt ist es endlich an der Zeit, Wasser in den Wein zu gießen. Was die Schaffung von Arbeitsplätzen durch Umweltschutzaufwendungen anbelangt, so ist dieser Aspekt eigentlich nur dann von Interesse, wenn ohne Umweltschutz das Geld vergraben worden oder im Ausland angelegt worden wäre. Ausgaben von 40 MilliardenDM schaffen immer Arbeitsplätze, gleichgültig ob sie im Rüstungs-, im Umweltbereich oder für das Graben von Löchern verwandt worden wären. Hätte man das Geld nicht für den Umweltschutz ausgegeben, so wäre es eventuell für Erweiterungs-, Rationalisierungs-, vorgezogene Ersatzinvestitionen und/oder für die Forschung und Entwicklung von Produkt- und Verfahrensinnovationen ausgegeben worden. Umweltschutzinvestitionen verdrängen andere Investitionen; an diesem Faktum führt kein Weg vorbei.

So gab die BASF 1991 rund 2 Milliarden DM für Forschung aus. Nur noch die Hälfte dieser Mittel steht nach Angaben des Unternehmens heute für die Erforschung neuer und innovativer Produkte zur Verfügung; etwa 45 Prozent werden durch defensive Forschungsaufgaben zur Absicherung von Produkten und Produktionsverfahren gebunden.

In der Vergangenheit wurde die volkswirtschaftliche Bedeutung der Rüstungsindustrie untersucht. Auch sie schuf Arbeitsplätze, verdrängte aber ebenfalls Investitionsalternativen. Produziert wurden Sicherheit und Freiheit, gesellschaftlich wünschenswerte Güter. Heute liegt der Schwerpunkt bei der Umweltschutzindustrie und ihrem Beitrag zur Verbesserung der Umweltqualität. Doch im engen ökonomischen Sinn gesehen sind Umweltschutzinvestitionen und Umweltschutzausgaben für den Nachfrager insofern »unproduktiv«, als sie Kosten verursachen, aber keinen mit einem Marktpreis bewertbaren Output hervorrufen. Würden sie nur vom Staat getätigt, so gäbe es eine exakte Analogie zu den Rüstungsausgaben. Produziert wird ein öffentliches Gut, Sicherheit oder Umwelt, das jeder zum Nulltarif erhält, aber über Steuern finanziert. Da ein Teil der Umweltschutzinvestitionen jedoch von der Privatwirtschaft zu tragen ist, werden nicht nur private Investitionen verdrängt, sondern es erhöhen sich auch die Stückkosten und damit das Preisverhältnis zum Ausland zu ungunsten unserer Wettbewerbsfähigkeit.

Es gibt leider keine Berechnungen, die zeigen, welche Arbeitsplätze durch Aufgabe unrentabel gewordener Produkte verlorengegangen sind. Durch staatliche Investitionslenkung läßt sich kurzfristig und bei gegebenen Preisen – und eben dies wird bei derartigen Berechnungen unterstellt – immer ein positiver Effekt auf Produktion und Beschäftigung nachweisen. Die interessante Frage ist jedoch, wie hoch dieser ohne staatliche Investitionslenkung gewesen wäre. Nach eigenen Berechnungen wäre das Wachstum höher gewesen, die Qualität der Umwelt aber schlechter. Also ist bei Umweltschutzinvestitionen nicht der gegenwärtige Beschäftigungseffekt hervorzuheben; denn einen solchen ruft jede Investition hervor. Es geht vielmehr um die als Ziel angestrebte Umweltqualität sowie die Hoffnung, daß derartige Investitionen zu komparativen Vorteilen auf dem internationalen Markt führen.

Doch wird das Geschäft mit der Umwelt wirklich zum Exportschlager? Vorläufig prägen nur Erwartungen und Hoffnungen die Einschätzung des Absatzpotentials der Umweltschutzindustrie. Kurzfristig wird ein strenger Umweltschutz die Wettbewerbsfähigkeit beeinträchtigen, aber auf lange Sicht, so liest man ständig, wird der Wettbewerbsvorsprung einen großen Zukunftsmarkt erschließen. Doch allzu oft klingen solche Aussagen wie das Pfeifen eines Ängstlichen im Walde. Denn unsere Produkte sind zwar gut, aber teuer. Wir sind auch nicht die Alleinanbieter auf dem Weltmarkt für Umweltschutzgüter. Diese Güter erfreuen sich ferner beim Käufer keiner Beliebtheit; er kauft sie kaum freiwillig, sondern wird per Gesetz oder durch die öffentliche Meinung dazu gezwungen. Schließlich verteuert sich sein Produkt. Den Technologievorsprung kann man nur dann ausspielen, wenn weltweit die Gesetzgebung strenge Grenzwerte für Emissionen vorschreibt. Sofern jene aber niedrig sind , ist die deutsche hochtechnisierte Umwelttechnik viel zu gut und daher auch zu teuer. Allerweltstechnologie kauft man heute nicht mehr in Deutschland. Eine normale Kläranlage kann man nicht von Deutschland aus nach Italien verkaufen, eher noch nach Osteuropa oder in Entwicklungsländer.

Doch wird der ständig hervorgehobene riesige Nachfrageschub als Folge der Sanierung der osteuropäischen Länder noch lange auf sich warten lassen. Woher sollen denn die 50 Milliarden Dollar kommen, die die Weltbank für die Umweltsanierung der früheren Tschechoslowakei veranschlagt hat? Osteuropäische Regierungen ebenso wie die der Entwicklungsländer werden wegen ihrer Finanzmisere noch auf Jahre hinaus andere Prioritäten setzen.

Die Absatzzahlen hängen abgesehen von technischen Normen und Gesetzen auch von der Kaufkraft des Staates in den Industrieländern ab. Wie Abbildung 3 zeigte, wird in vielen Ländern ein Großteil der Umweltschutzausgaben von der öffentlichen Hand getätigt. Das Wachstum dieses Marktes wird daher stark von staatlichem Handeln und der jeweiligen Haushaltslage geprägt. So schlug sich die angespannte Wirtschaftslage in den USA sofort in den Auftragsbüchern deutscher Produzenten von Rauchgasreinigungsanlagen für Großkraftwerke nieder, weil das Umweltprogramm deutlich eingeschränkt wurde.

Die Entwicklungsperspektiven der mehr als 4000 Firmen der deutschen Umweltschutzindistrie sind geprägt von dem in der EG bestehenden Absatzpotential. EG-weite Ausschreibungen bieten einen Anreiz, das Auslandsengagement zu verstärken. Mittelständische Anbieter orientieren sich vorwiegend am Inlandsmarkt, da Unterschiede in der Umweltgesetzgebung und Umweltschutznormen den Warenaustausch bislang erschwert haben. Die laufenden Harmonisierungsbestrebungen im Bereich der Umweltpolitik geben Anlaß zu einer optimistischen Sicht der Zukunft (vgl. Wackerbauer, 1992, S. 25ff.). Doch ist es äußerst fraglich, ob man sich dabei gerade auf die strengen Grenzwerte der deutschen Umweltpolitik festlegt, um unsere teure Umwelttechnik zur Norm zu machen. Es ist zu erwarten, daß man sich auf diejenigen Grenzwerte einigt, die mit hierzulande produzierter Umwelttechnik eingehalten werden können. Zwar eröffnet die Liberalisierung des öffentlichen Beschaffungswesens im Rahmen des EG-Binnenmarktes deutschen Anbietern zusätzliches Nachfragepotential, doch erhöht diese andererseits auch den Konkurrenzdruck auf dem Inlandsmarkt. Vorbei sind damit die goldenen Zeiten des protektionistischen öffentlichen Beschaffungswesens, das von Bundesländern und Kommunen als Instrument zur Absicherung eines umweltschutzbezogenen lokalen Angebots eingesetzt wurde.

Schließlich weist der Markt für Umwelttechnik gegenüber anderen Märkten einige Besonderheiten auf. Da sich heute viele Unternehmen des Modethemas Umwelt annehmen, ist der Markt schon überbesetzt. Die Auftragsbücher sind zwar voll, aber nur wenige Gesellschaften erzielen Gewinn. So steht die Industrie, die sich mit der Reinhaltung der Luft beschäftigt, ständig vor der Aufgabe, neue Techniken zu entwickeln. Die Kosten für Forschungs- und Entwicklungslabors, um immer neue, niedrigere Grenzwerte einhalten zu können, zehren an den Erträgen. Schließlich können diese Produkte erst dann verkauft werden, wenn der Gesetzgeber diese Grenzwerte vorschreibt. Ein großer Teil der Aufträge sind technologische Innovationen, die sich noch im Experimentier- oder Pilotstadium befinden. Außerdem bedürfen Umweltschutzanlagen eines aufwendigen Genehmigungsverfahrens. Überbürokratisierung und Regulierungsdichte behindern und bremsen innovative Investitionen. Viele Neuerungen sind schon überholt, wenn nach Jahren endlich die Genehmigung für den Bau der Anlage vorliegt. Die Vielzahl der über 2000 umweltrelevanten Vorschriften ist insbesondere für kleine und mittelständische Firmen nicht mehr überschaubar und umsetzbar.

6. Der Umweltschutz als Standortfaktor aus der Sicht betroffener Industriezweige

Daß die Industrie über eine einseitige Belastung durch Alleingänge in der nationalen Umweltpolitik nicht begeistert ist, versteht sich. Da Klagen über die Kostenlast zum Beruf des Managers gehört, nimmt die Öffentlichkeit Erwägungen über Standortverlagerungen gelassen hin. Wem soll man als Zeitungsleser auch glauben? Beispielsweise tritt Dr. Strube, Vorsitzender des Vorstands der BASF (F.A.Z., 27.2.92), für Deutschland als Forschungs- und Produktionsstandort ein, weist aber gleichzeitig darauf hin, die erheblichen Anstrengungen im Umweltschutz hätten dazu geführt, daß über die Hälfte der in Ludwigshafen abgewickelten Projekte keine Rendite auf das eingesetzte Kapital erwirtschafte.

Hingegen betont Herr Schäfer, umweltpolitischer Sprecher der SPD Bundestagsfraktion (Wirtschaftswoche, 13.3.1992), daß die Kostenbelastung durch Anforderungen des Umweltschutzes im Durchschnitt nur zwei bis zweieinhalb Prozent betragen. Dadurch solle der Wettbewerb beeinträchtigt werden? Die BASF beziffert ihre Umweltschutzkosten für 1990 auf fast 1 Milliarde DM (siehe Abbildung 10).

Dies wären zwar die besagten 2 Prozent der Gesamtkosten, aber die Ausgaben für die Forschung betrugen ebenfalls 1 Milliarden DM, ebenso übrigens der Gewinn als »Lohn« für die Kapitalgeber. Vor dem Hintergrund dieser Entwicklung ist die Besorgnis der 730 Führungskräfte der BASF zu sehen, daß die Rentabilität von Investitionen immer geringer wird. Sie beklagen eine in vielen Bereichen gegebene Überregulierung, die Strangulierung der Forschung durch administrative Maßnahmen, den Exodus hochqualifizierter junger Forscher sowie die Verzögerung von Innovation durch eine zu lange Genehmigungs- und Zulassungsdauer (Mannheimer Morgen, 15.12.92). Hinzu kommt, daß man mit Durchschnittszahlen das Problem herunterspielen kann. Man teilt die hohe Kostenbelastung bei einzelnen Produkten auf alle gleichmäßig auf und unterstellt damit, die Industrie könne im Wettbewerbsprozeß mit Preisen operieren, die produktfremde Produktionskosten abdecken.

Auch für die Mineralölindustrie stellen Umweltauflagen einen Kostenfaktor dar, der auf die Verarbeitung von Rohöl am Standort Deutschland Druck ausübt. Im Zeitraum von 1975 bis 1990 wurden über 3 Milliarden DM in den Umweltschutz investiert. Dies entspricht einem Anteil von 15 Prozent an den Gesamtinvestitionen dieser Branche. Pro Jahr werden etwa 200 Millionen DM investiert und die Betriebskosten der dem Umweltschutz dienenden Anlagen betragen zusätzlich 900 Millionen DM. Bezogen auf eine Tonne Raffinerieerzeugnisse müssen mehr als 13,– DM für den Umweltschutz eingesetzt werden. Dies sind je nach Anlagenkonstellation der Raffinerie zwischen 31 und 41 Prozent der Gesamtkosten (inklusive umweltbedingten Kosten), die bei der Umwandlung einer Tonne Rohöl in eine Tonne Endprodukte anfallen.

Für die Standortfrage erscheint von Bedeutung, daß diese Zahlen erheblich zwischen den EG-Mitgliedsländern differieren. Eine EG-Studie von 1986 (»Study on the costs borne by the refining industry«) zeigt die Unterschiede in den umweltrelevanten Anforderungen an die Rohölverarbeitung sowie die daraus resultierenden Unterschiede in den Betriebskosten. Inwiefern der für Deutschland ausgewiesene, standort-

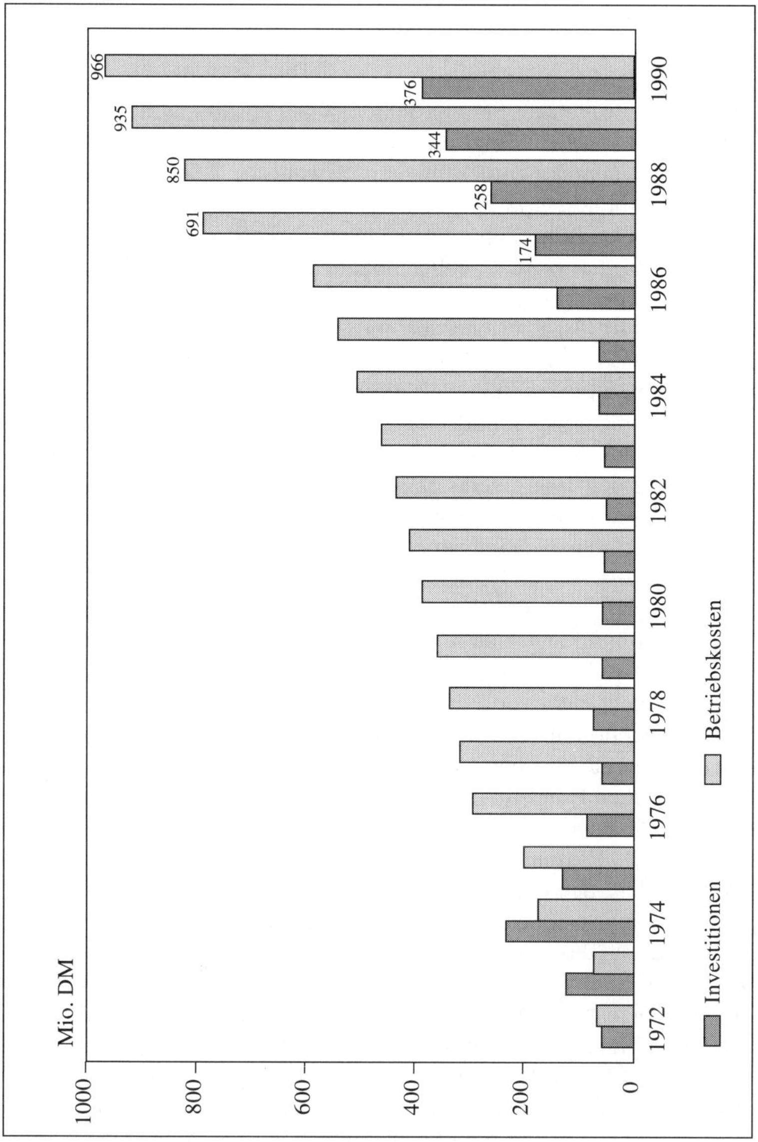

Abbildung 10: Kosten des Umweltschutzes der BASF AG

bedingte Kostennachteil zur Erklärung der zunehmenden Diskrepanz zwischen inländischer Kapazität und inländischem Verbrauch herangezogen werden kann, ist schwer zu sagen. Wie bei all den Überlegungen zum Umweltschutz als Standortfaktor kann man nur mutmaßen, daß die steigende Importnachfrage nicht ausschließlich auf höhere Umweltschutzaufwendungen zurückzuführen ist, wohl aber zu einem erheblichen Teil. Wie Abbildung 11 erkennen läßt, ist in Deutschland der Verbrauch deutlich höher als die Kapazität, während in den übrigen Mitgliedstaaten der EG diese teilweise erheblich über dem Verbrauch liegt.

Dies war nicht immer so. Zwischen 1955 und 1981 war die Kapazität um 30 bis 40 Prozent höher als der Verbrauch. 1982 setzte dann ein Abbau von Verarbeitungskapazität ein und schon 1985 war der Verbrauch um 19 Prozent höher als die Kapazität.

Ein anderes Beispiel bildet die Einführung einer CO_2-Steuer und deren Effekt aus der Sicht der Industrie. Bei CO_2-Emission gibt es keine Filter; wer den Energieeinsatz schon minimiert und die technischen Substitutionsmöglichkeiten ausgeschöpft hat – und das ist bei den meisten energieintensiven Industriezweigen der Fall (vgl. Abbildung 12) –, für denjenigen sind CO_2-Abgaben reine Gewinnsteuern.

Wenn sich nach Abbildung 12 der Energieverbrauch dem theoretischen Minimum angenähert hat, ist das Potential für Substitution und Energieeinsparung ausgeschöpft. Nach Ansicht von Bayer wäre es ökonomisch nicht mehr vertretbar, anorganische Pigmente wie z. B. Titandioxyd oder organische Zwischenprodukte in Deutschland zu produzieren, wenn es zu Abgaben für CO_2 und Abfall käme. Der Zentralverband des Deutschen Handwerks hingegen unterstützt die von der Bundesregierung erhobene Forderung, den Ausstoß von CO_2 bis zum Jahre 2005 um 25 bis 30 Prozent zu senken. Die Erklärung für diese wird sogleich nachgeliefert; denn das Handwerk könne dazu durch moderne Technik und Beratungsleistungen einen erheblichen Beitrag leisten.

Die Kosten des einen sind der Umsatz des anderen. Wenn aber einmal emissionsintensive Betriebsteile ausgelagert sind, gehen auch noch Arbeitsplätze in den Umwelttechnikfirmen verloren. Oder anders ausgedrückt: Ohne umweltintensive Industrie keine Umweltschutzindustrie! Es ist klar, daß Unternehmen bei einer neuen Umweltauflage nicht gleich reihenweise ihre Betriebe ins Ausland verlagern. Entscheidend ist, welchen Einfluß Tendenzen und Erwartungen auf die mittel- und langfristige Planung hinsichtlich Standort und Ausbau haben. BASF baut zu-

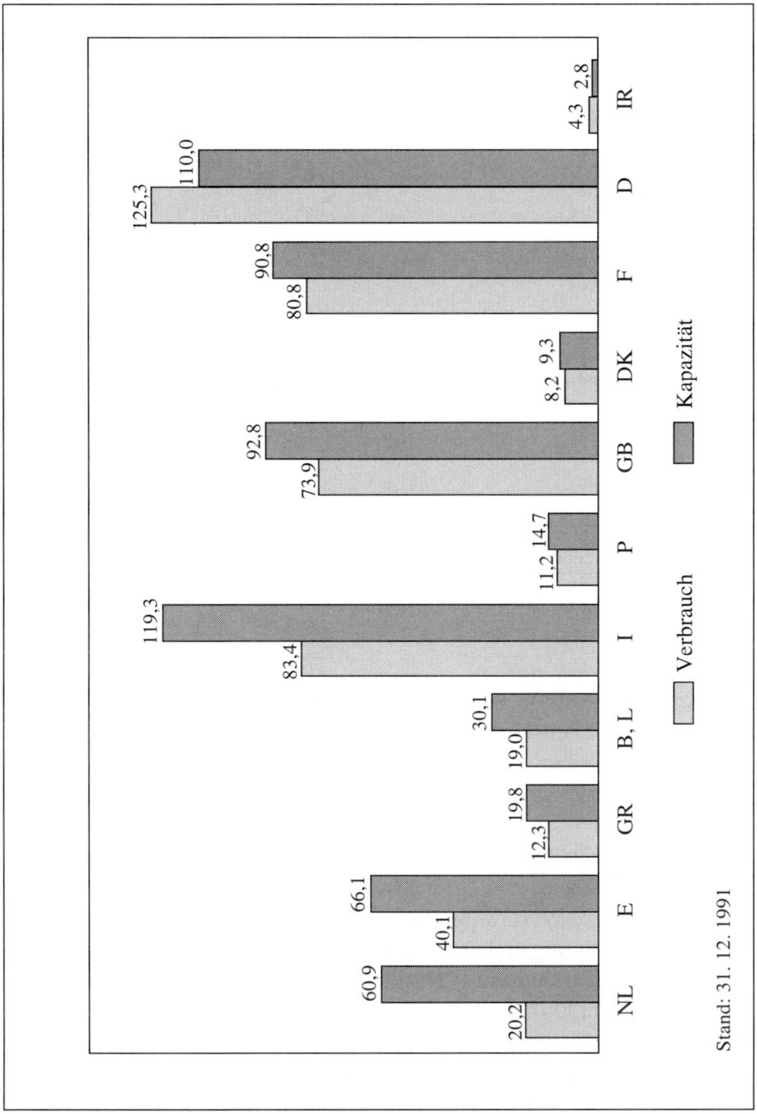

Abbildung 11: Raffineriekapazität und Mineralölverbrauch in den Ländern der Europäischen Gemeinschaft

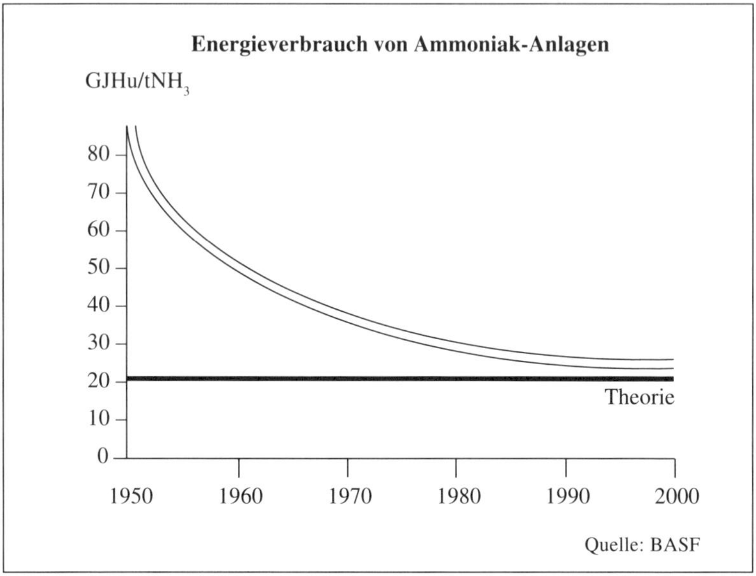

Abbildung 12: Die Grenzen der Substitution

nehmend den Standort Antwerpen aus, Gießereien sehen nur in der Türkei eine Überlebenschance, Papierfabriken, die Zellstoff aus Kanada importieren, können ihn auch in Portugal statt in Deutschland verarbeiten und bei Bayer gehen schon 45 Prozent der Kapitalinvestitionen ins Ausland.

Die Sorgen aus der Sicht der Industrie sind folgende:

1. 2.000 Gesetze, Verordnungen und »Technische Anleitungen« regeln die Genehmigung und den Betrieb von Chemieanlagen. Hohe Anforderungen an technische Verfahren sind dann nicht mehr vernünftig, wenn sie Untätigkeit als die bessere Lösung erzwingen.
2. Die Auflagen werden immer strenger, ohne daß eine internationale Harmonisierung erfolgt; Bundesländer und Bezirksregierungen überbieten sich im Verschärfen von Auflagen: Selbst eine im Jahr zuvor genehmigte Anlage muß noch vor Inbetriebnahme im nachfolgenden Jahr nachgerüstet werden.

3. Durch die zu lange Genehmigungsfrist entstehen wirtschaftliche Nachteile. Zeit ist bei der Vermarktung von Innovationen ein entscheidender Erfolgsfaktor. Bei zwei Produktionsanlagen zur Herstellung von Polypropylen (für die Automobil- und die Elektroindustrie), die die BASF zur selben Zeit im Inland und im Ausland errichtet hat, betrug das Genehmigungsverfahren in Spanien neun und in Wesseling bei Köln 18 Monate. Der Mehraufwand für Planung und Umwelttechnik als Folge des umfangreicheren Genehmigungsverfahrens betrug hier 8 Millionen DM. Der Zeitvorteil für Spanien (Tarragona) entsprach umgerechnet einem Deckungsbeitrag von etwa 27 Millionen DM. Die Strangulierung durch Reglementierung, Prüfungen, Genehmigungsverfahren und behördliche Willkür wird als erdrückend empfunden. Da sie sich auf »Umwelt« bezieht, muß sie als »gefühlspositiv« und weitgehend nicht erklärungsbedürftig hingenommen werden. Kommen dann nach der Genehmigung noch Einspruchsverfahren hinzu, ist eine zeitliche Planung nicht mehr möglich.
4. Die mit immer größeren Millionenbeträgen zurückgehaltene Schadstoffmenge wird immer geringer, der Grenznutzen der Entsorgung also immer kleiner.
5. Sorge bereitet sowohl Bayer wie BASF die geplante Abfallabgabe auf zur Verbrennung angelieferte Mengen. Insbesondere die Bemessungsgrundlage »angelieferte Menge« anstatt »noch zu deponierende Menge« stößt auf Unverständnis. Die BASF z. B. reduziert 90 Prozent der zur Verbrennung kommenden Rückstände in Eigenregie mit einem Investitionsaufwand von 1 Milliarde DM. Zu diesen finanziellen Aufwendungen durch Betreiben einer eigenen Deponie käme dann noch die Abfallabgabe. Im Prinzip streben die Unternehmen Standorte an, die ebenfalls hohe Umweltstandards haben, an denen aber nicht finanzielle Abschreckungsmaßnahmen zu erwarten sind. Eine ökologische Unternehmenssteuerreform würde die Belastung durch Ökosteuern auffangen.
6. Ideologische Überfremdung, persönliche Ängste und Akzeptanzprobleme besonders bei innovativen, aber auch risikobehafteten Techniken wie Kernenergie und Biotechnologie sprechen gegen den Standort Deutschland.

Es gibt aber auch hoffnungsvolle Signale, die darauf hindeuten, daß ein Abbau bürokratischer Hemmnisse für Forschung und Produktion möglich ist. Der Wunsch von Regierungskoalition und Opposition nach einer raschen Novellierung des Gentechnikgesetzes von 1990 bildet hierfür ein Beispiel. Für die einen ist die Biotechnologie nach der Autoära und der Computerepoche das »High-tech«-Gebiet der Zukunft, für die anderen birgt sie ein zerstörendes Potential zur Massenproduktion von Schadorganismen in sich. Akzeptanzverluste seitens der Chemie- und Pharma-Industrie hatten zur Folge, daß Deutschland in der innovativen Biotechnologie ein Schwellenland ist. Da die Chemische Industrie jahrelang am Konventionellen gut verdiente, war die Öffentlichkeit der Meinung, daß man sich den Verlust des Anschlusses an die Biotechnikforschung leisten könne. Nur so ist ein über acht Jahre währendes Tauziehen um die Genehmigung der gentechnologischen Produktion von Insulin zu erklären, welches an Hoechst exemplifiziert wurde. Ein von der BASF südlich von Ludwigshafen geplantes biotechnologisches Forschungszentrum hatte um die 600 Einsprüche zur Folge. Also wanderte die biotechnologische Forschung der Chemischen Industrie nach Amerika, Kanada und Frankreich aus und mit ihr die Produktion. Für Bayer haben Ende 1993 rund 400 Wissenschaftler in West Haven (USA) geforscht. 1991 hat Bayer insgesamt rund eine Milliarde DM für die Pharmaforschung ausgegeben; davon sei ein gutes Drittel auf die Pharma-Tochtergesellschaft in Amerika entfallen (o.V., F. A. Z., 30. 12. 92).

Nun wundert man sich plötzlich hierzulande, daß nur noch 49 Prozent der Forschungsgelder der Chemischen Industrie im Lande bleiben und die Zahl der Neuentwicklungen zurückgeht. Zwar gibt es etwa tausend Labors, die auf dem Gebiet der Biotechnologie arbeiten, aber nur drei Produktionsstätten; selbst Dänemark besitzt mehr, Japan gar 130.

Wo ist das Entwicklungspotential der neuen Biotechnologie zu sehen? Biotechnologie ist die integrierte Anwendung von Chemie, Mikrobiologie und Verfahrenstechnik mit dem Ziel, sich die Eigenschaften lebender Organismen im Interesse des Menschen zunutze zu machen. Auf folgenden Gebieten werden Innovationen erwartet: Gesundheitswesen, Nahrung und Agrarwirtschaft, Energie, Rohstoffe und Umwelt. Abschätzungen des Marktvolumens lassen erkennen, daß Biotechnologie und Gentechnik ein Wirtschaftsfaktor mit wachsender Bedeutung werden. Während in Deutschland eine leistungsfähige Forschungsinfrastruktur für diese Technologie geschaffen wurde (auf Platz drei bei den Patentanmeldungen), bleibt die Umsetzung der Forschung in der Bürokratie hängen. Auch im Ausland sind die Gesetze streng, doch besteht der Unterschied darin, daß man z. B. in den USA eine Genehmigung innerhalb von zehn Monaten bekommt, während man in Deutschland dafür zwei Jahre braucht. Das kann ein Marktvolumen von mehreren 100 Millionen DM ausmachen.

7. Fazit

Es liegt selbstverständlich an der Summe der Kosten aus Unternehmensteuern, Sozialabgaben, Löhnen und Umweltschutz, die zu einer Standortverlagerung Anlaß geben können. Wie aber soll man im internationalen Wettbewerb einen Spitzenplatz einnehmen, wenn man bei allen Kostenfaktoren einen Spitzenplatz einnimmt? Laut Ifo-Institut würde angesichts des Wettbewerbs im EG-Binnenmarkt und durch die Öffnung Osteuropas ein weiteres Vorpreschen bei Kosten und Auflagen künftig stärker auf die Konkurrenzfähigkeit des Standorts Deutschland durchschlagen als noch zu Zeiten, in denen die Märkte kaum integriert waren. Noch ist die These der achtziger Jahre, daß mehr Umweltschutz heute zu Arbeitsmarktproblemen von morgen führen, nicht widerlegt. Was gewünscht und wohl auch notwendig ist, wäre eine Konsolidierungsphase in der Umweltpolitik. Wenn sich die Anforderungen an eine umweltverträgliche Produktion so rasch ändern, daß eine Nutzung des Investitionsgutes nicht einmal mehr über die gesamte Abschreibungsdauer gewährleistet ist, dann wird die Standortfrage aktuell. Umweltpolitische Ziele müssen für einen Zeithorizont von 10 bis 30 Jahren umrissen werden. Auf diese Weise ist es der Industrie möglich, effiziente Investitionsentscheidungen für die Herstellung innovativer Produkte und für neue Produktionsverfahren zu treffen.

Literatur

BASF, Standortkriterien bei Investitionsentscheidungen, Vorträge des 3. BASF-Gesprächs, Ludwigshafen 1991.

Biedenkopf, K., M. Miegel, Investieren in Deutschland, Landsberg am Lech 1989.

Büscher, R., J. Homann, Wandert die deutsche Wirtschaft aus? Standortfrage Bundesrepublik Deutschland, Zürich 1989.

Dierkes, M., K. Zimmermann (Hrsg.), Wirtschaftsstandort Bundesrepublik. Lebensfähigkeit und Zukunftsperspektiven, Frankfurt am Main 1990.

Graskamp, R., M. Halstrick-Schwenk, R. Janßen-Timmen, U. Löbbe, M. Wenke, Umweltschutz, Strukturwandel und Wirtschaftswachstum, Essen 1992.

Kahrmann, V., Sauerland (Hrsg.), Made in Germany. Die internationale Wettbewerbsfähigkeit der deutschen Wirtschaft, Stuttgart 1991.

Klemmer, P., Umweltschutz und Wirtschaftlichkeit. Grenzen der Belastbarkeit der Unternehmen, Berlin 1990.

Nerb, G., Der Standort Wetdeutschland im Urteil der Unternehmen, in: Ifo Schnelldienst (1992), Nr. 8, S. 6–9.

Voss, G., Standort: Indikator Umweltschutz und Energieversorgung, in: iw-trends, (1992), Nr. 2, S. 43–54.

Wackerbauer, J., Entwicklungsperspektiven regionaler Umweltschutzindustrien im Europäischen Binnenmarkt: Wettbewerbssituation und Anpassungsstrategien, in: Ifo Schnelldienst (1992), Nr. 17–18, S. 25–31.

Nachweise

Der Abdruck der Abbildungen 4 (S. 239) und 5 (S. 241) erfolgt mit freundlicher Genehmigung des Deutschen Instituts-Verlages.

Wirtschaftliche Entwicklung und wohlfahrtsstaatliche Institutionen

Johannes Berger

1. Das Engagement des Staates in der Wirtschaft

Im welchem Verhältnis Wirtschaft und Staat zueinander stehen – ob in einem förderlichen, hinderlichen oder neutralen: dieses Problem gehört zu den ältesten Streitfragen der sozialwissenschaftlichen, finanzwissenschaftlichen und wirtschaftspolitischen Literatur. Im Zuge der Übernahme ständig neuer sozial- und wirtschaftspolitischer Verpflichtungen hat die Auseinandersetzung um die Frage nach den Grenzen des Staatseingriffes an Schärfe gewonnen. Auch nach dem Zusammenbruch sozialistischer Wirtschaftssysteme ist der Streit keineswegs verstummt. Nach wie vor stehen sich entschiedene Befürworter des Programms einer sozialstaatlichen Leistungsausdehnung und ebenso entschiedene Kritiker dieses Programms gegenüber. In den letzten zwei Jahrzehnten ist die Diskussion allerdings geprägt worden von der steigenden Anziehungskraft liberaler Argumente in Wissenschaft und Politik. Auch die Wähler scheinen sich solchen Argumenten zunehmend zu öffnen. Anders als der Wahlslogan »Freiheit oder Sozialismus« nahelegen mag, dreht es sich schon lange nicht mehr darum, zwischen Markt und Staat als den grundlegenden Ordnungsprinzipien der Wirtschaft eine Wahl treffen zu müssen. Vielmehr steht im Zentrum der Diskussion heute die viel konkretere, aber auch kniffligere Frage, welche Eingriffstiefe auf welchen Feldern wirtschaftlicher Tätigkeit staatlichem Wirken zugestanden werden soll.

Es liegt auf der Hand, daß das Ausmaß des wirtschaftlichen Engagements des Staates die Qualität eines Wirtschaftsstandorts ganz unmittelbar beeinflußt. Einerseits schöpft der Staat mit der Erhebung von Steuern und Sozialabgaben große Wertsummen aus dem Wirtschaftsprozeß ab; zudem beschränkt er mit einem dichten Regelwerk gesetzlicher Vorschriften die wirtschaftliche Entscheidungsfreiheit in ganz erheblichem Maße. Andererseits speist der Staat einen breiten Strom sachlicher Leistungen und sozialer Transferzahlungen in den wirtschaftlichen Kreislauf wieder ein. Der Wohlfahrtsstaat ist eine zentrale Bestimmungsgröße sowohl für gesamtwirtschaftliche Aggregrat-Größen, z.B. das Lohnniveau, als auch für das wirtschaftliche Verhalten der relevanten Akteure (man denke nur an den Zusammenhang von Arbeitsangebot und sozialstaatlicher Absicherung). Fast alle Faktoren, die in der Diskussion um die Bundesrepublik als Wirtschaftsstandort in das Kreuzfeuer der Kritik geraten sind, stehen in einem engeren oder weiteren Zusammenhang mit wohlfahrtsstaatlichen Regelungen. Hierzu zählen insbesondere die Arbeitskosten, das Niveau der Besteuerung und ein restriktives Arbeitsrecht, aber auch das Bildungsniveau der Arbeitskräfte, der Gesundheitsstand der Bevölkerung und der soziale Friede etc. sind Faktoren, die direkt vom Ausmaß der Wohlfahrtsstaatlichkeit abhängen.

Schon weniger auf der Hand liegt, daß allein die Komplexität sozialer Gebilde wie Staat und Wirtschaft, ebenso wie das dichte Geflecht der Beziehungen zwischen beiden Größen, es verbietet, den Einfluß sozialstaatlicher Tätigkeiten auf den Wirtschaftsprozeß auf einen handlichen Nenner zu bringen. Zum einen zerfällt das sozialstaatliche Leistungsprogramm in eine Vielzahl unterschiedlicher Maßnahmen, die sich in sehr unterschiedlicher, ja gegensätzlicher Weise auf die Wirtschaftskraft eines Landes auswirken können. Und auch die Wirtschaft selbst stellt sich in einer Vielzahl von Aspekten dar, auf die der Sozialstaat Einfluß nehmen kann. Dazu gehören der Zinssatz ebenso wie die Inflationsrate, die Arbeitsbereitschaft und die Investitionsneigung. Die gleiche Maßnahme kann auf die einzelnen Meßziffern des wirtschaftlichen Erfolgs eine durchaus verschiedene Wirkung haben. Zum anderen wird die Lage noch verwickelter dadurch, daß nicht nur in der Querschnitts-, sondern auch in der Längsschnittbetrachtung die Auswirkungen wohlfahrtsstaatlicher Maßnahmen auf die Wirtschaft eine große Variationsbreite besitzen. Nicht nur der Grad, sondern auch die Richtung des Einflusses können sich ändern. Jedenfalls gibt es keinen Grund dafür anzunehmen, daß trade offs oder gar Positivsummenspiele das Verhältnis der beiden Größen Sozialstaat und Wirtschaft in zeitlicher und sachlicher Hinsicht dauerhaft prägen. Es könnte ja z. B. sein, daß sozialstaatliche Maßnahmen sich erst positiv, ab einem bestimmten zeitlichen oder sachlichen Schwellenwert aber negativ auf wirtschaftliche Prozesse auswirken.

Angesichts der komplexen Problemlage erscheint es geradezu verwegen, den Einfluß sozialstaatlicher Programmatik auf die wirtschaftliche Entwicklung auf wenigen Seiten abhandeln zu wollen. Das ginge allenfalls, wenn der Forschungsstand eindeutige Antworten parat hielte, die es lediglich zu referieren gälte. Dem ist aber leider nicht so. Es gibt zwar eine große, auch dem Fachmann (oder der Fachfrau) kaum noch übersehbare Literatur zu einzelnen Aspekten unseres Problems. Aber die Forschung ist weit davon entfernt, eine Summe aus diesen Untersuchungen ziehen zu können. Sehr treffend hat diesen Sachverhalt ein amerikanischer Forscher vor einem Jahrzehnt so zusammengefaßt: »a person determined to find a respected theoretical argument to support a preconception will find one and a person without preconceptions will find a bewildering diversity of answers in economic theory ... To get by this theoretical impasse, one turns with hope to the empirical research ... As will become clear, most of these hopes remain unfulfilled« (Aaron, 1982, S. 28). An diesem Sachverhalt hat sich bis heute nichts Wesentliches geändert.

Eine Möglichkeit, auf diese Forschungslage zu reagieren, wäre, den Gegenstand kleinzubrechen und, statt über den Wohlfahrtsstaat und seinen Einfluß auf die wirtschaftliche Entwicklung zu sprechen, sich einen Teilaspekt, z. B. den Kündigungsschutz und seinen Einfluß auf betriebliche Fehlzeiten herauszugreifen. Diesen Weg will ich hier nicht gehen. Eine *andere* Möglichkeit besteht darin, die Auseinandersetzung mit der vorherrschenden Auffassung zu suchen. Die große Mehrheit der Untersuchungen zu unserem Thema geht nun davon aus, daß ein trade off zwischen wirtschaftlicher Performanz und wohlfahrtsstaatlichen Leistungen bestehe. Sie ist davon überzeugt, daß die Ausdehnung der Staatstätigkeit die Funktionsfähigkeit der Wirtschaft beeinträchtige. Ich werde im folgenden daher so vorgehen, daß ich die theoretischen Begründungen und empirischen Belege, die zur Stützung dieser Annahme beigebracht wurden, wie kursorisch auch immer, Revue passieren lasse. Meine Absicht hierbei ist, eine vorherrschende Gewißheit, die in sozialstaatlichen Leistungen ausschließlich eine Beeinträchtigung der Marktwirtschaft erblicken kann und daher ihren drastischen Abbau fordert, zu erschüttern. Mir geht es nicht darum, den Wohlfahrtsstaat um jeden Preis gegen Einwände zu verteidigen, sondern darum, eine ausreichend gesicherte theoretische Basis für anstehende Reformen zu finden. Bevor ich in die Prüfung der Argumente selbst eintrete, gilt es allerdings, einige definitorische Klärungen vorzunehmen und auf Meßprobleme aufmerksam zu machen.

2. Definitionen und Meßprobleme

Schon ein flüchtiger Blick in den Wirtschaftsteil der Tageszeitungen verschafft dem Leser den Eindruck, wohlfahrtsstaatliche Maßnahmen und Einrichtungen stellten, wenn vielleicht nicht die entscheidende, so doch eine sehr ernste Belastung für die Qualität des Wirtschaftsstandorts Bundesrepublik dar. Beklagt werden vor allem die im internationalen Vergleich zu hohen Arbeitskosten, zu kurzen Arbeitszeiten, zu großzügige Urlaubsregelung, zu strikten arbeitsrechtlichen und umweltpolitischen Auflagen sowie die zu hohen Steuern. Insbesondere der Mißbrauch der Sozialversicherungssysteme ist in aller Munde. Anfang der achtziger Jahre hat ein Politiker die wirtschaftsschädliche Ausdehnung sozialstaatlicher Leistungen sehr plastisch auf den Punkt gebracht: Das soziale Netz dürfe nicht zur Hängematte verkommen. Aber auch wenn es tatsächlich so sein sollte, daß im internationalen Vergleich z. B. die Steuern in der Bundesrepublik »zu hoch« sind oder das so soziale Netz »zu dicht geknüpft« ist, dann bliebe immer noch offen, was die einzelnen, als nachteilig für den Wirtschaftsstandort Bundesrepublik angesehenen Sachverhalte mit dem Wohlfahrtsstaat zu tun haben. Zum Beispiel liegen die Ursachen für die Steuererhöhungen der jüngsten Zeit und den rasanten Anstieg der Staatsverschuldung nicht in einer ausufernden Sozialstaatlichkeit, sondern in den unerwarteten Schwierigkeiten des Einigungsprozesses. Es darf also weder als ausgemacht gelten, daß der Wohlfahrtsstaat die alleinige Ursache für die angeführte Entwicklung ist, noch daß er sich ausschließlich nachteilig auf die Standortqualität auswirkt.

Am Anfang einer Analyse der Bedeutung des Wohlfahrtsstaats für die Standortqualität steht wie immer die Klärung des Begriffs. Leider läßt einen die wissenschaftliche Literatur hierbei im Stich. Eine allseits akzeptierte Definition existiert nicht (vgl. aber Briggs, 1961). »Like power, the welfare state is a nebulous, fuzzy, yet sharply contested concept« (Esping-Andersen, 1992, S. 5). Um den Nebel etwas zu lichten, möchte ich die Unterscheidung zwischen sozialer Sicherung, Sozialpolitik und Wohlfahrtsstaat als einem institutionellen Komplex, der die beiden zuerst genannten Elemente mit umfaßt, einführen. Während Maßnahmen der sozialen Sicherung auch außerhalb eines wohlfahrtsstaatlichen Kontexts denkbar sind, läßt sich das Umgekehrte nicht behaupten. Den Kern des Wohlfahrtsstaates bildet die soziale Sicherung gegen Einkommensausfälle der abhängig Beschäftigten. Derartige Einkommensausfälle haben ihre Wurzel in den sozialen Risiken Alter, Arbeitslosigkeit, Krankheit, Invalidität und Unfälle (Genaueres hierzu bei Kaufmann, 1973). Die Absicherung gegen diese Risiken läßt sich ganz verschieden organisieren. Das Spektrum reicht von einer rein privaten Versicherungslösung über eine Zwangsversicherung bis hin zur Rechnungsbegleichung aus dem Steueraufkommen.

Maßnahmen der sozialen Sicherung erfüllen einen engen Begriff von Sozialpolitik (Schmidt, 1988). Um diesen Kern herum ist ein zweiter Ring sozialpolitischer Maßnahmen gelagert. Während die ersteren Leistungen »in cash« sind, handelt es sich bei den letzteren (mehrheitlich) um Leistungen »in kind«. Darunter wird das Angebot staatlicher Dienstleistungen vornehmlich auf den Gebieten Bildung, Wohnen und Gesundheit verstanden. Der Wohlfahrtsstaat unterscheidet sich von der Sozialpolitik in weiterem Sinne noch einmal dadurch, daß er zum einen zusätzliche Politikfelder einbezieht, vor allem die Arbeits- und Wirtschaftspolitik, zum anderen aber dadurch, daß er mehr ist als die Summe von Sozialpolitik und Transferzahlungen. Dies wird gerade in historischer Perspektive deutlich. Während die Anfänge der Sozialpolitik in das letzte Drittel des 19. Jahrhunderts fallen, ist der Wohlfahrtsstaat ein Kind der Nachkriegszeit. Er bedeutet einen tiefgreifenden Einschnitt in der Wirtschafts- und Sozialgeschichte der westlichen Länder. Sozialhistoriker und Sozialpolitiker wie Th. Marshall haben in ihm daher konsequenterweise die Heraufkunft einer neuen Epoche erblickt (Esping-Andersen, 1992, S. 5).

Die entscheidende, durch den Wohlfahrtsstaat herbeigeführte Neuerung ist die Übernahme einer staatlichen Verantwortung für die Wohlfahrt der Bürger. Diese historisch neuartige Verpflichtung löst der Staat auf insgesamt vier Wegen ein:

(1) Errichtung eines umfassenden Systems der sozialen Sicherung, das der Tendenz nach die gesamte Bevölkerung erfaßt und zwei Ziele verfolgt: Absicherung gegen Armut und Statussicherung (vgl. Barr, 1992). Umverteilung im Sinne einer Einkommensgerechtigkeit oder gar -gleichheit war und ist nicht das Ziel des Wohlfahrtsstaates, jedenfalls nicht in Deutschland.

(2) Ausbau von sozialen Diensten auf den Gebieten Erziehung, Gesundheit und Wohnen. Ziel dieser Maßnahmen ist, die Versorgung der Be-

völkerung mit Wohnungen, Gesundheits- und Bildungsleistungen zu gewährleisten. Der Staat übernimmt also nicht nur Garantien für die Rechtssicherheit oder die politische Beteiligung, sondern auch für den Gesundheitsstand, den Bildungsstand und die ausreichende Versorgung der Bevölkerung mit Wohnraum. Darin, daß die Versorgung mit solchen Leistungen nur teilweise den Marktkräften überlassen wird, zeigt sich schlagend die neuartige Qualität des Wohlfahrtsstaats.

(3) Maßnahmen zur Sicherung der Vollbeschäftigung: Der Wohlfahrtsstaat unterscheidet sich von der sozialen Marktwirtschaft ganz wesentlich dadurch, daß er nicht nur ein soziales Netz für diejenigen bereithält, die aus dem Beschäftigungssystem herausfallen, sondern daß er auch auf das Niveau der Beschäftigung aktiv Einfluß nimmt. Zu den Blütezeiten des Wohlfahrtsstaats geschah dies im wesentlichen mit Hilfe der keynesianisch inspirierten Nachfragelenkung der Wirtschaft.

Daß der Staat die Aufgabe der Lenkung der Konjunktur an sich gezogen hat, einer Konjunktur, die als so unlenkbar galt wie der Umlauf der Himmelskörper, dokumentiert vielleicht am deutlichsten die historische Neuartigkeit des wohlfahrtsstaatlichen Institutionenkomplexes. Vor allem diese Verpflichtung ist es, die die heftigste Kritik hervorgerufen hat und in der Krise des Systems seit den siebziger Jahren auch als erste wieder fallengelassen worden ist. Wenn die Übernahme einer Vollbeschäftigungsgarantie das Definiens der Wohlfahrtsstaatlichkeit ist, dann ist die Bundesrepublik kein Wohlfahrtsstaat mehr. Strategien, welche hohe Beschäftigung oder jedenfalls Beschäftigungszuwachs als Nebeneffekt angebotsorientierter Maßnahmen zur Stärkung der Wettbewerbsfähigkeit der Wirtschaft erreichen wollen, sollten nicht mit keynesianischer Vollbeschäftigungspolitik verwechselt werden.

(4) Neuordnung des Verhältnisses von Arbeit und Kapital. Sie besteht in der Anerkennung der Gewerkschaften als legitimer Vertretung der Belange der Arbeitnehmer einerseits und der Übertragung der Lohnfindung auf die Sozialpartner andererseits. Die wichtigsten Komponenten dieser Anerkennung sind: Versammlungsfreiheit, Tarifhoheit, Streikrecht und Partizipationsrechte. Gewiß haben die Gewerkschaften bereits gegen Ende des Ersten Weltkrieges ihre gesellschaftliche Anerkennung durchgesetzt und aus dieser Zeit rührt auch das Institut der Tarifhoheit. Aber entscheidend ist, daß der Wohlfahrtsstaat diese Neuerungen übernimmt und daß auf ihrer Grundlage die Beziehungen zwischen Kapital und Arbeit reorganisiert werden. Ihren Nieder-

schlag findet diese Innovation im kollektiven Arbeitsrecht. Kennzeichnend für dieses ist, daß zwischen Gesetz und individuellen Arbeitsvertrag Tarifverträge und Betriebsvereinbarungen treten, die die individuelle Vertragsfreiheit erheblich einschränken (Hanau/Adomeit, 1974, S. 30).

Für die Anhänger unbeschränkter Vertragsfreiheit dient das kollektive Arbeitsrecht lediglich dem Ziel, individuelle Gestaltungsspielräume beim Arbeitsvertrag weitgehend abzubauen. Gewiß wird nun die individuelle Vertragsfreiheit durch kollektive Tarifverträge erheblich eingeschränkt. Aber aus dem Arbeitsrecht lassen sich kaum Richtlinien für die Tarifpolitik ableiten. Hier haben die Gewerkschaften die Wahl zwischen Kooperation und Konflikt (Bergmann u.a., 1975). Angesichts dieser Alternative haben sich die Gewerkschaften in der Bundesrepublik für Kooperation entschieden. Dadurch wandelten sie sich von einer systemoppositionellen Kraft zu einer Ordnungsmacht (Schmidt, E., 1971). Die prinzipielle Option der Gewerkschaften für Kooperation und gegen den Konflikt hat die Tarifpolitik zumindest bis zur Wirtschaftskrise Mitte der siebziger Jahre geprägt.

Einen solchen Wandel ihres Selbstverständnisses können die Gewerkschaften um so leichter verantworten, je sicherer sie sich sein können, daß ihre Lohnforderungen legitim sind. Im wohlfahrtsstaatlichen Kontext werden gewerkschaftliche Lohnforderungen solange als berechtigt angesehen, wie sie die Grenzen des Produktivitätszuwachses nicht überschreiten. Eine der wichtigsten Neuerungen des Wohlfahrtsstaates ist jedenfalls die von beiden Seiten des Arbeitsmarktes verfolgte »produktivitätsorientierte« Lohnpolitik, durch die die Beteiligung der Arbeitnehmer am wirtschaftlichen Fortschritt gesichert werden sollte. Sie tritt an die Stelle der für die Vorkriegszeit typischen antagonistischen Konflikte um die Lohnhöhe.

Damit soll nicht gesagt sein, daß Lohnkonflikte nicht länger mehr das Erscheinungsbild des modernen Kapitalismus prägten. Aber diese Konflikte ereignen sich jetzt vor dem Hintergrund eines gemeinsam geteilten Verständnisses der wirtschaftlichen Möglichkeiten und Notwendigkeiten. Ohne ein solches Verständnis sind diese Konflikte dadurch gekennzeichnet, daß das Kapital Strategien der Erhöhung der relativen Rate des Mehrwerts (Marx) auch auf Kosten des Lebensstandards der Beschäftigten verfolgt, während es den Gewerkschaften um die Sicherung und Verbesserung des Lebensstandards ihrer Mitgliedschaft auch auf Kosten der Gewinne geht. Eine der entscheidenden Neuerungen des Wohlfahrtsstaats besteht darin, die grundsätzliche Übereinstimmung zwischen Kapital und Arbeit über angemessene Lohnforderungen zu ermöglichen. Insoweit, als die Abstimmung zwischen Kapital und Arbeit durch eine Abstimmung mit der vom Staat verfolgten Einkommens- und Wirtschaftspolitik ergänzt wird, erweitert sich der für den Wohlfahrtsstaat typische »capital-labour accord« zu einer korporatistischen Lenkungsstruktur der Wirtschaft. Kennzeichnend für diese ist, daß die staatliche Wirtschaftspolitik mit den maßgeblichen Interessengruppen abgestimmt wird. Hierauf komme ich noch einmal zurück.

Wie aus der knappen Schilderung der Grundzüge des Wohlfahrtsstaats, so wie er in der Nachkriegszeit vor allem in den Ländern Nordwesteuropas verwirklicht worden ist, hervorgegangen sein dürfte, handelt es sich bei ihm um ein überaus komplexes und facettenreiches Gebilde, dessen Auswirkungen auf die Wirtschaft schwerlich auf einen Nenner gebracht werden können. Gesetzt den Fall, daß die Vollbeschäftigungspolitik sich nachteilig auf die Wirtschaft auswirkt, dann muß das gleiche z. B. noch lange nicht für die Arbeitslosenversicherung gelten. Um die Wirkungen einer wohlfahrtsstaatlichen Einrichtung auf die Wirtschaft ermessen zu können, sind für jeden einzelnen Fall genaue Inzidenzanalysen erforderlich. Trotz des riesigen Bergs an vor allem wohlfahrtsstaatskritischer Literatur fehlt es aber an solchen Studien. Die ideologisch gefärbte Rhetorik überwiegt.

Was vom Wohlfahrtsstaat gilt, nämlich daß es sich um ein facettenreiches Gebilde handelt, trifft auch für die Wirtschaft zu. Ich werde mich im folgenden nicht mit einem Definitionsversuch abgeben. Die Bemerkung muß genügen, daß zur Wirtschaft die Nachfrager nach Arbeitskraft, ihre Anbieter und alle selbständig wirtschaftenden Personen gehören. Um nun den Einfluß wohlfahrtsstaatlicher Maßnahmen auf die Wirtschaft zu ermessen, bedarf es zuvorderst eines Maßes für den wirtschaftlichen Erfolg. Das gebräuchlichste ist zweifelsohne das Wachstum des Bruttosozialprodukts, genauer: das Wachstum des realen Bruttosozialprodukts pro Kopf. Um seine Eignung als Wohlfahrtsmaß hat es eine lange Diskussion gegeben (vgl. nur: Leipert, 1990). Auch diese muß uns hier nicht weiter interessieren. Worauf es in unserem Zusammenhang in erster Linie ankommt, ist die Eignung dieses Indikators für die Messung des wirtschaftlichen Erfolges per se. In den meisten Studien, die den Einfluß wohlfahrtsstaatlicher Institutionen auf die wirtschaftliche Leistungskraft eines Landes untersuchen, wird das Wachstum des Bruttosozialprodukts als Indikator der wirtschaftlichen Effizienz herangezogen. Daneben gelten aber Preisstabilität und Vollbeschäftigung als weitere Indikatoren der Wirtschaftskraft eines Landes. Ein komplexeres und womöglich genaueres Maß für die wirtschaftliche Performanz ist daher eine (ungewichtete) Kombination aus Wachstumsrate des realen Bruttosozialprodukts, Inflationsrate und Arbeitslosenquote (Schmidt, 1988; Scharpf, 1987).

3. Der Wohlfahrtsstaat: ein Ballast für die Wirtschaft?

3.1. »Equity« versus »efficiency«

Stabilisiert oder destabilisiert nun der Wohlfahrtsstaat die wirtschaftliche Entwicklung? Seit dem Niedergang des keynesianischen Wohlfahrtsstaats Mitte der siebziger Jahre überwiegen die Behauptungen eines destabilisierenden Einflusses. Die Begründungen hierfür sind vielfältig. Es fällt aber auf, daß der Reichtum an theoretischen Argumenten deutlich kontrastiert mit dem Mangel an empirisch überzeugenden Studien. Die »vorherrschende Meinung« erblickt in wohlfahrtsstaatlichen Regelungen vornehmlich einen Ballast für die Wirtschaft, den es in Krisenzeiten abzuschütteln gelte. Allerdings sind die einzelnen Komponenten des Wohlfahrtsstaats der Kritik in unterschiedlichem Maß ausgesetzt.

Im folgenden sollen zunächst die wichtigsten theoretischen Argumente, die einen negativen Einfluß stützen sollen, kurz wiedergegeben werden. Abgesehen von genuin soziologischen Argumenten sind sie teils mikroökonomischer, teils makroökonomischer Natur. Sodann gilt es, die empirischen Belege für die destabilisierende Natur wohlfahrtsstaatlicher Einrichtungen vorzustellen. Hierbei konzentriere ich mich auf den Zusammenhang zwischen Sozialausgaben und wirtschaftlichem Wachstum einerseits, der korporatistischen Lenkungsstruktur und wirtschaftlicher Performanz andererseits. Auch wenn Einschnitte in das soziale Netz sich schon deswegen als unvermeidlich erweisen sollten, weil die Alternativen hierzu (höhere Verschuldung, Steuererhöhung, Sparen an anderer Stelle) entweder noch unattraktiver oder nicht durchsetzbar sind, gehört die soziale Sicherung zum vermutlich irreversiblen Kern des Wohlfahrtsstaats, wohingegen die korporatistische Lenkungsstruktur eine der Nachkriegsinnovationen ist, deren Fortbestand in Frage steht.

Die Diskussion um den Zusammenhang zwischen Wirtschaftswachstum und wohlfahrtsstaatlichen Eingriffen steht heute ganz unter dem Zeichen eines vermuteten trade offs zwischen »equity und efficiency«, um den Titel eines Buchs zu zitieren (Okun, 1975), in dem diese Sichtweise begründet worden ist. Dem Wohlfahrtsstaat wird allenfalls zugestanden, daß er Gerechtigkeitsziele verfolgt und auch erreichen kann; allerdings gelinge dies nur auf Kosten der wirtschaftlichen Effizienz. Der zugrunde gelegte Effizienzbegriff ist schillernd (vgl. Barr, 1992, S. 745). In den empirischen Studien wird darunter meist das Wachstum des Sozialprodukts verstanden. Die zentrale Behauptung lautet, daß eine von Staatseingriffen, Auflagen etc. unbehinderte Marktwirtschaft schneller wächst als eine Wirtschaft, die unter wirtschaftsfremden Auflagen operiert. Auch die Verteidiger des Wohlfahrtsstaats argumentieren selten mit Effizienz-Argumenten; spiegelbildlich zur Kritik an den wohlfahrtsstaatlichen Maßnahmen rechtfertigen sie letztere mit Gerechtigkeitserwägungen. Eine seltene Ausnahme bildet Barr (1987, 1992), der die potentielle Effizienzsteigerung durch soziale Sicherungssysteme betont.

Die Begründungen für den negativen Einfluß des Wohlfahrtsstaats sind teils soziologischer, teils ökonomischer Natur. Die soziologischen Argumente rücken den Zusammenhang zwischen Ausdehnung der Staatstätigkeit und dem Gemeinschaftssystem der Gesellschaft einerseits, dem kulturellen System der Gesellschaft andererseits ins Licht. Der Wohlfahrtsstaat, so heißt es, schwäche (a) intermediäre Gruppen, kleine Netzwerke und Familien (Glazer, 1988). Er zerstöre damit genau jene Institutionen, in denen bislang soziale Probleme bewältigt wurden. Einerseits vermindere er objektiv deren Selbsthilfepotential, andererseits setze er Anreize, die subjektive Nutzung noch vorhandener Potentiale zu unterlassen. Dadurch vermehre er nur seine Klientel und trage zur Schaffung jener Probleme bei, zu deren Bekämpfung er eingerichtet wurde. Da (b) auf seine Leistungen ein Rechtsanspruch bestehe, so lautet ein weiteres Argument, werde die Arbeitsmoral geschwächt. Gleichzeitig stärke der Wohlfahrtsstaat Entmündigungstendenzen (Illich, 1980), da er das Publikum daran gewöhnt, daß der bürokratische Staat zuständig ist für jegliche Art sozialer Probleme. Schließlich befreie er (c) individuelle Erwartungen von den Fesseln der Tradition. Wenn Gruppenansprüche nicht mehr durch kulturell tradierte Normen kontrolliert würden, komme es zu einer weiteren Schwächung des Gemeinwohlinteresses gegenüber Gruppeninteressen.

So bedeutsam diese Argumente auch sind (und die Auseinandersetzung mit ihnen intellektuell anregend), sollen sie doch an dieser Stelle nicht weiterverfolgt werden. Die ökonomische Kritik basiert teils auf mikroökonomischen, teils auf makroökonomischen Argumenten. Theoretisch fundierter scheinen mir die mikroökonomischen Argumente zu sein. Allerdings sind sie weniger empirisch überprüft als ihr makroökonomischer Gegenpart. Auch wird in der Literatur ganz selten die Frage aufgeworfen, inwieweit mikroökonomische Argumente makroökonomische Schlußfolgerungen weitreichender Art zu tragen vermögen (Esping-Andersen, 1992, S. 26).

3.2. Mikroökonomische Begründungen

Im Mittelpunkt der mikroökonomischen Diskussion um den Wohlfahrtsstaat stehen die Rückwirkungen der sozialen Sicherung auf Arbeitsangebot und Arbeitsnachfrage. Allerdings steht auch das Lohnniveau selbst im Kreuzfeuer der Kritik, soweit es durch wohlfahrtsstaatliche Maßnahmen nach oben getrieben wird. Aus mikroökonomischer Sicht besteht das Grundproblem der sozialen Sicherung in einer effizienzmindernden Verzerrung der Anreizstruktur. Steigende Sozialausgaben, so wird behauptet, bewirken, daß sowohl das Arbeitsangebot wie auch die Arbeitsnachfrage zurückgehen (Balassa, 1984). Allerdings leidet die ganze Diskussion darunter, daß in der Regel eine strikt negative Beziehung zwischen den Variablen unterstellt wird. Jedes Mehr an Wohlfahrtstaatlichkeit bedeutet ein Weniger an Beschäftigung. Nur wenige Untersuchungen nehmen kurvilineare Zusammenhänge an: Bei einem solchen Kurvenverlauf hätte der Wohlfahrtsstaat bis zu einem bestimmten oberen Schwellenwert einen positiven Einfluß auf das Arbeitsangebot. Erst jenseits davon wird die Beziehung der beiden Größen negativ.

Die zentrale Begründung für den negativen Zusammenhang von sozialer Sicherung und Arbeitsangebot läßt sich bereits bei Max Weber nachlesen: Wenn das Risiko völliger Unversorgtheit wegfällt, wird der Arbeitszwang gemindert. Unter Arbeitszwang lassen sich dabei sowohl der Zwang verstehen, überhaupt nach Arbeit zu suchen, wie auch der Zwang für die Inhaber von Arbeitsstellen, sich entsprechend den Leistungsvorstellungen ihrer Arbeitgeber zu verhalten. So plausibel dieses Argument auch auf den ersten Blick sein mag, ist es doch sehr fraglich, ob das von den Arbeitskräften gewünschte Leistungsoptimum mit hinreichender Sicherheit durch die Androhung der »Chance der Erwerbslosigkeit« bewirkt wird. Unbestreitbar ist das »Risiko der Unversorgtheit« ein zuverlässiger und direkt wirksamer Hebel, um Personen zur Arbeitsaufnahme zu motivieren. Hätte niemand es nötig zu arbeiten, würde es an ausreichenden Arbeitsanreizen fehlen, es sei denn, diese ließen sich gänzlich aus dem Prozeßnutzen beruflicher Arbeit herleiten. Zur Sicherung des Arbeitsangebots mögen rein ökonomische Zwänge ausreichen; sie können aber schwerlich die Beschäftigten dazu anhalten, genau jene Leistungen zu zeigen, welche die Unternehmung von ihnen erwartet. Um ein Höchstmaß an Leistungsbereitschaft sicherzustellen, bedarf es anderer Mechanismen als der Drohung mit dem Risiko des Arbeitsplatzverlustes. Die soziologische Literatur hat jedenfalls betont, daß diese Bereitschaft nicht allein ökonomisch, sondern weitgehend sozial bedingt ist. Auf sie wirken innerbetriebliche Faktoren ebenso ein wie z. B. sozialstaatliche. Maßnahmen der sozialen Sicherung schwächen nicht einfach die Anreize zur Arbeitsaufnahme, sondern sind unter Umständen geeignet, die Produktivität der Arbeit zu erhöhen. Gewiß läßt sich ein Niveau der sozialen Sicherung vorstellen, bei dem es attraktiv wird »auszusteigen«, aber daraus folgt nicht, daß Maßnahmen zur sozialen Sicherung generell derartige Einstellungen befördern. Ebenso variiert die Produktivität der Arbeitskräfte mit der im Betrieb vorherrschenden Personalpolitik. In aller Regel zahlt es sich für die Unternehmung aus, die Beschäftigten nicht als Fremdkörper zu betrachten, sondern zu versuchen, ihre Kreativität für den Betrieb zu mobilisieren.

Fortschritt in der ausufernden Diskussion setzt m. E. voraus, daß seitens der abhängigen Variablen zunächst einmal zwischen Absentismus, Arbeitslosigkeit und Bereitschaft zur Teilnahme am Erwerbsleben unterschieden wird, und dann die Auswirkungen der verschiedenen Sicherungssysteme (Renten, Alterssicherung, Krankenversicherung) auf die Arbeitsanreize gesondert diskutiert werden (Esping-Andersen, 1992, S. 23). Am besten belegt erscheint der Zusammenhang zwischen sozialen Rechten (Kündigungsschutz) und Krankfeiern. Die Verteilung der Abwesenheit aus Krankheitsgründen über die Wochentage wie auch der internationale Querschnittsvergleich sprechen eine deutliche Sprache. Allerdings hat Esping-Andersen (1992, S. 25) darauf hingewiesen, daß auch noch so deutliche Evidenzen in einem anderen Licht erscheinen, wenn die globalen Zahlen für Abwesenheit vom Arbeitsplatz kleingebrochen werden. Bezahlter Absentismus ermöglicht z. B. Frauen, Familien- und Arbeitspflichten besser miteinander zu vereinbaren. Was auf den ersten Blick wie ein negativer Anreiz aussieht, erweist sich bei näherem Hinsehen als Bedingung einer überdurchschnittlichen Beteiligung am Erwerbsleben.

Zur Unterstützung des Zusammenhangs zwischen sozialer Sicherung und Höhe der Arbeitslosigkeit werden gerne internationale Vergleichszahlen ins Spiel gebracht. Die generelle Hypothese lautet, daß in Ländern mit besseren Lohnersatzzahlungen und größerer Arbeitsplatzsicherheit auch die Arbeitslosigkeit höher ist. Speziell für den europäischen Arbeitsmarkt ist wiederholt behauptet worden, daß das großzügig bemessene Arbeitslosengeld und seine längere Dauer in Europa zu der höheren Arbeitslosigkeit im Vergleich zu den USA beigetragen haben (Ballassa, 1984). Aber auch wenn entsprechende Korrelationen vorliegen, ist ihre kausale Deutung mit Vorsicht zu genießen. Wie Franz (1990, S. 368) betont, gibt es so gut wie keine empirische Evidenz dafür, daß die sozialleistungsinduzierte Arbeitslosigkeit zur Erhöhung der inflationsstabilen Arbeitslosenquote beigetragen hat.

Auf einem anderen Blatt steht, ob nicht das Lohnniveau selbst eine eigenständige Ursache für Arbeitslosigkeit darstellt. Daß Arbeitslosigkeit auch lohninduziert sein kann, liegt auf der Hand. Wenn Lohnsteigerungen auf Kosten der Gewinne durchgesetzt werden, gefährden sie das Vollbeschäftigungsziel. Auch das von den Gewerkschaften gerne vorgetragene Nachfrageargument (Lohnsteigerungen wirkten über die Vermehrung der Nachfrage beschäftigungsbelebend) ist kein durchschlagender Einwand gegen diese ökonomische Binsenwahrheit. Für unser Problem, ob der Wohlfahrtsstaat falsche Anreize setzt, ist es aber wichtiger, das Augenmerk auf die Determinanten von Lohnansprüchen zu richten. Sie gilt es zu analysieren, wenn im Lohnniveau die Ursache für Ungleichgewichte auf dem Arbeitsmarkt erblickt wird (vgl. Franz, 1990, S. 354). Die zentrale Aufgabe besteht darin zu ermitteln, auf welche Weise der Sozialstaat die Lohnansprüche in die Höhe treibt und dadurch Arbeitslosigkeit verursacht. *Ein* Erklärungsfaktor könnte in der höheren Militanz der Gewerkschaften liegen, ein anderer in dem Anstieg des Reservationslohns – also jenes Lohns, der gezahlt werden muß, um Arbeitskräfte zur Annahme einer Stelle zu bewegen – durch den Ausbau des sozialen Netzes.

Gewiß gibt es Zusammenhänge dieser Art. Darüber darf aber nicht vergessen werden, daß nicht nur steigende Lohnansprüche der Arbeitnehmer kostentreibend sind, sondern daß auch die Arbeitgeber bereit sind, Entgelte zu zahlen, die über dem markträumenden Lohnniveau liegen. Jedenfalls behauptet dies die seit einem Jahrzehnt weit verbreitete Effizienzlohn-Theorie. Ihr zufolge haben die Arbeitgeber ein Interesse daran, zur Sicherung der Leistungsbereitschaft sogenannte Effizienzlöhne zu zahlen; darunter werden Entgelte verstanden, bei denen das Verhältnis von Lohn zu Leistung ein Optimum erreicht. Definitionsgemäß liegen Effizienzlöhne aber über den markträumenden Löhnen (Akerlof/Yellen, 1986). Die Begründung hierfür ist in dem Sachverhalt zu suchen, daß bei markträumenden Löhnen keine Leistungsanreize bestehen, da entlassene Arbeitnehmer sehr rasch wieder eine neue Arbeitsstelle finden können. Der markträumende Lohn garantiert ja Vollbeschäftigung (von Friktionen des Arbeitsplatzwechsels einmal abgesehen). Damit entfällt der Arbeitszwang aus »Unversorgtheit«.

Noch ein Wort zu dem Zusammenhang zwischen Rentenzahlung und Rückzug aus dem Erwerbsleben. Der Einfluß des Rentenniveaus auf den Übergang in den Ruhestand gehört zu den am besten studierten Effekten des Wohlfahrtsstaats auf das Arbeitsangebot. Aber die empirischen Ergebnisse sind alles andere als eindeutig. Wer einen negativen Zusammenhang vermutet, dem sollte zu denken geben, daß ausgerechnet in den Ländern mit der besten Alterssicherung und den liberalsten Übertrittsmöglichkeiten (Holland und Schweden) Vorruhestandsregelungen vergleichsweise wenig in Anspruch genommen werden. Der hohe Gebrauch, der von solchen Regelungen in Deutschland gemacht wird, hat weniger mit der Arbeitsunlust der Beschäftigten zu tun als mit der Strategie der Unternehmen, die Alterssicherung für die Zwecke der Herstellung der betrieblichen Rentabilität auszubeuten. Großzügigere Vorruhestandsregelungen erleichtern es, ältere und der Voraussetzung nach weniger produktive Arbeitskräfte durch jüngere, produktivere zu ersetzen.

Soviel zu dem Einfluß von sozialer Sicherung und Sozialpolitik auf das Arbeitsangebot. Nicht minder wichtig ist ihr Einfluß auf die Nachfrage nach Arbeitskräften. Auch hier betont die (mikro-)ökonomische

Literatur den negativen Wirkungszusammenhang. Zwei für das Entscheidungsverhalten relevante Begründungen stehen im Vordergrund: zum einen geht die Nachfrage nach Arbeit zurück, wenn deren Preis steigt. Die Unternehmungen ersetzen Arbeit durch Kapital, wenn ersterer Faktor im Verhältnis zum letzteren teurer wird, sich die relativen Preise also zuungunsten der Arbeit verschieben. Zum anderen bedeuten steigende Arbeitskosten unter Ceteris paribus-Bedingungen sinkende Gewinne. Dadurch erhalten Investitionsanreize einen Dämpfer. In einer solchen Situation nimmt die Bereitschaft, Arbeitskräfte einzustellen, ab.

Ohne Zweifel führen Maßnahmen der sozialen Sicherung zu einem Anstieg des sich aus Direktentgelt und Personalzusatzkosten zusammensetzenden Arbeitspreises. Insbesondere haben die Personalzusatzkosten mittlerweile einen solchen Umfang angenommen, daß sie und nicht die Bruttolöhne weithin für das eigentliche Problem gehalten werden. Während 1966 noch 43,40 DM pro 100 DM Direktentgelt in der Industrie aufgebracht werden mußten, belief sich der Betrag 1991 bereits auf 83,80 DM. In vielen Branchen gilt die Faustregel, daß eine Arbeiterstunde die Unternehmung das Doppelte des Bruttolohns kostet.

Auch für den internationalen Vergleich wird immer wieder hervorgehoben, daß die Arbeitskosten (Direktentgelte und Personalzusatzkosten) bei keinem der relevanten Wettbewerber höher liegen als in der Bundesrepublik. Ursache hierfür sind in erster Linie die Personalzusatzkosten. Die Durchschnittslöhne in der Verarbeitenden Industrie Japans liegen mittlerweile auf Grund des rascheren Anstiegs in den letzten zwei Jahrzehnten über den deutschen. Wegen der geringeren Personalzusatzkosten ist die Belastung der Industrie mit Lohnkosten aber insgesamt geringer. Dies gilt jedenfalls solange, wie dieser Berechnung die amtlichen Jahresdurchschnittskurse zugrundegelegt werden. Andererseits sollte aber der Sachverhalt, daß in Japan die Arbeitskosten in den letzten Jahren fast doppelt so rasch wuchsen wie in der Bundesrepublik (Institut der deutschen Wirtschaft, 1992, Tabelle 158), den Betrachter von vorschnellen Schlußfolgerungen abhalten.

Die für unseren Zusammenhang wichtigste Frage ist jedoch, ob allein die staatliche Sozialpolitik und nicht andere Faktoren als der Wohlfahrtsstaat für den rasanten Anstieg der Lohnnebenkosten verantwortlich gemacht werden können. Wie ein Blick auf Abbildung 1 zeigt, bilden die vom Staat zu verantwortenden Personalzusatzkosten nur einen Teil der entsprechenden Aufwendungen. Beispielsweise sind Vereinbarungen

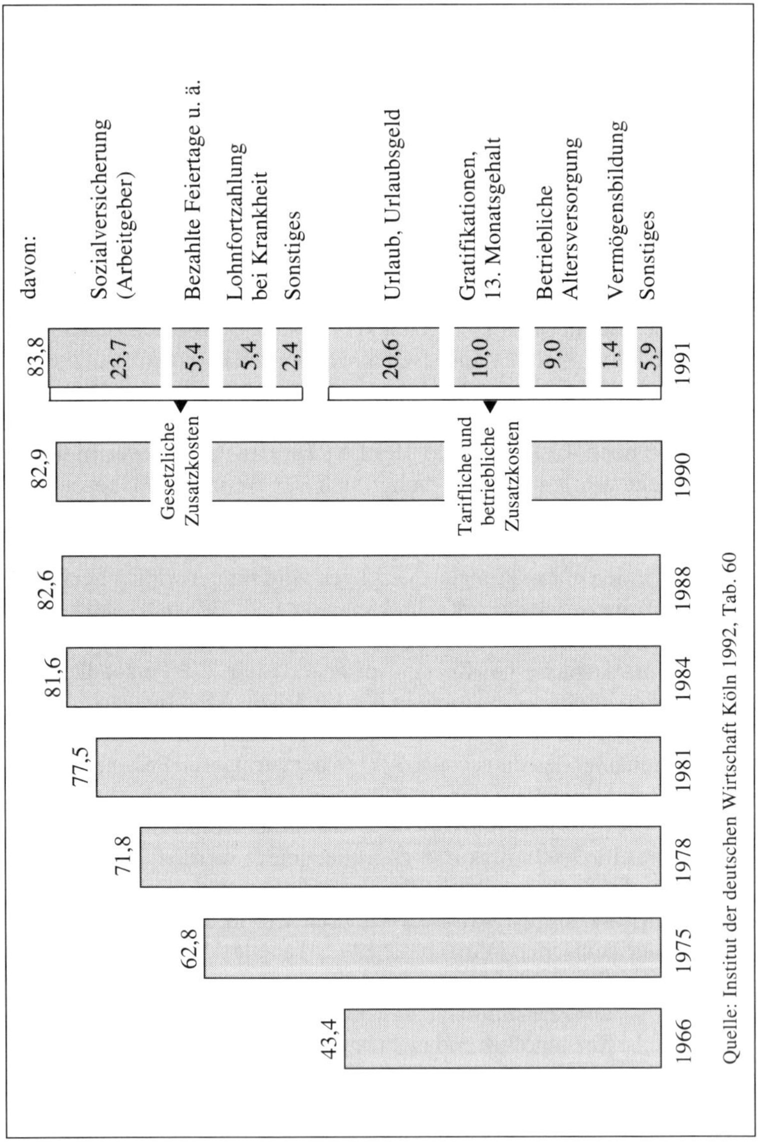

Abbildung 1: Personalzusatzkosten im Produzierenden Gewerbe (in %)

über die Länge des Urlaubs, die Zahlung von Urlaubsgeld und eines 13. Monatsgehalts Sache der Tarifpartner. Solche Vereinbarungen mögen zwar auf das Konto eines wohlfahrtsstaatlichen Arrangements im weiteren Sinne gehen, können aber nicht ausschließlich der Sozialpolitik angelastet werden. Wichtiger noch ist aber der Sachverhalt, daß die auf staatliche Regelungen zurückführbaren Kostensteigerungen mit Entwicklungen zusammenhängen, die nicht vom Sozialstaat ausgelöst werden, sondern denen er ebenso wie die anderen sozialpolitischen Akteure unterliegt. Seit Anfang der neunziger Jahre steigen die Lohnnebenkosten vor allem wieder wegen der Kostenexplosion im Gesundheitswesen. Als ursächliche Faktoren hierfür werden diskutiert: das Fehlverhalten von Leistungsanbietern und Versicherten, Konstruktionsfehler des Systems und »Umweltfaktoren« wie der sich ändernde Altersaufbau der Bevölkerung und ein nicht abzubremsender medizinisch-technischer Fortschritt. Der Wohlfahrtsstaat ist nicht die Ursache für Alterungsprozesse und technischen Fortschritt (jedenfalls nicht die alleinige), sondern wird von diesen Prozessen unter Anpassungsdruck gesetzt.

Vor allem die Änderung des Altersaufbaus der Bevölkerung wird in absehbarer Zeit die Lohnnebenkosten deutlich in die Höhe treiben. Innerhalb des bestehenden Ordnungsrahmens sind die Reaktionsmöglichkeiten des Wohlfahrtsstaats auf diese Entwicklung begrenzt. Er kann entweder die Transferzahlungen absenken oder die soziale Basis für die Trägerschaft dieser Leistungen erweitern, etwa durch Anhebung des Ruhestandsalters. Viel helfen werden solche Maßnahmen nicht. Eine radikale ordnungspolitische Wende, welche die Alterssicherung ebenso wie die Gesundheitssicherung auf einer anderen Grundlage organisiert, ist zwar denkbar und wird auch heftig diskutiert, doch ist eine reformpolitische Bewegung mit ausreichender Kraft, sie durchzusetzen, nicht in Sicht (vgl. jedoch BIEN, 1986).

3.3. Makroökonomische Begründungen

Neben den bislang behandelten mikroökonomischen Argumenten gibt es eine Reihe makroökonomischer Argumente, um den negativen »impact« des Wohlfahrtsstaats auf die wirtschaftliche Leistungskraft eines Landes zu begründen. Standen bisher Faktoren im Vordergrund, die das Entscheidungsverhalten von Arbeitsanbietern und Nachfragern beeinflussen können, so geht es jetzt um den Zusammenhang zwischen makroökonomischen Aggregatsgrößen. Am meisten diskutiert worden ist die Beziehung zwischen Beschäftigungsniveau und Inflationsrate. Im Zentrum einer ökonomischen Theorie des Wohlfahrtsstaats – oder, etwas anspruchsloser formuliert, einer Theorie der wohlfahrtsstaatlichen Pflicht zur Bekämpfung der Arbeitslosigkeit – stehen zwei Behauptungen: (a) Inflation und Arbeitslosigkeit sind negativ korreliert; (b) die Kosten der Arbeitslosigkeit sind höher als die Kosten der Inflation. Beide Behauptungen zusammengenommen ergeben eine Präferenz für Vollbeschäftigung. Dieser wohlfahrtsstaatliche Konsens ist Anfang der siebziger Jahre erschüttert worden. Um die Priorität des Vollbeschäftigungsziels war es geschehen, als zwei konträre Annahmen mehr und mehr Anhängerschaft in den Wirtschaftswissenschaften gewannen: (a) Inflation und Arbeitslosigkeit sind positiv korreliert; (b) die Kosten der Inflation sind höher als jene der Arbeitslosigkeit. Der Wohlfahrtsstaat, so lautet die Begründung für (a), erzielt nur Scheinerfolge in der Beschäftigungspolitik. In Wahrheit hintertreibt er die Erreichung dieses Ziels dadurch, daß er das Ziel der Preisniveaustabilität verletzt. Die vom makroökonomischen Konsens der fünfziger und sechziger Jahre postulierten Wahlmöglichkeiten zwischen verschiedenen Kombinationen von (höherer) Arbeitslosenquote und (geringerer) Inflationsrate bestehen nur zum Schein. In Wahrheit sind stabile Preise die Vorbedingung für Vollbeschäftigung.

So wichtig diese Debatte auch sein mag: aus Platzgründen gehe ich auf sie hier nicht weiter ein (vgl. aber Berger, 1994). Ich will mich statt dessen auf zwei weitere makroökonomische Beziehungen konzentrieren: den Einfluß der Staatsausgaben auf das Wirtschaftswachstum und die ökonomischen Folgewirkungen des Korporatismus. Die Frage, ob makroökonomische Begründungszusammenhänge in jedem Fall einer mikroökonomischen Fundierung bedürfen, lasse ich ganz beiseite.

Auch ohne Rückgriff auf mikroökonomische Argumente läßt sich ein negativer Zusammenhang zwischen wirtschaftlichem Wachstum und Wohlfahrtsstaat auf der Grundlage der ganz allgemeinen Idee konstruieren, daß es der Wirtschaft dann am besten geht, wenn sich die Marktkräfte ungehindert von staatlichen Eingriffen frei entfalten können. Der Wohlfahrtsstaat blockiert nun die Dynamik des Markts auf zweierlei Weise: einmal dadurch, daß er immer größere Anteile des Sozialprodukts an sich zieht, und zum anderen dadurch, daß er die Wirtschaft einem immer engeren Netz staatlicher Kontrollen und Auflagen unterwirft. Dementsprechend versucht die makroökonomische Kritik am Wohlfahrtsstaat zu zeigen, daß entweder steigende Sozialausgaben zu einer Belastung für die Wirtschaft werden oder daß die zunehmende Regulierung die freie Entfaltung der Marktkräfte behindert. Zunächst zum ersten Argument.

Unbestreitbar sind sowohl die Staatsausgaben insgesamt als auch die Sozialleistungen in der Nachkriegszeit deutlich schneller gestiegen als das Sozialprodukt (vgl. Tabellen 1 und 2). Allerdings bildet die Bundesrepublik diesbezüglich keine Ausnahme. In allen westlichen Industrieländern läßt sich eine ähnliche Entwicklung beobachten. In der Bundesrepublik ging 1991 fast jede zweite Mark durch die öffentliche Hand. Der Anteil der Staatsausgaben (Ausgaben der Gebietskörperschaften und der Sozialversicherung) wuchs 1991 von 34,2 Prozent auf 48,8 Prozent

	1960	**1968**	**1974**	**1980**	**1984**	**1988**	**1990**
USA	5,0	6,4	9,5	10,9	11,0	10,6	..
BRD	12,0	13,7	14,6	16,6	16,5	16,1	15,3
Japan	3,8	4,5	6,2	10,1	11,0	11,4	11,5
Niederlande	..	16,2	20,7	25,9	27,5	25,9	26,3
Schweden	8,0	10,6	14,3	17,6	17,6	19,5	19,7
Total OECD	7,0	8,6	10,7	12,9	13,7	13,4	15,4

Quelle: Historical Statistics 1960–1990, Tab. 6.3, S. 67

Tabelle 1: Ausgaben für soziale Sicherheit in Prozent des Bruttosozialprodukts

	1960	**1968**	**1974**	**1980**	**1984**	**1988**	**1990**
USA	27,0	30,7	32,2	33,7	35,8	36,1	..
BRD	32,4	39,1	44,6	48,5	48,1	46,9	46,0
Japan	17,5	19,2	24,5	32,6	32,9	32,2	32,3
Niederlande	33,7	43,9	47,9	57,5	61,0	58,3	55,6
Schweden	31,0	42,8	48,1	61,6	63,5	59,5	61,4
Total OECD	28,1	31,8	34,7	38,7	41,3	40,4	43,8

Quelle: Historical Statistics 1960–1990, Tab. 6.5, S. 68

Tabelle 2: Staatsausgaben in Prozent des Bruttoinlandprodukts

an (Institut der deutschen Wirtschaft, 1992, Tabelle 85). Sogar nach der Wirtschaftskrise 1974/75 stiegen die Sozialausgaben noch eine Zeitlang schneller als das Sozialprodukt und die öffentlichen Einnahmen (Alber, 1988, S. 200).

Es verdient aber hervorgehoben zu werden, daß die Entwicklung seit Mitte der siebziger Jahre deutlich abflachte. Zwar sind die Sozialausgaben weiter angestiegen (siehe Abbildung 2), doch sind die Wachstumsraten deutlich zurückgegangen. Die Bundesrepublik fällt sogar insofern aus dem internationalen Rahmen heraus, als sie das einzige Land ist, in dem 1984 der Anteil der Sozialausgaben (in der Definition des Sozialbudgets) am Sozialprodukt geringer war als 1975. Diese Entwicklung hat sich bis in die Gegenwart hinein fortgesetzt. 1991 ist die Sozialquote, die den Anteil des Sozialbudgets am Sozialprodukt mißt, auf 29,3 Prozent abgesunken. Ebenso ist der prozentuale Anteil der Staatsausgaben und der Ausgaben für soziale Sicherheit am Sozialprodukt seit Mitte der achtziger Jahre rückläufig.

Diese Zusammenhänge sollten im Auge behalten werden, wenn von den Nachteilen des Wirtschaftsstandorts Bundesrepublik Deutschland aufgrund der hohen Sozialleistungen die Rede ist. Im internationalen Vergleich liegt die Staatsquote zwar deutlich über der der wichtigsten außereuropäischen Wettbewerber USA und Japan, doch nimmt sie im europäischen Vergleich nur einen Platz im Mittelfeld ein (Institut der deutschen Wirtschaft (1992, Tabelle 157). Im übrigen hat der Anstieg der Staatsquote nicht zu einem Rückgang der Anlageinvestitionen geführt. Die Investitionsquote, definiert als Anteil der Anlageinvestitionen der privaten Wirtschaft in Ausrüstungen und Gewerbebauten (ohne Wohnungsbau) am Sozialprodukt, erreichte 1989 mit 12,5 Prozent den höchsten Wert seit 1972. Bis 1991 ist sie noch einmal um ein Prozent gestiegen. Wenn im Rahmen der Verhandlungen um den sogenannten Solidarpakt versucht wird, bei den Sozialausgaben zu kürzen, dann hat dies nicht nur damit zu tun, daß diese für die Wirtschaft generell zu teuer geworden sind, sondern auch damit, daß der Regierung die Mittel fehlen für den Aufbau der maroden Wirtschaft in den fünf Neuen Ländern.

Die in unserem Zusammenhang eigentlich interessierende Frage lautet, ob die Höhe und der Anstieg der Staatsausgaben sich nachteilig auf das Wirtschaftswachstum auswirken. Diesem Problem ist Saunders (1986b) in einer wichtigen Arbeit nachgegangen. In einer für die OECD

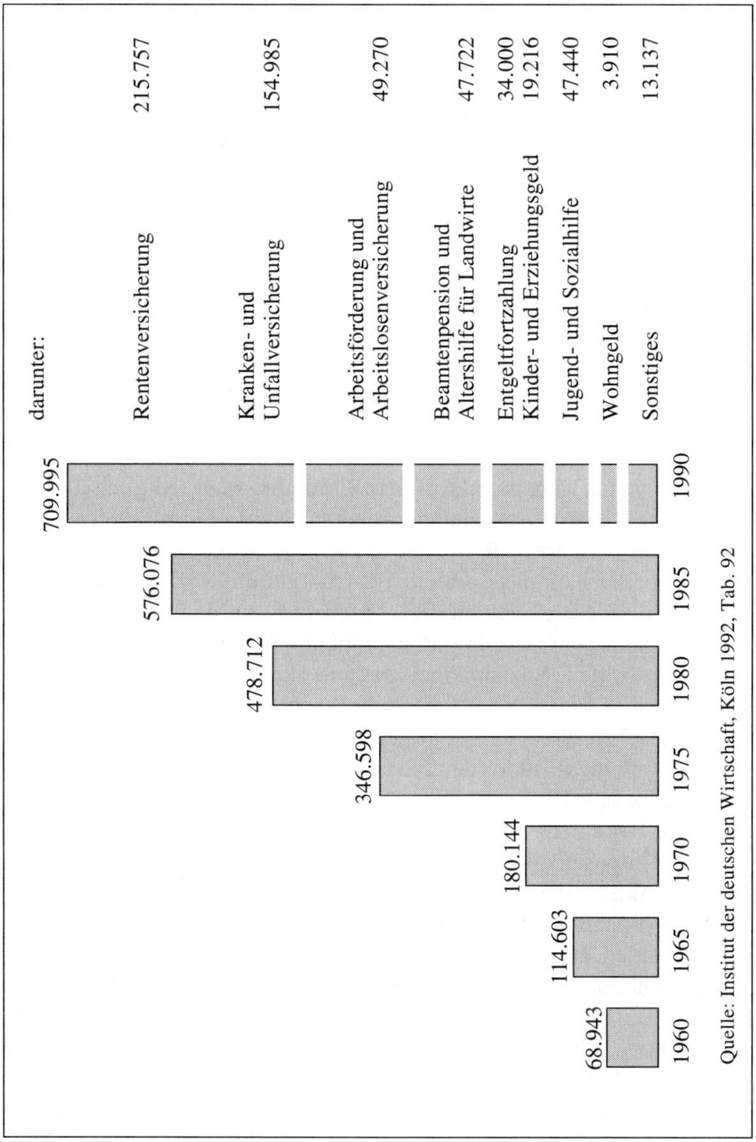

Abbildung 2: Sozialbudget (in Mio. DM)

angefertigten Studie (1985) ist er zu dem Schluß gekommen, daß sich eine inverse Beziehung zwischen der Größe des Wohlfahrtsstaats einerseits und Wachstumsrate, Arbeitslosenquote und Inflationsrate andererseits im OECD Raum nicht nachweisen läßt. Wie Saunders (1986) betont, ist bei der kausalen Interpretation makroökonomischer Korrelationen ohnehin Vorsicht geboten. Dies gilt nicht nur, weil die Korrelationen zwischen makroökonomischen Größen, die in den einschlägigen Studien in aller Regel ermittelt werden, nun einmal keine Kausalrelationen sind, sondern vor allem auch deswegen, weil die Ergebnisse hochgradig sensitiv sind mit Bezug auf die verwendete Meßgröße der Staatsausgaben, die betrachtete Zeitperiode und das Länder-Sample. »Certainly«, so faßt Saunders seine Untersuchungen zusammen, »no firm conclusions have emerged as yet, even with regard to whether government has on balance, affected economic growth positively or negatively« (1985, S. 58).

Wie erwähnt wäre es falsch, den Wohlfahrtsstaat lediglich als eine Addition verschiedener sozialpolitischer Programme anzusehen oder ihn gar auf die Ausgaben für soziale Sicherung zu reduzieren. Er ist ein institutioneller Komplex, der die Staatsbürger mit Sozialbürgerrechten versieht, die dem einzelnen Teilhabechancen an den Funktionsbereichen der modernen Gesellschaft garantieren. In diesem Zusammenhang müssen sowohl die Sozialpartnerschaft als auch die Vollbeschäftigungspolitik, beides zentrale Bausteine eines wohlfahrtsstaatlichen Arrangements, gesehen werden. Auf dieser Grundlage hat sich eine korporatistische Lenkungsstruktur der Wirtschaft entwickelt, die, was die Bundesrepublik betrifft, ihre Blütezeit Mitte der siebziger bis Anfang der achtziger Jahre hatte (Streeck, 1992, S. 212).

Unter Korporatismus wird ganz allgemein die Abstimmung oder konzertierte Aktion zwischen dem Staat und großen gesellschaftlichen Interessengruppen auf wichtigen Feldern der Wirtschafts- und Sozialpolitik verstanden. Das Wort soll daran erinnern, daß eine moderne Gesellschaft nicht nur, wie im liberalen Gesellschaftsmodell, aus dem Gegensatz von Wirtschaft und Staat besteht, sondern daß in ihr »intermediäre« Gruppen eine vermittelnde Funktion nach beiden Seiten hin ausüben. Zwei Elemente sind für eine korporatistische Lenkungsstruktur konstitutiv: Zum einen tritt der Staat Regierungsfunktionen an gesellschaftliche Großgruppen ab, zum anderen erhält er im Austausch dafür die Einbindung der Mitglieder der Großgruppen in die staatliche Politik. In der Bundesrepublik haben sich korporatistische Strukturen insbesondere auf den Feldern der Gesundheits- sowie der Einkommens- und Beschäftigungspolitik entwickelt. Solche Strukturen können je nach Land unterschiedlich stark entwickelt sein und sie müssen auch nicht in jedem Land gleich gut funktionieren. Auf dem Felde der Gesundheitspolitik haben sie in der Bundesrepublik in jüngster Zeit versagt; andererseits können die Bemühungen um das Zustandekommen eines Solidarpakts als Versuch gesehen werden, korporatistische Lenkungsstrukturen, die auf dem Feld der Einkommenspolitik im Niedergang begriffen waren, wiederzubeleben.

Den Kern des neokorporatistischen Modells bildet eine neuartige, als generalisierter Tausch (Marin, 1990) beschreibbare Beziehung zwischen den Sozialpartnern und der staatlichen Politik. Dieses Modell fußt auf bestimmten organisatorischen Voraussetzungen seitens der Verbände (z. B. hoher Zentralisierungsgrad) und auf einer Reihe sozialstruktureller Gegebenheiten, die den Verbänden die Aufgabe der Vereinheitlichung und Repräsentation von Interessen erleichtern. Scharpf faßt das neokorporatistische Modell so zusammen: »Eine Gewerkschaftsbewegung mit monopolistischer Struktur ... und mit einem hohen, annähernd die gesamte Arbeitnehmerschaft erfassenden Organisationsgrad und eine ähnliche Konzentration der Organisationen auf der Arbeitgeberseite; eine sehr weitgehende Zentralisierung der kollektiven Lohnverhandlungen; und eine gesicherte Beteiligung der Spitzenorganisationen von Arbeit und Kapital an den Entscheidungen der staatlichen Wirtschafts- und Sozialpolitik« (1987, S. 25).

Insbesondere die politikwissenschaftliche Forschung hat sich nun darum bemüht herauszufinden, welchen Einfluß ein solches Modell auf den wirtschaftlichen Erfolg besitzt. In dieser Absicht sind zahlreiche Ländervergleichsstudien unternommen worden, die allerdings nach der Zahl der einbezogenen Länder, dem untersuchten Zeitraum und der Operationalisierung von Korporatismus stark voneinander abweichen. Aber als generelles Ergebnis dieser Studien läßt sich festhalten, daß der vom wirtschaftswissenschaftlichen »mainstream« behauptete klassische trade off zwischen sozialer Protektion und makroökonomischer Effizienz nicht zutrifft. »Es gibt gute Beispiele für die Zielkonflikt-These, es gibt aber auch an Zahl und Gewicht bedeutsame Abweichungen« (Schmidt, 1988, S. 155). Wirtschaftspolitischer Erfolg, so Schmidt, kann sich infolge großzügiger, aber auch infolge sparsamer Sozialpolitik, wenn wichtige Sekuritätsstützen für die wirtschaftliche Entwicklung fehlen, einstellen.

Als Beispiele für die erfolgreiche Kombination von Wohlfahrtsstaat und wirtschaftlichem Erfolg gelten die skandinavischen Länder, Österreich, Holland, aber auch die Bundesrepublik. Ihre wirtschaftliche Entwicklung steht in scharfem Gegensatz zu der traditionellen trade off-Hypothese von wohlfahrtsstaatlicher »equity« und wirtschaftlicher Effizienz. Allerdings wäre es falsch, aus diesem Ergebnis den Schluß zu ziehen, daß ein wohlfahrtsstaatlicher Rahmen der erfolgversprechendste oder gar der einzige Weg zu Wachstum und Beschäftigung sei. Wie vielmehr Hicks (1988) hervorgehoben hat, gibt es zwei wachstumssichernde Konfigurationen: die erste nennt er »free market conservatism«, die zweite »democratic corporatism«.

Politische Stärke		**Organisationsgrad O** hoch	niedrig
P	stark	starkes Wirtschaftswachstum	schwaches Wirtschaftswachstum
	schwach	schwaches Wirtschaftswachstum	starkes Wirtschaftswachstum

Quelle: Hicks 1988, S. 683

*Tabelle 3: Gewerkschaftlicher Organisationsgrad (**O**), politische Stärke der Linken (**P**) und wirtschaftliches Wachstum*

Erstere Konfiguration besteht aus einer Kombination von konservativer Regierung und schwachen Gewerkschaften, letztere aus einer Kombination von Linksregierung und starken Gewerkschaften. Die Kooperation großer gesellschaftlicher Gruppen untereinander und mit dem Staat erhöht offensichtlich die Problemlösungsfähigkeit der Marktwirtschaft. Diese Kombination ist wachstumsträchtig, weil linke Regierungen Garanten und Exekutoren sowohl von Arbeitsmarktbedingungen als auch einer Wirtschaftspolitik sind, die für beide Seiten des Arbeitsmarkts Vorteile bereithalten.

Die Ergebnisse der politikwissenschaftlichen Forschung sind jüngst wenigstens partiell von einer Studie des Instituts der deutschen Wirtschaft (Schnabel, 1992) bestätigt worden, einem Institut also, dem man gewiß keine korporatistische Voreingenommenheit wird nachsagen können. Der Autor hat 15 OECD-Länder nach dem Grad des Korporatismus geordnet und dann die Erreichung wirtschaftlicher Ziele in den Jahren 1971 bis 1990 untersucht. In der Korporatismus-Rangskala dieser Studie rangiert die Bundesrepublik ganz oben (Platz 2), während sie etwa in der Rangskala von Lehmbruch (1984) nur im Mittelfeld landet. Das mag Zweifel an der Aussagekraft der Studie schüren. Ihr wichtigstes Ergebnis ist immerhin, daß die korporatistisch ausgerichteten Länder bei der Bekämpfung der Arbeitslosigkeit und der Inflation deutlich besser abschneiden als ihre Konkurrenten, wohingegen die Wachstumskräfte der Wirtschaft sich besser entfalten, wenn die korporatistischen Kräfte geringer entwickelt sind (vgl. Abbildung 3).

Zentralisierung und Kooperation der gesellschaftlichen Gruppen	hoch	mittel	gering
Mittelwerte nach Ländergruppen im Zeitraum 1971 bis 1990	A, D, NL, S, N	DK, SF, J, NZ, GB	F, I, AUS, CDN, USA
Arbeitslosenquote (in Prozent)	3,3	4,6	7,3
Inflationsrate (in Prozent)	6,0	8,8	8,4
Misery-Index (Inflationsrate + Arbeitslosenquote)	9,3	13,3	15,7
Nominallohnwachstum (in Prozent)	8,0	10,8	10,1
Reallohnwachstum (in Prozent)	1,8	1,9	1,5
Streikausfalltage (je 1000 Beschäftigte p.a.)	54	317	498
Wirtschaftswachstum (in Prozent)	2,3	2,8	3,1

Zentralismus und Kooperation nach der Korporatismus-Skala von M. Bruno/J.-D. Sachs, Economics of Worldwide Stagflation, Oxford. Ursprungsdaten: OECD, IWF, ILO. Institut der deutschen Wirtschaft Köln.
© 49/1992 Deutscher Instituts Verlag

Abbildung 3: Gesamtwirtschaftliche Entwicklung: Zwischen Kooperation und Konfrontation

4. Resümee

Welches Resümee läßt sich nun aus diesem Überblick über die theoretischen Begründungen und empirischen Evidenzen für die trade off-Hypothese ziehen? Die Absicht dieser Ausführungen wäre mißverstanden, wenn aus ihnen der Schluß gezogen würde, der Wirtschaft gehe es um so besser, je sozialstaatlicher und korporatistischer die Gesellschaft sei. Ein negativer linearer Zusammenhang zwischen makroökonomischen Variablen sollte nicht einfach durch einen positiven ersetzt werden, sondern es galt, auf die Komplexität oder Nichtlinearität der Beziehungen aufmerksam zu machen. Innerhalb gewisser Schwellenwerte kann sich der Wohlfahrtsstaat durchaus positiv auf das Wirtschaftswachstum auswirken (vgl. McCallum und Blais, 1987). Wie Schmidt (1989) hervorgehoben hat, gibt es jedoch keine ehernen Gesetzmäßigkeiten zwischen Sozialpolitik und makroökonomischer Performanz. Ihr Zusammenhang ist vielmehr variabel. Die Wirtschafts- und Sozialgeschichte der letzten Jahrzehnte hält keine eindeutige und einfache Rezeptur zur Sicherung des wirtschaftlichen Erfolgs bereit. Ebensowenig gibt es für die Belastbarkeit der Wirtschaft mit wohlfahrtsstaatlichen Programmen einen trennscharfen oberen Schwellenwert. Wieviel Wohlfahrtsstaatlichkeit die Wirtschaft aushält, variiert von Land zu Land und hängt von einer Vielzahl sozialstruktureller, wirtschaftlicher und politischer Bedingungen ab. Ob deswegen aber gesellschaftliche Gruppen gut beraten sind, wenn sie versuchen, die Grenzen der Belastbarkeit der Wirtschaft auszuloten, steht auf einem anderen Blatt.

Literatur

Aaron, H. I., Economic Effects of Social Security. Washington, D. C. 1982.

Akerlof, G., J. Yellen (Eds.), Efficiency Wage Models of the Labor Market, Cambridge 1986.

Alber, J., Is there a Crisis of the Welfare State? Cross-National Evidence from Europe, North America, and Japan, in: European Sociological Review, Vol. 4 (1988), S. 181–203.

Balassa, B., The Economic Consequences of Social Policies in the Industrial Countries, in: Weltwirtschaftliches Archiv, Band 120 (1984), S. 213–227.

Barr, N., The Economics of the Welfare State, Palo Alto, CA. 1987.

ders., Economic Theory and the Welfare State: A Survey and Interpretation. in: Journal of Economic Literature, Vol. XXX (1992), S. 741–803.

Berger, J., Vollbeschäftigung als Staatsaufgabe?, in: Grimm, D. (Hrsg.): Staatsaufgaben, 1994 (im Erscheinen).

Bergmann, I., O. Jacobi, W. Müller-Jentsch, Gewerkschaften in der Bundesrepublik, Frankfurt 1975.

BIEN (Basic Income European Network) 1986ff: Newsletter.

Briggs, A., The Welfare State in Historical Perspective, in: Archives Européennes de Sociologie 2 (1961), S. 221–258.

Esping-Andersen, G., Welfare States and the Economy, Manuskript, European University Institute 1992.

Franz, W., Arbeitsmarktökonomik. Berlin und Heidelberg 1991.

Glazer, N., The Limits of Social Policy, Boston 1988.

Hanau, P., K. Adomeit, Arbeitsrecht, 3. Aufl., Frankfurt 1974.

Hicks, A., Social Democratic Corporatism and Economic Growth, in: The Journal of Politics, Vol. 50 (1988), S. 677–704.

Illich, I., Fortschrittsmythen, Hamburg 1980.

Institut der deutschen Wirtschaft, Köln, Zahlen zur wirtschaftlichen Entwicklung der Bundesrepublik Deutschland, Ausgabe 1992.

Kaufmann, F. X., Sicherheit als soziologisches und sozialpolitisches Problem. Untersuchungen zu einer Wertidee hochdifferenzierter Gesellschaften, Stuttgart 1973.

Lehmbruch, G., Concertation and the Structure of Corporatist Networks, in: Goldthorpe, J. (Ed.): Order and Conflict in Contemporary Capitalism. Oxford 1984.

Marin, B., Generalized Political Exchange: Antagonistic Cooperation and Integrated Policy Circuits, Frankfurt 1990.

Leipert, C., Die heimlichen Kosten des Fortschritts: wie Umweltzerstörung das Wirtschaftswachstum fördert, Frankfurt 1989.

McCallum, J., A. Blais, Government, Special Interest Groups and Economic Growth, in: Public Choice, Vol. 54 (1987), S. 3–18.

Okun, A. M., Equity and Efficiency. The big Trade off, Washington, D. C. 1975.

Saunders, P., K. Friedrich, The Rise of the Public Sector, Causes and Consequences of the Growth of Government, OECD Economic Studies No. 4, Paris 1985.

Saunders, P., What can we Learn from International Comparisons of Public Sector Size and Economic Performance?, in: European Sociological Review, Vol. 2 (1986), S. 52–60.

Scharpf, F., Sozialdemokratische Krisenpolitik in Europa, Frankfurt 1987.

Schmidt, E., Ordnungsfaktor oder Gegenmacht, Die politische Rolle der Gewerkschaften, Frankfurt 1971.

Schmidt, M. G., Vom Wert und Unwert der Sozialpolitik, in: Vobruba, G. (Hrsg.): Der wirtschaftliche Wert der Sozialpolitik, Berlin 1989, S. 151–169.

Schmidt, M. G., Sozialpolitik, Historische Entwicklung und internationaler Vergleich, Opladen 1988.

Schnabel, C., Korporatismus und gesamtwirtschaftliche Entwicklung, in: IW trends 4/92, 1992.

Streeck, W., Social Institutions and Economic Performance. Studies of Industrial Relations in Advanced Capitalist Economies, London 1992.

Marktnähe und Marketingkompetenz als Wettbewerbsvorteile

Erwin Dichtl

Die Diskussion um die Standortspezifika eines Landes konzentriert sich ziemlich einseitig (Ausnahmen bilden z.B. Porter, 1990; van der Linde, 1992) auf die Bedingungen, die für die Herstellung von Gütern maßgebend sind. Man beklagt vor allem die hohen Löhne und Lohnzusatzkosten, die exorbitanten Preise für Immobilien, die finanzielle Belastung, die der Umweltschutz mit sich bringt, die gewaltigen Steuern, die Unternehmen und Arbeitnehmer zu tragen haben, die Regulierungswut des Gesetzgebers und die zähe Arbeitsweise der Behörden bzw. Genehmigungsorgane. Gelegentlich werden aber auch Standortvorteile hervorgehoben, wie etwa die trotz Überbeanspruchung nach wie vor beachtliche Effektivität des Ausbildungssystems, die im internationalen Vergleich vorzügliche Qualifikation der Arbeitnehmer, der moderne Maschinenpark, die Leistungsfähigkeit der Verkehrseinrichtungen sowie die Ordnung und Stabilität, die unser Land prägen. All dies ist gleichwohl nur die halbe Wahrheit; denn die Diskussion weist in mehrfacher Weise Schlagseite auf.

1. Ungereimtheiten in der Standortdiskussion

Zunächst erscheint der Blick derer, die sich zu Wort melden, insofern verengt, als sie die Situation allein durch die Arbeitgeberbrille betrachten. Sodann macht es wenig Sinn, spezielle Kostenarten wie die Personalkomponente oder die Steuern herauszufiltern und die jeweilige Belastung mit den entsprechenden Zahlen in anderen Ländern zu vergleichen. Schließlich sind die Kosten ohnehin nur bedingt bedeutsam für die Preise und diese nur teilweise maßgebend für die Wettbewerbsfähigkeit eines Landes. Um diese, nichts anderes, geht es.

(1) Niemand bestreitet, daß wir in Deutschland in der Verarbeitenden Industrie mittlerweile mit den höchsten Arbeitskosten je Stunde der Welt

konfrontiert sind. Außerdem existiert kein Staat, in dem die Jahresarbeitszeit vergleichbar niedrig ist. Wie soll es sich da noch auszahlen, hier zu produzieren oder gar zu investieren?

Ein ganz anderes Bild ergibt sich, wenn man die Situation aus der Sicht der Bürger betrachtet. Sie verfügen über ein beachtliches Bruttoeinkommen und genießen ein Maß an Freizeit sowie sozialer Sicherheit, von dem ihre amerikanischen und japanischen Kollegen nur zu träumen wagen. Läßt sich auch nicht leugnen, daß die Steuerbelastung jedem Arbeitnehmer zusetzt, vermag diese doch nicht zu verhindern, daß kein Land der Welt mehr Devisen für den Tourismus ausgibt als das unsere. Außerdem kann der Staat mit den ihm zufließenden Mitteln Leistungen vielfältiger Art erbringen, von denen jeder von uns profitiert, gleichgültig, ob er die Schule besucht, studiert, Azubi, berufstätig, arbeitslos ist oder den Ruhestand genießt.

All dies baut Existenzängste ab, erleichtert das Dasein und steigert die Kompetenz und Leistungsbereitschaft der arbeitenden Menschen. Zudem beflügelt es die Nachfrage nach Konsumgütern und Dienstleistungen. Es stellt eine Errungenschaft historischen Ranges dar, daß wir uns viereinhalb Jahrzehnte nach dem totalen Zusammenbruch zumindest im westlichen Teil Deutschlands weithin eines Lebensstandards erfreuen, den die Mehrheit der Menschen in den anderen Industriestaaten, ganz zu schweigen von den Schwellen- und Entwicklungsländern, noch lange nicht erreicht hat. Haben wir uns nicht beachtlich nahe an den Punkt herangearbeitet, an dem die meisten mit dem Vorhandenen zufrieden sein könnten?

Unterstrichen wird dies von Akio Morita, dem Chairman der Sony Corp. In einem vielbeachteten Beitrag, der in einer japanischen Monatsschrift erschienen und von Fortune (1992, S. 52 f.) auszugsweise nachgedruckt worden ist, redet er seinen Landsleuten ins Gewissen. Erscheint es nicht ratsam, so fragt er, allen Arbeitnehmern mehr Urlaub und Freizeit zuzugestehen, damit sie mehr Freude am Leben haben? Können wir nicht mindestens die Vergleichszahlen der Vereinigten Staaten, wenn schon nicht das Niveau von Deutschland erreichen? Reichen die Gehälter, die unsere Firmen ihren Mitarbeitern bezahlen, um diesen einen angemessenen Lebensstandard zu sichern? Ähnlich deutlich bezweifelt er, ob Aktionäre, Zulieferer von Großbetrieben, Gesellschaft und Umwelt in Japan jenes Maß an Rücksicht und Zuwendung erfahren, das in Amerika und Europa weithin üblich sei.

Das Fazit dieser ersten Überlegung lautet somit: Wenn wir den Status quo konservieren könnten, hätten Arbeitgeber und Arbeitnehmer allen Grund, zufrieden zu sein. Es besteht kein Anlaß, in Panik zu verfallen.

(2) Wenn, was oft behauptet wird, die Lohnkosten in Entwicklungsländern nur mit 10 Prozent von dem zu Buche schlagen, was hierzulande bezahlt wird, so ist dieser Vorteil dennoch fragwürdig. In abgeschwächter Form gilt der im folgenden zu begründende Einwand auch für Staaten, die bereits einige Sprossen auf dem Weg zur Industrialisierung erklommen haben.

Geht man von Daten aus, mit denen der indonesische Minister für Forschung und Technik, B. J. Habibie (1990, S. 40), rechnet, nämlich daß die Lohnkosten weltweit etwa ein Drittel des gesamten Kostenblocks ausmachen, daß rund 43 Prozent auf Rohstoffe, Halbfabrikate und Verbrauchsmaterial entfallen sowie ca. 23 Prozent durch die Nutzung von Anlagen und Maschinen bedingt sind, gelangt man für die Dritte Welt zu einer Ersparnis bei den Fertigungskosten von immerhin rund 30 Prozent. In Wirklichkeit wird dieser Wert jedoch nur dann erreicht, wenn die jedem Ökonomen wohlbekannte Ceteris paribus-Prämisse zutrifft, d.h. solange »alles andere« gleich bleibt. Dies dürfte indessen nur höchst selten der Fall sein.

Die skizzierten Einsatzfaktoren sind in den betroffenen Ländern oft wesentlich teurer, weil sie nicht selten importiert werden müssen und dadurch mit mannigfachen Kosten belastet sind, mit denen hierzulande nicht gerechnet werden muß. Auch der Bezug kleinerer Lose, die geringere Verhandlungsmacht bei Mengen und Preisen sowie Fremdkapital, das nur zu vergleichsweise ungünstigeren Bedingungen beschafft werden kann, belasten die Rechnung.

Zudem erweist sich das Transportsystem in vielen Ländern als nicht leistungsfähig genug, was zu längeren Vorlaufzeiten bei der Erlangung von Produktionsmitteln führt. Dies wiederum zwingt zur Vorhaltung größerer Lagerbestände, die finanziert, gepflegt und vor mancherlei Gefahren geschützt werden müssen.

In nicht wenigen Entwicklungsländern empfindet man es im übrigen als ganz normal, daß ein, zwei oder noch mehr Tage in der Woche der Strom ausfällt. Entsprechend lange stehen alle Räder still. Die Beschäftigten werden dann nur für ihre Arbeitsbereitschaft bezahlt. Auch andere Arten von Betriebsstörungen, von Unfällen bis hin zu Naturereignissen, ziehen oft längere Ausfallzeiten nach sich, als wir sie in unseren Breiten kennen bzw. hinzunehmen bereit sind. Vor allem Ersatzteile von Maschinen müssen oft von weit her geholt werden. Extreme klimatische Bedingungen, unzureichende Ausbildung der Arbeitnehmer und – zum Teil gerade wegen der kärglichen Entlohnung bestehende – Motivationsdefizite verhindern schließlich, daß die menschliche Arbeit in der Dritten Welt eine ähnlich hohe Ergiebigkeit erreicht wie in der nördlichen Hemisphäre.

Die Erkenntnis, daß es weniger auf die Arbeitskosten als die Arbeitsproduktivität ankommt, ist nicht neu. Entgegen einer weit verbreiteten Meinung liegen wir hier jedoch nicht an der Weltspitze, sondern nach Ermittlungen des Instituts der deutschen Wirtschaft (1992, S. 7) um einiges hinter Belgien und den Niederlanden zurück, dicht gefolgt von Italien. Dennoch sind wir wirtschaftlich auch im Weltmaßstab außerordentlich erfolgreich. Wie ist dies zu erklären?

(3) Es deutet einiges darauf hin, daß bei der Standortdiskussion die Kosten überbewertet werden. Ob unsere Unternehmen auf dem Weltmarkt, zu dem auch das Inland gehört, konkurrenzfähig sind bzw. bleiben, hängt nicht so sehr von den Kosten und nur bedingt von den Preisen, wohl aber vom Innovationsgrad, den Preis/Leistungsverhältnissen der angebotenen Güter und noch einigem anderen ab. Dabei ist genau zu prüfen, welche Art von Leistungen erwartet und erbracht wird.

Woran es in anderen Ländern weithin krankt, läßt sich kaum treffender zum Ausdruck bringen, als dies dem britischen The Spectator in einem Leitartikel (o.V., 1992, S. 5) gelungen ist:

Daß Vickers einen Riesenauftrag von Kuweit für Panzer an die amerikanische Konkurrenz verloren hat, sagt uns mehr über den Zustand der britischen Wirtschaft als alle Reden von Herrn Norman Lamont (Chancelor of the Exchequer, Anm. d.Verf.) und Herrn Gordon Brown (sein Widerpart in der Labour Party, Anm. d. Verf.) zusammen. »Der Auftrag ging uns nicht deswegen durch die Lappen, weil die Zinssätze zu hoch sind (was tatsächlich der Fall ist), auch nicht weil das Pfund überbewertet ist (was nicht weniger stimmt), sondern weil das Produkt nicht gut genug war ...

Ein Ruf, hervorragend zu sein, ist schwer zu erlangen, aber leicht zu verspielen. Einem Volk, das einst für seinen geschäftlichen Scharfsinn, sein Innovationsvermögen und seine hervorragende Qualitätsarbeit bekannt war, werden nunmehr Faulheit, Unfähigkeit, Liefertermine einzuhalten, eine lange Leitung und fehlende technische Kompetenz nachgesagt. Es gibt nur wenige Bereiche menschlichen Tuns – vielleicht mit Ausnahme von Rowdytum im Fußball –, in denen die Briten unbestreitbar Weltspitze verkörpern.«

Sicherlich existieren Bereiche, in denen Kosten und Preise dicht beieinanderliegen, so bei Textilien, Autos und in der Unterhaltungselektronik (Krause, 1992, S. 15), während bei anderen, etwa bei dem, womit bekannte Maler, Musiker, Schauspieler und Sportler die Menschheit beglücken, überhaupt kein Zusammenhang besteht. In der Computerfertigung ist der Lohnkostenanteil so gering, daß die Höhe der Stundensätze praktisch keine Rolle spielt (Maier-Mannhart, 1992, S. 21). Auch in der Pharmaindustrie hat über diese noch keiner geklagt.

Man könnte somit jemandem, der über das Niveau der Löhne lamentiert, entgegenhalten, er möge sich mehr darum, was er wem auf dem Markt anbietet, als um die Entwicklung der Kosten kümmern. Daß es somit weithin auf ganz andere Dimensionen des Wettbewerbs ankommt, zeigt auch das im folgenden zu schildernde Beispiel.

2. Dimensionen der Markt- und Kundennähe

Wenn ein deutscher Tourist eine Rundreise durch ein Land wie Marokko oder Mexiko unternimmt, werden, gleichgültig, bei wem er diese zu Hause gebucht hat, in der Regel alle damit im Zielgebiet verbundenen Leistungen von einem örtlichen Veranstalter erbracht, zu dem TUI, NUR, ITS oder wer auch immer vertragliche Beziehungen unterhalten. Weshalb eigentlich können diese »local agents« ihr Angebot nicht direkt deutschen Nachfragern unterbreiten? Sind nicht auch sie es, die die geforderte Qualität gewährleisten und letztlich den Preis bestimmen?

Allein, es fehlt ihnen an Markt- und Kundennähe. Sie kennen weder Art und Zahl der Bedarfsträger noch deren Ansprüche, hätten Mühe, Interessenten ausfindig zu machen, mit diesen in Verbindung zu treten und im übrigen eine breite Programmpalette zustande zu bringen. Zudem wäre kein Kunde bereit, an eine für ihn obskure Stelle, gar noch in einem nicht-europäischen Land, vor Antritt der Reise Geld zu überweisen. Mit einem Wort: Die eigentlichen Leistungsträger sind zu weit weg. Allein schon deshalb verfügen deutsche Reiseveranstalter über einen gewaltigen Wettbewerbsvorsprung vor Ausländern.

Das Argument läßt sich verallgemeinern. Nach einer Erhebung des Ifo-Instituts (Ruppert, 1989, S. 22ff.) besteht in Deutschland für das Verarbeitende Gewerbe insgesamt der drittwichtigste Standortvorteil (nach der Qualifikation der Mitarbeiter und der Infrastruktur) in der Kundennähe (siehe dazu auch Albers, 1989). Für die Hersteller von Verbrauchsgütern rangiert dieser Faktor sogar auf dem ersten, für Firmen, die Nahrungs- und Genußmittel, ebenso wie für solche, die Grundstoffe und Produktionsgüter hervorbringen, auf dem zweiten Platz. In weitgehender Übereinstimmung damit belegen gemäß einer Ende des Jahres 1992 von Institut der deutschen Wirtschaft (1993, S. 2f.) durchgeführten Untersuchung markt- und absatzorientierte Motive die ersten fünf Plätze auf einer Liste, die insgesamt 19 Gründe für Investitionen von Ausländern in der Bundesrepublik Deutschland umfaßt.

2.1. Die physische Nähe

Seit Beginn des Jahres 1991 hat sich eine Vielzahl ausländischer Konzerne, die bis dahin nicht in Deutschland vertreten waren, Stützpunkte bei uns geschaffen. Als wichtigste Argumente dafür wurden immer wieder die Größe des deutschen Marktes und die zentrale Lage unseres Landes in Europa genannt (o.V., 1992, S. 17). Darin manifestieren sich Vorteile, die sich die ungleich größere Zahl deutscher Anbieter nicht erst zu verschaffen braucht.

Die Bundesrepublik weist seit der Verschmelzung mit der früheren DDR eine Bevölkerung von annähernd 81 Mio. auf, und sie verfügt über einen von einem leistungsfähigen Verkehrswesen begünstigten, von Zollbarrieren und nicht-tarifären Handelshemmnissen nahezu nicht behinderten Zugang zu 260 Mio. weiteren potentiellen Bedarfsträgern in der EG. Der Vorzug, vielen Kunden mit einer zum Teil beachtlichen Kaufkraft physisch nahe zu sein, wird in der Zukunft noch an Gewicht gewinnen, wenn die osteuropäischen Länder stärker für unsere Erzeugnisse aufnahmefähig werden.

Ist der einheimische Markt groß genug, sind daran zahlreiche Vorteile geknüpft, in deren Genuß man sonst nur durch eine extensive Exporttätigkeit gelangen würde. Davon wird noch die Rede sein. Da Deutschland in dieser Hinsicht aber schon immer ein Handicap gegenüber seinen auf dem Weltmarkt wichtigsten Wettbewerbern, den USA und

Japan, aufwies, gab es für unsere Unternehmen nie eine Alternative dazu, weltweite Präsenz anzustreben.

Wenn beispielsweise BMW und Daimler Benz Werke in den USA errichten, ist darin keine Flucht vor Widrigkeiten zu Hause zu erblikken, sondern ein Reflex des Bemühens, mit der Produktion näher an die Kunden heranzurücken. Darin spiegelt sich eine Philosophie wider, die in Japan im Gegensatz zu uns keine Kontroversen mehr entfacht. Als die dortigen Konzerne die Welt mit Netzen von Produktionsstätten überzogen, wußte jeder Sachkundige, daß dies nicht primär der Einsparung von Transportkosten, sondern der Absatzsicherung diente, einem Ziel, das durch Exporte allein nicht zu erreichen wäre.

Aus ähnlichen Erwägungen heraus hat die amerikanische Coca-Cola-Organisation in Ostdeutschland allein 1990/91 rund 600 Mio. DM investiert. Daß man dort zum Marktführer geworden sei, verdanke man allein der »Produktion vor Ort« (o.V., 1992. S. 17). Kundennähe ist deshalb nichts, was sich nur auf die Bundesrepublik Deutschland bezöge, gewissermaßen ein spezifischer Standortvorteil deutscher Unternehmen in Deutschland, sondern ein strategisches Erfordernis für die gesamte Marketingtätigkeit.

Nicht anders ist das wachsende deutsche Auslandsengagement zu deuten. Ein erheblicher Anteil der dafür eingesetzten Mittel hat, wie das Institut der deutschen Wirtschaft schreibt (1993), die Aufgabe, »die Absatzmärkte deutscher Exporteure zu pflegen, zu sichern und auszuweiten«. Investitionen unserer Firmen im Ausland seien deshalb nicht in jedem Einzelfall als Votum gegen den Standort Bundesrepublik zu verstehen.

Wie sehr es auf die Nähe zu den Kunden ankommt, haben beispielsweise auch die Großen der deutschen Chemie – BASF, Bayer und Hoechst – erkannt. Schon früh errichteten sie beachtliche Brückenköpfe in den USA, wo sie inzwischen einen ansehnlichen Teil ihres Weltumsatzes erzielen. Ausschlaggebend für die auf dem nordamerikanischen Markt getätigten Investitionen waren einmal die reizvollen Absatzchancen, die sich auf dem größten geschlossenen Chemiemarkt der Erde ergaben, zum anderen das Bestreben, bestehende Einfuhrhürden zu überwinden, sowie der mit einem möglichen Prestigegewinn verbundene Anreiz, mit den amerikanischen Konkurrenten auf deren »home market« mithalten zu können oder dort gar besser zu sein als diese.

Oft erweisen sich freilich alle Versuche eines potentiellen Anbieters, auf einem Markt Fuß zu fassen, als fruchtlos, weil es ihm nicht gelingt, die Eintrittsbarrieren, die ihm den Einlaß verwehren, zu überwinden. Man braucht dabei keineswegs nur an prohibitiv hohe Zölle und scharfe Local Content-Vorschriften zu denken, mit denen wagemutigen ausländischen Anbietern schnell der Schneid abgekauft wird. Wenn beispielsweise ein Touristikunternehmen definitiv keinen Anschluß an bestehende Flug- und Hotelreservierungssysteme findet, wird es sich mit der Wahrnehmung von Aufgaben wie der Organisation von Busfahrten begnügen müssen. Viel einschneidender wirken somit solche nicht-tarifären Handelshemmnisse.

Nicht selten z.B. wird der Zugang zu einem Markt praktisch dadurch verwehrt, daß sich ein ausländisches Unternehmen nicht des lokalen Distributionssystems bedienen kann, weil dies mächtige einheimische Wettbewerber vereiteln. Beispielsweise fällt es bundesdeutschen Anbietern gerade aus diesem Grunde schwer, in Japan ein Bein auf die Erde zu bringen. Wenn dann noch die Bedingungen für Exporte anderswo viel günstiger sind, werden sich die betroffenen Unternehmen nicht ernsthaft bemühen, eine Bastion wie die genannte zu knacken.

Für ausländische Anbieter kommt es deshalb darauf an, daß sie sich von Anfang an auf der richtigen Seite der Barriere befinden oder dort etablieren, noch ehe die Hürden zu hoch werden. Das erklärt auch die Hektik von Firmen aus Drittländern, sich dagegen vorzusehen, daß die »Festung Europa« Wirklichkeit werden könnte.

2.2. Die psychische und kommunikative Nähe

In der Bundesrepublik Deutschland ebenso wie z.B. in Finnland, Japan, Korea und Südafrika, wo man ähnliche Gegebenheiten vorfindet (im einzelnen dazu: Dichtl/Müller, 1992), gibt es – mittelständische – Unternehmen, die bis zu 40 Prozent ihres Umsatzes im Ausland erzielen, aber auch solche, die es, obwohl mit jenen vergleichbar, auf eine Exporthöhe von lediglich wenige Prozent bringen. Wenn man den Ursachen für diese Diskrepanz nachspürt, stößt man auf einen Faktor, der sich als fehlende Auslandsorientierung des Managements kennzeichnen läßt. Die psychische Distanz zu Märkten jenseits des bekannten Terrains ist zu groß (eingehend dazu: Müller, 1991).

Die Verantwortlichen wären weder mit patriotischen Appellen noch mit Exporthilfen des Staates zu einem Auslandsengagement zu bewegen, weil sich damit die geistige Sperre, die dem entgegensteht, nicht überwinden läßt. Sie wagen nicht, über die nationalen Grenzen zu blikken, schrecken vor vermeintlichen Hürden, die mit einem Vorstoß in Neuland verbunden sind, zurück oder verdrängen jeden Anflug von Weltoffenheit mit dem vorgeschobenen Argument, die Produktionskapazität reiche gerade aus, um die Inlandsnachfrage zu befriedigen. Zumeist liegt der Grund für die einem Außenstehenden schwer verständliche Abwehrhaltung darin, daß die fraglichen Unternehmen an einem Mangel an Mitarbeitern leiden, die über Auslandserfahrung verfügen und Fremdsprachen beherrschen. Dies indessen läßt sich ändern.

Beispielsweise nahm nach der ersten Ölkrise (1973/74) in Japan die Verbreitung der arabischen Sprache einen gewaltigen Aufschwung. Die dortige Wirtschaft erkannte damals, daß es nicht genügte, den Ölscheichs im Vorderen Orient hohe Preise zuzugestehen und dort Kapital zu investieren, um eine stetige Ölversorgung Japans zu sichern. Man entschloß sich deshalb, in diesem Teil der Welt größere technologische Veränderungen einzuleiten, die die betroffenen Länder von japanischem Knowhow abhängig machen sollten. Um diesem Vorhaben zum Erfolg zu verhelfen, benötigte man eine Fülle von Informationen über Geschäftsgebräuche und Verhaltensweisen der Menschen im Mittleren Osten. Dies führte u.a. dazu, daß die Zahl der Japaner, die Arabisch studierten und sich mit den Kulturen dieses Teils der Welt befaßten, sprunghaft zunahm.

Einem ähnlichen Konkurrenzvorteil verdankt die Kronkolonie Hongkong, wo viele Kaufleute die wichtigsten chinesischen Dialekte beherrschen, ihre Sonderstellung im Außenhandel der Volksrepublik China. Manch ein Geschäft könnte aus deutscher Sicht in direktem Kontakt abgewickelt, manch ein zusätzlicher Exportauftrag hereingeholt werden, wenn wir mit Stützpunkten näher am Geschehen und sprachlich dazu in der Lage wären.

Daß derlei Kenntnisse für einen im Marketing Tätigen unverzichtbar sind, ist sogar in der schöngeistigen Literatur dokumentiert. In dem Buch »Die Liebe in den Zeiten der Cholera« (1991, S. 235) des Nobelpreisträgers Gabriel Garcia Márquez erklärt die junge Ehefrau ihrem Mann, einem Arzt, der von ihrer Fähigkeit fasziniert ist, sich in Paris auf spanisch zu verständigen: »Sprachen muß man beherrschen, wenn man etwas verkaufen will.« »Aber wenn man etwas kaufen will, versteht einen jedermann«.

Es erscheint ziemlich sicher, daß die Bundesrepublik Deutschland, wäre die psychische Nähe zu fremden Märkten überall vorhanden, einen um 100–200 Milliarden DM höheren Auslandsumsatz erreichen könnte. Was dies angesichts der in unserem Lande herrschenden Arbeitslosigkeit bedeutet, fällt nicht schwer zu ermessen.

Marktnähe muß sich nicht unbedingt darin niederschlagen, daß man auf Sichtweite an die Kunden heranrückt, sondern kann auch dadurch erreicht werden, daß man über Kommunikationskanäle mit diesen Kontakt hält. Nicht bei allen Verbrauchern wandern Kundenzeitschriften ungelesen in den Papierkorb, und manch ein Jubilar glaubt fest daran, daß sich der Computer, der seinen Geburtstagsbrief produzierte, etwas dabei gedacht hat. Psychische Distanz baut auch ab, wer Verbrauchern bei Anfragen und Bestellungen die Möglichkeit einräumt, gebührenfrei oder zum Ortstarif zu telefonieren, wer sie zu bestimmten Zeiten Beschwerden bei leitenden Leuten loswerden läßt oder wer die zwischen Unternehmen und Außenwelt bestehenden Verbindungen technisch unterstützt, etwa durch elektronische Vernetzung.

Daß sich kommunikative Nähe auszahlt, hat sich nirgends so deutlich wie beim Otto Versand erwiesen, der schon von seiner Betriebsform her auf Direktkontakte angewiesen ist. Ihm verhalf die Einschaltung von Sammelbestellern zu einem entscheidenden Vorteil gegenüber seinen Konkurrenten. Veständlich auch, wenn japanische Autohändler gerade *nach* dem Kauf darauf achten, daß der Faden zu einem Kunden nicht abreißt. Der nächste Kauf kommt bestimmt, und zwar in zwei bis vier Jahren!

3. Die Marktnähe als strategischer Erfolgsfaktor

3.1. Die Realisierbarkeit von Mengeneffekten

Nach dem allgemeinen Sprachverständnis bedeutet der an sich wertfreie Begriff Marktnähe »große Nähe zu einem geographisch attraktiven Markt«. Man geht dabei von bestimmten Dimensionen des Absatzgebietes aus, seien dies ein Land wie die Bundesrepublik Deutschland, die Europäische Wirtschaftsgemeinschaft, die Triade oder der Weltmarkt, deren jeweiliges Abnahmepotential die Grundlage für die strategische und die operative Marketingplanung bildet.

Die Bedingungen für einen Anbieter, hierbei Mengeneffekte zu erzielen, sind um so günstiger, je größer die Zahl der Bedarfsträger, je homogener die Nachfrage und je geringer der Konkurrenzdruck sind. Er profitiert dabei von Fixkostendegression, höheren Rabatten, Lernchancen, synergetischen Effekten und Spezialisierungsgewinnen. Es würde zu weit führen, hier auf diese – allgemein bekannten – mengenbedingten Möglichkeiten, Kosten zu sparen, einzugehen (vgl. Dichtl, 1992). Als gefährlich erweist sich dabei allerdings die trügerische Sicherheit, in der sich solch ein Hersteller wiegen kann. Nur scharfer Wettbewerb fördert Innovationen.

Wenn man modernste Fertigungsanlagen auslasten will, benötigt man ungeachtet dieser Tatsache Stückzahlen, die zumeist nur der Weltmarkt aufzunehmen vermag. Insofern präjudiziert das Streben nach Effizienz ein Global Marketing. Wer als erster bestimmte Schlüsselländer erobert, verschafft sich Vorteile im Einkauf, in der Produktion und in der Distribution, kann damit, falls der Markt dies verlangt, die Verbraucherpreise senken und dadurch wieder Konkurrenten aus dem Rennen werfen. Erfahrungsgemäß haben nur die beiden stärksten Anbieter auf dem Weltmarkt die Chance, über den gesamten Lebenszyklus eines Produktes hinweg ansehnliche Gewinne zu erwirtschaften.

Hinzu kommt noch ein weiteres: Während früher immer erst nationale Normen geschaffen wurden, die dann nach oft jahrelangen Verhandlungen internationalen Vereinbarungen weichen mußten, werden heute Standards vom jeweiligen Marktführer vorgegeben, also z.B. von IBM in der Datenverarbeitung, von Intel bei Mikroprozessoren und von japanischen Anbietern bei Videorekordern. Normen werden somit zu einer wichtigen Waffe im Wettbewerb, weil es Zeit und Geld kostet, demjenigen, der als erster am Zuge ist, zu folgen.

3.2. Der Kundenkontakt als Katalysator für höhere Effizienz im Marketing

Marktnähe führt zu einer Verbesserung des Leistungsangebots, mehr Flexibilität bei der Preisgestaltung, höherer Leistungsbereitschaft und weniger Leerlauf bei den kommunikationspolitischen Aktivitäten.

3.2.1. Die Verbesserung des Leistungsangebots

Ein Anbieter verfügt regelmäßig dann über einen Wettbewerbsvorteil, sofern er Kundenwünsche schneller und deutlicher erkennt oder von Interessenten, mit denen er in Kontakt steht, zu Neuerungen gedrängt wird. Vor allem, wenn sich Abnehmer, die man im Blick hat, als anspruchsvoll erweisen, verhelfen sie sensiblen Anbietern insofern zu Vorteilen, als sie das, was der Markt in anderen Ländern später verlangt, vorwegnehmen oder sogar prägen (Porter, 1990, S. 108).

Beispielsweise wohnen die meisten Japaner in kleinen Häusern, und sie müssen mit feucht-heißen Perioden im Sommer sowie hohen Stromkosten zurechtkommen. Dies führte dazu, daß dort leise, kompakte Klimageräte mit energiesparenden Kreiselkompressoren entwickelt wurden, die mittlerweile auch im Ausland ihre Abnehmer finden.

Anpassungsbereitschaft auf dem fernöstlichen Markt demonstrierte auch Braun bei Rasierapparaten (Wilfert, S. 108). War die Schwingkopftechnologie ohnehin schon besser geeignet für das japanische Barthaar, modifizierte man auch noch das Design, um dem Geschmack und der Handgröße der Japaner Rechnung zu tragen. Belohnt wird man dafür durch einen anhaltend hohen Marktanteil.

Manche Bedürfnisse erwachsen einer ganz spezifischen Grundhaltung eines Volkes, die sich aus der Distanz nicht angemessen erkennen bzw. umsetzen läßt. So sah man in Schweden schon immer ein nationales Anliegen darin, auf die Bedürfnisse von Behinderten Rücksicht zu nehmen. Bei vielem, dessen es dazu bedarf, ist die Industrie im Norden Europas heute weltweit führend. Ähnlich verhalf die vorbildliche Umweltschutzpolitik, die in Dänemark betrieben wird, dortigen Unternehmen, die sich auf die Herstellung von Anlagen zur Aufbereitung von Wasser und zur Nutzung von Windkraft spezialisierten, zu einem nicht unerheblichen Vorsprung.

In der Produktions- und Investitionsgüterindustrie waren zu allen Zeiten individuelle, kundenspezifische Lösungen gefragt. So z.B. gibt es selbst bei einem so wenig aufregenden Produkt wie Schmierstoffen Varianten, die nur für einen einzigen Käufer bestimmt sind. Maschinenbauer und Kunststofferzeuger rühmen sich in Anzeigen ihrer Fähigkeit und Bereitschaft, für jedes Problem und jeden Kunden eine maßgeschneiderte Lösung zu liefern. Bei der BASF hält man im Bereich Chemikalien für die Papierproduktion die anwendungstechnische Beratung der Abnehmer für den wichtigsten Faktor, um Wettbewerbsvorteile zu erlangen.

In manchen Sektoren, wie z.B. bei wissenschaftlichen Geräten und Maschinen zur Herstellung von Plastikerzeugnissen, sind bis zu 90 Prozent der Innovationen, zu denen es hier kommt, auf handfeste Verbesserungsvorschläge oder spezifische Erwartungen von potentiellen Käufern zurückzuführen (siehe dazu: von Hippel, 1982; ders., 1986). Bei einem Verzicht auf die unmittelbare Interaktion von Herstellern und Bedarfsträgern gäbe es somit viele Neuerungen überhaupt nicht, damit also weder Umsatz noch technischen Fortschritt.

Beispielsweise hätte die Welt dann auch auf den VW-Bully verzichten müssen; denn die Anregung dazu, diesen zu entwickeln, ging von einem holländischen Eierhändler aus (Hahn, 1991, S. 106). Er ließ die Leute im Werk wissen, daß es doch toll wäre, wenn sein Käfer, dieses »nicht kaputt zu kriegende Ding«, über eine Vorrichtung auf dem Dach verfügte, der er seine kostbare Fracht anvertrauen könnte.

Auf die spezifischen Bedürfnisse jedes einzelnen Abnehmers einzugehen, ist das absolute Gegenteil von dem, was Henry Ford vor über einem halben Jahrhundert mit seinem Einheitsauto (Ford Model T) in einer Einheitsfarbe (schwarz) zu erreichen versuchte: Erschließung eines Marktes und Deckung von Massenbedarf durch Fließbandfertigung und ein extrem preiswertes Angebot. Dies würde heute nicht mehr reichen. Der niedrigen Kosten wegen kauft keiner von uns ein Auto.

Wie Kundennähe sowohl zum Kauf anspornen als auch Neues hervorbringen kann, demonstriert abschließend folgendes Beispiel: Im Herbst 1992 hat der japanische Elektrokonzern Matsushita 500 seiner Angestellten ausgesandt, um rund 19.000 Einzelhändler im ganzen Land am Abend und am Wochenende beim Haus-zu-Haus-Verkauf zu unterstützen. Die Basis für die Besuche bildeten Computerdaten über Stammkunden. Bei diesen sollte vor allem geprüft werden, ob die vorhandenen Geräte einwandfrei funktionierten. Defekte wurden für die Kunden kostenlos behoben. Man wollte auch erkunden, ob es Beschwerden gibt; außerdem erhoffte man sich von der Aktion Hinweise darauf, an welchen neuen Produkten die Menschen interessiert sind.

3.2.2. Die Steigerung der Flexibilität bei der Preisgestaltung

Auch in der Preispolitik geht es nicht mehr ohne Marktnähe. Dazu einige Belege aus dem Dienstleistungssektor.

Die Freigabe der Tarife im amerikanischen Luftverkehr, zu der es im Zuge der dort seit 1978 betriebenen Deregulierung im Jahre 1985 kam, veranlaßte die Fluggesellschaft Delta Airlines, zeitweilig bis zu 147 Mitarbeiter allein dafür einzusetzen, das Preisgebaren der konkurrierenden Fluggesellschaften zu beobachten. Zu welch einer Überhitzung der Wettbewerbssituation es auf einem Markt kommen kann, spiegelt sich darin wider, daß in den USA zuweilen täglich zwischen 40.000 und 50.000 Flugtarife geändert werden. Hier haben Papier und Druckkunst ausgedient. Ohne Electronic Mail und direkten Kundenkontakt wären die Preise, ob eine solche Politik sinnvoll ist oder nicht, schon vom Technischen her weder an Buchungsstellen noch an Flugreisende heranzubringen.

Durch die flexible Handhabung des Instrumentes Preis gelingt es, die Auslastung vorhandener Anlagen zu steigern und dadurch zusätzliche Deckungsbeiträge zu erwirtschaften. Man nennt dies Yield (= Ertrag, Ausbeute) Management.

Angenommen, ein Autofahrer, der beruflich bedingt unterwegs ist, beabsichtigt, am Tage X in der Stadt Y zu übernachten, wo indessen gerade eine Sportveranstaltung, eine Messe oder ein kulturelles Ereignis mit vielen auswärtigen Besuchern stattfindet. Mit leeren Betten ist hier nicht zu rechnen. In solch einem Fall liegt es für eine Hotelkette nahe, besagten Gast dazu zu bringen, daß er auf deren nur schwach belegtes Haus in dem benachbarten Ort Z ausweicht, statt ihn abzuweisen oder an einen Konkurrenten zu verweisen. In den USA wird ihm dies mit Rabatten von bis zu 50 Prozent schmackhaft gemacht.

Dieses Metier beherrschen auch die Fluggesellschaften. Sie ködern ihre Kunden zwar mit Economy-, Flieg & Spar- oder gar Super Flieg & Spar-Tarifen, doch stellen sie – für Außenstehende nicht erkennbar – dafür zunächst nur ganz wenige Sitzplätze zur Verfügung. Erst wenn sich abzeichnet, daß doch nicht soviele »Normalzahler«, wie man sich erhofft hatte, an Bord zu bringen sind, werden die Kontingente für Billigflieger aufgestockt. Es erfordert einerseits präzise Daten über die jeweilige Buchungssituation, andererseits ein großes Maß an Erfahrung, um die imaginären Trennwände zwischen den einzelnen Tarifklassen in der

Zeit vom Tage t – 360, an dem ein Flug erstmals gebucht (und ein Sitz reserviert) werden kann, bis zum Tag t so hin und her zu schieben, daß der größtmögliche Ertrag bei einem Flug erzielt wird.

Ohne präzise, tagesaktuelle Daten über die Preispolitik der Konkurrenten, die man nur »vor Ort« erlangen kann, einen direkten Draht zu den Reisevermittlern, in den USA sogar zu den Flugpassagieren, die sich dort im Gegensatz zu den Gegebenheiten in unserem Land selbst in ein Reservierungssystem wie Apollo einwählen können, und ohne einen minutiös genauen Überblick über die jeweils erreichte Kapazitätsauslastung pro Flugzeug und Tarifklasse stünde es um die Fluggesellschaften noch schlechter, als dies derzeit der Fall ist. Das Beispiel illustriert gleichwohl, daß Marktnähe eine zwar notwendige, aber keine hinreichende Bedingung für geschäftlichen Erfolg darstellt.

3.2.3. Die Festigung der Kundenbeziehungen durch Service

Thomas Watson, unter dessen Agide IBM Weltgeltung erlangt hat, erhob folgende Forderung zum Leitmotiv: »Unter allen Unternehmen der Welt wollen wir den besten Kundendienst bieten.« So ist es mehr als ein Scherz, wenn ein Repräsentant des österreichischen Ablegers anläßlich der Einführung des »IBM-Service für Notfälle« erklärte: »Auf Wunsch unserer Kunden gießen wir auch deren Blumen.« Bedenkt man, welche Pionierleistungen dieser Konzern bei der Computerentwicklung vollbracht hat, ist man überrascht zu erfahren, daß einst nicht Hardware, sondern Service zum Dreh- und Angelpunkt aller Marketinganstrengungen erhoben wurde.

Service setzt Marktnähe voraus; denn »ausgezeichnete Dienstleistungen können nicht aus der Ferne geboten werden, sondern erfordern entsprechende Ressourcen vor Ort« (Simon, 1992, S. B 2). Hierin – und nicht bei den Produkten – sehen sich deutsche Weltmarktführer im Vorteil gegenüber ihren Konkurrenten. Sie halten es für unabdingbar, in allen wichtigen Abnehmerländern mit Tochtergesellschaften vertreten zu sein, da sich nur mit eigenen Mitarbeitern die erforderliche hohe Qualität der Dienstleistungen gewährleisten lasse.

Die Distanz zu den Abnehmern zu verringern, verlangt also zuerst einmal, ihnen räumlich »entgegenzukommen«. Die Kaufhof AG verweist mit Stolz darauf, daß sie über mehr als 80 Filialen in den alten Bundesländern verfüge, in denen täglich zwischen 1,5 und 3 Mio. Menschen ein und aus gingen. Von sichtbarer Präsenz im Markt profitieren auch Kreditinstitute, die früher gemeint hatten, nicht sie müßten auf die Kunden zugehen, sondern diese zu ihnen kommen. Die Zulieferer von Automobilfirmen schließlich wären nicht zu einer Bereitstellung von Bauteilen »Just in Time« in der Lage, wenn sie sich nicht im Umkreis ihrer Partner ansiedeln und sich in ihrer Logistik auf deren Erwartungen einstellen würden.

Räumliche Nähe stellt eine wesentliche Voraussetzung für hohe Service- und Lieferbereitschaft dar. Gestützt auf entsprechende Einrichtungen vermag deshalb der Baumaschinenhersteller Caterpillar seinen Kunden zu garantieren, daß sie, wo immer in der Welt sie sich befinden, Ersatzteile innerhalb von 48 Stunden erhalten. Sollte er dazu nicht in der Lage sein, gesteht er diesen kostenlose Belieferung zu. Der deutsche Maschinenbauer Trumpf ist davon überzeugt, daß in dem schwierigen japanischen Markt alles darauf ankomme, Ersatzteile sogar innerhalb eines einzigen Tages heranzuschaffen. Dies, nicht Qualität und Preis, bei denen vernünftige Niveaus von vornherein vorausgesetzt werden, erweist sich als der entscheidende Wettbewerbsfaktor.

Eine besondere Rolle spielt bei derartigen Bemühungen die elektronische Vernetzung. Daß daraus selbst Verbraucher Nutzen ziehen können, zeigt sich an Temex, einem Dienst der Telekom, der z.B. zur Ferndiagnose des Brennstoffvorrats ebenso wie zum Ablesen des Strom-, Wasser- oder Gasverbrauchs aus der Distanz eingesetzt werden kann. Man vermag damit auch festzustellen, ob jemand unberechtigterweise in ein leerstehendes Haus eindringt. Bei Heizöl etwa muß, wer schon bald auf dem Trockenen säße, nicht einmal mehr zum Telefon greifen, um für Nachschub zu sorgen. Das Elektrizitätswerk dagegen vermag, statt pauschalisierte Abschlagszahlungen zu fordern, monatlich den Stromverbrauch exakt abzurechnen.

Ein amerikanischer Flugzeughersteller konnte seine wichtigsten Zulieferer dafür gewinnen, sich auf CAD umzustellen und ihre EDV-Systeme mit dem seinen zu vernetzen. Dadurch sind der Zeitbedarf und die Kosten, die mit jeder Änderung des Designs einer Maschine, aber auch mit der Beschaffung von Teilen und der Vorhaltung von Beständen verbunden sind, spürbar gesenkt worden. In der Branche war es üblich gewesen, Leistungsfähigkeit durch Gewährleistung von Qualität und die Fähigkeit, spezifischen Wünschen der Kunden Rechnung zu tragen, unter Beweis zu stellen. Dies schafften irgendwann fast alle.

Deshalb mußte das Spektrum der Möglichkeiten, einen Wettbewerbsvorteil zu erringen, um die nun entscheidende Dimension, die Kundennähe, erweitert werden.

So beachtlich manche Vorzugsposition auch erscheinen mag, ist diese doch immer gefährdet. Von ausschlaggebender Bedeutung erweist sich deshalb das Bemühen, in das Marketing Elemente einzubauen, die die Abnehmerbindung verstärken, um das Eindringen von Konkurrenten in bestehende Geschäftsbeziehungen zu erschweren.

Ein Beispiel dafür bietet die Cigna Corporation, ein amerikanischer Versicherungskonzern, der es seinen Vertragspartnern möglich macht, bestimmte Daten, über die er verfügt, im direkten Zugriff zu nutzen. Die Betroffenen können so Betriebsstätten mit hoher Unfallhäufigkeit lokalisieren, ihre Sicherheitsvorkehrungen verstärken und dadurch die Prämienlast verringern. Eine Umsatz*minderung* aufgrund höherer Marktnähe? Das Angebot wird von ca. 300 Unternehmen in Anspruch genommen, von denen einige wie Firestone, Monsanto und Shell Oil allein des skizzierten Vorteils wegen als Kunden gewonnen werden konnten.

3.2.4. Die Erhöhung der Zielgenauigkeit in der Werbung

Einem amerikanischen Versandhausmagnaten wird der Ausspruch zugeschrieben: »Die Hälfte des Geldes, das man in die Werbung steckt, ist zum Fenster hinausgeworfen; man weiß nur nicht welche.« In dem witzigen Wort stecken zwei Wahrheiten: Werbung muß sein, aber es könnte, was den »Return on Investment« anbetrifft, mehr dabei herauskommen. Das angedeutete Ausmaß an Fehlstreuung ist man heute nicht mehr hinzunehmen bereit. Die Kehrtwende wurde durch das Vordringen von Data Base Marketing ausgelöst.

Es gibt nach wie vor viele Unternehmen, vor allem im Handwerk, die der Auffassung sind, die Leute müßten zu ihnen kommen, wenn sie etwas von ihnen wollten. Auf den Luxus, eine Kundenkartei zu führen, werden sie deshalb verständlicherweise verzichten. Andere jedoch betrachten jede Adresse als Teil des Betriebsvermögens. So werden z.B. von einem Großversender nicht ohne guten Grund Millionen Besteller und die einzelnen Aufträge für eine Anzahl von Jahren gespeichert.

Die Chance, die darin steckt, jeden einzelnen Kunden zu registrieren und jede Berührung mit diesem zu dokumentieren, begreifen viele noch nicht. Banken, Bausparkassen, Versicherungsgesellschaften und Versandhäuser z.B. können sich dem überhaupt nicht entziehen. Wenn allerdings Ikea, Metro und Mövenpick Clubs mit bis zu einer Million Mitglieder unterhalten oder wenn ein amerikanischer Zigarettenhersteller nahezug zwanzig Millionen Raucher namentlich erfaßt, steckt dahinter etwas anderes: nicht das Unabdingbare, das Archivieren von Daten, weil es anders nicht geht, sondern die Erkenntnis, daß sich mit derlei Informationen und Kontakten etwas anfangen läßt. Wie dadurch sowohl die Zielgruppenansprache als auch das Timing werblicher Maßnahmen verbessert werden können, zeigt das folgende Beispiel.

Ein Baby beginnt nach drei Monaten, feste Nahrung zu sich zu nehmen. Nach fünf Monaten wird die Mutter ans Abstillen denken, nach einem Jahr hat Junior sechs Zähne und kann somit kauen. Wer Baby-Kost vertreibt, tut gut daran, sich darauf einzustellen. Überlegungen dieser Art hat sich die amerikanische Firma Gerber Products zunutze gemacht, indem sie die Geburt eines jeden Kindes in den USA registrierte und jeweils zum passenden Zeitpunkt Direktwerbung betrieb.

Der in diesem Ansatz liegende Vorteil ist offenkundig: Potentielle Bedarfs-bzw. Entscheidungsträger werden genau zu der Zeit angesprochen, zu der sie am aufnahmefähigsten für eine Botschaft sind. Der Werbungtreibende wird somit nicht nur auf ein offenes Ohr treffen, sondern zumeist auch einem akuten Informationsbedürfnis seiner Kunden Rechnung tragen.

Diese Vorgehensweise kontrastiert mit dem herkömmlichen Massenmarketing, bei dem nicht nur viele »Falsche«, sondern oft auch die »Richtigen« zu einem denkbar ungeeigneten Zeitpunkt angesprochen werden. Dies ist z.B. dann der Fall, wenn Leute, die vor kurzem Ware bezogen haben, über eine Preissenkung unterrichtet werden. Da die übliche Massenkommunikation einer gewaltigen Fehlstreuung unterliegt, kann eine Direktwerbemaßnahme unter bestimmten Bedingungen (vgl. Dichtl, 1973) bis zum 38fachen pro Kundenkontakt kosten, ehe der Break-even-Punkt erreicht ist.

4. Das Dilemma der ostdeutschen Wirtschaft

Hohe Kosten der standortbezogenen Produktionsfaktoren allein vermögen die Wettbewerbsfähigkeit eines Landes nicht zu unterminieren. Gäbe es da nicht noch einiges andere, was diesen Nachteil kompensiert, sähe die Leistungsbilanz der Bundesrepublik Deutschland Jahr für Jahr anders aus, würde sich auch z.B. die japanische Industrie nicht ausgerechnet in einem Hochlohnland wie den Vereinigten Staaten Stützpunkte schaffen.

Die beträchtliche Arbeitslosigkeit, die uns Kummer bereitet, bildet keinen überzeugenden Einwand. Hierbei handelt es sich nicht um ein deutsches Spezifikum, sondern um ein weltweit vorhandenes Phänomen. Daß Japan offenbar nicht mit derlei Widrigkeiten zu kämpfen hat, täuscht; denn dort hält man an Jobs fest, die hierzulande längst wegrationalisiert worden sind.

Kosten können jedoch in der Tat zu hoch werden. Es wäre naiv zu glauben, sie ließen sich in beliebiger Höhe von den Unternehmen tragen. Dies zeigt sich deutlich in den neuen Bundesländern. Dort hat man sich eines spezifischen Standortvorteils begeben, der in niedrigen Löhnen und Lohnzusatzkosten hätte liegen können. Überdies sind die vorhandenen Anlagen veraltet, die Kapazität nicht ausgelastet, die Arbeitsproduktivität niedrig und das Management noch dabei umzulernen. Vor allem aber macht sich die Erkenntnis, daß Kundennähe die Bereitschaft zur Dienstleistung einschließt, nur zögerlich breit.

All dies zusammen kann nicht gutgehen. Insofern erweisen sich die Tarifforderungen der Gewerkschaften als fatal. Was sie wollen, ist nicht »gut«, sondern, frei nach Bert Brecht, bestenfalls »gut gemeint«.

Literatur

Albers, S., Kundennähe als Erfolgsfaktor, in: Elemente erfolgreicher Unternehmenspolitik in mittelständischen Unternehmen, hrsg. von S. Albers u.a., Stuttgart 1989, S. 101–122.

Dichtl, E., Trennstriche durch den Massenmarkt – Wann ist es rentabel, Gruppen gezielt anzusprechen?, in: Direkt Marketing, 9. Jg. (1973), S. 226–229; ähnlich: ders., Marktsegmentierung und Direct-Marketing, in: Handbuch des Direct Marketing, hrsg. von H. Dallmer und R. Thedens, Wiesbaden 1975, S. 97–109.

ders., Der Weg zum Käufer, 2. Aufl., München 1991. Soweit im Text keine Fundstellen genannt sind, bildet diese Publikation in der Regel die Quelle.

ders., Die Beseitigung von Grenzkontrollen und technischen Hemmnissen im Warenverkehr, in: Schritte zum Europäischen Binnenmarkt, hrsg. von E. Dichtl, 2., völlig überarb. Aufl., München 1992, S. 15–38.

Dichtl, E., Müller, S., Was erfolgreiche von erfolglosen Exporteuren unterscheidet, in: Exportnation Deutschland, hrsg. von E. Dichtl und O. Issing, 2., völlig neubearb. Aufl., München 1992, S. 337–357.

Habibie, B.J., Technologietransfer – eine Chance für Entwicklungsländer, in: Siemens-Zeitschrift, 64. Jg. (1990), Nr. 1, S. 38–42.

Hahn, C., A European Platform for Global Competition, in: Harvard Business Review, Vol. 69, No. 4, July–August 1991, S. 103–113.

Institut der deutschen Wirtschaft (Hrsg.), Industriestandort Deutschland –Ein graphisches Portrait, Köln 1992.

dass., Standort Deutschland – Das Urteil des Auslands, in: Informationsdienst des Instituts der deutschen Wirtschaft (iwd), 19. Jg. (1993), Nr. 2, S. 2 f.

Krause, K.P., Standort Deutschland, in: Frankfurter Allgemeine Zeitung, Nr. 43, 20.2.1992, S. 15.

Maier-Mannhart, H., Vorstoß in die vierte Dimension, in: Süddeutsche Zeitung, Nr. 130, 6./7./8.6.1992, S. 21.

Márquez, G.G., Die Liebe in den Zeiten der Cholera, dtv, 1991.

Morita, A., Why Japan must Change, in: Fortune, March 9, 1992, S. 52 f.

Müller, S., Die Psyche des Managers als Determinante des Exporterfolges, Stuttgart 1991.

o.V., Britain isn't working, in: The Spectator, 17.10.1992, S. 5

o.V., Präsenz am größten europäischen Einzelmarkt, in: Frankfurter Allgemeine Zeitung, Nr. 52, 2.3.1992, S. 17.

o.V., Ein Experiment von Matsushita in Japan, in: Frankfurter Allgemeine Zeitung, Nr. 280, 2,12,1992, S. 24.

Porter, M.E., Nationale Wettbewerbskraft – woher kommt die?, in: HARVARDmanager 4/1990, S. 103–118.

Ruppert, W., Standort Bundesrepublik im Urteil des verarbeitenden Gewerbes, in: ifo-Schnelldienst 4/89, 42. Jg., 8.2.1989, S. 22–28.

Simon, H., Vorteile durch Dienstleistungen, in: Frankfurter Allgemeine Zeitung, Nr. 127, 2.6.1992, S. B 2.

Van der Linde, C., Deutsche Wettbewerbsvorteile, Düsseldorf u.a. 1992.

Von Hippel, E., Get New Products from Customers, in: Harvard Business Review, Vol. 60, No. 2, March–April 1982, S. 117–122.

ders., Lead Users: A Source of Novel Product Concepts, in: Management Science, Vol. 32 (1986), S. 791–805.

Wilfert, Ch., Stell Dir vor, es gibt Japan, und keiner geht hin!, in: absatzwirtschaft, Sondernummer Oktober 1992, S. 106 u. 108 f.

Die Überwindung von Standortnachteilen mit Hilfe eines gesellschaftsorientierten Marketing

Hans Raffée

1. Die Überwindung von Standortnachteilen als Herausforderung für deutsche Unternehmungen

Die Standortqualität der Bundesrepublik Deutschland hat sich in den letzten Jahren nachweislich verschlechtert. Daraus resultiert Handlungsbedarf, sofern wir im internationalen Wettbewerb nicht zurückfallen wollen, was negative Konsequenzen für alle Bürger (Arbeitnehmer, Verbraucher) zur Folge hätte.

Ein solcher Handlungsbedarf besteht zum einen für Gesetzgebung und Verwaltung, die gefordert sind, die standortrelevanten Rahmenbedingungen unternehmerischen Handelns zu verbessern. Zum anderen ist es mindestens ebensosehr Sache der deutschen Unternehmungen, die Verschlechterung des Standorts Bundesrepublik als Herausforderung zu begreifen und ihr mit adäquaten Maßnahmen zu begegnen.

Für die Unternehmungen ergeben sich hierfür zwei unterschiedliche Stoßrichtungen, nämlich eine direkte und eine indirekte. Bei der letzteren verzichten sie darauf, auf eine Änderung von Standortfaktoren hinzuwirken. Vielmehr wenden sie sich innerhalb der standortbezogenen Rahmendaten Konzepten und Strategien zu, von denen sie sich eine Verbesserung ihrer internationalen Wettbewerbsposition versprechen. Hierbei ist etwa an Innovationsstrategien zu denken, an die Verbesserung der Managementeffektivität und -effizienz oder an die verstärkte Realisation von Kundennähe.

Bei der direkten strategischen Stoßrichtung versuchen die Unternehmungen und ihre Verbände, Rahmenbedingungen – im vorliegenden Fall solche, die als Standortnachteile wirksam werden – gezielt zu verändern. Eine solche Veränderung kann etwa – wie eh und je – durch Lobbying geschehen. Vielversprechender, und angesichts eines erheblich veränderten gesellschaftlichen Umfelds dringend geboten, erscheint indessen ein umfassender Ansatz, der eine Veränderung von Standortfaktoren nicht allein durch partikulare Unternehmens- und Verbandsaktivitäten anvisiert, sondern sie als Teil einer ganzheitlichen Konzeption begreift. Hier bietet sich das Konzept des gesellschaftsorientierten Marketing (GOM) an, dessen Möglichkeiten zur unternehmerischen Bewältigung von Nachteilen des Standorts Bundesrepublik im folgenden behandelt werden. Ausgeklammert bleiben jene Formen eines GOM, die zur Verbesserung der regionalen Standortqualität seitens Unternehmungen, zunehmend aber auch von Gemeinden und Ländern praktiziert werden und deren Spektrum von niedriger Gewerbesteuer bis hin zum Marketing für Regionen reicht (z.B. Marketing für das Ruhrgebiet oder für das Rhein-Neckar-Dreieck).

2. Die Standortsituation der Bundesrepublik Deutschland – eine Bestandsskizze

2.1. Die Ambivalenz zentraler Standortfaktoren

Wie die Diskussion um die Qualität des Standorts Bundesrepublik und auch die vorangegangenen Beiträge dieses Bandes erkennen lassen, verkörpert Standortqualität ein vieldimensionales Phänomen, dessen einzelne Elemente durchaus ambivalent, also mit negativen und positiven Wirkungen verbunden sein können. Dies geht auch aus Abbildung 1 hervor, die zentrale Vor- und Nachteile des Standorts Bundesrepublik verdeutlicht.

Während die für die Bundesrepublik bedauerlicherweise typischen langen Genehmigungszeiten für Bauvorhaben, Umweltprojekte u.ä. eindeutig negativ zu bewerten sind, trifft dies für die anderen der genannten beeinflußbaren Standortfaktoren nicht zu. So liefert der für die betroffenen Unternehmungen einerseits nachteilig wirkende Standortfaktor Umweltauflagen andererseits Impulse, vermarktungsfähige Umwelttechnologie zu entwickeln. Ebenso zeitigen die Standortfaktoren Steuerbelastung und Arbeitskosten neben Nachteilen auch Vorteile, aus denen die Unternehmungen ebenfalls Nutzen ziehen: Hohe Steuern schmälern zwar die Unternehmensgewinne, bilden aber zugleich die Basis für ein beachtliches Ausbildungsniveau in der Bundesrepublik und die damit verbundene Qualifikation der humanen Ressourcen sowie eine gute Infrastruktur und ein hohes Versorgungsniveau mit öffentlichen und kollektiven Gütern. Und selbst der in den

Standortnachteile		Standortvorteile
– Rohstoffarmut		– Zentrale Lage in Europa
– Lange Genehmigungszeiten		
– Strenge Umweltauflagen	→	– Hohes Niveau der Umwelttechnologie, relativ intakte Umwelt
– Hohe Steuerbelastung	↔	– Hohe Qualifikation der Human Ressourcen – Gute Infrastruktur – Hohes Versorgungsniveau mit öffentlichen und kollektiven Gütern
– Hohe Arbeitskosten	↔	– Soziale Stabilität – Hohe Arbeitsproduktivität

Abbildung 1: Zentrale Standortvor- und Standortnachteile der Bundesrepublik Deutschland

Arbeitskosten liegende Standortnachteil darf nicht losgelöst von der die Bundesrepublik kennzeichnenden hohen Arbeitsproduktivität und der sozialen Stabilität (gemessen etwa in Streiktagen pro Jahr) betrachtet werden.

2.2. Wissenslücken und divergierende Interessen als Handicaps der Standortdiskussion

Die bisherige Diskussion der Standortfaktoren sollte jedoch nicht darüber hinwegtäuschen, daß wir auf dem Gebiet ihrer Wirkung und insbesondere hinsichtlich ihrer Vernetzung über wenig empirisches, hinreichend präzises Wissen verfügen. Hier eröffnet sich der wissenschaftlichen Forschung noch ein weites, wohl ebenso wichtiges wie ergiebiges Feld. Es läßt sich z.B. zwar aufzeigen, daß die strengen Umweltauflagen in der Bundesrepublik zu einer Spitzenstellung bei Patentanmeldungen im Bereich Umwelttechnik geführt haben. Indessen besitzen wir keine ausreichenden Informationen darüber, ob und gegebenenfalls in welchem Zeitraum sich derartige Patente für den Unternehmenssektor tatsächlich »auszahlen«, damit als positiver Standortfaktor wirksam werden, und welche differenzierten Brancheneffekte sich hierbei ergeben.

Nicht einmal ein derart zentraler Zusammenhang wie jener zwischen Wohlfahrtsstaat und Wirtschaftswachstum ist – entgegen der landläufigen Meinung – hinreichend geklärt: Wirken die Kosten des sozialen Netzes eher als Bremse oder als Motor des Wirtschaftswachstums (siehe dazu auch den Beitrag von J. Berger in diesem Buch)?

Angesichts vielfältiger, wenig eindeutiger und kaum geklärter Wirkungsbeziehungen in einem komplexen Netz von Standortfaktoren erstaunt es nicht, daß sowohl die einzelnen Elemente als auch die Gesamtqualität des Standorts Bundesrepublik kontrovers beurteilt werden. Solche Meinungsverschiedenheiten verstärken sich dadurch, daß die Bewertung von Standortnachteilen von der jeweiligen Interessenlage der Betroffenen (mit-)bestimmt ist. So wird etwa die Höhe der Arbeitskosten in der Bundesrepublik von der Arbeitgeberseite in vielfacher Hinsicht anders bewertet als von der Arbeitnehmerseite.

2.3. Die Kurzsichtigkeit in der Diskussion der Standortnachteile

Die landläufige Standortdiskussion ist mit einem weiteren, gravierenden Handicap belastet: Die gängigen Kataloge der Standortfaktoren bzw. -nachteile haben ihren Schwerpunkt in ökonomischen Variablen. Eine solche Perspektive greift aber deshalb zu kurz, weil sie die Vernetzung der Standortfaktoren mit politischen und gesellschaftlichen Sachverhalten vernachlässigt. Erst eine vernetzte Betrachtung, die der Einbettung ökonomischer Standortfaktoren in das politische und gesellschaftliche Umfeld Rechnung trägt, bietet die Gewähr dafür, daß dem Problem Standortqualität Bundesrepublik wirksam und langfristig begegnet werden kann.

Die gängigen Kataloge der Standortnachteile der Bundesrepublik bedürfen also der Erweiterung. Insbesondere sollten folgende Faktoren zusätzlich in die Betrachtung einbezogen werden:

- Ausländerfeindlichkeit, rechtsextremistische und antisemitische Tendenzen,
- Technikaversion,
- Akzeptanzdefizite bezüglich Unternehmertum und Unternehmensgewinn sowie
- Werteerosion, z.B. im Bereich der Arbeitsmotivation.

Daß die Anfang der neunziger Jahre in der Bundesrepublik hervorgetretenen, zutiefst beunruhigenden ausländerfeindlichen, rechtsextremistischen und antisemitischen Tendenzen zumindest ausländische Investitionen in unserem Lande beeinträchtigen, liegt auf der Hand und wurde in entsprechenden Verlautbarungen ausländischer Unternehmungen konkret sichtbar. Eine Betrachtung von Standortnachteilen sollte überdies so weit gehen, solche Hintergrundvariablen aus dem Bereich der Einstellungen und Werte in das Kalkül einzubeziehen, die für andere »harte« Faktoren, wie z.B. die Höhe der Arbeitskosten, kausale Bedeutung besitzen. So sind es in hohem Maß die heute vorherrschenden persönlichen Lebenswerte der Wohlstands- und Anspruchsgesellschaft, die auf die Höhe und Starrheit unserer Arbeitskosten einwirken und damit prinzipiell einen Ansatzpunkt für Änderungs- bzw. Beeinflussungsmaßnahmen bieten.

Die Einbeziehung des gesellschaftlichen Umfelds in ein Konzept zur unternehmerischen Beeinflussung standortrelevanter Rahmenbedingungen empfiehlt sich nicht zuletzt deshalb, weil das unternehmerische Handeln in der Bundesrepublik in eine zunehmend kritischer gewordene Öffentlichkeit eingebettet ist, deren Machtpotential durch Institutionen der Kritik (Medien, Bürgerinitiativen, Umwelt- und Verbraucherorganisationen) wirksam verstärkt wird.

2.4. Die Verschlechterung des Standorts Bundesrepublik als Herausforderung für ein gesellschaftsorientiertes Marketing

Nicht nur bei den genannten gesellschaftlichen, sondern auch bei den ökonomischen Standortfaktoren läßt sich empirisch nachweisen, daß sich die Standortqualität der Bundesrepublik in den letzten Jahren verschlechtert hat. Im Wertebereich zeigen sich bei einem beträchtlichen Teil unserer Bevölkerung eine Erosion der Pflicht- und Akzeptanzwerte sowie eine Freizeitpräferenz, die zu Lasten einer Identifikation mit der Erwerbsarbeit geht und bis hin zu einer »freizeitorientierten Schonhaltung« reicht. Im ökonomischen Bereich hat sich der Vorsprung unserer Arbeitsproduktivität gegenüber anderen Ländern verringert, die Umweltauflagen wurden verschärft, die Genehmigungsfristen verlängert und die Steuer- und Abgabenbelastung ist nicht zuletzt aufgrund der Versuche zur wirtschaftlichen Integration Ostdeutschlands gestiegen. Auch wenn die Standortsituation der Bundesrepublik (noch) nicht bedrohlich erscheint, sind doch eindeutige Anzeichen von Schwäche erkennbar. Sie signalisieren Handlungsbedarf, dies um so mehr, als die Bedrohung deutscher Unternehmungen vor allem durch die Konkurrenz aus Fernost keinesfalls schwächer geworden ist (Beispiel: Automobilindustrie!), auch wenn sich beim Hauptwettbewerber Japan gewisse leistungsdämpfende Tendenzen bemerkbar machen.

Wie eingangs erwähnt, sind in dieser Situation in erster Linie die Unternehmungen herausgefordert, der Verschlechterung der Standortqualität der Bundesrepublik wirksam zu begegnen. Hierzu bedarf es einer Kombination der eingangs skizzierten indirekten und der direkten strategischen Stoßrichtung: Neben den – gewissermaßen kompensatorisch wirkenden – Strategien und Konzepten wie Innovation, Realisation eines auf deutsche Verhältnisse zugeschnittenen Lean Management und Verbesserung von Kundennähe bietet sich für Unternehmungen die direkte Einflußnahme auf Standortfaktoren an. Gerade die gesellschaftlich bedingten Standortnachteile sowie die veränderten politisch-gesellschaftlichen Rahmenbedingungen schlechthin machen dafür ein ganzheitliches Konzept in Gestalt eines gesellschaftsorientierten unternehmerischen Marketing (GOM) erforderlich.

3. Das gesellschaftsorientierte Marketing (GOM) als zeitgemäße Spielart des Marketing als Führungskonzeption

Wenn hier für ein gesellschaftsorientiertes Marketing (GOM) als Konzept zur Minderung von Standortnachteilen plädiert wird, so sind die wesentlichen Merkmale eines solchen GOM zunächst kurz zu skizzieren.

Es ist noch einmal in Erinnerung zu rufen, daß das moderne Marketing weit mehr meint als einen betrieblichen Funktionsbereich bzw. eine oder mehrere betriebliche Abteilungen in der Organisationsstruktur der Unternehmung (Vertrieb, Marketingabteilung o.ä.). Marketing versteht sich heute als Führungskonzeption der ganzen Unternehmung: Alle Abteilungen und alle unternehmerischen Abläufe sollen marktorientiert – mit Blick auf Absatz-und Beschaffungsmärkte – ausgerichtet sein.

Dies impliziert wiederum ein »Marketing nach innen«, also das »Einschwören« der Mitarbeiter/innen auf eine solche Marktorientierung. Die

Schaffung einer marktorientierten Unternehmenskultur bzw. Corporate Identity stellt damit ein wesentliches Element des Marketing als Führungskonzeption dar. Und die Ergiebigkeit der Kundenorientierung als einer zentralen Leitidee des Marketing ist gerade in jüngerer Zeit in Gestalt der Vorstellung vom »internen Kunden« im Rahmen des Total Quality Management (TQM) besonders sichtbar geworden.

Das gesellschaftsorientierte Marketing (GOM) erweitert nun die klassische Marktperspektive, in deren Zentrum Kunden- und Wettbewerbsorientierung stehen, durch die Leitidee der Gesellschaftsorientierung der Unternehmung: Zum einen sollen alle Unternehmensaktivitäten im Einklang mit gesellschaftlichen Interessen stehen; zum anderen geht es im Zuge des GOM darum, mittels eines ganzheitlichen Konzepts die gesellschaftlichen Rahmenbedingungen aktiv und antizipativ zu gestalten. In eben dieser ganzheitlichen Perspektive unterscheidet sich ein GOM vom bisher praktizierten Lobbying oder von den klassischen Public Relations. Das GOM hat beispielsweise eine gesellschaftlich orientierte (z.B. ökologische) Produktpolitik ebenso zum Inhalt wie – das unternehmerische Kernprogramm ergänzende – »Sozioprogramme«, also zusätzliche Leistungen der Unternehmung für die Gesellschaft, wie sie heute in Gestalt eines Sozio-Sponsoring allmählich Verbreitung finden, (vgl. hierzu z.B. Wiedmann, K.-P., 1989).

Das klassische Marketing will den unternehmerischen Engpässen in Gestalt der Absatz- und Beschaffungsmärkte begegnen; das GOM trägt darüber hinaus der Tatsache Rechnung, daß inzwischen Gesellschaft und Öffentlichkeit zu einem zusätzlichen zentralen Engpaß unternehmerischen Handelns geworden sind.

In einer solchen gesellschaftlichen Engpaßsituation, gekennzeichnet durch ein gewaltiges Sanktionspotential regulativer Institutionen und der Öffentlichkeit, gewinnt ein weiteres Merkmal eines GOM zunehmend an Bedeutung, nämlich ein Handeln in Verantwortung. Damit wird die Forderung verbunden, das unternehmerische Handeln ethisch-moralischen Kategorien zu unterwerfen und die klassischen Unternehmensziele mit ihnen in Übereinstimmung zu bringen. So gesehen erweist sich die »Versöhnung« ökonomischer Unternehmungsziele mit dem »Prinzip Verantwortung« als das Gebot der Stunde und somit als eine der großen unternehmerischen Herausforderungen von heute und morgen. Das immer deutlicher zutage tretende Stumpfwerden des Lobbying alter Prägung und der klassischen PR liegt auch in einer unzureichenden

Orientierung am Prinzip Verantwortung begründet. Damit ist der Rahmen gespannt, innerhalb dessen die Bausteine eines GOM zur Verminderung von Standortnachteilen der Bundesrepublik zu entwickeln sind.

4. Bausteine eines gesellschaftsorientierten Marketing zur Verminderung von Standortnachteilen

4.1. Die Schaffung einer ausreichenden Informationsbasis

Der Erfolg eines strategisch ausgerichteten Marketing – und das gilt gerade auch für die Spielart des GOM – steht und fällt mit der Verfügbarkeit ausreichender Informationen. Für standortbezogene Aktivitäten der Unternehmungen und ihrer Verbände bedeutet dies zunächst, verstärkt Untersuchungen durchzuführen und/oder zu fördern, die die erwähnten Wissenslücken zu schließen vermögen. Denn Defizite dieser Art und die damit verbundenen Kontroversen in Sachfragen erschweren die Durchsetzung legitimer Standortinteressen der deutschen Unternehmungen.

Es bedarf also auch im Bereich der Standortdiskussion umfassender Assessmentanalysen, durch die in einem systemischen Ansatz die positiven wie negativen Wirkungen von Standortfaktoren diagnostiziert und prognostiziert werden. Dabei ist – als Konsequenz einer erweiterten Perspektive – auch der Vernetzung der ökonomischen Standortfaktoren mit vorgelagerten nicht-ökonomischen Größen (rechtsextremistische und antisemitische Tendenzen, Werteerosion etc. – vgl. oben) Rechnung zu tragen. Teilweise – z.B. bei der Wertediskussion – besteht die Möglichkeit, auf reichlich vorhandene Untersuchungen zurückzugreifen (vgl. z.B. Silberer, 1991), so daß sich dadurch die Informationskosten vermindern. Auch für die informatorische Fundierung unternehmerischer Standortaktivitäten sind Früherkennungsinformationen ebenso notwendig wie Konzepte zur Erfolgskontrolle der ergriffenen Maßnahmen und deren Integration in ein entsprechendes Informationssystem. Das strategische Defizit vieler Unternehmungen und ihrer Verbände beginnt auch im Fall des standortbezogenen GOM bereits damit, daß die Schaffung einer Informationsbasis und der Einsatz strategischer Analyseinstrumente in hohem Maß notleidend sind.

4.2. Die Änderung der unternehmerischen Grundhaltung und der Unternehmensidentität

Ein GOM der Unternehmungen hat bei der unternehmerischen Grundhaltung anzusetzen, und gerade hier besteht hinsichtlich der Gesellschaftsorientierung im Sinne einer Berücksichtigung der Interessen der Gesellschaft in deutschen Unternehmungen nach wie vor ein erhebliches Defizit. Wie eine repräsentative Untersuchung deutscher Industrieunternehmungen erneut gezeigt hat, nehmen im Spektrum der unterschiedlichen unternehmerischen Grundhaltungen (Kundenorientierung, produkttechnische Orientierung, kostenorientierte Grundhaltung etc.) die öffentlichkeits- und die gesellschaftsorientierte die letzten Rangplätze ein (Rang 13 und 14; vgl. die ausführliche Darstellung bei Fritz/Raffée, 1992).

Eine solche schwach ausgeprägte Gesellschaftsorientierung im unternehmerischen Selbstverständnis bildet keinen guten Nährboden für erfolgversprechende Konzepte und Aktivitäten zur Minderung von Standortnachteilen. Es sollte daher darum gehen, die Gesellschaftsorientierung im unternehmerischen Selbstverständnis bzw. als Element der Unternehmensidentität stärker zu verankern. Dazu bedarf es in vielen Chefetagen der Unternehmungen eines Umdenkens und entsprechender Verhaltensänderungen: Gerade Mitglieder der Geschäftsleitung müssen heute bereit sein, eine sichtbare öffentliche Rolle zu spielen. Das gilt sowohl im Blick auf Europa als auch global. »Wer in großen etablierten Unternehmen als Vorsitzender oder Sprecher fungiert, muß in zunehmendem Maß als Wirtschafts-Staatsmann auftreten. Sie (die »Europreneurs«, der Verf.) haben gemerkt, daß die Wirtschaft und das öffentliche Interesse daran sowie die Vernetzung der Wirtschaft mit nahezu allen Lebensbereichen viel zu wichtig sind, um das Thema nur den Politikern, Arbeitgeberverbänden oder Gewerkschaftsfunktionären zu überlassen.« (Henzler, 1992, S. 87f.).

Was Henzler für Top-Manager von Großunternehmen fordert bzw. konstatiert, hat indessen für jedes Management – also ebenso für mittelständische Unternehmer – Gültigkeit. Auch der mittelständische Unternehmer sollte prinzipiell zu einem gesellschaftlichen Engagement bereit sein, sei es in Form der Mitarbeit in Verbänden oder etwa in den politischen Gremien seines lokalen Umfelds. Letzteres gilt um so mehr, als Standortprobleme sich nicht nur auf der nationalen, sondern auch auf der lokalen Ebene manifestieren und durch ein entsprechendes Engagement besser gehandhabt werden können. Auf der Grundlage einer solchen gesellschaftsorientierten Grundhaltung der Unternehmensspitze gilt es dann, der gesamten Unternehmungskultur eine entsprechende Prägung zu verleihen.

4.3. Die quantitative und qualitative Verstärkung des Ressourceneinsatzes

Mit der schwach ausgeprägten Gesellschaftsorientierung deutscher Unternehmungen ist ein quantitativ und qualitativ unzureichender Ressourceneinsatz für ein GOM eng verbunden. Das trifft auch auf den Bereich der Beeinflussung von Standortnachteilen seitens der Unternehmen zu. Nach wie vor sind qualifizierte Manager zu wenig in politischen Gremien vertreten (z.B. in den Parlamenten auf Bundes- und Länderebene sowie in europäischen Institutionen). Sie bringen sich damit um wichtige Einflußmöglichkeiten auf standortrelevante Entscheidungen, etwa im Bereich der Umweltgesetzgebung.

Sicherlich setzt eine solche vollamtliche Tätigkeit in der Politik eine bestimmte Unternehmensgröße voraus. Doch kann man immer wieder beobachten, daß auch Großunternehmen ein politisches Engagement ihrer Führungskräfte zu wenig fördern. Mangelnde Anreize, nicht zuletzt begründete Ängste vor einem »Karriereknick« führen dann dazu, daß vorhandenes politisches Potential im Kreis der Führungskräfte ungenutzt bleibt. Hierin dürfte mit ein Grund dafür liegen, warum die Bundesrepublik auch in den europäischen Gremien in Brüssel nur unzureichend vertreten ist.

Die verstärkte politische Partizipation von Managern hat allerdings dann keine langfristige Chance, wenn sie lediglich eine andere Variante des interessenegoistischen Lobbyismus hinter verschlossenen Türen darstellt. Ebensowenig darf das politische Engagement der Manager zur Spielwiese der zweiten Garnitur degenerieren. Die besten Manager sind gefordert, die neben ihrer Sach- und kommunikativen Kompetenz zugleich die Gewähr dafür bieten, daß sie sich für das Gemeinwohl und nicht für dubiose Partikularinteressen engagieren.

Eine quantitative und qualitative Ressourcenverstärkung erscheint in ähnlicher Weise auch bei den Unternehmensverbänden notwendig. Die Anreize einer Verbandstätigkeit sind für Eliten vielfach zu gering, um hier vollamtlich tätig zu werden. Infolge des quantitativen und qualitativen Engpasses Personal bei Unternehmungen wie Verbänden wird die Stoßkraft ihrer standortpolitischen Aktivitäten in hohem Maß geschwächt.

4.4. Die Erlangung von Glaubwürdigkeit als Basisziel

Die Erfolge der bisherigen unternehmerischen Aktivitäten zur Minderung von Standortnachteilen der Bundesrepublik wären sehr wahrscheinlich größer gewesen, wenn in politischen Gruppierungen, Arbeitnehmer-, Verbraucher- und Umweltorganisationen sowie in weiten Teilen der allgemeinen Öffentlichkeit das Mißtrauen gegenüber Unternehmungen und ihrem Management nicht tief verwurzelt wäre. So ordneten in einer repräsentativen Emnid-Umfrage aus dem Jahre 1990 nur 7 Prozent der westdeutschen Bürger den Managern Merkmale wie Verantwortungsbewußtsein und Vorbild zu; 15 Prozent der Befragten betrachteten hingegen Manager als skrupellos, unsozial, gefühlskalt und unehrlich (vgl. Grünwald/Rudolph, 1993, S. 205). Auch in diesen Ergebnissen spiegeln sich das Negativimage und das große Glaubwürdigkeitsdefizit der Unternehmungen wider, und insofern sollte die Schaffung bzw. Rückgewinnung von Glaubwürdigkeit zu den Basiszielen eines GOM gehören, dessen Verwirklichung auch standortbezogenen unternehmerischen Aktivitäten nützen dürfte.

Es wäre jedoch eine völlige Verkennung der Situation, wenn Unternehmungen die (Rück-)Gewinnung von Glaubwürdigkeit lediglich als Aufgabe der Unternehmenskommunikation ansähen, ohne auch die eigene Grundposition und das eigene Verhalten – etwa im Bereich von Standortinteressen – einer kritischen Prüfung zu unterziehen. Hier wird noch einmal die enge Verzahnung des GOM mit dem Prinzip Verantwortung erkennbar: Bei einer Einflußnahme auf Standortfaktoren müssen sich Unternehmungen fragen, wie weit sie – z.B. auf dem Feld der Unternehmensbesteuerung und der Umweltauflagen – Partikularinteressen verfolgen, die mit dem Gemeinwohl nicht in Einklang stehen. Geht es offensichtlich nur um Eigeninteressen, erstaunt es nicht, daß entsprechenden Initiativen vor dem Hintergrund veränderter gesellschaftlicher Bedingungen immer weniger Erfolg beschieden ist. Und daß Handeln in Verantwortung auch im unternehmerischen Management stets gefährdet erscheint, ließ sich in den Verhaltensweisen nicht weniger Unternehmungen bei Akquisitionen in den Neuen Bundesländern feststellen: Selbst renommierte Unternehmungen konnten der Versuchung eines vielgestaltigen »Raubrittertums« (Rohwedder) nicht widerstehen, zum Schaden sowohl ihrer eigenen Glaubwürdigkeit als auch des »Wiederaufbaus Ost«.

Das Einfordern von Verantwortung ist im übrigen nicht gleichbedeutend mit »ethischem Gesäusel« (Maucher), sondern erweist sich mehr und mehr als eine Voraussetzung langfristigen Unternehmenserfolgs. Deshalb ist es in Zukunft »nicht nur eine Frage der Unternehmensethik, sondern des blanken Pragmatismus, warum ein Unternehmen ehrlich, berechenbar, geradlinig und ohne Tricks zu führen ist« (Würth, 1993, S. 106).

4.5. Systemische Aufklärung, Wertebeeinflussung und Sozioprogramme als Aktivitätsschwerpunkte

Vor dem Hintergrund der Wissensdefizite, die im Bereich wirtschaftlicher und gesellschaftlicher Zusammenhänge weithin anzutreffen sind, erweist sich systemische Aufklärung als Aktivitätsschwerpunkt auch auf dem Gebiet eines standortbezogenen GOM als unverzichtbar. Gerade die Diskussion über Standortnachteile der Bundesrepublik läßt erkennen, daß ein Denken in Systemzusammenhängen unterentwickelt ist. Das gilt z.B. für die – außerordentlich standortrelevante – Diskussion um die Kernenergie ebenso wie für den zwischen Gentechnologie und internationaler Wettbewerbsfähigkeit bestehenden Zusammenhang. Kontroversen um Lohnerhöhungen in den Neuen Bundesländern und um die Erhaltung dortiger Industriekerne haben außerdem in erschreckender Weise gezeigt, daß die Steuerungsprinzipien der Marktwirtschaft zu wenig verstanden, geschweige denn akzeptiert werden.

Mit erfolgreichen Aufklärungsmaßnahmen ist ein erster wichtiger Schritt in Richtung Einstellungsänderung und Wertebeeinflussung getan, die als Bestandteile eines GOM auch zur Minderung von Standortnachteilen beitragen (z.B. Erhöhung der Technikakzeptanz, der Akzeptanz marktwirtschaftlicher Steuerungsprozesse, der Schaffung von Wertschätzung für Unternehmertum und unternehmerische Leistungen).

Darüber hinaus sind auch seitens der Unternehmungen und ihrer Verbände weitere Maßnahmen zur Wertebeeinflussung anzuvisieren, und zwar bei konsensfähigen Werten wie Solidarität, Integration von Ausländern und Identifikation mit der Erwerbsarbeit. Der für den Standort

Bundesrepublik äußerst relevanten Werteerosion und den offenkundigen rechtsextremistischen Tendenzen sollte auch durch Maßnahmen der Unternehmungen entgegengewirkt werden. Schritte in die richtige Richtung waren z. B. die zu sozialem Handeln auffordernde Aufklärungskampagne des Bundesverbands Deutscher Banken (»Sozial – das kann nicht immer nur die Sache der anderen sein«) oder die als Reaktion auf die Morde von Mölln im November 1992 erfolgten Stellungnahmen von Firmen wie Opel und Daimler Benz als Zeichen der Solidarität und des Danks gegenüber ausländischen Mitbürgern bzw. Mitarbeitern.

Einen weiteren Aktivitätsschwerpunkt des standortorientierten GOM sollten – nicht zuletzt im Blick auf die Schaffung einer Vertrauensbasis – Sozioprogramme bzw. ein Soziosponsoring bilden. Im Kontext der Standortdiskussion bietet es sich an, in höherem Maß wissenschaftliche Untersuchungen zu sponsern, die zur Klärung von Standortproblemen beitragen können. Ein breites Feld für Sozioprogramme eröffnet sich dort, wo man die Rückgewinnung bzw. Erhöhung unternehmerischer Glaubwürdigkeit anvisiert und der Werte-Erosion entgegenzutreten versucht. Hier ist an Programme zur Minderung der Jugendarbeitslosigkeit – ein Nährboden für rechtsextremistische Tendenzen und Ausschreitungen – zu denken, an eine Beteiligung bei der Hilfe für Drogenabhängige, bei der Integration von Asylanten etc. Gerade im Bereich der Sozioprogramme und Sponsoringaktivitäten sind Visionen und Modelle gefragt, auf deren Grundlage nicht zuletzt auch Vorbildverhalten für solidarisches Handeln demonstriert werden kann.

4.6. Anpassung und Widerstand als strategische Stoßrichtungen

Wie generell beim strategischen Marketing, so sind auch für den Bereich eines standortbezogenen GOM die strategischen Stoßrichtungen Anpassung und Widerstand relevant. Es macht wenig Sinn, bedeutet vielfach eine Ressourcenverschwendung und kann zu Imageschäden und Glaubwürdigkeitsverlusten führen, wenn an falscher Stelle Widerstand geleistet wird. So erscheint es weder zweckmäßig noch verantwortbar, gegen staatliche Auflagen z.B. im Umweltbereich »Sturm zu laufen«, wenn sich diese aus gesamtgesellschaftlichem Interesse heraus als notwendig erweisen. Die Verbände sind gut beraten, Verbands- bzw. Branchenegoismen zurückzudrängen und sich an der Verallgemeinerungsfähigkeit ihrer Interessen zu orientieren.

Ist also in vielen Fällen eine – möglichst kooperative – Anpassungsstrategie erforderlich, so besteht kein Zweifel daran, daß gerade der Bereich der Standortnachteile der Bundesrepublik ein Feld eröffnet, das Widerstandsstrategien legitim und notwendig macht.

Die hier propagierte Wertebeeinflussung seitens der Unternehmen muß dort auf eine Widerstandsstrategie hinauslaufen, wo die Wertsysteme eines großen Teils der Bundesbürger durch Erosionserscheinungen geprägt sind (z.B. im Bereich leistungsschädlicher Freizeitorientierung). Widerstand ist außerdem stets dann erforderlich, wenn Unternehmungen vom Staat und oder von Gewerkschaften in ihrer Leistungskraft unangemessen überfordert werden, etwa in sozialer oder ökologischer Hinsicht. Schließlich sollte Widerstandsstrategien gegenüber einer Berichterstattung der Massenmedien dann nicht ausgewichen werden, wenn diese in einseitiger und unseriöser Weise Unternehmen und Branchen schädigt. Daß durch eine solche Berichterstattung gerade auch Initiativen zur Überwindung von Standortnachteilen beeinträchtigt werden können, liegt auf der Hand, insbesondere wenn Berichte in den Massenmedien die Glaubwürdigkeit der Unternehmen ungerechtfertigt in Frage stellen.

4.7. Dialog als methodisches Prinzip und der Einsatz neuer Dialogformen

Systemische Aufklärung kann Konsensfindung und Kompromisse erleichtern; der schwierige Weg dahin bedarf darüber hinaus des Dialogs, und zwar des Dialogs als Grundhaltung bzw. als eines methodischen Prinzips, was qualitativ etwas anderes ist als das mehr oder weniger regelmäßige Miteinandersprechen. Auf der Grundlage großer Dialog*fähigkeit* und nahezu unermüdlicher Dialog*bereitschaft* (die letztlich eines entsprechenden Menschenbildes bedarf) geht es darum, eine Dialogkultur zu entwickeln, die Verhärtungen aufbricht oder gar nicht erst entstehen läßt und auf deren Grundlage wechselseitige Lernprozesse möglich werden.

Betrachten wir hingegen die gängige Kommunikationspraxis etwa im Rahmen klassischer Public Relations, so kann von einer solchen Realisation des dialogischen Prinzips nur in seltenen Fällen die Rede sein. Vielfach fehlt es bereits an der erforderlichen Dialogfähigkeit der Unternehmensvertreter, und die Dialogbereitschaft wird durch die Arroganz der Macht und des Wissensvorsprungs beeinträchtigt.

Für eine solche Dialogorientierung gegenüber den verschiedenen Zielgruppen und Repräsentanten von Politik und Öffentlichkeit bildet der Grundsatz »Im Kopf des Kunden denken, im Herzen des Kunden fühlen« eine gute Grundlage, nicht zuletzt im Umgang mit echten oder vermeintlichen »Gegnern« der eigenen Unternehmensposition. Aus einer solchen Grundeinstellung heraus wird es am ehesten gelingen, Ausgrenzung und Konfrontation zu vermeiden und die im Zusammenhang mit dem Abbau von Standortnachteilen besonders notwendige Annäherung kontroverser Standpunkte herbeizuführen.

Die Dialogorientierung als methodisches Prinzip ist in konkrete Maßnahmen umzusetzen. Das erfordert zunächst eine Auswahl und Qualifizierung geeigneter Dialogpartner, die eine hohe, durch ganzheitliches Denken geprägte Sachkompetenz, eine – mindestens ebenso wichtige – kommunikative Kompetenz und last but not least eine Affinität zum »Prinzip Verantwortung« aufweisen. Wie schwer diese Forderungen zu erfüllen sind, zeigt ein Blick auf die nicht geringe Zahl von Vertretern der Verbände, Akteuren der PR-Szene und Managern schlechthin, bei denen diese Voraussetzungen fehlen. Die Experten, die von den Unternehmungen mit dem Ziel der Einflußnahme auf politische Standortentscheidungen ins Feld geschickt wurden, waren vielfach noch nicht einmal zu einem ganzheitlichen Denken in der Lage, von der notwendigen Lernbereitschaft als wesentlichem Element der Dialogorientierung u.ä. ganz zu schweigen. Hier bedarf es entsprechender Management Development-Programme, um solche Defizite zu beseitigen.

Besondere Bedeutung gewinnen die Entwicklung und der Einsatz neuer Dialogformen, da sich die bisherigen Kommunikationsinstrumente stark abgenutzt haben. Hier kommen insbesondere spezielle Workshops, Symposien, Foren u. ä. in Betracht, in die das breite Spektrum der Betroffenen (einschließlich kritischer Gruppen), kompetente, unabhängige Wissenschaftler und Vertreter der Medien integriert sind (vgl. z.B. den seinerzeitigen Workshop »Waschen und Gewässerschutz«, den Procter & Gamble eingerichtet hatte). Gerade ein Thema wie die Qualität des Standorts Bundesrepublik ist für solche Formen des Dialogs besonders geeignet, da sich damit sowohl eine Klärung von Sachfragen als auch eine Problemsensibilisierung der breiten Öffentlichkeit verbinden lassen. Doch auch weitreichende Kernthemen, die mit Standortnachteilen zusammenhängen (Technikaversion, Werteerosion etc.), sollten in neue Dialogformen Eingang finden.

Immer wieder muß darauf hingewiesen werden, daß ein Ausweichen vor besonders kritischen Teilen der Öffentlichkeit (z.B. der durch Verärgerung induzierte Verzicht auf Inserate in bestimmten Illustrierten) in der Regel der falsche Weg ist, Medienkritik zu handhaben. Erneut wird hier sichtbar, welche Bedeutung der Dialogorientierung als unternehmerischer Grundhaltung bzw. als einem methodischen Prinzip zukommt, um auch dem oft mühsamen Gespräch mit argumentativ schwer zugänglichen Personen und Gruppen – etwa im Bereich der Gentechnologie – nicht resignativ auszuweichen. Der große Einsatz, mit dem Unternehmen aus bisherigen Nichtkunden Kunden zu machen versuchen, sollte auch bei den Partnern im Bereich von Öffentlichkeit und Politik analog zum Zuge kommen.

4.8. Strategische Allianzen und Segmentierung als zentrale Strategien

Wie im klassischen Marketing Kooperationen und strategische Allianzen aus guten Gründen Hochkonjunktur haben, so sollte dies auch für ein GOM gelten, das Standortnachteile zu überwinden sucht. Angesichts der sich den Unternehmungen hier entgegenstellenden Widerstände muß nachdrücklich betont werden: Es geht nicht ohne Bundesgenossen. Naheliegend sind Kooperationen zwischen Verbänden und Unternehmen, zumindest in der schwachen Form der Koordination. Gerade in Standortfragen bietet sich eine verstärkte Kooperation mit Universitäten und sonstigen wissenschaftlichen Institutionen an, um auf diese Weise vorhandene Informationsdefizite zu vermindern und glaubwürdige Partner und Multiplikatoren zu gewinnen.

Nach wie vor sind Kooperationen mit umwelt- und verbraucherpolitischen Institutionen wenig entwickelt, obwohl sie teilweise auch für die Standortdiskussion als Unterstützungspotential in Betracht kommen. Im Interesse einer systemischen Aufklärung erhalten auch Schulen und sonstige Aus- und Weiterbildungsinstitutionen als Kooperationspartner erhebliches Gewicht.

Wenn Unternehmen die skizzierte Werteerosion ernstnehmen und ihnen entgegenwirken wollen, kommen sie und ihre Verbände an einem kritisch-konstruktiven Dialog und wenigstens ansatzweise an einer Kooperation mit den großen Kirchen nicht vorbei. Sie sind als Partner bei der Suche nach und Vermittlung von Werten, die über die banalen Zivilisationsgötter Wachstum und Wohlstand hinausgehen, unverzichtbar. Ein derartiger Dialog mit dem Ziel von Kooperation und Partnerschaft ist – vor allem mit Blick auf die evangelische Kirche – sicherlich nicht einfach, und hierin mag ein Grund dafür liegen, daß man selbst in großen Unternehmungen von solchen Kooperationen teilweise wenig hält. Doch bedeuten sie nicht nur eine Lernchance für alle daran Beteiligten, sondern können auch dazu beitragen, unhaltbare Gegenpositionen zu Unternehmertum und Marktwirtschaft abzubauen.

Die vom klassischen Marketing her bekannte Marktsegmentierungsstrategie – also die Identifikation relevanter Zielgruppen bzw. Zielpersonen und deren spezifische Ansprache – ist fraglos auch für ein GOM zur Überwindung von Standortnachteilen besonders wichtig. Öffentlichkeit und Gesellschaft gliedern sich ja in eine Vielzahl vernetzter Teilöffentlichkeiten, gesellschaftlicher Gruppierungen, Meinungsführer sowie Fach- und Machtpromotoren. Diese Zielgruppen und Zielpersonen gilt es – auch in ihren Vernetzungen – zu identifizieren, um mit ihnen unter Einsatz jeweils unterschiedlicher Personen und Maßnahmen einen differenzierten Dialog zu führen. Die im Investitionsgütermarketing entwickelten und bewährten Konzepte der Buying Center-/Selling Center-Interaktion können hier fruchtbare Ansätze zur Planung und Durchführung des Dialogs liefern.

5. Resümee

Wollen Unternehmungen wirksamer als bisher Standortfaktoren beeinflussen, so ist ein ganzheitlicher Ansatz unverzichtbar. Er hat zunächst die weitreichenden Zusammenhänge und vielfältigen Vernetzungen zu identifizieren, die für Standortfaktoren und ihre Beeinflussung relevant sind. Sodann gilt es, dieser Situation durch ein ganzheitliches Handlungskonzept zu begegnen. Das GOM bietet hier ein tragfähiges Konzept, um in einem integrierten Ansatz die komplexen und weitreichenden Probleme einer Standortverbesserung anzugehen. Der dafür erforderliche Ressourceneinsatz ist zwar nicht unbeträchtlich, doch rechtfertigt er sich nicht zuletzt dadurch, daß ein standortbezogenes GOM generell zur Verbesserung der Marktposition der Unternehmungen wesentlich beitragen kann.

Literatur

Fritz, W., Raffée, H., Unternehmensführung und Unternehmenserfolg. Grundlagen und Ergebnisse einer empirischen Untersuchung, Arbeitspapier Nr. 85 des Instituts für Marketing der Universität Mannheim, Mannheim 1992.

Grünwald, W., Rudolph, H., Qualifikation von Spitzenkräften, in: G. Würtele (Hg.), Lernende Elite: Was gute Manager noch besser macht, Wiesbaden und Frankfurt am Main 1993, S. 195–217.

Henzler, H. H., Europreneurs, Wiesbaden und Frankfurt am Main 1992.

Silberer, G., Werteforschung und Werteorientierung in Unternehmen, Stuttgart 1991.

Wiedmann, K.-P., Gesellschaft und Marketing. Zur Neuorientierung der Marketingkonzeption im Zeichen des gesellschaftlichen Wandels, in: G. Specht, G. Silberer, W. H. Engelhardt (Hrsg.), Marketingschnittstellen, Stuttgart 1989, S. 227–246.

Würth, R., Thesen zur Unternehmensführung im Jahr 2010, in: G. Würtele (Hg.), Lernende Elite: Was gute Manager noch besser macht, Wiesbaden und Frankfurt am Main 1993, S. 87–110.

Register

Abfragesprache 181
Abgabenquote 139
Allokation 151 ff., 193
Altlasten 38
Anleger 114
Anteilseigner 200, 217
Arbeit
– Arbeitsanreize 272
– Arbeitsformen 111
– Arbeitsgruppen, teilautonome 111
– Arbeitskämpfe 101 f.
– Arbeitskosten 32 ff., 95 f., 102 ff., 139, 262, 264, 275, 289 ff., 310 ff.
– Arbeitskraft 31, 87
– Arbeitskräfteangebot 34, 97 f., 262, 271 ff.
– Arbeitslosigkeit 31, 97, 273, 278 f.
– Arbeitsmarkt 34, 94 ff.
– Arbeitsmoral 106, 271 f.
– Arbeitsmotivation 109
– Arbeitsnachfrage 31, 271 ff.
– Arbeitsproduktivität 33 ff., 95, 102 ff., 292, 311
– Arbeitsrecht 94, 97, 262, 267
– Arbeitsstruktur 111
– Arbeitstage 99 ff.
– Arbeitszeit 12, 32 f., 59 f., 98 ff., 139, 264, 290
– Arbeitszeitverkürzung 106 f.
– Arbeitszwang 272
Arbitrage 127 f.
Asiatische Tiger 9, 12
Assessmentanalyse 316
Ausbildung
– Ausbildungsinstitution 85
– Ausbildungsinvestition 85
– Ausbildungsniveau 310
– Ausbildungssystem 82, 84, 289
– Duale Ausbildung 79, 106, 109
Ausgaben
– Bruttoinlandsausgaben für F & E 54
– Gesamtausgaben 154 f.
– Realausgaben 154 f.
– Zinsausgaben 154
Ausland
– Ausländerfeindlichkeit 312
– Auslandsengagement 297
– Auslandsinvestition 22
– Auslandsorientierung 296
– Auslandsumsatz 298
Ausschüttung 202 ff.
– Ausschüttungsbelastung 205
Außenhandel 20 f.
– Außenhandelsentwicklung 21
– Außenhandelskennzahlen 18
– Außenhandelsvolumen 124
Automatisierung 59

Banken
– Bankensektor 121
– Bankensystem 84, 117, 120
– commercial banking 131
– investment banking 131, 135
– lean banking 132
– near-banks 132
– non-banks 132
Barreserve 36
Bauland 38
Beschäftigung 266
– Beschäftigungsniveau 278
– Vollbeschäftigung 266
Bilanz 36
– Bilanzstatistik 36
– Bilanzvolumen 121
Börse 114, 133, 212
– Börsengeschäftsabwicklung 119
– Börsenhandel 117 ff.
– Börsenkurs 212
– Computerbörse 134
– Optionsbörse 127
– Präsenzbörse 134
– Terminbörse 133
Branchen 9, 13, 81, 245
– Brancheneffekte 311
– Branchenleistungen 15

– Internationale Wettbewerbsfähigkeit von Branchen 10 f., 15
Brückenkopf 295
Bruttoeinkommen 107, 290
Bruttoinlandsprodukt 26, 54, 121, 279
Bruttorendite 214
Bruttosozialprodukt 28, 235, 269, 279
Bruttowertschöpfung 107
Bruttozinsspanne 122

Cash Flow 36, 37
– Cash Flow Perioden 67

Datenangebot 173
Datenbank 172 ff.
– Anbieter (Host) 173, 174
– Angebot 176 ff.
– Bibliografische Datenbank 175 f.
– CD-Rom Datenbank 191
– Fachinformationsdatenbank 175 f.
– Faktendatenbank 176
– Firmendatenbank 188 f.
– Numerische Datenbank 175 f.
– Online-Datenbank 170, 175 f.
– Patentdatenbank 187
– Quellendatenbank 175 f.
– Realtimedatenbank 175 f.
– Referenzdatenbank 175 f.
– Referraldatenbank 175 f.
– Text-grafische Datenbank 175 f.
– Text-numerische Datenbank 175 f.
– Vermittler 174
– Volltextdatenbank 175 f.
– Wirtschaftsdatenbank 182
Datenbestand 173
Datenübertragung 183 f.
Datenvermittlungsnetz 173
Datenvolumen 173
Demografische Entwicklung 31, 35, 36
Deregulierung 117, 130, 135
Deutsche Börse AG 119
Deutsche Bundesbank 114
Deutsche Terminbörse 126
Deutsche Wertpapierzentrale (DWZ) 119
Deutsches Patentamt 187
Dialog 322 ff.
– Dialogbereitschaft 322
– Dialogfähigkeit 322
– Dialogformen 322 f.
– Dialogkultur 322
– Dialogorientierung 323
Distributionssystem, lokales 296
Doppelbesteuerung 209, 218
– Doppelbesteuerungsabkommen 209

Effizienz
– Arbitrageeffizienz 121, 127 f.
– Bewertungseffizienz 121, 128 f.
– Funktionseffizienz 121 ff.
Eigenkapital
– Eigenkapitalnormen 117
– Eigenkapitalquote 125
– Eigenkapitalrendite 125
– Eigenkapitalrentabilität 122
– Eigenkapitalrichtlinien 117
Emission
– Emissionsgeschäft 117
– Emissionskosten 125
– Emissionskurs 128
– Emissionstätigkeit 129
– Erstemission 128
– Genehmigungsverfahren 117
Entgeltkomponenten 111
Entscheidungsunterstützung 72
Entsorgung
– Entsorgungsphase 71
– Entsorgungswirtschaft 246
– Entsorgungszyklus 70 ff.
Entwicklung
– Entwicklungskosten 53, 61, 67, 69
– Entwicklungsland 9 ff.
– Entwicklungsphase 61, 67
– Entwicklungsprojekte 60
– Entwicklungszeit 61, 67
– Entwicklungszyklus 67 ff.
Erfindung 38 f., 41, 44
Erfolg

– Erfolgsbeteiligung 111
– Erfolgsfaktor, strategischer 298 ff.
– Erfolgskontrolle 316
Europäische Gemeinschaft 38, 97, 116, 140
Europäischer Binnenmarkt 56, 97, 130, 139, 154, 169, 193
Evolution 82, 85
Export 15, 245, 295
– Exportauftrag 297
– Exportfähigkeit 20
– Exporthilfen 297
– Exporthöhe 296
– Exportleistung 18, 124
– Exportquote 18 ff.
– Exportstärke 51
– Exporttätigkeit 18, 21, 294
– Exportüberschuß 124
– Exportvolumen 52

Fachinformationseinrichtung 186
Fachinformationsprogramm 185
Fachinformationszentrum 185
Faktorausstattung 181
Festung Europa 296
Finanzanlagen 36 f.
Finanzdienstleistungen 113 ff., 121
Finanzierung
– Beteiligungsfinanzierung 202 ff.
– Finanzierungsalternativen 203
– Finanzierungsentscheidung 202
– Fremdfinanzierung 203 ff.
Finanzinstitutionen 113 ff., 121
Finanzintermediäre 115
Finanzmärkte 16, 114
Finanzplatz Deutschland 113 ff.
Finanzstatistik 147
Flexibilisierung der Arbeitszeit 96, 108
Fluktuationsbereitschaft 97
Forschung 51 ff., 248
– Forschung und Entwicklung 27, 51 ff., 67, 69
– Forschung und Innovation 51 ff.
– Forschungsanstrengungen 54
– Forschungsausgaben 55
– Forschungseinrichtungen 59
– Forschungsinfrastruktur 258
– Forschungskooperationen 58
– Forschungsnationen 54
– Forschungspotential 51, 64
– Forschungsstandort 65
– Grundlagenforschung 86
Freizeitpräferenz 313
Führung 77 ff.
– Führungskonzeption 314 ff.
– Führungskräfte 318
– Führungsstil 82
Fusionsrichtlinie 219
Futures 127 f.

Genehmigungsverfahren 24, 63 f., 251, 257
Genehmigungszeiten 310
Gesellschaftsorientierung 315 ff.
Gesetzgebung 309
Gewerkschaften 284
Gewinn
– Gewinnausschüttung 204
– Gewinnermittlungsvorschriften 196 f.
– Gewinnthesaurierung 199, 202 ff.
– Steuerpflichtiger Gewinn 25
– Zinsgewinn 25
Going public 130
Güter
– Massengüter 11
– Superiore Güter 144
– Umweltintensive Güter 232
– Umweltschutzgüter 246, 249

Handelshemmnisse, nichttarifäre 294
Haushaltsdefizit 26
Haushaltskonsolidierung 158 ff.
Humankapital 91 ff., 97, 145

Import 53
– Importleistung 124
– Importnachfrage 254
– Importströme 52 f.
– Importüberschuß 124
Indikator 56, 269
Industrialisierung 82, 291

Industrie
- Industrieemissionen 241ff.
- Industrieland 9, 21, 33, 36, 42, 56, 87, 103, 105, 121, 235
- Industriepolitik 13, 84
Inflationsrate 278
Information 169ff.
- Informationsangebot 178
- Informationsbasis 316
- Informationsbeschaffung 170ff.
- Informationsdefizit 316
- Informationsflut 170
- Informationskosten 316
- Informationsmittler 173
- Informationsquellen 171
- Informationsspeicherung 170
- Informationsspektrum 178
- Informationssuchender 174
- Informationssystem 175, 316
- Informationsverhalten 170, 182
- Informationsverwendung 170
- Wettbewerbsrelevante Informationen 170ff.
- Wirtschaftsinformation 180, 182, 186
Infrastruktur 38, 58, 81, 119, 294, 310
- Immaterielle Infrastruktur 145
- Informationsinfrastruktur 182ff.
- Infrastrukturangebot 152
- Infrastrukturausgaben 142ff., 148ff., 154ff.
- Infrastrukturausstattung 158
- Infrastrukturbegriff 144ff.
- Infrastrukturbereiche 147
- Infrastrukturdefizite 142, 148
- Infrastrukturengpässe 142
- Infrastrukturkomponenten 146, 148
- Infrastrukturleistungen 144, 148
- Infrastrukturvermögen 148, 151ff.
- Institutionelle Infrastruktur 145
- Öffentliche Infrastruktur 139ff.
- Personale Infrastruktur 145
- Technische Infrastruktur 119ff.
Innovation 13, 42f., 51ff., 301
- Innovationsanstöße 82
- Innovationsbegriff 61
- Innovationsberatungsstellen 58
- Innovationsdauer 69
- Innovationsfähigkeit 13, 58
- Innovationsgrad 52
- Innovationskraft 51
- Innovationsmanagement 43f., 54, 69f.
- Innovationspotential 41ff., 95f.
- Innovationsprozeß 69
- Innovationsstand 292
- Innovationsstrategie 309
- Innovationstätigkeit 14
- Innovationstypen 13, 42
- Innovationswettbewerb 13, 38, 42, 63
- Produktinnovation 13, 42, 47, 52
- Prozeßinnovation 13, 42, 47
- Strategieinnovation 13, 42, 47
Internationale Verflechtung 16, 123
Internationalisierung 9
Internationalisierungsstrategie 15
Internationalität 123
Invention 43, 61
Investition 21
- Bruttoinvestition 151
- Direktinvestition 19ff., 236
- Investitionsanreize 222, 275
- Investitionsneigung 262
- Investitionsquote 280
- Nettoinvestition 149ff.
- Realinvestition 36ff.
- Sachinvestition 146ff., 154ff.
ISDN 190f.

Job Sharing 108
Just in Time 304

Kapazitätseffekt 151
Kapital
- Kapitalbewegungen 119
- Kapitalstock 143, 151ff.
- Kapitalverkehr 116, 193
- Kapitalverkehrsteuer 117
Kenngröße 122
Kennzahl 54, 126

Konkurrenten, globale 56
Konkurrenz
- Konkurrenzanalyse 42
- Konkurrenzbeziehungen 42
- Konkurrenzdruck 10
- Konkurrenzfähigkeit 17ff., 58, 91
Konzentration 130
Konzentrationswelle 130
Kooperation 83, 133, 169, 285, 324
- Kooperationspartner 133
Korporatismus 282 ff.
Kosten
- Energiekosten 238
- Fremdkapitalkosten 117
- Kostenanfall 67
- Kostenbudget 69
- Kostendifferenzen, internationale 12
- Kostenexplosion 132
- Kostenfaktor 232
- Kostensenkung 12
- Kostenstruktur 67
- Kostenvorteile 44
- Lohnkosten 11 f., 17, 52, 75, 83, 289, 291
- Produktionskosten 69
- Stromkosten 238
- Transportkosten 295
Kreativitätspotential 95 f.
Kredit
- Kreditinstitut 114, 130, 304
- Kreditkartenunternehmen 132
- Kredittransaktionen 119
- Kreditwesen 114
- Kreditwirtschaft 114
Kultur 78
Kunden
- Kundenbeziehungen 303 f.
- Kundendienst 303
- Kundenkontakt 299 ff., 306
- Kundennähe 293 ff., 309
- Kundenorientierung 315
- Kundenwünsche 96, 300
- Kundenzeitschriften 298
- Kundenzufriedenheit 44
Kursbildung 128

Labortheorien 70
Lean Management 314
Lean Produktion 83
Leistungsangebot 300 f.
Leistungsstand, technologischer 56 f.
Leistungsstand, wissenschaftlicher 56 f.
Lernlaboratorien 70
Lobbying 309, 318
Local Content-Vorschriften 296
Lohn
- Effizienzlohn 274
- Lohnausgleich 106
- Lohnforderungen 267
- Lohnkosten 11 f., 17, 52, 75, 83, 289, 291
- Lohnniveau 75, 271
- Lohnstückkosten 103, 107
- Lohnzusatzkosten 103, 275, 289

Management 75 ff.
- Evolutionäres Management 76
- Managementeffektivität 309
- Managementeffizienz 309
- Managementfähigkeiten 78
- Managementleistungen 77
- Managementmethoden 82
- Managementniveau 75
- Managementsimulatoren 70
- Managementsysteme 79
Marketing
- Data base Marketing 305
- Gesellschaftsorientiertes Marketing (GOM) 309 ff.
- Global Marketing 299
- Investitionsgütermarketin 325
- Marketinganstrengungen 303
- Marketingeffizienz 299 ff.
- Marketingkompetenz 289 ff.
- Marketingplanung 299
- Marketingpolitik 94
- Massenmarketing 306
Markt
- Arbeitsmarkt 34
- Bildungsmarkt 16
- Finanzmarkt 16

– Futuresmärkte 128
– Kapitalmarkt 16
– Kassamärkte 127 ff.
– Marktaufsicht 117
– Markteintrittsbarrieren 296
– Markterschließung 21
– Marktnähe 289 ff., 298 ff.
– Marktphase 61, 67, 69
– Marktsegmentierung 325
– Marktteilnehmer 14
– Marktzyklus 67 ff.
– OTC-Märkte 134
– Primärmärkte 114
– Sekundärmärkte 114
– Terminmärkte 114, 127
– Wohnungsmarkt 38
Maßzahl 16 ff.
Mengeneffekt 298 f.
Mergers & Acquisitions 131
Mitarbeiter
– Einstellungen 96
– Partizipation 110 f.
– Verhalten 96
Mitbestimmung 83, 110
Mobilität 96
Motivationsdefizit 292
Mutter-Tochter-Richtlinie 219

Nachfragebedingungen 82
Nähe 289 ff., 294 ff.
Nahrungskette der Informationsverarbeitung 65 f.
Netzwerk 86, 133

Options 127
Organisation 75, 78, 82, 111, 115
Overengineering 70

Patent 28, 43, 58, 169, 186 f., 311
– Patentämter 187
– Patentanalyse 186 f.
– Patentanmeldungen 29, 38 ff., 169, 187, 258, 311
– Patentinformationen 177, 186 f.
– Petentrecherche 187
– Patentschriften 186 f.
– Patentstatistik 38
– Patentzahl 39
Personal
– Personalaufwand 118
– Personalausgaben 156
– Personalbedarf 93 f.
– Personalbeschaffung 31
– Personaleinsatz 98
– Personalkapazität 94
– Personalmanagement 94
– Personalstruktur 94
Planabweichungen 69
Politik
– Infrastrukturpolitik 141
– Ordnungspolitik 116
– Stabilitätspolitik 117
– Steuerpolitik 118
– Umweltpolitik 232, 240, 250 f., 300
– Währungspolitik 117
– Wirtschaftspolitik 114, 139, 268
Potential, technologisches 61
Preis
– Preis/Leistungsverhältnis 292
– Preisentwicklung 65
– Preisgebaren 302
– Preisgestaltung 299, 302 f.
– Preispolitik 71, 302
– Preisverfall 65
– Preisverlauf 65
Produktentwicklungszeit 67
Produktion
– Produktionsanlagen 64 f.
– Produktionsfaktor 150, 231
– Produktionsfaktor Arbeit 30 ff.
– Produktionsfaktor Boden 38
– Produktionsfaktor Kapital 35 ff.
– Produktionsfaktor Wissen 38 ff.
– Produktionsprozeß 59, 150
– Produktionsschwerpunkt 10
– Produktionsstandort 64 f.
Produktivität 59, 83, 141 ff., 151
– Produktivitätseffekt 151 ff.
– Produktivitätsentwicklung 141 ff.
– Produktivitätsniveau 11, 33
– Produktivitätsreserven 59
– Produktivitätssteigerung 141

Produktlebenszyklus 71
Public Relations 315, 322

Qualifikation 94f., 112, 289, 294, 310
Qualifizierung 81, 109, 323
Qualität
- Dienstleistungsqualität 303
- Entwicklungsqualität 59
- Managementqualität 43ff., 75ff.
- Qualitätsdefizite 51
- Qualitätsvorteile 44
- Qualitätszirkel 96, 106, 111
- Standortqualität 17, 24, 139ff., 309
- Umweltqualität 232, 235, 240ff.

Rahmenbedingungen 9, 13, 15, 37, 60, 75, 114, 116ff., 176ff., 309
- Gesamtwirtschaftliche Rahmenbedingungen 72
- Gesetzliche Rahmenbedingungen 87
- Institutionelle Rahmenbedingungen 81f.
- Politische Rahmenbedingungen 34
- Rechtliche Rahmenbedingungen 15
- Staatliche Rahmenbedingungen 23ff.
- Steuerliche Rahmenbedingungen 140
Rationalisierung 59, 83, 151ff.
Recherche
- Online-Recherche 173, 184
- Patentrecherche 187
- Recherchekosten 190
Risiko 61, 65
- Ausfallrisiko 134
- Bonitätsrisiko 132
- Risikoakkumulation 134
- Risikomanagement 132
- Risikosteuerung 133
- Risikoverteilung 66
- Zinsänderungsrisiko 132

Schlüsselland 299
Schwellenland 9ff., 33, 86, 290
Service 303f.
Simultaneous Engineering 59
Sozialabgaben 21, 139f., 261
- Sozialabgabenniveau 140
- Sozialabgabenquote 140
- Sozialabgabensätze 140
Sozialausgaben 270ff., 279ff.
Sozialbudget 280f.
Soziale Sicherung 265
Soziale Stabilität 311
Soziale Transferzahlungen 261
Sozialgeschichte 265
Sozialleistungen 279
Sozialpartner 266
Sozialpolitik 265, 275
Sozialquote 280
Sozialstaat 262
Sozioprogramm 315, 320f.
Soziosponsoring 315
Staat 38, 72, 261ff.
- Staatsausgaben 278f.
- Staatseingriff 261
- Staatsquote 23
- Staatstätigkeit 263, 270
- Staatsverschuldung 26f., 37, 158ff.
Standort
- Standort BRD 9, 17ff., 59, 91, 139, 309ff.
- Standortattraktivität 24, 58f.
- Standortdiskussion 11, 21, 38, 139, 289, 312
- Standortentscheidung 114, 201, 202ff.
- Standortfaktor 21, 23ff., 112, 115f., 200, 231ff., 238f., 251ff., 309ff.
- Standortnachteile 13, 158, 309, 312f.
- Standortprobleme 46
- Standortqualität 24, 139ff., 309f.
- Standortsicherungsgesetz 220
- Standortspezifika 289
- Standortvergleich, internationaler 112, 160
- Standortvorteile 245ff., 289,

309 ff.
Stategische Allianz 42, 66, 324
Steuern 21, 25, 119 f., 139, 193 ff., 261, 289
– Einkommensteuer 25, 195
– Ertragsteuer 197, 216 f.
– Gewerbeertragsteuer 198, 206 ff.
– Gewerbekapitalsteuer 199, 206 ff.
– Gewerbesteuer 198, 205 ff., 216 f.
– Körperschaftsteuer 25, 196 ff, 205 ff., 215 f., 224 f.
– Lohnsummensteuer 207
– Mehrwertsteuer 207
– Quellensteuer 219
– Steueränderungen 119
– Steuerarten 119, 195, 199
– Steuerbefreiung 211
– Steuerbelastung 25, 75, 119, 139, 152, 193 ff., 212 f., 221 f., 290, 310
– Steuerbelastungsdifferenzen 215 f.
– Steuerbelastungsrechung 212 ff.
– Steuerbelastungsvergleich 194 ff.
– Steuerbemessungsgrundlage 25, 119, 195 ff., 218
– Steuerfolgen 203, 205 ff.
– Steuergefälle 193, 200
– Steuergerechtigkeit 119
– Steuerharmonisierung 218
– Steuerhinterziehung 119
– Steuerhöchstsätze 25
– Steuerplanung 203
– Steuerquote 140
– Steuerreform 139, 218, 220 ff.
– Steuersätze 25, 119, 194 f., 218
– Steuersenkungspotential 26
– Steuersystem 140, 218
– Umsatzsteuer 218
– Vermögensteuer 198, 205 ff.
Strategie
– Strategieentwicklung 42
– Strategieimitation 43
– Strategische Analyseinstrumente 316
– Strategische Optionen 11, 13
– Strategische Stoßrichtungen 309, 321 f.
– Unternehmensstrategie 43
Streik
– Streikneigung 32
– Streikrecht 267
– Streiktage 32, 311
Studienzeit 31
Subventionen 13, 51

Tarif
– Tarifhoheit 267
– Tarifpartner 59, 72, 102, 277
– Tarifpolitik 13, 267
– Tarifverhandlungen 95, 237
– Tarifverträge 34, 267
Teamkoordination 80
Teamwork 111
Technikaversion 312
Technologie 24, 27, 51, 58, 187
– End of pipe-Technologie 231
– Gentechnologie 27 f., 63, 258, 320
– Hochtechnologie 51, 56, 61 ff.
– Informations- und Kommunikationstechnologie 65, 133
– Schlüsseltechnologie 41, 187
– Technologiefeindlichkeit 27
– Technologieführer 187
– Technologiegeneration 67
– Technologietransfer 58, 180
– Umweltschutztechnologie 236, 246, 310
– Zukunftstechnologie 63
Triade 9, 52

Umweltschutz 24, 28 ff., 231 ff.
– Anforderungen 231, 236, 245
– Anlagen 240, 251
– Aufgaben 246
– Auflagen 70, 75, 83, 240, 254, 310 f.
– Aufwendungen 237, 246 ff., 254
– Ausgaben 232 ff., 250
– Belastung 231, 240 ff.
– Diskussion 245
– Einrichtungen 232
– Gesetzgebung 250

– Industrie 232, 246, 250, 254
– Integrierte Umweltschutztechnologie 236
– Investitionen 232ff., 247
– Kosten 52, 235f., 252ff., 289
– Maßnahmen 28
– Niveau 245, 248
– Normen 250
– Risiken 240
– Standards 240
– Technik 29, 38, 251, 311
– Vorschriften 245
– Ziele 240
Underpricing 128
Unternehmensberatung 45
Unternehmenserfolg 69, 76
Unternehmenskultur 315
Unternehmensverfassung 82

Verbände 309
Vermögen 36f., 116
Versorgungsniveau 310
Vorschlagswesen 44

Wechselkurs 16, 42
Weiterbildung, berufliche 109
Welthandel 61ff.
Weltmarkt 61, 63
Werte 312f., 316, 320f.
Wertesystem 82
Wertpapier
– Wertpapieraufsicht 117, 135
– Wertpapiergeschäft 117
– Wertpapierhäuser 114
– Wertpapierpensionsgeschäft 118
Wertschöpfung 114, 121f., 135
Wettbewerb 42
– Globaler Wettbewerb 11
– Indikatoren der Wettbewerbsfähigkeit 17ff.
– Innovationswettbewerb 13
– Internationale Wettbewerbsfähigkeit 9, 13ff., 18, 20, 28, 30, 33, 35, 123
– Internationaler Wettbewerb 9, 13, 309
– Kostenorientierter Wettbewerb 11, 13
– Leistungswettbewerb 91
– Sicherung der Wettbewerbsfähigkeit 52
– Theorie der internationalen Wettbewerbsfähigkeit 16
– Wettbewerbsdruck 10
– Wettbewerbsfähigkeit 13f., 17
– Wettbewerbsfähigkeit des Standorts Deutschland 17f., 51, 200f.
– Wettbewerbsfähigkeit einer Volkswirtschaft 17, 66
– Wettbewerbsfähigkeit von Unternehmen 23ff., 58, 92f., 200f.
– Wettbewerbsfaktor 51, 59
– Wettbewerbsfunktionen 91
– Wettbewerbsintensität 115
– Wettbewerbsnachteile 24, 35, 59
– Wettbewerbsorientierung 315
– Wettbewerbspotential 106
– Wettbewerbsprozeß 14
– Wettbewerbsverzerrungen 117
– Wettbewerbsvorteile 11, 15, 37, 41, 52, 69, 81
– Wiedergewinnung der Wettbewerbsfähigkeit 52
Wiedervereinigung 23, 26, 34, 38, 45, 182
Wissenschaftsnation 56
Wohlfahrtseffekte 151
Wohlfahrtsstaat 263ff., 312
– Institutionen 261ff.
– Leistungen 263
– Regelungen 262
Wohlstandsgesellschaft 312

Yield Management 302

Zins
– Zinsabschlagsteuer 119
– Zinsaufwand 118
– Zinsausgaben 159
– Zinsbesteuerung 119
– Zinserträge 214
– Zinslastquote 159
– Zinsniveau 118
Zollbarrieren 294

Autoren

Professor Dr. *Johannes Berger*, Lehrstuhl für Soziologie III, Universität Mannheim.

Professor Dr. *Wolfgang Bühler*, Lehrstuhl für Allgemeine Betriebswirtschaftslehre und Finanzierung, Universität Mannheim.

Professor Dr. *Klaus Conrad*, Lehrstuhl für Volkswirtschaftslehre, insbesondere Mikroökonomie, Universität Mannheim.

Professor Dr. Dr. h.c. *Erwin Dichtl*, Lehrstuhl für Allgemeine Betriebswirtschaftslehre und Marketing I, Universität Mannheim.

Prof. Dr. Dres. h.c. *Eduard Gaugler*, Lehrstuhl und Seminar für Allgemeine Betriebswirtschaftslehre, Personalwesen und Arbeitswissenschaft, Universität Mannheim.

Professor Dr. Dr. h.c. *Otto H. Jacobs*, Lehrstuhl und Seminar für Allgemeine Betriebswirtschaftslehre, Treuhandwesen und Betriebswirtschaftliche Steuerlehre, Universität Mannheim, und Dipl.-Kfm. *Christoph Spengel*, ZEW, Mannheim.

Professor Dr. *Alfred Kieser*, Lehrstuhl und Seminar für Allgemeine Betriebswirtschaftslehre und Organisation, Universität Mannheim.

Professor Dr. *Peter Milling*, Lehrstuhl für Allgemeine Betriebswirtschaftslehre und Industrie I, Universität Mannheim.

Professor Dr. *Joachim Niedereichholz*, Lehrstuhl für Wirtschaftsinformatik II, Universität Mannheim.

Professor Dr. *Manfred Perlitz*, Lehrstuhl für Allgemeine Betriebswirtschaftslehre und Internationales Management, Universität Mannheim.

Professor Dr. *Hans Raffée*, Lehrstuhl für Allgemeine Betriebswirtschaftslehre und Marketing II, Universität Mannheim.

Professor Dr. *Eberhard Wille*, Lehrstuhl für Volkswirtschaftslehre, insbesondere Planung und Verwaltung öffentlicher Wirtschaft, Universität Mannheim.

Kontaktadresse: Postfach 10 34 62, 68131 Mannheim